TRANSIÇÕES DEMOCRÁTICAS

ENSINAMENTOS DOS LÍDERES POLÍTICOS

A Editora Contexto agradece a Sergio Fausto
por – além de ter sido um dos revisores técnicos –
ter assumido a tarefa de adaptar os capítulos
da versão espanhola para esta edição brasileira.

SERGIO BITAR
ABRAHAM F. LOWENTHAL
(orgs.)

TRANSIÇÕES DEMOCRÁTICAS

ENSINAMENTOS DOS LÍDERES POLÍTICOS

editoracontexto

FUNDAÇÃO
FERNANDO
HENRIQUE
CARDOSO

INTERNATIONAL IDEA
INSTITUTE FOR DEMOCRACY AND ELECTORAL ASSISTANCE

Este livro foi publicado em primeira edição em inglês com o título *Democratic Transitions: Conversations with World Leaders*, pela Johns Hopkins University Press, © 2015 International Institute for Democracy and Electoral Assistance. A tradução para o português foi feita a partir da edição em espanhol: *Transiciones democráticas: Enseñanzas de líderes políticos*, publicada pela Galaxia Gutenberg, S.L. © 2016 Galaxia Gutenberg e International IDEA

Montagem de capa e diagramação
Gustavo S. Vilas Boas

Tradução
Rachel Meneguello
Marcelo Barbão

Revisão técnica
Sergio Fausto e Beatriz Kipnis

Preparação de textos
Bia Mendes

Revisão
Lilian Aquino

Dados Internacionais de Catalogação na Publicação (CIP)

Transições democráticas : ensinamentos dos líderes políticos / organização de Sergio Bitar e Abraham F. Lowenthal; tradução de Rachel Meneguello e Marcelo Barbão. – São Paulo : Contexto, 2019.
432 p.

ISBN: 978-85-520-0148-5
Título original: Transiciones democráticas: enseñanzas de líderes políticos

1. Ciência política 2. Política e governo 3. Democratização 4. Políticos 5. Chefes de estado I. Bitar, Sergio II. Lowenthal, Abraham F. III. Meneguello, Rachel IV. Barbão, Marcelo

19-0944 CDD 320

Angélica Ilacqua CRB-8/7057

Índice para catálogo sistemático:
1. Ciência política

2019

Editora Contexto
Diretor editorial: *Jaime Pinsky*

Rua Dr. José Elias, 520 – Alto da Lapa
05083-030 – São Paulo – SP
PABX: (11) 3832 5838
contexto@editoracontexto.com.br
www.editoracontexto.com.br

Sumário

Apresentação à edição brasileira 9
SERGIO FAUSTO

Prefácio 11
YVES LETERME, secretário-geral International IDEA

Introdução 13
SERGIO BITAR E ABRAHAM F. LOWENTHAL

BRASIL
A transição no Brasil:
de uma liberalização limitada a uma democracia vibrante 19
FRANCES HAGOPIAN, Universidade de Harvard

Resenha biográfica de Fernando Henrique Cardoso,
presidente do Brasil (1995-2003) 26

Entrevista com o presidente Fernando Henrique Cardoso 27

Momentos-chave da transição democrática do Brasil 64

Leituras recomendadas sobre o Brasil 68

CHILE
O sucesso da transição chilena: de uma intensa polarização a uma democracia estável 69
Genaro Arriagada, ex-ministro e intelectual do Partido Democrata Cristão

Resenha biográfica de Patricio Aylwin, presidente do Chile (1990-94) 80

Entrevista com o presidente Patricio Aylwin 81

Resenha biográfica de Ricardo Lagos, presidente do Chile (2000-06) 95

Entrevista com o presidente Ricardo Lagos 96

Momentos-chave da transição democrática do Chile 122

Leituras recomendadas sobre o Chile 127

MÉXICO
A gradual democratização do México: de baixo para cima e de cima para baixo 129
Soledad Loaeza, El Colegio de México

Resenha biográfica de Ernesto Zedillo, presidente do México (1994-2000) 141

Entrevista com o presidente Ernesto Zedillo 142

Momentos-chave da transição democrática do México 165

Leituras recomendadas sobre o México 169

POLÔNIA

A grande experiência polonesa: a criação da democracia através de protestos, repressão, negociação, eleições e a política do ziguezague ... 171

Jane L. Curry, Universidade de Santa Clara

Resenha biográfica de Aleksander Kwasniewski, presidente da Polônia (1995-2005) ... 182

Entrevista com o presidente Aleksander Kwasniewski ... 183

Resenha biográfica de Tadeusz Mazowiecki, primeiro-ministro da Polônia (1989-1991) ... 212

Entrevista com o primeiro-ministro Tadeusz Mazowiecki ... 213

Momentos-chave da transição democrática da Polônia ... 227

Leituras recomendadas sobre a Polônia ... 231

ÁFRICA DO SUL

A democracia como subproduto: a transição negociada da África do Sul ... 233

Steven Friedman, Universidade de Johanesburgo

Resenha biográfica de F. W. de Klerk, presidente da África do Sul (1989-1994) ... 244

Entrevista com o presidente F. W. de Klerk ... 245

Resenha biográfica de Thabo Mbeki, presidente da África do Sul (1999-2008) ... 265

Entrevista com o presidente Thabo Mbeki ... 266

Momentos-chave na transição democrática da África do Sul ... 289

Leituras recomendadas sobre a África do Sul ... 294

ESPANHA

Espanha: transição por transação 297
CHARLES POWELL, Real Instituto Elcano

Resenha biográfica de Felipe González, presidente do Governo da Espanha (1982-1996) 308

Entrevista com o presidente Felipe González 309

Momentos-chave na transição democrática da Espanha 338

Leituras recomendadas sobre a Espanha 342

Mulheres ativistas nas transições democráticas 345
GEORGINA WAYLEN, Universidade de Manchester

Resenhas biográficas das entrevistadas 377

Referências das entrevistas 382

Referências e leituras recomendadas 382

Do regime autoritário à governança democrática: aprender com os líderes políticos para construir o futuro 385
ABRAHAM F. LOWENTHAL E SERGIO BITAR

Sobre os organizadores e colaboradores 423

Agradecimentos 427

Apresentação à edição brasileira

O leitor tem em mãos um material raro, uma série de entrevistas com lideranças políticas que desempenharam papel de destaque na transição do autoritarismo para a democracia em seus respectivos países, entre as décadas de 1980 e 1990: Fernando Henrique Cardoso, no Brasil; Patricio Aylwin e Ricardo Lagos, no Chile; Felipe González, na Espanha; Ernesto Zedillo, no México, entre outros.

São conversas em profundidade, conduzidas por Abraham Lowenthal e Sergio Bitar, cujo conhecimento acadêmico e prático do tema os faz extrair o melhor de cada uma das entrevistas. Elas permitem ao leitor compreender os dilemas vividos por esses líderes em processos complexos de enfrentamento e negociação com regimes autoritários e seus representantes.

A compreensão do contexto mais amplo em que esses dilemas foram vividos é assegurada por breves estudos de caso, de autoria de acadêmicos especializados em cada um dos países em análise. São textos curtos que acompanham a respectiva entrevista. O livro se completa com um ensaio assinado por Lowenthal e Bitar, um panorama sobre as transições democráticas, com as lições que delas se podem retirar, e outro sobre a participação das mulheres nesses processos. Forma-se assim um conjunto que combina relato e análise de um período-chave da história da democracia, denominado "a terceira onda democrática" pelo cientista político Samuel Huntington.

A edição em português consiste de uma seleção das entrevistas que constam do livro *Democratic Transitions: Conversations with World Leaders*, publicado originalmente em inglês e posteriormente em espanhol, em ambos os casos pela International IDEA, uma instituição intergovernamental sediada em Estocolmo, na Suécia, e dedicada a apoiar e fortalecer a democracia.

A seleção obedeceu ao critério de relevância para o público brasileiro. Daí a inclusão dos casos latino-americanos, por razões óbvias, e da Espanha, país cuja transição influenciou de perto a nossa, a despeito da distância geográfica.

A inclusão dos casos da África do Sul e da Polônia se explica pela repercussão global de ambos: o fim do regime do apartheid e do totalitarismo no Leste da Europa são acontecimentos históricos mundiais.

A decisão de publicar uma edição em português do livro *Democratic Transitions: Conversations with World Leaders* vem em boa hora. A "terceira onda democrática", que atingiu seu ápice ao final do século XX, perdeu força nas duas primeiras décadas deste século. Nos últimos anos tem havido o que alguns analistas chamam de "recessão democrática": não apenas o número de países onde a democracia liberal é observada na lei e na prática parou de aumentar, como também um número crescente de países passou a deslizar em direção a regimes denominados "híbridos", "democracias iliberais" ou "autoritarismos competitivos". Embora recorram a eleições relativamente livres e disputadas para eleger os governantes, esses regimes cerceiam o livre exercício de direitos políticos e civis, a começar pela liberdade de expressão, para sufocar a oposição. Ao mesmo tempo, eliminam freios e contrapesos ao exercício do poder da maioria eleita, quer pela adoção de reeleições em número indefinido do ocupante do Poder Executivo, quer pela perda da independência do Judiciário e do Legislativo.

Ao juntar esforços com a International IDEA para viabilizar a edição em português do livro *Democratic Transitions: Conversations with World Leaders*, a Fundação Fernando Henrique Cardoso pretende ressaltar a importância das lideranças políticas tanto para construir e restabelecer a democracia, como nas transições aqui enfocadas, quanto para preservá-la de novas formas de autoritarismo. Mais sutis, mas nem por isso inofensivas à saúde das democracias liberais. As lições das transições do autoritarismo para a democracia também são úteis para prevenir regressões da democracia para o autoritarismo.

Sergio Fausto
Superintendente da Fundação Fernando Henrique Cardoso

Prefácio

Desde a sua criação, em 1995, a International IDEA vem apoiando o fortalecimento de instituições e processos democráticos em todo o mundo. Ao longo desses 24 anos, temos fornecido informações valiosas e ferramentas práticas aos que desejam construir uma democracia sustentável. Desenvolvemos e divulgamos estudos comparativos sobre a organização e realização de eleições, sobre como constituições são estabelecidas e sobre avaliações de democracias e partidos políticos. Agora, desejamos aumentar a nossa contribuição divulgando testemunhos em primeira mão de líderes políticos eminentes sobre como foram logradas transições para a democracia em diferentes continentes.

Atualmente, a democracia encontra-se em uma encruzilhada. A despeito dos grandes avanços observados em nível global nos últimos 40 anos em quase todos os aspectos da democracia,[1] observamos atualmente sérias ameaças e desafios à democracia em países e regiões específicas. No cenário político da atualidade, tanto democracias mais recentes como as mais estabelecidas estão enfrentando desafios gerados pela queda nos níveis de confiança em políticos e partidos políticos e pela proliferação de partidos polarizadores, populistas e nacionalistas, baixas taxas de participação de eleitores em eleições, corrupção, conflitos, uso indevido de tecnologias da informação e dificuldades de integração decorrentes da intensificação de fluxos migratórios. Além disso, temos observado diversos exemplos de retrocessos democráticos no mundo moderno, quando líderes com tendências autoritárias usam mecanismos democráticos para legitimar, concentrar e consolidar seu poder para além dos limites de seus mandatos. Embora todos devam fazer sua parte para salvaguardar e proteger a democracia, o papel das lideranças políticas nessa luta continua sendo essencial.

As lideranças políticas desempenham um papel fundamental na determinação do resultado de períodos de transição. Embora a essência da democracia gire em torno de processos inclusivos, as transições democráticas também dependem de decisões cruciais que, em última análise, precisam ser tomadas por essas lideranças. Essas decisões cruciais precisam ser frequentemente tomadas por uma pessoa, pois os processos de transição são disruptivos. Eles são disruptivos por estarem

[1] Índices do Estado Global da Democracia 2017, www.idea.int/gsod-indices.

relacionados a um problema enfrentado pela primeira vez e não se enquadrarem nas estruturas e procedimentos estabelecidos para processos decisórios coletivos.

Diante desses dilemas e desafios disruptivos, líderes da área política precisam assumir a quintessência da liderança e da responsabilidade – a de reagir, decidir e liderar com base em uma boa avaliação pessoal da situação, nos prós e contras de possíveis opções, no interesse público em jogo e no conjunto de valores que fundamentam o engajamento de um líder.

Essas conjunturas e momentos decisivos para a verdadeira liderança exigem uma abordagem voltada para o futuro, a coragem de enfrentar resistências e assumir riscos pessoais e a paciência de saber esperar por resultados positivos com sensibilidade e responsabilidade para com os cidadãos do país e seus representantes.

É com orgulho, portanto, que a International IDEA apresenta um livro que capta lições de nove líderes políticos* que enfrentaram desafios dessa natureza. *Transições democráticas: ensinamentos dos líderes políticos* examina o papel crucial da liderança política na promoção e realização da transição democrática e oferece a líderes contemporâneos experiências comparativas relacionadas a uma ampla gama de questões importantes que devem ser equacionadas em processos de transição para a governança democrática.

Foram muitas as pessoas que contribuíram de forma valiosa para este livro, particularmente os líderes políticos que compartilharam suas experiências singulares, mas meus maiores agradecimentos vão para meu antecessor, Vidar Helgesen, por sua visão e convicção de que as experiências de lideranças que ajudaram a promover mudanças democráticas efetivas precisam ser compartilhadas. Agradeço também ao senador Bitar e ao professor Lowenthal, que elaboraram e conduziram as entrevistas e nos brindaram com sua perspicácia intelectual e visões políticas necessárias para a realização deste projeto; valorizamos enormemente seu compromisso, energia e habilidade.

A International IDEA espera que este livro tão rico em experiências seja uma fonte de inspiração, reflexão e orientação para uma nova geração de líderes empenhados em promover transições para a democracia ou em proteger a democracia e impedir que ela retroceda para o autoritarismo e a exclusão.

Yves Leterme
Secretário-Geral
International IDEA

* N. R. T.: As versões em inglês e espanhol contemplam entrevistas com treze líderes políticos.

Introdução

Este livro revela como nove ex-presidentes e primeiros-ministros de seis países – um da África, dois da Europa e três da América Latina – contribuíram para o sucesso das transições de regimes autoritários para governos democráticos. Entre janeiro de 2012 e junho de 2013, entrevistamos Fernando Henrique Cardoso, do Brasil; Patricio Aylwin e Ricardo Lagos, do Chile; Felipe González, da Espanha; Ernesto Zedillo, do México; Aleksander Kwasniewski e Tadeusz Mazowiecki, da Polônia; e F. W. de Klerk e Thabo Mbeki, da África do Sul.* As entrevistas oferecem uma exposição profunda sobre o papel desempenhado por esses líderes nessas transformações históricas.

Essas entrevistas abrangem uma variedade de transições de diversos regimes autoritários que conduziram a uma governança democrática sustentada que, até hoje, não foi revertida.[1] Cada transição é única, assim como a função de seus respectivos líderes. De Klerk e Zedillo foram figuras-chave em regimes autocráticos de natureza diferente que contribuíram para que seus países progredissem em direção a uma democracia legítima. Aylwin, Cardoso, González, Lagos, Mazowiecki e Mbeki foram figuras destacadas nos movimentos de oposição que ajudaram a pôr fim a regimes autoritários e, posteriormente, ajudaram a construir as democracias que ocuparam seu lugar. Kwasniewski foi figura-ponte, o meio caminho entre a autocracia e a democracia. Todos eles realizaram contribuições significativas para a transição democrática em seus países.

As entrevistas são fascinantes porque esclarecem as ações desses chefes executivos e suas motivações. Comentam a origem e as características das ações que terminaram sendo eficazes tanto para acabar com o autoritarismo quanto para construir a governança democrática. Revelam como entenderam e enfrentaram os principais desafios que tiveram que superar, quais objetivos específicos perseguiam, que estratégias e táticas desenvolveram e como foram evoluindo.[2] Explicam as decisões críticas – e, em alguns casos, angustiantes – que foram forçados a tomar.

* N. R. T.: Além das entrevistas presentes nesta edição, as versões em inglês e espanhol contam também com as seguintes entrevistas: presidente B. J. Habibie (Indonésia), presidente Fidel V. Ramos (Filipinas) e presidentes John Agyekum Kufuor e Jerry John Rawlings (Gana).

Também refletem sobre as lições que podem ser extraídas de suas experiências e que podem ser úteis nas transições presentes e futuras, bem como nas diferenças entre as oportunidades atuais para a democratização e as que existiam em seu tempo.

As conversas a seguir mostram que esse tipo de transição nos obriga a abordar muitas questões sempre importantes: como organizar e unir as forças políticas e sociais divididas para enfrentar o regime autoritário; como revigorar o movimento a favor da abertura política dentro de um regime autoritário; como conseguir acordos viáveis, tanto entre os grupos opositores quanto, se possível, entre eles e certos elementos do regime anterior; e por que (e como) os partidos políticos devem ser fortalecidos e as instituições democráticas, criadas. Os líderes refletem sobre a influência das organizações da sociedade civil e dos agentes internacionais, bem como sobre os limites de suas respectivas funções.

Os personagens entrevistados também abordam questões espinhosas, como a forma de promover o controle civil das Forças Armadas, da polícia e dos serviços de inteligência; como conciliar a necessidade de uma justiça de transição e reparadora com o imperativo de coexistir com os antigos adversários; como aumentar a confiança e atrair investimentos do setor empresarial e responder, ao mesmo tempo, às demandas populares satisfazendo as expectativas de igualdade e redistribuição; e como fomentar o consenso em torno de princípios constitucionais e procedimentos eleitorais. Em suas próprias palavras, essas figuras extraordinárias oferecem algo que falta à maioria dos estudos sobre as transições democráticas: sabedoria política fundamentada na experiência.

Não são apenas as elites políticas, nem talvez a maioria, que conseguem a transição para a democracia. Os movimentos de massa, as organizações da sociedade civil e seus instrumentos – greves, protestos, manifestações e outras formas de pressão da base – foram essenciais em praticamente todas as transições. De diferentes maneiras e medidas, foi o caso em cada uma dessas nove transições – da exigência das Diretas Já no Brasil até as greves gerais do movimento sindical Solidariedade na Polônia e os protestos estudantis no México em 1968. Os partidos políticos, os sindicatos, os movimentos feministas, os estudantes, as associações profissionais, as organizações religiosas e a pressão internacional contribuíram para a mudança nesses países. As estruturas socioeconômicas, as realidades demográficas e geopolítica, além da história e da cultura de cada nação, também determinaram a exigência por democracia e apontaram os obstáculos que precisaram ser superados para alcançá-la.

No entanto, essas entrevistas demonstram de maneira convincente que a liderança política também é importante. Os indivíduos foram fundamentais em todas as etapas desses movimentos, do autoritarismo à democracia. É impossível imaginar a transição sul-africana sem Nelson Mandela, F. W. de Klerk, Oliver Tambo e Thabo Mbeki. Também é impossível entender a transição chilena sem as contribuições únicas de Patricio Aylwin e Ricardo Lagos; avaliar a transição espanhola sem levar em conta a importância crucial do rei Juan Carlos, Adolfo Suárez e Felipe González; ou estudar a conquista da democracia na Polônia sem analisar o papel destacado de Lech Walesa, Wojcieck Jaruzelski, Tadeusz Mazowiecki e Aleksander Kwasniewski. As estruturas são importantes, mas os agentes humanos também são. Os especialistas em ciência política costumam minimizar a importância da liderança, este livro quer enfatizá-la.[3]

O núcleo do presente livro são as entrevistas em si. Para preparar essas conversas, que duraram entre duas e cinco horas e meia, repassamos muitas leituras e consultamos especialistas de cada país. Nós nos concentramos em questões e problemas comuns, bem como nas circunstâncias especiais mais importantes de cada caso. Não nos limitamos a um questionário, preferimos entabular conversas dinâmicas com os líderes políticos, guiando-nos pelo nosso desejo de entender as transições de seus países e encorajá-los a refletir sobre como foram realizadas e que lições podem ser extraídas de suas experiências.

Com a aprovação dos entrevistados, editamos as transcrições para suprimir repetições desnecessárias, organizamos suas observações por tópicos e resumimos nossas próprias perguntas e comentários. Também recorremos a legendas e negrito para facilitar a leitura, foram acrescentadas breves explicações entre colchetes e uma lista de leituras recomendadas em cada caso é fornecida, assim como de literatura comparativa e teórica que consideramos útil. Também fornecemos uma lista de momentos-chave para que o leitor possa identificar mais facilmente as referências concretas a líderes, outras pessoas, partidos e acontecimentos, e preparamos uma breve resenha biográfica de cada um dos líderes. As entrevistas são precedidas por ensaios redigidos por destacados acadêmicos especializados em cada país, que descrevem o contexto da transição correspondente e a atuação de cada líder.

Lamentavelmente, não está viva nenhuma mulher que assumiu um papel de liderança nessas transições, e poucos entrevistados fornecem informações sobre a participação das mulheres nelas. A International IDEA, a nosso pedido, solicitou que Georgina Waylen, da Universidade de Manchester, preparasse um capítulo independente sobre a questão. O capítulo está baseado nas entrevistas que a autora realizou ao longo de vários anos e em novas entrevistas com mulheres ativistas que desempenharam papéis significativos nesses seis países, embora não no nível executivo superior.

Nosso próprio ensaio final destila alguns dos princípios mais importantes sobre como é possível acabar com o autoritarismo quando e onde ele persiste, retorna ou surge, e como a governança democrática pode ser construída. As transições do autoritarismo para a democracia enfrentam desafios recorrentes. As lições extraídas destes casos são muito pertinentes para os líderes e ativistas do futuro. Este livro é útil para os atuais e futuros líderes políticos, bem como para cidadãos de todo o mundo que continuam lutando para estabelecer a governança democrática; para os ativistas de organizações da sociedade civil; para os meios de comunicação e a comunidade internacional; e para todos aqueles que desejam entender, promover, dirigir e apoiar transições democráticas.

Muitas das ideias apresentadas nas entrevistas e analisadas no nosso capítulo de conclusão também são relevantes para aqueles que estão tentando, em muitos países, proteger a governança democrática eficiente da erosão, do enfraquecimento das instituições e das normas e, em alguns casos, de ataques deliberados e conjuntos. A governança democrática nunca é permanentemente conquistada ou sustentada sem esforços. Exige constante consciência, vigilância e abertura a novos participantes, além de lideranças diversificadas.

As mobilizações populares são geralmente a expressão da insatisfação pública com a falta de liberdade, a corrupção ou a baixa qualidade dos serviços públicos, e podem ser forças importantes a favor das reformas, mas também podem contribuir para aumentar a polarização, dificultando a governança democrática.

As experiências que este livro apresenta servem para lembrar que os movimentos autoritários que já pareceram poderosos e intocáveis foram levados ao fim pelos esforços habilidosos, persistentes e sensíveis para construir pontes que tinham o objetivo de unir forças políticas e sociais fragmentadas, construir e fortalecer as capacidades das instituições governamentais sociais e políticas, inspirar confiança energizada por uma visão democrática e sua prática, mobilizar e canalizar pressões internacionais, além de forjar compromissos com base nos princípios centrais que puderam ser amplamente aceitos.

Realizar essas entrevistas e refletir juntos sobre o que aprendemos foi uma experiência maravilhosa, principalmente porque os temas de que tratamos continuam sendo importantes e porque as pessoas que entrevistamos têm experiências e qualidades humanas extraordinárias. Nossa longa amizade foi sendo fortalecida à medida que recorríamos aos valores que compartilhamos e às nossas diferentes experiências, vitais para elaborar este trabalho.

Agradecemos muito à International IDEA por colocar em andamento e apoiar este projeto, e um profundo agradecimento aos líderes políticos que nos permitiram investigar suas memórias. Incentivamos os leitores a seguir nossos passos e aprender com eles.

Sergio Bitar e Abraham F. Lowenthal

NOTAS

1 Como o projeto só começou em 2012, não pudemos entrevistar figuras históricas muito relevantes nesses nove casos, como Nelson Mandela, Corazón Aquino, Wojcieck Jaruzelski ou Ulysses Guimarães. Também não foi possível incluir líderes destacados de outras transições democráticas notáveis do mesmo período, como Vaclav Havel ou Raúl Alfonsín.

2 É claro que os argumentos dos líderes políticos (ou outras pessoas) para explicar retrospectivamente suas decisões e avaliar suas consequências não precisam estar totalmente corretos. Embora façam um esforço sincero para serem totalmente francos, é possível que não se lembrem exatamente de certas situações que viveram anos atrás, ou como percebiam as circunstâncias naquele momento e como elas determinaram suas ações. Também é possível que não tenham valorizado corretamente as forças que intervieram no processo. No entanto, consideramos que essas entrevistas são verossímeis e oferecem perspectivas valiosas que geralmente não podem ser obtidas de nenhuma outra fonte. É possível que os erros sejam minimizados e as realizações enfatizadas, mas em qualquer caso explicam decisões e ações que às vezes outros métodos de análise não permitem esclarecer. Não há melhor maneira de aproveitar essa fonte única que são as entrevistas em profundidade.

3 É surpreendente que exista tão pouca literatura acadêmica sobre a liderança política, talvez porque seja muito difícil entendê-la com os instrumentos e indicadores da ciência política moderna. Uma exceção exemplar é encontrada em Juan J. Linz, "Innovative Leadership in the Transition to Democracy and a New Democracy: The Case of Spain" [Liderança inovadora na transição para a democracia e uma nova democracia: o caso espanhol], em Gabriel Sheffer (ed.), *Innovative Leadership in International Politics* [Liderança inovadora em política internacional] (Albany: State University of New York Press, 1993). Veja-se também o último volume de Archie Brown, *The Myth of the Strong Leader: Political Leadership in the Modern Age* [O mito do líder forte: liderança política na Idade Moderna] (Londres: Bodley Head e Nova York: Basic Books, 2014). Brown afirma que essas figuras políticas que ele define como líderes "redefinidores" ou "transformacionais" são a exceção, não a norma, mas podem fazer uma grande diferença. Embora enfatize os perigos da fé em um "homem forte", oferece argumentos a favor da liderança colegiada e inclusiva. Em sua correspondência pessoal, Brown indica que esse tipo de liderança é especialmente necessário nas transições, observação essa que é corroborada nessas entrevistas. Marshall Ganz fornece outra perspectiva em "Leading Change: Leadership, Organization and Social Movements" [Liderar a mudança: liderança, organização e movimentos sociais], em Nitin Nohria e Rakesh Khurena (eds.), *Handbook of Leadership and Practice* [Manual de liderança e prática] (Boston: Harvard Business Press, 2010). Ganz define a liderança como "assumir responsabilidades para criar condições que permitam que outros alcancem objetivos comuns em situações de incerteza". A maioria dos líderes entrevistados neste volume encarna esse conceito.

BRASIL

A transição no Brasil:
de uma liberalização limitada a uma democracia vibrante

Frances Hagopian, Universidade de Harvard

As Forças Armadas governaram o Brasil entre 1964 e 1985; durante a metade desse período, a oposição seguiu pacientemente as normas estabelecidas pelo regime em uma longuíssima transição para a democracia. A didática experiência do Brasil em relação à democratização oferece exemplos de decisões estratégicas, adotadas tanto por autocratas como por democratas, que podem levar a uma transição pacífica. Da mesma forma, demonstra que, com o passar do tempo, as limitações para uma verdadeira governança democrática, impostas por acordos institucionais e acordos substantivos, podem ser superadas.

DEMOCRACIA E DITADURA

No final do século XIX, estabeleceu-se no Brasil um sistema político pluralista. No entanto, durante décadas, o regime oligárquico privou a grande maioria dos brasileiros do exercício efetivo de sua cidadania. Mesmo depois da Segunda Guerra

Mundial – quando o sistema político abriu-se a uma participação e disputa política mais ampla –, as classes baixas das áreas urbanas se mantinham estritamente controladas, não sendo permitido aos trabalhadores rurais organizar sindicatos e sendo vetado aos analfabetos o direito ao voto. Embora o país tenha prosperado na década de 1950, devido aos investimentos em infraestrutura, à substituição de importações para impulsionar a industrialização e à construção de uma nova capital nacional em Brasília, a pressão sobre o sistema político começou a aumentar. A fragilidade institucional, explicitada por um sistema político partidário altamente fragmentado e um Congresso ineficaz, não contribuiu em nada para apaziguar os medos das elites ameaçadas pela mobilização das massas camponesas, os avanços eleitorais de um partido trabalhista populista e a retórica esquerdista do presidente João Goulart.

Em abril de 1964, em plena Guerra Fria, os militares brasileiros, incitados pelo medo de uma insurreição comunista e de uma guerra civil, reagiram a essa tempestade perfeita gerada por uma inflação em disparada e reservas de divisas cada vez menores, pelas demandas por uma reforma agrária, pela aparente inaptidão dos líderes civis e pelos crescentes tumultos sindicais e estudantis. Naquele mês foi realizado um golpe de Estado que impôs um regime militar autoritário. Os dirigentes militares estabilizaram a economia, fortaleceram o Estado e ampliaram seu papel na economia, aboliram os partidos políticos e tornaram-se brutalmente repressivos, suspendendo o *habeas corpus*, instaurando a censura nos meios de comunicação e o estado de sítio. Como outros governos militares da América Latina, o regime brasileiro submetia seus inimigos, reais e imaginários, a detenções arbitrárias, torturas, exílio e até a morte. No entanto, mesmo no período de maior recrudescimento da repressão, foi menos cruel que os de seus vizinhos. Os tribunais militares emitiam frequentemente veredictos de absolvição e apenas por volta de 500 políticos perderam seus direitos políticos, incluindo o direito de ocupar cargo público (comparado aos 15 mil no Uruguai); e o governo foi responsável por "apenas" 333 mortes, um número de vítimas *per capita* entre 50 e 100 vezes menor do que os registrados no Chile e na Argentina, respectivamente.

Como mencionado por Fernando Henrique Cardoso, foi central no Brasil o fato de que o regime militar tenha se firmado com um véu de legalidade, organizando periodicamente eleições legislativas e municipais, e permitindo o funcionamento de instituições representativas (incluindo o Congresso e um partido oficial pró-governo e um de oposição). Embora o regime tenha suprimido as eleições para governo dos estados e prefeituras das capitais, manipulando as leis eleitorais e retirando significativo poder constitucional dos cargos públicos, foram as eleições competitivas, em última instância, que abriram o caminho singular do Brasil para a democratização.

A TRANSIÇÃO POLÍTICA

A transição do Brasil para a democracia foi gradual. Começou de cima e tolerou uma limitada mobilização cívica e partidária. A abertura à liberalização política aconteceu devido a uma fissura no regime entre as facções mais duras dos militares (que acreditavam que o Brasil necessitava de um regime militar de duração indefinida para obter seu potencial pleno) e os mais moderados (que entendiam o regime militar como guardião temporário e temiam a perda do apoio civil às Forças Armadas como instituição, caso o poder repressivo do setor mais duro não fosse limitado). No início de 1974, um novo presidente moderado, o general Ernest Geisel, anunciou que "distenderia" o regime militar, reduziria a censura da imprensa e permitiria maior liberdade de expressão e decisão. Os sete anos de taxas de crescimento de dois dígitos, a estabilidade política e social e uma oposição tão intimidada, a ponto de quase dissolver-se em 1972, deram confiança suficiente a Geisel para crer que o regime seria vitorioso em eleições competitivas.

A oposição enfrentou um dilema conhecido: boicotar eleições que não dariam base a qualquer transferência integral de poder ou usar o espaço aberto pelo regime para organizar-se, propagar ideias e mobilizar apoios para uma abertura democrática. Optou-se pela segunda via. Frente às acusações de que estavam legitimando a ditadura, Cardoso e outros membros da oposição argumentaram habilmente que a participação no sistema a partir de dentro, e o uso do sistema a seu favor, era o caminho mais seguro para obter uma mudança democrática. Mostraram ter razão. Imediatamente a oposição obteve 16 das 22 cadeiras em disputa no Senado em 1974, aumentou sua presença na Câmara de Deputados de 28% para 44% e ganhou o controle de mais 5 legislaturas estaduais. Os resultados foram uma dolorosa derrota para o governo. Cardoso assinala que isso não se deveu a uma sede popular por democracia, mas a uma campanha eficaz da oposição que reivindicava por questões econômicas cotidianas, especialmente a erosão do poder aquisitivo dos salários dos trabalhadores em um contexto de explosão econômica. Com o decorrer do tempo, a participação nas eleições melhorou a capacidade da oposição em mobilizar eleitores e exercer pressão sobre o governo, com o objetivo de continuar a abertura política. Seguindo a lógica expressada por Cardoso – ou seja, que a transição não se daria mediante assalto ao regime, mas sitiando-o até que os de dentro estivessem prontos a negociar –, a oposição persistiu, mesmo que o regime alterasse habilmente as normas vez ou outra, manipulando o processo político a seu favor nas eleições municipais (1976), legislativas (1978) e, finalmente, executivas (1982). A oposição também compreendeu que as mudanças estruturais e o tempo jogavam a seu favor. O crescimento econômico e a industrialização empurraram milhões de brasileiros para as cidades, criaram uma classe média forte capaz de consumir uma série de bens duráveis, desde geladeiras até automóveis, e expandiu a classe trabalhadora para quase 30% da população.

Emergiu também uma sociedade civil vibrante no espaço criado com a abertura política. Os setores influentes das elites ideológicas foram os primeiros a expressar suas reservas em torno do regime autoritário. Em particular, a hierarquia da Igreja Católica condenou a repressão, manteve registros dos assassinatos cometidos pelo Estado e da violência nas zonas rurais, deu abrigo a trabalhadores grevistas, acolheu a democracia e incentivou grupos de base nos quais uma dinâmica de participação foi encorajada. Em outubro de 1975, a morte do proeminente jornalista Vladimir Herzog, preso no centro de inteligência do Segundo Exército em São Paulo (DOI-Codi), levou a Ordem dos Advogados do Brasil, que atuava de forma dócil, a publicar uma declaração em que acusava o governo de tortura. Além disso, o cardeal Dom Paulo Evaristo Arns teve a coragem de celebrar uma cerimônia conjunta católica e judaica em homenagem a Herzog na Catedral da Sé de São Paulo, tornando-se o primeiro protesto de massa contra o regime militar. Um grupo de empresários importantes também realizou uma corajosa campanha contra o estatismo em 1974 e, alguns anos depois, equiparou um forte Estado intervencionista a uma forma de governo arbitrário, clamando por democracia como única solução quando o Estado controla a sociedade, em vez de a sociedade controlar o Estado.

Na medida em que o espaço político se abria, os grupos religiosos de base, as associações de bairro e um poderoso movimento de mulheres pressionaram por interesses específicos em prol de uma maior liberdade política. No final da década de 1970, Luiz Inácio da Silva, Lula, liderou um novo movimento sindical que temia a intervenção do Estado e extraía forças de seu vínculo com as bases de trabalhadores, e não da relação com os patrões estatais. O movimento conseguiu mobilizar de forma impressionante uma greve de milhares de pessoas no coração industrial de São Paulo, a favor de aumento salarial e de direitos de negociação coletiva. A mobilização da sociedade civil entre as elites, nas ruas, nas fábricas, e as pesquisas de opinião pública fortaleceram o poder negociador da oposição. Tudo isso ocorria no contexto de um regime militar que nunca havia perdido uma guerra, nem um plebiscito, e que havia negociado sua saída a partir de uma posição de força. Mas a tendência incontrolável do fervor democrático empoderou a oposição democrática.

A transição foi acelerada com as eleições para governadores em 1982. Com a intenção de dividir a oposição para reverter o caráter plebiscitário que havia marcado as eleições desde 1974, o regime permitiu a criação de partidos novos em 1979. Como era esperado, a oposição se dividiu em cinco partidos,* desde o Partido dos Trabalhadores (PT), de Lula, à esquerda, até um partido moderado de direita de curta duração [o Partido Popular] (dissolvido em 1981, quando o governo impôs uma série de normas que proibia alianças eleitorais). Entretanto, a decisão da oposição de participar das eleições mesmo com a flagrante manipulação das normas eleitorais rendeu frutos uma vez mais. Com uma aguda inflação anual superior a 200%, e com a economia em profunda recessão, causada pelos custos cada vez mais altos de manutenção da dívida externa, os partidos de oposição conseguiram eleger dez governadores nos estados mais industrializados e desenvolvidos do Brasil, que representavam três quintos do eleitorado nacional e três quartos do Produto Interno Bruto (PIB), dentre os quais São Paulo, Minas Gerais e Rio de Janeiro. Além disso, a pequena maioria da oposição na Câmara de Deputados obrigou o governo a negociar leis polêmicas, e mesmo alguns governadores do partido do regime acabaram prestando contas mais a seus eleitores do que ao próprio governo militar.

Mesmo depois desses reveses eleitorais, os militares estavam convencidos de que o candidato do regime venceria em um Colégio Eleitoral lotado de parlamentares favoráveis ao regime, motivo pelo qual mantiveram o rumo fixo para as eleições de 1985, que acabaram depositando o poder nas mãos de um presidente civil. Em 1984, com o objetivo de aprovar uma reforma constitucional que forçaria as eleições presidenciais diretas, a oposição criou uma campanha que levou milhões de pessoas às ruas com o grito de "Diretas já" nas principais capitais dos estados brasileiros. Manifestações massivas tiveram início em São Paulo no mês de janeiro, sem a intervenção dos militares. No Congresso, faltou pouco para a oposição obter os dois terços de votos necessários para reformar a Constituição e, mesmo com a derrota, optou por participar das eleições indiretas. O partido do regime indicou um candidato muito polêmico para presidente,** precipitando uma avalanche de defecções na classe política e contribuindo para que o candidato da oposição, Tancredo Neves (governador pelo PMDB do importante estado de Minas Gerais e político com grande capacidade de criar consensos), ganhasse as eleições.

* N.T.: Foram organizados PDS (antiga Arena), PMDB (antigo MDB), PT, PDT, PTB e PP, depois dissolvido.

** N.T.: O PDS indicou o deputado Paulo Maluf, de São Paulo.

A CONSTRUÇÃO DEMOCRÁTICA: O PAPEL DE FERNANDO HENRIQUE CARDOSO

A transição para a democracia no Brasil continuou após a passagem do poder dos militares para as mãos de um presidente civil em 1985, e os brasileiros tiveram grandes dificuldades para construir um regime democrático. A primeira dificuldade consistiu em estabelecer o controle civil sobre o estamento militar sem desencadear uma reação violenta. Os militares não queriam prestar contas perante a Justiça pelas violações de direitos humanos, um medo compartilhado por todos os militares da região após o precedente da Argentina, em que o governo levou a julgamento os principais oficiais. Além disso, pretendiam conservar o controle sobre os assuntos militares (como promoções, orçamentos e aquisição de armas) e continuar desempenhando as funções constitucionais, como a "garantia da ordem interna". Embora nenhum oficial militar tenha sentado no banco dos réus, com o decorrer do tempo os governos civis abriram os arquivos da repressão militar e indenizaram as famílias de 265 vítimas assassinadas ou desaparecidas durante o regime. Os governos civis também limitaram as ambições dos fardados quanto à segurança nacional no Amazonas, limitaram comentários políticos dos oficiais na ativa, suspenderam compras de jatos de caça e frearam o programa nacional de enriquecimento de urânio com fins nucleares. O mais importante é que, ao final de seu primeiro mandato como presidente (1995-99), em uma brilhante sequência de manobras explicadas em sua entrevista, Cardoso conseguiu reduzir definitivamente o poder dos militares na equipe de governo, ao extinguir três ministérios independentes e nomear um civil para a chefia do novo Ministério da Defesa.

Os dirigentes democráticos também tiveram que equilibrar as reivindicações em favor da redistribuição econômica e de justiça, com a necessidade de reafirmar os direitos de propriedade e dissipar os temores das elites econômicas. A reforma agrária e os direitos de propriedade eram temas particularmente espinhosos, já que as invasões brutalmente violentas de terras pertencentes às elites agrícolas e pecuárias, pelos membros do Movimento dos Trabalhadores Rurais Sem Terra (MST), eram frequentes. Finalmente, os assuntos relacionados à redistribuição e direitos foram expressos no Congresso, quando a Assembleia Constituinte elaborou, debateu e promulgou, em 1988, uma nova Constituição democrática. A direita conseguiu inclinar a balança contra a reforma agrária no Congresso, mas outros direitos foram consagrados na Constituição, como os trabalhistas, os dos povos indígenas e o direito universal dos cidadãos aos serviços de saúde, transformados em compromisso permanente da democracia brasileira. No final, em 1989, foi eleito um presidente por meio do voto popular.

Durante a transição, Fernando Henrique Cardoso foi o dirigente intelectual da oposição e um dos críticos mais contundentes e influentes do regime militar. Em um ponto intermediário entre os radicais e os moderados, Cardoso contribuiu para evitar a cisão da oposição, apoiou as greves e a libertação de Lula, que havia sido preso, mas conteve a oposição para que não se precipitasse. Cardoso admirava o modelo de transição espanhola. Desde o início, foi a figura visível na campanha pelas eleições diretas, tendo feito o discurso-chave da oposição no Senado em favor da reforma constitucional. Convenceu a oposição para que não se retirasse das eleições indiretas – já que tinha a firme convicção de que havia a possibilidade de vencer o candidato do governo, apesar de todos os obstáculos –, assim como convenceu Ulysses Guimarães, um importante dirigente da oposição, a colaborar na coordenação da campanha de Tancredo Neves. Cardoso também desempenhou importante papel na redação da Constituição democrática de 1988, como membro do Comitê de Normas Internas e da Comissão de Sistematização. Em 1993, no cargo de ministro da Fazenda, trabalhou com uma equipe de acadêmicos especialistas para elaborar o Plano Real, voltado para a redução da inflação e, em seguida, usou de grande persuasão para conseguir sua aprovação, aplicação e aceitação, em um momento em que, como ele admite, o Congresso era frágil. Em 1994, Cardoso foi eleito presidente por um eleitorado agradecido por seu papel na derrota da inflação. As reformas econômicas empreendidas durante seu governo deram base para a estabilidade econômica e democrática.

Cabe admitir que a transição brasileira para uma verdadeira governança democrática foi, em certa medida, mais árdua que a de outros países, como a Argentina, onde a derrota militar nas ilhas Malvinas enterrou a credibilidade das Forças Armadas. De toda forma, a estrutura social do Brasil, sua sociedade eminentemente urbana e uma cultura política modelada por sua história política-eleitoral fizeram com que a pressão para uma democratização progressiva por meio de eleições fosse perfeitamente viável. A oposição democrática aceitou as normas e o ritmo ditados pelo regime, e fez inúmeras concessões pelo caminho. É impossível saber se essas concessões prolongaram a transição de forma desnecessária, como afirmavam algumas vozes à época. O que é evidente, ao olhar para trás, é que não constrangeram a democracia de forma permanente. Foi estabelecido um controle civil inequívoco sobre as forças militares, houve a ampliação significativa das disposições voltadas ao bem-estar social, foi obtido um crescimento econômico mais equitativo e, hoje, a democracia no Brasil é vibrante, inovadora e está profundamente enraizada.

Resenha biográfica de FERNANDO HENRIQUE CARDOSO, presidente do Brasil (1995-2003)

Fernando Henrique Cardoso iniciou sua reputação profissional como sociólogo. Sua tese e seu primeiro livro tratam de temas raciais no Brasil, e logo demonstrou talento político e administrativo na administração da Universidade de São Paulo. Retirado de sua cátedra pelo regime militar, Cardoso exilou-se no Chile, onde foi coautor de famosa publicação sobre a dependência e o desenvolvimento.* Recusou postos acadêmicos internacionais de grande interesse para voltar ao Brasil em 1968. Com a ajuda da Fundação Ford, participou da criação do Cebrap, um centro independente de pesquisas em ciências sociais, onde coordenou estudos sobre a São Paulo urbana, centrados na distribuição de renda e outros temas, com implicações sobre as políticas que desafiavam o regime militar. Cardoso iniciou sua carreira política nas eleições legislativas parcialmente livres de 1978. A partir de então, passou a ter cada vez maior peso no Congresso como membro da oposição e cofundador do Partido da Social Democracia Brasileira (PSDB).

Como um dos líderes da oposição na transição progressiva, Cardoso estabeleceu pontes entre os opositores do regime militar e, mais adiante, nos sucessivos governos democráticos do país. Teve papel como relator dos comitês do Congresso que deram vida à Constituição de 1988. A partir de 1993, como ministro da Fazenda, utilizou seus conhecimentos acadêmicos para conter a inflação com o Plano Real e conquistou o apoio da opinião pública através da elaboração de uma nova abordagem econômica dirigida ao conjunto dos cidadãos. O sucesso do Plano Real contribuiu de maneira significativa para sua eleição como presidente em 1994. Cardoso utilizou sua capacidade para construir relações e suas habilidades pessoais para forjar uma coalizão de governo. Também aproveitou o

* N.T.: Fernando Henrique Cardoso e Enzo Faletto, *Dependência e desenvolvimento na América Latina*, Rio de Janeiro, Zahar, 1970.

amplo histórico militar de sua família para compreender as tradições dos militares brasileiros e ganhar seu apoio para realizar importantes reformas, incluindo o estabelecimento de um ministério civil de Defesa. Exerceu dois mandatos presidenciais, supervisionou as reformas econômicas destinadas à abertura dos mercados, optou por uma diplomacia internacional ativa e coordenou uma impecável transição de poder para as mãos do tradicional dirigente de esquerda e líder sindical Luiz Inácio Lula da Silva, eleito em 2002, que ampliou e deu continuidade a muitas das políticas econômicas e sociais de Cardoso.

ENTREVISTA COM O PRESIDENTE FERNANDO HENRIQUE CARDOSO

Quais são, a seu ver, os principais fatos da transição brasileira que têm valor universal e podem ser úteis para novas transições democráticas, levando em conta a especificidade histórica e a cultura de cada caso?

Primeiro, é preciso levar em conta que a transição brasileira ocorreu na época da Guerra Fria, com o mundo dividido em dois. O golpe militar de 1964 não se explicaria de outro modo. Por sua vez, o abrandamento da Guerra Fria ajudou a transição. Dito de outra forma, as circunstâncias internacionais contam, ainda que não sejam o fator essencial.

Os fatores mais importantes são os internos. A experiência do Brasil mostra a importância de combinar a pressão social com a ocupação dos espaços institucionais, inclusive se esses são muito reduzidos no seu início. As Forças Armadas brasileiras mantiveram o Congresso em funcionamento, exceto durante breve período. Não proibiram os partidos políticos: extinguiram os partidos existentes e criaram dois partidos novos, ao lado da definição de mecanismos habituais de um governo autoritário. Segundo o decreto de Segurança Nacional, os militares não podiam nem queriam afastar as instituições liberais. A existência dessas instituições foi chave para a dinâmica da transição, pois a pressão social pôde ser canalizada pelas eleições. Por sua vez, essas conquistas, ainda que parciais, reforçaram a pressão social contra o regime.

Durante esse processo foi desenhando-se gradualmente uma nova sociedade, que criou novas formas de luta, sem armas. A luta armada foi uma catástrofe e foi utilizada como justificativa para o pior período da repressão política do regime militar, que ocorreu entre 1968 e 1973.

MOBILIZAÇÃO SOCIAL

Como o senhor começou a envolver-se no processo político?

Eu me lancei na batalha correndo grandes riscos. Passei da sociedade civil à política. Em 1973, comecei a ter voz pública mais forte. A Sociedade Brasileira para o Progresso da Ciência (SBPC), que era uma espécie de conglomerado de personalidades independentes de oposição – professores, cientistas e outros intelectuais que criticavam o regime –, foi um foro de debate muito importante para enfraquecer o regime.

O Centro Brasileiro de Análise e Planejamento (Cebrap) também foi um grande veículo de mobilização intelectual. Criamos esse centro com o apoio da Fundação Ford, o que suscitou um debate interno considerável, pois se trata de uma organização norte-americana. As pessoas tinham dúvida se era legítimo que uma fundação norte-americana nos apoiasse, mas eu já havia trabalhado na Comissão Econômica para a América Latina (Cepal) e não compartilhava essas dúvidas. O Cebrap tornou-se um núcleo importante e muitos dos que mais tarde tiveram peso na vida intelectual brasileira passaram por lá, incluindo Pedro Malan, José Serra e Luciano Coutinho (que depois foram, respectivamente, ministro da Fazenda, governador de São Paulo e candidato presidencial, e presidente do Banco Nacional de Desenvolvimento Econômico e Social). Não pertencíamos a nenhum partido e aceitávamos as pessoas que saíam da prisão com a condição de não estarem vinculadas à luta armada. Lá, trabalhávamos junto com a Igreja, especialmente com o cardeal de São Paulo, Dom Paulo Evaristo Arns. Dei muitas palestras em conventos e escrevi um livro em 1975, com outros pesquisadores do Cebrap, intitulado *São Paulo 1975: crescimento e pobreza*, que denunciava a situação social do Brasil naquele período.

Embora o país crescesse a uns 7% ao ano, a situação social piorava devido à migração interna e ao enorme crescimento demográfico. O Estado não tinha meios para proporcionar mais serviços de saúde, educação ou transporte. Além disso, havia uma política de linha dura para manter baixos os salários dos trabalhadores.

Como emergiu a sensação de liberdade e como ela conectou-se aos movimentos sociais? Como as forças políticas começaram a organizar-se?

Havia espaço político para a crítica social, contra a tortura, por exemplo, e a Igreja Católica fez muito a respeito. O arcebispo Paulo Evaristo Arns era um homem muito atuante que se opunha à tortura. Em 1975, realizamos uma manifestação muito numerosa quando mataram o diretor da TV Cultura, Vladimir Herzog. Dom Paulo foi valente ao decidir que celebraria uma missa de protesto com o rabino Henry Sobel e o pastor presbiteriano James Wright. O governador de São Paulo (nomeado pelo presidente Ernesto Geisel, 1974-79), Paulo Egídio Martins, era amigo nosso e tinha uma posição mais liberal conservadora. Dom Paulo enviou um mensageiro para falar com o secretário do Interior, que respondeu: "Você sabe que pode causar um massacre", e foi então que Dom Paulo me chamou e conversamos. No final, tomou a decisão de celebrar a missa, e essa foi a primeira mobilização popular contra o regime. Realizou uma homilia muito contundente; o cardeal Helder Câmara participou e eu assisti à missa com os sacerdotes no altar.

A CONSTRUÇÃO DE UMA COALIZÃO

Quando chegou o ano de 1974, já tinha ocorrido uma mudança importante na oposição. O líder era o deputado Ulysses Guimarães, um homem extraordinário do antigo Partido Social Democrático (PSD), o principal partido de governo antes do golpe militar. Ulysses era conservador, mas pouco a pouco foi emergindo como um dos líderes da redemocratização. Queria renovar o Movimento Democrático Brasileiro (MDB), o único partido legalizado de oposição à ditadura. Em 1974, ocorreriam eleições e ele veio me ver no Cebrap com seu amigo, outro deputado. Ulysses havia lido meus artigos, em que eu mencionava que havia chegado o momento da aproximação da esquerda ao MDB. Para muitos naquele momento, essa proposta era um pecado. Segundo os companheiros, tínhamos que ser puros, a verdadeira oposição não deveria entrar em contato com a outra oposição, a que contava com a aprovação do regime. Em um artigo, eu argumentava que não era possível quebrar a rede militar sem estabelecer uma aliança entre vários setores. Ulysses Guimarães veio ao meu escritório sem saber em que consistia o Cebrap; éramos um centro de pesquisa, não uma organização política. Para que fizéssemos ações políticas, tinha que perguntar quem estava disposto a participar. Alguns de meus colegas aceitaram preparar um programa de campanha para o MDB em 1974. Entre os que colaboraram estavam Francisco Weffort e Francisco de Oliveira, que anos depois se filiaram ao Partido dos Trabalhadores (PT), Bolivar Lamounier, a professora Maria Hermínia Tavares de Almeida e Paul Singer, que segue no

PT até esta data*. Esse programa foi a matriz dos programas futuros. Não bastava criticar a violência e a tortura e falar de democracia; era necessário tratar também dos assuntos relacionados às mulheres, aos negros, aos indígenas, à sociedade civil e aos sindicatos, e tinha que dar resposta à intensa pressão social que exigia a reparação dos danos. Era um programa social-democrata.

A CRIAÇÃO DE UM CONSENSO PARA A MUDANÇA

Naquela época, alguns membros do nosso grupo acreditavam que a social-democracia era traição. Entretanto, na prática, eu já não pensava assim. Ulysses Guimarães convidou Chico de Oliveira e a mim para apresentar, em Brasília, o programa aos dirigentes do MDB, antigos chefes políticos que haviam enfrentado o governo militar, Tancredo Neves e André Franco Montoro, entre outros. Não acreditávamos que fossem aceitar o programa, mas, para nossa surpresa, todos o subscreveram. Para eles, o mais importante era incluir mais gente na oposição, o programa não lhes preocupava muito, exceto a Ulysses Guimarães.

As eleições chegaram em 1974. A oposição ganhou 16 das 22 cadeiras em disputa no Senado e elegeu 161 deputados para a Câmara, menos que o partido do governo, mas muito mais que nas eleições de 1970. Esses resultados foram uma verdadeira surpresa para o regime. As coisas deram certo para a oposição porque a situação econômica das massas estava ruim, não porque se opunham ao regime. Começou então a abertura. Golbery do Couto e Silva era o principal ministro político de Geisel, embora fosse militar. Em 1964, havia criado o Serviço Nacional de Informações (SNI), que desempenhou um papel central na repressão. Mesmo assim, Golbery estava preocupado em limitar o poder da extrema-direita e do aparato repressor.

Geisel tinha uma atitude ambígua. Em uma ocasião, a polícia chegou ao Cebrap e prendeu vários pesquisadores. Embora não tivessem nada a ver com os movimentos da luta armada, foram torturados na delegacia de polícia de São Paulo. Quando foram liberados, eu os levei à casa de um amigo que era então ministro de Geisel, Severo Gomes, que mais tarde foi senador pelo partido da oposição. Severo pediu que eu redigisse uma carta a Geisel relatando o ocorrido e a levou. Geisel disse a Severo que eu também era comunista. "O que você quer dizer com é 'comunista'?", respondeu Severo. Geisel era uma pessoa dura, mas estava influenciado por Golbery do Couto e Silva.

* N.T.: Paul Singer faleceu em 2018.

Com uma certa distensão do regime, a imprensa passou a assumir mais riscos. Havia um jornal chamado *Gazeta Mercantil* que era influenciado por antigos comunistas, alguns dos quais intelectuais importantes. Creio que foi em 1977, quando criaram um foro integrado pelos dez líderes empresariais mais importantes do Brasil, que passaram a criticar o excessivo gigantismo do "Estado empresarial". Foi uma coisa curiosa, como se a imprensa tivesse inventado uma liderança que, na realidade, estava dispersa. Não se tratava de uma liderança de patrões, mas eram líderes empresariais individuais importantes, gente economicamente forte.

A voz da imprensa teve repercussão no governo. Os dois principais diários de São Paulo tiveram influência nesse processo. Desde o Ato Institucional n.5 de 1968 (AI-5),[1] o jornal *O Estado de São Paulo* protestava contra a censura da imprensa, publicando versos do poeta Luís de Camões no lugar de artigos que o governo havia censurado. A mobilização contra a censura (e a favor da impugnação do AI-5) ganhou força. Foi Golbery, principalmente, quem percebeu que era necessário um movimento de liberalização do regime. A ideia era realizar uma liberalização sob o slogan "Lenta, gradual e segura". No entanto, nós nos opúnhamos a isso; queríamos que fosse rápida, ainda que não fosse tão segura. A transformação não foi linear; houve momentos em que Geisel estava submetido a uma forte pressão e outros em que gozava de maior margem de ação para liberalizar.

Em 1977, ocorreram outros movimentos interessantes. Ulysses havia sido o candidato presidencial contra Geisel no colégio eleitoral, controlado pela ditadura. Ao mesmo tempo, começava a surgir um movimento de trabalhadores sindicais sem vínculo com o Partido Comunista, nem com nenhuma esquerda preexistente. Então aparece Lula: era o secretário-geral e, posteriormente, o presidente do sindicato de São Bernardo. Lula não tinha nenhuma formação política e se opunha à ideia de partidos políticos, mas tinha grande capacidade de oratória. Como não vinha da esquerda, sua perspectiva não era a habitual. Com o apoio dos sindicatos alemães, que eram muito fortes na indústria automotiva, organizaram greves em torno de reivindicações econômicas, sem um programa político de maior envergadura. Entretanto, as demandas econômicas se converteram em uma demanda por direitos. Um grupo de advogados associados com os sindicatos, entre eles Almir Pazzianotto, que foi ministro do Trabalho de José Sarney, desempenhou um papel muito importante nesse sentido. Com esse novo enfoque, esses sindicatos foram crescendo.

Em 1977, filiei-me ao MDB. No ano seguinte, fui ao sindicato de Lula pela primeira vez, como pré-candidato ao Senado. Lula me enviou uma mensagem para dizer que queria me apoiar. Fiquei impressionado, porque seu aparato era muito poderoso. Os sindicatos começaram a se politizar. Algumas greves de Lula, especialmente as de 1978 e 1979, mobilizaram as pessoas, a Igreja, os intelectuais e uma parte do MDB.

ACABAR COM O SISTEMA AUTORITÁRIO A PARTIR DE DENTRO

Em 1978 ocorreram novamente eleições para o Congresso. A oposição não conseguiu maioria nem na Câmara dos Deputados nem no Senado (em 1977, o governo introduziu a figura conhecida como "senador biônico", eleito de forma indireta para evitar que perdesse a maioria no Senado). Entretanto, a oposição obteve muitos votos, sobretudo em estados e localidades mais dinâmicas do ponto de vida social e econômico. Surgiu a ideia de apresentar um membro dissidente do Exército às eleições para sucessor de Geisel. Sabíamos que havia poucas possibilidades de ganhar no colégio eleitoral.* Apesar de a oposição ter obtido peso no Congresso, sobretudo na Câmara de Deputados, o regime tinha o controle do colégio eleitoral, incluindo, entre outros, os representantes das Assembleias Legislativas dos estados. Nosso objetivo não era ganhar, mas demonstrar força perante o regime em seu próprio terreno.

Eu estava no Rio com Severo Gomes, que havia se demitido do governo e passado para a oposição, e ele propôs que fôssemos à casa do general Euler Bentes Monteiro, que parecia opor-se ao candidato do governo, o general João Baptista Figueiredo. Nessa primeira reunião, o general Euler Bentes nos disse que aceitaria ser candidato da oposição e Severo pediu que consultássemos Ulysses Guimarães. A reação de Ulysses foi fria, porque estava promovendo outra candidatura civil, a do ex-governador de Minas Gerais Magalhães Pinto, que havia se afastado do regime e começado a ter uma posição distinta. Ulysses queria que Magalhães fosse candidato porque era civil e, embora fosse muito próximo do regime, representava a oposição interna. Mais tarde, quando foi senador, Magalhães me chamou, perguntou se eu sabia que nossos filhos estavam saindo juntos e disse que não queria que ninguém soubesse. Depois, meu filho casou com a filha dele. Mais tarde se divorciaram, mas minhas netas são também netas de Magalhães.

* N. R. T.: A Emenda Constitucional nº 1 de 17 de outubro de 1969 criou o colégio eleitoral composto pelo Congresso Nacional e delegados das Assembleias Legislativas dos estados para eleger indiretamente o presidente e o vice-presidente da República.

Ulysses estava com a ideia de abrir uma brecha no regime utilizando Magalhães, e aí apresenta-se esse general que também queria a candidatura. Eu preferia o general porque ele quebraria pilares do regime. O tempo passava e Ulysses não tomava decisão alguma. Ele me chamou e perguntou: "O que você pensa realmente desse general?". Respondi: "Penso que você está atrasado em apoiá-lo". Ele não gostou em nada de minha resposta, e disse: "Mas você sabe que São Paulo é civilista". "É verdade", respondi. "O que ocorre é que este é um regime militar e esta é a primeira vez que um oficial em ativa de quatro estrelas muda de lado, e nós não vamos ganhar sem quebrá-los por dentro."

Minha concepção foi de que a transição não se desenvolveria com um choque frontal. Eu utilizava sempre a seguinte expressão: eles são uma fortaleza, nós temos que rodeá-la e, se formarmos um forte cerco, os de dentro terão fome e virão nos procurar. Então a transição ocorrerá como consequência de uma espécie de confluência de forças que se afastam do governo, para unir-se à oposição. Não será a oposição sozinha. Entretanto, para muitos, minha visão podia acabar beneficiando o regime.

Eu creio que minha visão acabou ganhando. Euler foi o candidato, mas perdeu; não era o caso de ganhar, não tinha como fazê-lo, mas a brecha foi mantida.

Qual foi a estratégia dos militares e como atuaram para contrapor uma oposição cada vez mais forte?

No princípio, Golbery queria uma transição lenta. Os votos que a oposição obteve em 1974 e 1978 foram uma surpresa. A reação do governo foi postergar para 1982 o retorno das eleições para os governos estaduais, previstas inicialmente para 1978. Em 1979, o governo pôs fim ao bipartidarismo. O objetivo dessa medida era dividir a frente da oposição. Nesse novo contexto, o projeto de criação do PT começou a ganhar força. No princípio, o governo via o movimento sindical com bons olhos. Nunca antes um líder sindical havia ocupado tantas primeiras páginas como Lula; porque Lula era diferente, não estava vinculado à Guerra Fria nem à velha esquerda, representava algo novo. Os setores mais moderados do MDB também buscaram criar outro partido, chamado Partido Popular (PP), com o apoio do governo, sob o comando de Tancredo Neves. Olavo Setúbal, a quem Geisel havia nomeado prefeito de São Paulo, era um banqueiro importante que também se uniu ao partido. O PP não durou muito, a maioria de seus dirigentes voltou ao MDB, que passou a chamar-se PMDB.

Como a luta pela democracia foi ativada nessa nova fase da transição?

Naquela época, começaram a surgir outros movimentos: um movimento muito forte pela anistia, inclusive no final do governo Geisel, e as greves de Lula. Curiosamente, Lula não apoiou a anistia, porque dizia que a verdadeira anistia para os trabalhadores seria terminar com a legislação trabalhista de Vargas, que vinculava os sindicatos ao Estado. Os novos líderes sindicais tinham uma visão mais independente, com uma influência mais católica, e não estatista. A posição do novo sindicalismo desejava quebrar os vínculos com o governo, queria um sindicato mais autônomo. Nós participamos de uma luta por uma anistia política. O grande líder dessa luta foi o senador Teotônio Vilela, um parente de minha mãe. Ele também apoiava o regime, mas ao fim mudou de opinião. Teotônio tornou-se herói da oposição. O nome da fundação do meu partido é Teotônio Vilela, embora tenha sido membro da Aliança Renovadora Nacional (Arena), o partido do governo durante o sistema bipartidário.

Nessa época, a Lei da Anistia foi aprovada. A volta dos exilados teve repercussões na formação dos novos partidos, em particular do PT e do Partido Democrático Trabalhista (PDT), criado por Leonel Brizola (os militares conseguiram retirar-lhe o antigo PTB, deram-no para Ivete Vargas, a sobrinha-neta do presidente Getúlio Vargas). Golbery e o governo fizeram articulações para favorecê-la, contra o Brizola, para que ela, e não ele, levasse o estandarte simbólico do PTB.

A EXPERIÊNCIA DO EXÍLIO

Em muitas transições há tensões entre os exilados e os líderes da oposição no país. Que lições podem ser extraídas da experiência do Brasil nessa questão?

Sempre há uma certa tensão entre os agentes que estão no país contra o regime e os que estão fora, os exilados. Eu estive fora e dentro em períodos distintos. Os que estão dentro, como vivem a situação de forma cotidiana, são mais conscientes do que está acontecendo nas distintas fases do processo, mas, por sua vez, menosprezam os que estão fora.

Lembro-me muito bem de uma conversa que tive em Paris com Brizola. Ele insistia que tão logo voltasse ao Brasil, o MDB se converteria em PTB, que era o antigo partido que pertencia a Getúlio Vargas e a ele. Ele não acreditava na continuidade do MDB e sustentava que o PTB iria retornar com a força de antes. O tempo passou e, com a anistia, ele voltou ao Brasil. Fomos à casa do jornalista

Claudio Abramo, a uma reunião de jovens e não tão jovens, com Brizola. De repente, um senhor se levanta e corrige Brizola sobre uma série de coisas a respeito do movimento sindical. Brizola, um pouco irritado, lhe diz: "O que você sabe disso? Quem é você?". Era o advogado do sindicato de Lula, Almir Pazzianotto. Brizola via o mundo sindical de sua época, não percebia que estava em outra época; acreditava que, ao voltar, iria retomar tudo. Pode retomar alguma coisa, mas nunca foi igual, e o MDB era muito mais forte que o partido de Brizola.

Por outro lado, lembro que Ulysses Guimarães, o grande líder do movimento da redemocratização, menosprezava Brizola e Arraes, que eram os antigos políticos que estavam no exílio. Ulysses viajara para a Europa e não ia falar com eles. Havia certa tensão entre a liderança de oposição daqui com a de lá; como eu pertencia às duas, de algum modo eu fazia a ponte. Uma vez Ulysses me chamou e disse que Arraes que, segundo ele, era chefe do Partido Comunista, iria voltar. Sempre existiu esse desencontro e não foi fácil conseguir que ambos os grupos trabalhassem juntos.

Como o senhor chegou a senador e Franco Montoro a governador?

Eu fui candidato ao Senado nas eleições de 1978. Havia sérias dúvidas se as autoridades eleitorais permitiriam minha candidatura. O AI-5 havia me expulsado da universidade em 1969, fui forçado à aposentadoria, eu tinha 37 anos e era catedrático da Universidade de São Paulo. A lei não permitia minha candidatura. Isso me serviu de argumento para convencer à minha mulher de que, para mim, se tratava de um mero protesto e não o começo de uma carreira política.

Naquele período havia um sistema para incorporar as eleições internas dos partidos em eleições gerais, o sistema de *sublegendas*. Assim como no Uruguai, cada partido político podia indicar até três candidatos para o Senado e os votos desses candidatos eram somados para decidir qual era o partido vencedor; aquele que obtivesse mais votos dos três ganharia a cadeira. O objetivo de minha candidatura era aumentar o número de votos para o MDB atraindo os mais jovens, os intelectuais, os artistas, entre outros. Desse modo, foi realizada uma reunião na casa de um amigo meu, José Gregori, que posteriormente foi ministro da Justiça durante meu mandato. Naquele momento, ele era membro da Comissão de Justiça e Paz da Igreja. Os que estavam lá presentes chegaram à conclusão de que o único que tinha certa presença na sociedade era eu, ainda que fosse pouco evidente naquele momento, já que eu não era deputado nem tinha vida política. Os tribunais locais de São Paulo recusaram minha candidatura, assim como o Tribunal de Apelação. Finalmente, apenas 15 dias antes das eleições, a candidatura foi aceita pelo Supremo Tribunal Federal. Um juiz concluiu que ninguém pode ser condenado a perder seus direitos por toda a vida.

Eu tive 1,3 milhão de votos, mais que o candidato da Arena e menos que Montoro. Por isso, de 1978 em diante, inventaram que eu era senador suplente, cargo que não existia. Quando nos apresentaram, Montoro tinha um suplente e eu outro; o meu foi escolhido por Lula. Meu suplente era Mauricio Soares, vinculado ao sindicato dos trabalhadores metalúrgicos. O de Montoro era o prefeito de Campinas, em São Paulo.

Em 1982, Montoro foi eleito governador, e eu o substituí como senador. Eu estava em Berkeley como professor visitante e o catedrático Robert Bellah me chamou para oferecer uma posição fixa na universidade. Eu recusei, porque havia decidido voltar ao Brasil para ser senador.

A CAMPANHA PARA ELEIÇÃO PRESIDENCIAL DIRETA

Outro momento na luta pela redemocratização. Começava uma batalha nas ruas: a campanha pelas *Diretas Já*. Isso ocorreu porque nas eleições de 1982 (as primeiras desde 1965, em que os governadores também seriam eleitos) a oposição ganhou em São Paulo com Montoro, em Minas com Tancredo e no Rio de Janeiro com Brizola.

O movimento pelas eleições diretas surgiu nesse contexto. O regime funcionava a partir das trincheiras de Brasília, com governadores aliados nos estados em que havia menos mobilização social e dinamismo econômico. Por outro lado, a oposição havia conquistado novas bases de poder: os postos de governador dos três estados mais importantes do Brasil. André Franco Montoro, governador de São Paulo, foi peça-chave na campanha das *Diretas Já*.

Com Montoro como governador eleito de São Paulo, passei a ser senador em 1983. Também me tornei presidente do PMDB de São Paulo, porque Montoro nomeou Mário Covas, que era o presidente em exercício do partido, para prefeito de São Paulo (as eleições diretas dos governos estaduais ocorreram antes das eleições diretas para prefeitos das capitais). Eu era presidente do PMDB na época da campanha pelas eleições diretas, e conto isso para reiterar como Montoro foi importante. No final de 1983, Montoro me chamou para dizer que havia chegado o momento de realizar uma grande manifestação em favor das eleições diretas para a presidência da República. Eu disse que achava que as condições não eram adequadas. Consultei o partido e o Comitê Executivo decidiu por unanimidade que era uma loucura, que íamos nos expor. Então sugeri a Montoro que falássemos com outros partidos. Procurei o PT, mas o PT queria fazer uma manifestação sozinho, naquele momento era contrário a alianças.

O PT realizou uma manifestação em outubro ou novembro de 1983 a favor das eleições diretas e eu participei. Não fui vaiado porque pedi um minuto de silêncio pelo falecimento de Teotônio Vilela. Foi uma manifestação muito pequena, uma coisa muito sectária do PT. Montoro queria fazer algo mais amplo, com Brizola, Lula, Ulysses e todos os líderes dos partidos da oposição ao governo. Convocou, assim, uma manifestação de distintos grupos de oposição em 25 de janeiro de 1984, na praça da Catedral da Sé de São Paulo.

O dia 25 de janeiro é a data de fundação da cidade de São Paulo e também de sua universidade, e como professor fui à celebração da universidade. Estávamos ali quando José Gregori, então deputado, me telefonou da Praça da Sé e disse: "Venha, porque a quantidade de gente que está aqui é impressionante". Os alto-falantes não eram suficientes para todos, e embora tivesse começado a chover, as pessoas continuavam chegando. Fomos até lá e ficamos surpresos com a imensa quantidade de gente que havia. Foi a primeira grande manifestação, mas depois houve outras. Todos se juntaram ali: Lula, Montoro, Tancredo. As pessoas atacavam os automóveis da Rede Globo de Televisão, a Globo demorou muito a dar uma cobertura à campanha proporcional à sua relevância e tamanho. Houve uma enorme campanha em apoio à emenda constitucional para restabelecer as eleições diretas para a presidência da República, chamada Dante de Oliveira, o nome do deputado do PMDB do estado do Mato Grosso que a apresentou.

Em abril de 1984, a emenda foi votada no Congresso. Na Câmara dos Deputados tivemos uma grande maioria, mas não suficientemente ampla para modificar a Constituição. Assim, nos perguntamos o que podia ser feito então. Algumas semanas se passaram.

Como reagiram quando não conseguiram a aprovação das eleições presidenciais diretas?

Eu fui ao Senado e fiz um discurso com a mensagem "mudança já", o que significava que íamos lutar no Congresso em favor da eleição de um novo presidente. Teríamos que aceitar as eleições indiretas novamente. Não foi fácil. Queríamos utilizar os instrumentos do regime para mudá-lo; mas, se não conseguíssemos, estaríamos ajudando o regime a ganhar legitimidade. Em um jantar em que estávamos quatro ou cinco pessoas, incluindo Ulysses, eu disse que, entre os que estavam presentes, quem tinha pagado o preço mais alto sob o regime militar havia sido eu, porque fui para o exílio, perdi meu cargo na universidade, estive na prisão e fui objeto de ameaças. Os outros não haviam passado por isso. Disse-lhes que não estava disposto a presenciar essa situação durante mais tempo no Brasil, que acreditava que havia oportunidade de ganhar por meio de eleições indiretas e obter uma mudança. Ulysses, a quem admiro profundamente, disse que a decisão estava em nossas mãos, mas que ele não ia seguir por essa via; ele ainda pensava que tínhamos que continuar nos mobilizando para apoiar eleições diretas.

Nosso candidato para as eleições diretas era Ulysses, mas nas indiretas não podia ser ele, porque havia brigado muito com os militares, era mais duro em suas críticas e tinha menos votos no colégio eleitoral do que Montoro ou Tancredo. Nós queríamos eleições diretas, mas uma vez perdida essa batalha, decidimos brigar no colégio eleitoral. Ali começou uma nova etapa: como conseguir que um candidato da oposição ganhasse a eleição indireta? Quem seria o candidato? Havia duas opções possíveis, Montoro ou Tancredo.

Montoro era governador de São Paulo e tinha mais votos populares que Tancredo, mas Tancredo tinha mais possibilidades de ganhar voto no Congresso. Sua visão, inclusive, era mais aceitável para os militares, e era uma pessoa mais amena que Ulysses. Uma vez, quando eu ainda era presidente do partido em São Paulo, Ulysses veio me ver na sede, que era uma casa enorme. Nós nos aproximamos da janela, próxima a uma grande árvore. Ele perguntou-me o que eu achava de Montoro ter pedido a seu secretário de governo que desse uma entrevista à revista *Veja* na qual disse que apoiaria Tancredo. "Você acredita que Montoro também apoia Tancredo?", me perguntou. "Bem", eu disse, "eu acredito que sim; para ganhar tem que ser Tancredo". Minha resposta não o agradou, mas era um grande homem. Ele perguntou: "O que você acha que devo fazer?". Respondi que devia apoiar Tancredo e dirigir a campanha. Ele me disse que queria escutar isso diretamente de Montoro.

Tivemos um jantar terrível no Palácio – no qual estivemos Montoro, seu secretário de governo, Roberto Gusmão, Ulysses e eu –, em que Ulysses exigiu que todo mundo dissesse o que realmente pensava. Ulysses percebeu que era o momento de Tancredo. Era um tipo formidável e assumiu plenamente a campanha de Tancredo. Para ganhar no Congresso, era necessário um apoio mais forte de outras facções, dos que estavam no governo. Assim formou-se um grupo chamado Frente Liberal, uma cisão do partido do governo. O partido antes conhecido como Arena havia mudado de nome quando foi estabelecido o multipartidarismo. Passou a chamar-se Partido Democrático Social (PDS) e, em seguida, de uma cisão interna, formou-se o Partido da Frente Liberal (PFL). Nós queríamos que o candidato à vice-presidência fosse Aureliano Chaves ou Marco Maciel, mas o PDS apresentou o nome de José Sarney, que acabava de deixar o cargo de presidente do partido. Para nós não era muito aceitável. No entanto, a decisão estava tomada. Se quiséssemos o apoio da Frente Liberal, devíamos aceitar Sarney. Foi muito difícil aprová-lo em nosso partido, o PMDB. Mais de 100 dos 500 votantes na convenção eram contrários. Em janeiro de 1985, Tancredo foi eleito presidente no colégio eleitoral.

Ulysses teve um peso considerável na escolha dos ministros do presidente eleito, Tancredo Neves. Eu tinha relações muito boas com os dois. Em certo momento, entre janeiro e março, quando o novo presidente assumiria suas funções, Tancredo me levou ao seu escritório na Fundação Getulio Vargas em Brasília e disse, no seu estilo: "Já nomeei quatro ministros de São Paulo e, se eu nomeasse você, teria um quinto". Respondi que não desejava ser ministro. Para mim, teria sido difícil deixar minha cadeira no Senado. Queria ser o líder do PMDB no Senado, se fosse confirmada a nomeação como ministro de outro senador que também era candidato a líder, Pedro Simon. Tancredo nomeou Simon. Porém, o senador Humberto Lucena perdeu a eleição para a presidência do Senado e quis continuar como líder do partido na Casa. Por isso, Tancredo pediu que eu desistisse da liderança.

Pouco depois, Ulysses me chamou para dizer que Tancredo tinha acabado de me nomear líder do governo no Congresso. Fiquei surpreso, pois esse cargo não existia, e fui falar com Tancredo. Estava em seu sítio com Miguel Arraes, nos arredores de Brasília. Terminou de conversar com Arraes e veio me ver. Perguntei sobre a nomeação e me disse: "Não se preocupe, que já chamei a administração do Senado e disse para derrubarem umas paredes para que seu escritório seja o maior. Assim todos saberão que você manda. É mais importante ser líder que ministro". E fomos almoçar, Tancredo, sua mulher, Arraes e eu. Arraes era um líder da esquerda, mas muito amigo meu e bom amigo de Tancredo também.

CONTRATEMPOS

A doença e o falecimento repentino do presidente eleito Tancredo Neves deveriam ter significado um revés para o processo de transição democrática. O que ocorreu quando foi necessário substituir Tancredo como primeiro presidente civil após o regime militar?

Na véspera da posse, eu estava na Embaixada de Portugal com Mario Soares, Ulysses Guimarães e vários dirigentes políticos, quando nos avisaram que Tancredo estava no hospital. O médico iria realizar uma intervenção cirúrgica e havia grande incerteza. Teve início então uma discussão sobre quem iria substituir Tancredo temporariamente. Sarney, que era muito hábil, disse que não seria ele, que tinha que ser Ulysses, porque ainda não havia feito o juramento como vice-presidente e, pela linha sucessória, o seguinte era o presidente da Câmara, que então era Ulysses. No entanto, Ulysses dizia que tinha que ser Sarney quem ocuparia a presidência até a recuperação de Tancredo. A conversa ocorreu no hospital. Ali, decidimos ir à casa do ministro-chefe da Casa Civil, Leitão de Abreu, um jurista bem conservador do sul do Brasil, mas um homem muito correto. Foi ele quem, tendo sido magistrado do Supremo Tribunal Federal, deu a sentença que me permitiu ser candidato ao Senado em 1978.

Ulysses, José Fragelli (presidente do Senado), o general Leônidas (ministro nomeado do Exército) e eu chegamos à 1 hora da manhã. Leitão de Abreu estava dormindo. Levantou-se e vestiu-se, com gravata e tudo, muito formal, e começamos a conversar. Ele também achava que Ulysses devia assumir a presidência temporariamente. Eu me lembrei de que outro presidente eleito, Rodrigues Alves, falecido antes de tomar posse, havia sido substituído pelo seu vice-presidente em 1918, mas não sabia em que circunstâncias. Ao final, a decisão adotada por Ulysses e Leitão de Abreu, com o aval do presidente do Senado, foi clara: José Sarney substituiria Tancredo Neves.

Saímos da casa de Leitão de Abreu e nos dirigimos ao Congresso. Nos reunimos no gabinete do presidente do Senado. Vieram também outros deputados e políticos. Em meu partido estavam furiosos, porque queriam Ulysses, não Sarney. Lembro-me de que o discurso de Afonso Arinos foi decisivo. Arinos era um constitucionalista reconhecido, além de biógrafo de Rodrigues Alves. Declarou que tinha que ser Sarney. Não sei por que Ulysses queria Sarney. As pessoas dizem que era porque, se ele assumisse a presidência, não poderia apresentar-se nas eleições presidenciais seguintes. A verdade é que ninguém sabia que Tancredo iria falecer, para nós era um assunto de uma semana. Não estávamos falando de quem iria ser o futuro presidente do Brasil, falávamos de quem poderia ocupar esse cargo temporariamente causando o menor dano possível. Na realidade, Ulysses não se preocupava com as eleições seguintes, mas tinha receio de provocar uma reação muito forte nos militares. Tinha muitos confrontos com os militares, era um tipo grandioso, e as questões que discutiam nunca eram sem importância.

Conto isso como exemplo da incerteza da transição. Estávamos nos aproximando da sucessão dos militares e ainda tínhamos muita cautela. **As transições são muito complicadas; muitos cálculos devem ser feitos, porque nunca se sabe o que vai ocorrer no dia seguinte. É preciso ter uma visão de conjunto e apontar sempre para o objetivo principal.** E este era ganhar o poder, mas, como? Em que condições? Quando? Quais são as condições prévias para que se possa governar? Com quem é ou não aceitável uma aliança? Como fazê-lo? Nunca se tem certeza. Em nosso caso, Tancredo faleceu e Sarney tornou-se o primeiro presidente não militar; ele, que havia sido um dos dirigentes políticos do regime autoritário militar. A situação era delicadíssima, e continuou sendo durante todo o período em que Sarney esteve no poder. Sarney herdou uma equipe de ministros que havia sido formada por Tancredo em colaboração com Ulysses. Ulysses era um grande líder, Sarney não tinha força efetiva no Congresso, ao menos no início de seu mandato.

Quais foram as decisões mais importantes que Sarney tomou e como foi possível manter a coesão das forças democráticas?

Quando Sarney tornou-se presidente, Ulysses realizou um jantar em sua casa com todos os ministros, exceto Francisco Dornelles, ministro da Fazenda, que não era membro do PMDB. Eu fui à casa de Dornelles para explicar-lhe que não era uma reunião contra ele. Ulysses reuniu todos os ministros, o que era quase um desafio para Sarney. Durante um tempo, Sarney não soube o que fazer. Estava no comando, mas ao mesmo tempo não estava, pois Tancredo continuava vivo. Chegou um momento em que começamos a dizer-lhe que começasse a governar, porque Tancredo não iria voltar. Mas ele estava muito indeciso e nós tínhamos receio. Sarney era muito hábil. Renunciei à minha posição fictícia de líder do Congresso e Sarney me pediu que não o fizesse, porque pareceria que ele estava perdendo gente, sobretudo porque necessitava de gente para dialogar com a esquerda. Fiquei um ano como líder de Sarney no Congresso. Foi muito difícil devido às tensões políticas entre Sarney e Ulysses. Toda vez que havia uma crise, Sarney chamava os militares. Era muito próximo deles, conhecia bem os generais.

NOVA CONSTITUIÇÃO E NOVO SISTEMA DE GOVERNO

Sob pressão, mas por decisão própria, Sarney convocou a Assembleia Nacional Constituinte. Esse havia sido um dos objetivos da oposição: romper realmente com o regime anterior e a Constituição aprovada pelos militares.

Foi um momento muito importante para o país. A Assembleia durou quase dois anos, desde o início de 1987 até o final de 1988. A maior parte da antiga oposição queria uma Constituição bem social-democrata, que garantisse plenamente direitos e liberdades e expandisse os direitos sociais. Sarney organizou um grupo mais conservador.

Quanto aos assuntos políticos, o tema do debate mais importante era decidir se o sistema presidencialista seria substituído por um sistema parlamentarista. Uma parte do PMDB acreditava no parlamentarismo – os que depois formaram o PSDB. Ulysses era presidencialista, assim como Sarney e os militares, a quem procurei explicar como funcionava o sistema parlamentarista (lembro-me de uma briga muito intensa com o ministro do Exército). O debate sobre o sistema de governo se mesclava com o debate sobre a duração do mandato de Sarney. Segundo a Constituição anterior, o mandato durava seis anos. Sarney não queria que a Assembleia mudasse a duração de seu mandato, mas a maioria da oposição propunha quatro anos. Sarney conseguiu organizar apoio suficiente para conseguir um mandato de cinco anos. Seu ministro das Comunicações, Antonio Carlos Magalhães, foi central para isso. Assim como Sarney, ACM, como chamávamos Magalhães, havia sido figura importante durante o regime militar.

Os militares foram razoáveis. Nomearam assessores para o processo constitucional. Se você ler a Constituição, há um só ponto sobre os militares. O grande debate girou em torno de saber se as Forças Armadas se limitariam à defesa da ordem externa, das fronteiras e do território, ou se também se ocupariam da manutenção da ordem interna. O texto aprovado na Assembleia estabelece que as Forças Armadas se ocupem da defesa territorial e das autoridades estabelecidas constitucionalmente e sejam responsáveis pela manutenção da ordem interna, quando essas autoridades solicitam. O estado de sítio, por exemplo, só pode ser decretado pelo presidente com consulta prévia ao Conselho da República e com a autorização do Congresso.

DIREITOS POLÍTICOS E SOCIAIS

Conseguimos avançar nos direitos políticos e sociais. O resultado foi uma boa Constituição, apesar de ser estatal-nacionalista no campo econômico e não incluir nenhum esforço para manter o equilíbrio orçamentário. Houve muitas loucuras na Assembleia. Foram garantidos vários benefícios sociais sem ter base fiscal para financiá-los. Por esse motivo, foi necessário introduzir emendas na Constituição durante meu governo. Sem essas emendas, não teria sido possível a estabilização nem a modernização da economia. Em todo caso, a Constituição de 1988 representa ganhos políticos e sociais. Duvido que teríamos conseguido uma Constituição tão social-democrata com Tancredo como presidente. Ele era mais conservador. Sarney também, mas não tinha força política para enfrentar a maioria da antiga oposição em seus esforços para "pagar a dívida social" do regime militar.

AS PRIMEIRAS ELEIÇÕES PRESIDENCIAIS DIRETAS

As primeiras eleições diretas para a presidência da República ocorreram em 1989, em condições econômicas pouco favoráveis para o governo. Ao final da administração de Sarney, estávamos à beira da hiperinflação. O governo estava muito debilitado politicamente. Contra ele estavam Lula e o PT e Brizola e o PDT; o apoio de Sarney no PMDB era escasso. Franco Montoro, Mário Covas, José Serra (que tinha sido eleito deputado federal em 1986) e eu deixamos o PMDB no ano anterior para fundar o PSDB. Ainda no PMDB havíamos lutado pelo parlamentarismo e um mandato de quatro anos para Sarney. Vimos que o PMDB, à medida que se aproximava do Estado, tornava-se cada vez mais uma força política tradicional. Com o PSDB queríamos construir uma alternativa, um partido social-democrata. Em particular, Serra e eu nos preocupávamos com o isolamento do país em relação às transformações da economia internacional. Por isso, juntos escrevemos um documento que teve uma função importante na campanha de Mário Covas, nosso candidato nas eleições de 1989. Chamava-se "O choque capitalista" e defendia a integração do Brasil no mundo.

No entanto, Fernando Collor de Mello ganhou as eleições. Ganhou em segundo turno, contra Lula. O PSDB decidiu apoiar o PT no segundo turno. A mim coube realizar as negociações com o PT sobre o programa. Eles tinham 13 pontos importantes. Meus interlocutores eram José Dirceu e Plínio Sampaio, a quem conhecia bem. Eles defendiam a reforma agrária direta, sem intervenção do governo, e propunham que os jornais fossem dirigidos por um comitê de redatores. Eram propostas tão radicais que fui falar com o antigo dirigente, João Amazonas, presidente do Partido Comunista do Brasil e membro da coalizão que apoiava Lula, para dizer-lhe que se tratava de eleições, não de uma revolução. Não conseguimos chegar a um acordo, de forma que a decisão de meu partido foi que votaríamos em Lula, apesar de não estarmos comprometidos com o programa. Estávamos iludidos porque, se Lula ganhasse, formaríamos parte do governo. Mas Collor ganhou. Foi uma sorte para todos. Inclusive Lula disse isso em mais de uma ocasião. Teve sorte de perder porque não poderia ter governado com as ideias que tinha na época.

A grande dose de sorte e surpresa é uma constante durante toda a transição?

Sim. **Quando se aproxima algo inevitável, surge o inesperado. Eu digo sempre. A política é assim, a vida é assim.** Collor era um tipo muito curioso. Havia tentado ser candidato à vice-presidência com Covas. Agora é mais cauteloso, mas naquele momento cometeu erros muito graves. Há pouco tempo, Collor, que agora é senador, deu um conselho à presidente Dilma Rousseff:* "Não faça o que eu fiz; eu desprezei o Congresso".

Collor queria governar sem os partidos. Tinha atritos com seu irmão mais novo, que, em meados de 1992, lançou graves acusações de corrupção contra o governo. Foi criada no Congresso uma Comissão Parlamentar de Inquérito (CPI) liderada pelo PT para investigar o assunto. Com a imprensa contra e sem o apoio do Congresso, abriu-se um processo de impeachment contra Collor. O PSDB votou a favor da destituição. Não se imaginava que esse iria ser o resultado. Em algum momento nesse período, disse que o impeachment era como uma bomba atômica: melhor não usá-la. Mas a situação de Collor era insustentável.

Collor era muito jovem. Abriu a economia de uma maneira abrupta, realizou mudanças drásticas sem fazer nenhuma negociação. Todos o criticamos, mas creio que, se não tivesse sido assim, a economia brasileira não teria sido aberta nunca. Quando fui ministro da Fazenda depois de Collor, estávamos submetidos à pressão dos industriais de São Paulo e dos economistas que defendiam um Estado mais forte, mais proteção, mais subsídios. Essa é a cultura ainda predominante, mas não leva em conta a modernização necessária. Collor realizou mudanças, mas desarticulou totalmente a administração pública. Tinha ideias inovadoras, mas insensatas, já que não era consciente da realidade. **As mudanças não ocorrem através de rupturas súbitas; é preciso acumular forças para ganhar.** Collor queria mudar o país de repente, mas fracassou. Perdeu o apoio do Congresso e foi destituído.

Então, Itamar Franco, o vice-presidente de Collor, assumiu a presidência (de setembro de 1992 a dezembro de 1994). Era um personagem raro. Tinha sido opositor de Tancredo Neves em Minas Gerais. Não quis votar no colégio

* N. R. T.: Situação em que se encontrava a política brasileira no momento da entrevista (2015).

eleitoral por Tancredo. Era do PMDB, mas não seguia o partido, votava por sua conta e, quando todos pensavam que iria apoiar Covas, apoiou Collor. No entanto, era um homem de boa-fé e organizou uma coalizão de governo. O Partido da Frente Liberal (PFL) e o PT ficaram na oposição. Uma mulher com muito peso no PT [Luiza Erundina] aceitou ser ministra e, como consequência, expulsaram-na do partido.*

Itamar Franco, um homem com uma visão nacionalista, que naquele tempo tinha admiração por mim, me chamou em seu gabinete quando soube com certeza que a Câmara dos Deputados iria abrir um processo de impeachment contra Collor. Quando o processo teve início, o presidente saiu e o vice-presidente ocupou seu lugar. São Paulo assustava Itamar, porque ele era de Minas. Durante nossa conversa em seu gabinete, perguntou o que as pessoas em São Paulo pensavam dele. Eu disse que pensavam que era um teimoso, insistente em suas ideias e que queria estar envolvido em tudo, todo o tempo. Perguntou se o considerava um cabeça-dura, respondi que não, mas achava que era teimoso. Então começamos a conversar e ele me autorizou a dar uma entrevista a um jornal em São Paulo para transmitir a ideia de que seria um presidente sensato.

A RESPOSTA À CRISE ECONÔMICA

Com o primeiro presidente morto e o segundo processado, deve ter sido muito difícil estabilizar a economia e consolidar a transição. Como o novo presidente conseguiu enfrentar os problemas econômicos?

Em primeiro lugar, me nomeou ministro das Relações Exteriores e, sete meses depois, ministro da Fazenda, o quarto em sete meses. A situação era complicada: a inflação estava acelerando e o governo não encontrava seu caminho. Quando assumi a Fazenda, novas expectativas foram geradas. Eu sabia – e isso eu manifestei – que a prioridade era lutar contra a inflação, mas não estava disposto a adotar um novo pacote de estabilização, com controle de preços, congelamento salarial, entre outras coisas. Tínhamos que elaborar uma alternativa.

Formei uma pequena equipe de economistas próximos a mim. Entre eles havia muito ceticismo sobre se poderíamos fazer algo mais que apenas ad-

* N.T.: Luiza Erundina, ex-prefeita da cidade de São Paulo, foi convidada e aceitou ser ministra da Administração Federal do governo Itamar Franco.

ministrar a situação. Não estavam dispostos a repetir os "erros do passado", e temiam que Itamar não pudesse resistir à tentação de adotar um novo plano de choque contra a inflação. Além disso, o Congresso estava sofrendo sua própria crise, pois em meados de 1993 estourou um escândalo na poderosa comissão de orçamento em que muitos partidos e deputados estavam implicados. Por exemplo, como seria possível aprovar medidas de ajuste fiscal sem contar com um apoio firme do presidente e dos líderes dos partidos que estavam na defensiva em consequência de um escândalo que não se sabia como (nem quando) terminaria?

Tratei de convencer os economistas de que a crise nos oferecia uma oportunidade de aprovar um programa de medidas que o Congresso não aceitaria em circunstâncias normais. Quanto a Itamar, era um político imprevisível, mas tínhamos sido colegas no Senado, nos dávamos bem, eu sabia como era e como pensava, e ele confiava em mim. Também contava com o apoio de meu partido, sobretudo de Mário Covas e Tasso Jereissati, e isso também foi decisivo para convencer os economistas a trabalharem comigo em um programa de estabilização. Dada a situação, não era uma quimera.

Assumi o cargo em maio, mas até dezembro de 1993 não anunciamos ao país o programa de ajuste fiscal e um mecanismo monetário inovador de transição para uma nova moeda. A inovação consistia em que, pela primeira vez, seria feito um esforço para estabilizar a economia sem surpresas e com total transparência no processo. O sucesso dependia de o Congresso aprovar o ajuste fiscal, e os agentes econômicos aderirem de forma voluntária ao mecanismo monetário que levaria à emissão de uma nova moeda.

Entre maio e dezembro houve muitos problemas. A inflação continuava alta, mostrando uma tendência ascendente. A pressão do governo e da sociedade para obter respostas imediatas do ministro da Fazenda aumentava constantemente. Itamar irritou-se com o presidente do Banco Central por um assunto sem importância e o demitiu. Aproveitei essa ocasião para ampliar minha equipe e convenci o presidente a designar Pedro Malan para o cargo. Itamar também teve problemas com o presidente do Banco Nacional do Desenvolvimento Econômico e Social (BNDES) e eu o convenci a designar Pérsio Arida em seu lugar. Pérsio era considerado um dos "pais" do Plano Cruzado, que havia trazido uma importante popularidade ao governo Sarney durante um ano, mas depois fracassou. É possível que Itamar visse em Pérsio um sinal de que eu estaria disposto a voltar a lançar um plano como o Cruzado, e por isso não se opôs à nomeação dele como presidente do BNDES. Eu sabia que Pérsio era muito crítico ao Plano Cruzado, e ele e André Lara Resende teriam um papel fundamental, junto com Edmar Bacha, na formulação teórica do mecanismo que possibilitou a transição para uma nova moeda, o real. Coube a mim falar ao país, explicar o que pretendíamos fazer, convencer Itamar que havia riscos, mas que estávamos no caminho correto, e negociar a aprovação das medidas de ajuste fiscal com os partidos políticos.

Aprovamos as medidas de ajuste fiscal em fevereiro e, posteriormente, avançamos na transição para uma nova moeda. Não estabelecemos uma data para sua emissão; não estava definida e dependia do grau de confiança que os agentes econômicos tinham na *Unidade Real de Valor* (URV), uma protomoeda, sem inflação. Os preços dos bens e serviços se estabeleciam em URV, cujo valor era ajustado diariamente segundo uma fórmula preestabelecida, mas eram pagos em cruzeiros, a moeda corroída pela inflação. Não sabíamos quanto tempo levaria para conseguir a plena adesão à URV e, por lei, eu deveria deixar o Ministério em abril para ser candidato presidencial. Eu temia que minha saída, numa etapa ainda precoce, pudesse comprometer a confiança no sucesso do programa de estabilização.

Durante esse processo, começou a ser formada uma aliança entre o PSDB e o PFL, que seria a chave de minha candidatura à presidência. Itamar queria que eu fosse candidato. No princípio, resisti firmemente, mas ele estava certo, se o programa ficasse politicamente órfão teria sido fatal para a iniciativa de estabilização. Lula, que era o favorito em todas as pesquisas, se opunha frontalmente ao programa. Ele, seu partido e os sindicatos vinculados à Central Única dos Trabalhadores (CUT) qualificaram o *Plano Real* como um "estelionato eleitoral". Foi um grande erro que lhes custou a presidência da República em outubro de 1994.

O CONTROLE CIVIL SOBRE AS FORÇAS ARMADAS

Como administrou sua relação com os militares antes e durante seu governo para subordiná-los às autoridades civis?

Eu tinha uma boa relação com os ministros militares de Itamar. Permita-me contar uma história muito ilustrativa. Durante o Carnaval de fevereiro de 1994, Itamar foi ao Rio para ver o desfile das escolas de samba. Um deputado medíocre fez entrar no camarote em que o presidente via o desfile uma mulher com uma minissaia e sem calcinha. Tratava-se de algo preparado, os jornalistas que estavam abaixo do camarim presidencial fotografaram a mulher junto ao presidente. Itamar apaixonou-se por ela e no dia seguinte estava pronto para lhe telefonar diante das câmaras de televisão.

Eu estava em Brasília, e o general Cahim, ministro da Administração, me procurou para dizer que estava ali em nome de seus companheiros militares. Estavam escandalizados com o comportamento do presidente, e disse que ele e seus colegas apoiariam no Congresso a sua substituição. Achavam que havia mecanismos legais para substituí-lo pelo senador Jarbas Passarinho, um homem respeitável, conservador e ex-coronel. Queriam saber se eu estava disposto a continuar no Ministério, dadas as novas circunstâncias. Mas coloquei fim a essa situação e nunca falei a Itamar sobre o plano de seus ministros militares para destituí-lo. Naquele momento, os militares já não gozavam do poder que tinham na época de Sarney, no início do retorno à democracia. Sugeri a Itamar que fizesse mais averiguações sobre o que estava ocorrendo no âmbito militar, que a situação era difícil devido à fotografia e ao telefonema, que valia a pena investigar se havia militares envolvidos na armadilha feita no Rio. Não fez nada, tampouco demitiu alguém. Era um bom homem e, no fim, as pessoas sabiam que era um ingênuo e que não tinha agido com maldade.

Quando fui eleito presidente da República, decidi criar o Ministério da Defesa. Chamei cada um dos militares que iria nomear como ministros da Marinha, Aeronáutica, Exército e Estado Maior, e disse que os nomearia com a condição de que colaborassem com a criação do novo Ministério da Defesa. Demoramos três anos para criá-lo. Houve apenas um problema. Creio que foi em 1998, durante a fase final da implantação do Ministério da Defesa, quando estava escolhendo os comandantes das Forças Armadas para servir sob ordens do Ministro da Defesa, que seria um civil. O vice-ministro da Marinha solicitou falar comigo em minha residência oficial; ele foi uniformizado. Queria ser comandante da Marinha, eu disse que não o nomearia, pois queria nomear o número 2 da Marinha, o almirante Lacerda. O general Alberto Cardoso, chefe da Casa Militar, convidou Lacerda em meu nome, mas ele disse que não aceitaria o cargo. Voltei a chamar Cardoso e disse que iríamos nomear o terceiro almirante, Sérgio Chagasteles. "Se também disser que não, prenda os três, já que se trata de desobediência, não de recusa". O terceiro candidato aceitou o cargo.

Em 1999, com o Ministério da Defesa implantado, retirei o ministro da Força Aérea, o tenente-brigadeiro Walter Brauer, por fazer declarações na Rede Globo que pareceram questionar a autoridade do ministro civil da Defesa. Chamei o chefe maior da Força Aérea e disse que havia retirado Brauer pelo que havia dito aos repórteres. Não aconteceu nada; não houve nenhuma reação por parte dos militares na ativa. Como demonstração de solidariedade, alguns militares aposentados realizaram um almoço em sua homenagem.

JUSTIÇA E RECONCILIAÇÃO

No início de meu mandato, em 1995, jantei na casa do ministro da Marinha com os demais ministros militares e com o general Alberto Cardoso. Éramos cinco generais e eu, e íamos brindar pela democracia. Contei-lhes que havia sido prisioneiro por um dia durante a Operação Bandeirantes, uma iniciativa clandestina da ditadura, na qual se torturavam os presos. Comentei que tinha visto gente torturada e que os direitos humanos não eram uma questão retórica para mim. Falei também de minha intenção de criar uma comissão para fazer reparações e pedir desculpas em nome do governo brasileiro pela violência praticada pelo Estado.

No primeiro ano de meu mandato, criei por lei uma comissão (Comissão Especial sobre Mortos e Desaparecidos Políticos) para reconhecer e apurar as responsabilidades do Estado brasileiro na violação de direitos humanos durante o regime autoritário. A lei previa indenização a famílias de mortos e desaparecidos. Os militares não gostaram, mas não se opuseram. Até que surgiu o caso de Carlos Lamarca, um capitão que havia aderido à guerrilha e acabou assassinado pelo Exército. Sua família já recebia uma pensão, mas a comissão pretendia indenizá-la. O representante das Forças Armadas na comissão, um general já aposentado, pediu para conversar comigo em minha casa. Comentou que apesar de, na visão dele, a comissão ser preconceituosa, continuava desenvolvendo seu trabalho nela. Disse também que havia aberto um comitê político em meu favor na sua cidade durante minha campanha. Ele expressou o enorme respeito que sentia por mim, mas afirmou que não poderia continuar na comissão se a família de Lamarca fosse indenizada. Eu disse que no momento de criação da comissão eu havia dado a ela plenos poderes e acataria as suas decisões. A demissão do representante militar na comissão teria provocado um prejuízo político importante. Mas o general foi tão correto comigo que não se demitiu, apesar de a indenização à família de Lamarca ter sido aprovada.

O único oficial na ativa que protestou contra a decisão da comissão foi um general que estava no comando do Exército no Nordeste. Nós o tiramos do comando sem fazer alarde. Mais tarde ele passou à reserva sem nenhum incidente importante. Dito de outra maneira, os militares passaram a obedecer, e continuaram assim com Lula, e também com a presidente Dilma, que formou uma Comissão da Verdade para esclarecer as responsabilidades individuais dos atos que ocorreram durante o regime militar. **A transição à democracia foi lenta, gradual e insegura, mas no presente já não existe o fantasma do golpe militar.** Os militares tinham o costume de celebrar o 31 de março, data do que eles denominavam a revolução, e nós, o golpe. Isso acabou durante meu mandato. Os militares deixaram de falar sobre seu papel na "recuperação da democracia", e durante meu governo esse tipo de referências ou celebrações deixaram de existir.

A transição brasileira durou vários anos e a relação entre as Forças Armadas e o governo civil demorou décadas para funcionar. No Egito atual seria muito difícil aceitar que levasse 25 anos para resolver a questão militar. Teria sido possível ganhar terreno mais rapidamente nesse sentido no Brasil? Isso teria arriscado o processo?

A questão a enfatizar neste caso é que não houve uma vitória da oposição sobre as Forças Armadas. Houve uma mudança interna, dentro do regime, e outra externa, na sociedade. Na Argentina e no Uruguai, os militares foram derrotados. Como no Brasil, no Chile as Forças Armadas também não foram derrotadas. Pinochet se manteve durante oito anos como comandante em chefe do Exército depois do retorno à democracia. Aqui, o processo foi gradual. Em nenhum momento houve ruptura. O primeiro sinal de ruptura foi a Assembleia Constituinte de 1987-88, uma vez que, até então, a transição se desenvolveu basicamente em consonância com as normas do regime autoritário, mesmo que modificadas pela pressão cada vez maior da oposição.

O tema da anistia voltou a esquentar com a Comissão da Verdade no governo de Dilma Rousseff. A Lei da Anistia foi aprovada no Congresso em 1979, mas ainda estávamos no regime militar, sem direito a voto, sem liberdade plena. Em 2010, o Supremo Tribunal Federal decidiu que a anistia não poderia ser revista. Para que os militares se tranquilizassem, ficou resolvido que a Comissão da Verdade esclareceria os fatos, mas não imporia sanções aos responsáveis. Ainda assim, membros da comissão pediram ao STF que revisse a decisão de 2010.

Em algum momento, o senhor temeu que a interferência dos militares pudesse provocar um recuo? Que papel as organizações sociais desempenharam para impedir a intervenção militar?

Quando Tancredo Neves foi eleito presidente, uma das primeiras medidas que adotou foi nomear como ministro do Exército um general que seguramente nos protegeria e defenderia diante de uma possível reação dos militares. Já mencionei o general Leônidas Pires Gonçalves. Não era da linha dura, mas era um militar típico e de alguma maneira assegurou a Sarney, depois da morte de Tancredo, que não iria haver nenhum retrocesso. Também o general Ivan de Souza Mendes, chefe do Serviço Nacional de Informação – uma posição-chave –, era um homem equilibrado. Dali em diante, quando a Assembleia Constituinte começou a deliberar, já tínhamos convicção de que não haveria retrocesso. A Assembleia passou a atuar como se houvesse plena liberdade, e de fato foi assim.

Os militares nunca haviam assumido completamente uma ideologia autoritária, sempre disseram que governariam por pouco tempo, para garantir uma democracia futura. Também foi duro para eles. Estar no poder gerou problemas para as Forças Armadas como instituição. Geisel tratou de restabelecer o controle dos setores mais relacionados com a tortura, que ganharam força durante o período mais brutal da repressão. Conseguiu restabelecer a hierarquia militar. Entretanto, este não foi o fim da resistência interna à abertura. Em 1980 e 1981, a extrema-direita realizou vários ataques com a participação direta de membros das Forças Armadas.

Sarney desempenhou um importante papel para garantir que não voltassem a se repetir, já que era um liberal conservador e havia servido ao regime militar. De repente, começou a reunir-se abertamente com representantes da esquerda, recebendo-os no Palácio, por exemplo. Esse tipo de gesto foi importante para transmitir a ideia de que os anos das pistolas e balas tinham ficado para trás. Então, em 1989, o Muro de Berlim caiu e a Guerra Fria chegou ao fim. Tanto é que, quando Lula se apresentou como candidato à presidência contra Collor, os movimentos de trabalhadores e outros estavam muito estimulados e já não havia medo de um golpe militar.

São muitas as transições que têm problemas com os aparatos policiais e de segurança herdados dos regimes militares. Como foi a experiência do Brasil nesse sentido?

Durante o regime militar, a Polícia Militar de cada um dos estados – algumas muito poderosas, como a de São Paulo e a de Minas Gerais – esteve subordinada diretamente ao Exército. Essa influência continuou existindo inclusive depois da eleição direta dos governadores em 1982. Os governadores não recuperaram o controle da Polícia Militar de seus estados até que este foi estabelecido legalmente com a aprovação da nova Constituição de 1988.

As pessoas criticaram a polícia e pediram que os participantes da repressão fossem perseguidos? Qual foi a solução?

Sim, claro. Aqui reside toda a polêmica sobre a Lei da Anistia. Não foram introduzidas mudanças na lei. Mas no presente, toda vez que alguém que pertenceu aos grupos de repressão é indicado para um cargo, existe uma grande pressão contrária. A imprensa e os grupos de defesa dos direitos humanos estão muito atentos, já que não se pode fazer nomeações, nem promoções desses oficiais sem que se aplique uma minuciosa apuração. Não foram presos, mas suas carreiras ficaram mais ou menos retidas.

Como os militares viam o senhor, considerando que era um político, filho e neto de militares? Isso lhe ajudou a entender a dinâmica?

Sim, meus antecedentes familiares ajudaram a entender os códigos. Eu tive grande consideração pelos militares. Queriam uma melhora salarial e material bélico, como canhões, aviões etc. Eu não tinha dinheiro para esses fins, nem para melhorar seus salários, nem para comprar muita coisa. Eles queriam atenção, de forma que eu assistia às celebrações das datas importantes das Forças Armadas. Assistia com frequência às manobras navais com a Marinha. Fui à selva dormir com eles para ver seu treinamento e, toda vez que um oficial era promovido a general, comparecia à cerimônia com minha mulher. Esta é uma alta distinção, porque eles também compareciam com suas mulheres. Pronunciava um breve discurso, dando-lhes algumas instruções e, desse modo, começamos a criar uma estratégia brasileira de defesa, pois não existia.

Consideravam o senhor parte da família militar?

De alguma maneira, sim. Não era algo explícito, mas sabiam que em minha família havia 10 ou 12 generais, 2 ou 3 deles ministros das Forças Armadas. Havia tradição nesse sentido, mas minha família também havia sido muito progressista, desde meu avô até meu pai. Desde a guerra com o Paraguai, os militares se opuseram à escravidão e participaram em campanha contra ela. Sentiam-se uma espécie de "pais da pátria", responsáveis pelo país. Os militares sempre mantiveram distância em relação às empresas: o Estado sim, o mercado não. Além de ser militar, meu pai era advogado.

Ruth, minha mulher, que era de São Paulo e muito antimilitar, foi convidada à academia militar para dar uma aula. Ficou encantada, porque percebeu o quanto haviam mudado, que as Forças Armadas tinham se modernizado. Também tinham mudado muito do ponto de vista técnico, sobretudo a Marinha, pois enviaram muita gente para estudar nos Estados Unidos. As mulheres e os filhos dos militares foram para a universidade. As relações com suas mulheres e filhos mudaram gradualmente a mentalidade dos militares. Duvido que hoje exista um segmento militar que tenha um pensamento político autoritário, ou que se considere acima dos demais como únicos defensores da pureza da pátria.

A REFORMA CONSTITUCIONAL

O senhor criou uma Assembleia Constituinte? Quais foram os problemas políticos mais importantes que enfrentou? Que mudanças foram introduzidas no sistema eleitoral? O que poderia ter sido feito de forma diferente?

Quem convocou a Assembleia Constituinte foi o presidente Sarney, pressionado pela sociedade. Houve uma grande discussão se seria uma Assembleia Constituinte exclusiva ou não. Finalmente, optou-se por atribuir poderes constituintes ao Congresso eleito, que passou a ter sessões ordinárias e sessões para elaborar a nova Constituição. A diferença é um pouco sutil, porque em ambos os casos os representantes são eleitos, mas na Assembleia Congressual os constituintes estão pensando também em sua reeleição.

Essa fórmula foi decidida no início do governo Sarney e contou com a aprovação do Congresso. Ficou definido que nas eleições seguintes (1986) os deputados e senadores eleitos receberiam um mandato para elaborar e aprovar a nova Constituição por maioria de no mínimo 50% mais 1.

Os grandes temas políticos no Congresso com atribuições constituintes tinham a ver com a questão federativa. A preocupação estava em que os militares haviam centralizado tudo, incluindo o sistema tributário, e sufocaram a vida federativa e municipal. Inclusive antes da Assembleia Constituinte, sob o mandato de Figueiredo, já existia uma forte pressão municipalista, e certos tributos foram concedidos aos governos locais para que os municípios contassem com mais receita. O processo de descentralização das receitas foi acentuado com a nova Constituição. A base tributária dos governos municipais e estaduais cresceu, e também aumentou a proporção de impostos federais destinados aos governos estaduais e locais. A metade dos recursos obtidos dos principais impostos federais passou a ser distribuída aos governos estadual e municipal em função de sua população e renda. A questão de como distribuir os impostos foi um importante tema de debate na Assembleia.

Em um dado momento, o então presidente Sarney fez um discurso em que dizia que o Brasil ficaria ingovernável, pois a nova Constituição havia descentralizado as receitas, mas não havia transferido proporcionalmente as responsabilidades. Toda a seguridade social continuava nas mãos do governo central, agora ampliada pelos direitos sociais criados pela Assembleia Constituinte. Durante o meu governo, isso nos obrigou a aumentar os impostos federais que não eram compartilhados com os estados e municípios. A pressão tributária aumentou.

SISTEMA ELEITORAL E DE GOVERNO

A Constituição também definiu o sistema eleitoral. A representação desproporcional dos estados foi mantida na Câmara dos Deputados, um mau legado do regime democrático de 1946-64, agravado pelos militares. São Paulo conta com apenas 70 deputados na Câmara, mas deveria ter mais de 100 se o sistema respeitasse o princípio de "uma pessoa, um voto". O sistema sobrerrepresenta os estados mais atrasados, aqueles em que a sociedade e o eleitorado têm menor autonomia em comparação com os poderes municipais *de fato*.

Creio que teria sido positivo insistir, no mínimo, em reduzir as distorções da representação proporcional. Se analisarmos, creio que o melhor teria sido introduzir um sistema de voto distrital. O sistema baseado em distritos não gozava de grande consideração entre as forças "progressistas" dentro da Assembleia Constituinte. Pensavam que isso reforçaria o poder dos chefes locais. Não se davam conta de que, com a migração das zonas rurais para as cidades, esse raciocínio já não tinha fundamento. Se a votação fosse feita por distritos e fosse proporcional à população, os habitantes dos grandes centros urbanos do país (em que vivem mais de um terço da população e onde as pessoas são mais "progressistas") teriam maior representação política. Atualmente a Constituição proíbe a votação baseada em distritos, o voto deve ser proporcional.

Também se abordou o sistema de governo. Na comissão encarregada de debatê-lo aprovou-se o parlamentarismo, mas ele foi rejeitado no plenário da Assembleia. Conseguimos estabelecer que no prazo de cinco anos seria realizado um plebiscito sobre o sistema de governo. Em 1993, o PSDB defendeu o parlamentarismo com um sistema distrital misto, como o alemão. No entanto, no plebiscito daquele ano, o presidencialismo ganhou.

Voltando à Assembleia Constituinte, criamos um instrumento inspirado no sistema parlamentar italiano, que é a medida provisória, em substituição aos decretos-lei da ditadura. A preocupação era dar ao Executivo um instrumento com o qual pudesse agir e não ficar rendido frente a eventuais impasses produzidos no Congresso. A medida provisória foi pensada para um sistema parlamentarista. O parlamentarismo, porém, terminou rejeitado. Apesar disso, a medida provisória foi preservada no texto constitucional. Isso concedeu um poder de agenda excessivo ao presidente, um dos fatores que provocou o enfraquecimento do Congresso. Se o Congresso levasse a sério o poder que possui, teria muito mais iniciativa, mas a maioria dos deputados prefere trocar favores a exercer seu trabalho de supervisão do Executivo. Hoje, seria muito difícil governar no parlamentarismo. Em um sistema federativo com municípios tão fortes,* uma população dispersa – com tanta desigualdade e com tantos interesses concorrentes –, o presidente é um poder moderador, uma espécie de monarca que busca evitar a fragmentação. As pessoas votam em um presidente ou presidenta, e o elegem por maioria absoluta, o que lhe confere uma grande força simbólica e efetiva. Eu diria que o presidente do Brasil tem muito mais poder que o presidente dos Estados Unidos para definir a agenda política.

MECANISMOS DE REFORMA CONSTITUCIONAL

Como funcionou outorgar poderes ao Congresso para a elaboração da Constituição? O que aprendeu com essa experiência?

O presidente da Câmara, Ulysses Guimarães, que foi eleito também presidente da Assembleia Constituinte, me nomeou para redigir as regras que definiriam seu funcionamento. Era muito difícil estabelecer normas, já que os parlamentares consideravam que isso reduziria seu poder. A atitude que a maioria dos deputados mostrava lembrava minha época de professor na França em 1968, quando se falava muito sobre ser "proibido proibir". Um projeto preliminar de Constituição elaborado por uma comissão de notáveis sob as ordens de Afonso Arinos de Mello Franco foi rejeitado. Afonso Arinos era um grande jurista liberal, partidário do parlamentarismo, que, após dirigir a comissão de notáveis, foi eleito senador pelo Rio de Janeiro e participou da Assembleia Constituinte.

---

* N. R. T.: A Constituição deu autonomia administrativa, tributária e política aos governos locais e incentivou a criação de novos municípios.

Seguimos o modelo de Portugal. Foram criadas oito comissões: direitos e garantias, organização do estado e ordem política, ordem econômica, ordem social e direitos sociais etc., e houve 24 subcomissões. Isso definiu o modelo da Constituição do ponto de vista formal. Cada partido nomeou seus membros nessas comissões e subcomissões (proporcional ao número de cadeiras com que contavam na legislatura). Além disso, foi estabelecida uma comissão para agregar e sistematizar as propostas das distintas comissões. O senador Bernardo Cabral foi escolhido relator-geral da comissão de sistematização. Diz-se que a Carta, com quase 250 artigos, é muito longa. E é. No entanto, não devemos esquecer que ela teria tido mais de 2 mil artigos se tivesse sido baseada em todos os textos aprovados nas comissões e subcomissões. A comissão de sistematização teve que fazer um trabalho hercúleo para reduzir as centenas de propostas e dar à Constituição um formato mais razoável.

Para presidir a comissão de sistematização escolhemos o senador Afonso Arinos. O senador Jarbas Passarinho e eu, junto com um deputado do Rio de Janeiro, fomos nomeados vice-presidentes executivos *ad hoc*. Da primeira proposta de texto constitucional apresentada pelo senador Bernardo Cabral constava o parlamentarismo, proposto por uma das subcomissões. Na votação da comissão de sistematização, o parlamentarismo venceu.

EQUILÍBRIO DE PODERES

Essa vitória provocou uma enorme confusão nacional, já que Sarney não queria um sistema parlamentarista. Em um dado momento, foi proposto um mandato presidencial mais curto, de cinco anos, com a condição de que o presidente nomeasse um primeiro-ministro parlamentar.* O líder do meu partido naquele momento, Mário Covas, não aceitou a proposta, o que inviabilizou o parlamentarismo. No final, o sistema presidencialista foi levado à votação e foi o escolhido. Entretanto, o instrumento da medida provisória foi adotado. Como já mencionei, aliada ao presidencialismo, ela deu ao presidente um enorme poder de decisão. Essa medida permite ao presidente, diante de um assunto muito importante ou urgente, tomar a decisão que deseja até que o Congresso manifeste seu ponto de vista. O Congresso conta com 30 dias para estabelecer uma comissão encar-

* N. R. T.: No governo Geisel, com a imposição do chamado Pacote de Abril, a Constituição passou a prever mandato de seis anos para o presidente da República. As forças pró e anti-Sarney se dividiram na Constituinte em torno do tempo do mandato. Cinco anos foi a solução de compromisso entre os que defendiam a manutenção dos seis anos e os que sustentavam a redução do mandato para quatro anos.

regada de avaliar se a medida provisória corresponde aos critérios de urgência e relevância. No entanto, nunca se estabeleceu uma comissão para avaliar as mais de mil medidas provisórias já enviadas pelo Executivo. No final do meu governo, o Congresso tratou de limitar a reedição de medidas provisórias (por exemplo, a principal medida provisória correspondente ao Plano Real foi reeditada durante sete anos até obter a aprovação legislativa). Foi decidido que a medida provisória ficaria vigente durante um máximo de 60 dias e que, a partir do 45º dia, a agenda do Congresso ficaria bloqueada até a votação das medidas provisórias pendentes. Entretanto, essa limitação não melhorou a qualidade do processo legislativo, a tal ponto que o STF tem se pronunciado sobre esse tema.

Os contrapesos efetivos ao Executivo são o Judiciário e o Ministério Público (o corpo de fiscais que trabalham em âmbito estadual e federal), ambos reforçados na Constituição de 1988. O STF tornou-se realmente um tribunal constitucional, e seu papel não se limita a ser passivo com respeito à revisão da Constituição. Tem o poder de obrigar o Congresso a tomar decisões quando considera que são necessárias na prática, para a aplicação de um dispositivo constitucional. Além disso, a Constituição confere total autonomia ao Ministério Público. Seus membros se encarregam de defender os amplos direitos da sociedade, podem investigar e acusar um governador, presidente ou ministro e levá-lo à Justiça para que responda às acusações. E fazem isso com total independência do Executivo, o que é positivo e funciona. Inicialmente, estavam muito politizados, praticamente eram um braço do PT, que então estava na oposição. Mas, nos últimos anos, o Ministério Público evoluiu, constitui um importante componente do sistema de contrapesos, necessário devido ao grande poder do Executivo brasileiro.

Temos um sistema complexo que dá um significativo poder ao presidente, ao mesmo tempo que cria outros mecanismos que submetem os políticos a um importante controle judicial. O Congresso aprova uma lei, mas pode fazê-lo em vão, já que qualquer um pode apelar ao tribunal e dizer que não cumpre a Constituição. O processo decisório, em seu conjunto, é muito complicado.

CONTEXTO ECONÔMICO

Que papel a situação econômica desempenhou na transição brasileira? Em que medida contribuiu para a mobilização social? Em que medida enfraqueceu o governo militar? Foi um risco para a transição?

Inicialmente as organizações do setor produtivo mobilizaram-se em apoio ao golpe. Em 1964, o primeiro presidente militar, general Castelo Branco, fez importantes reformas econômicas para promover uma nova fase de crescimento: a inflação foi reduzida, o sistema de impostos melhorou e foram estabelecidos novos mecanismos de financiamento do governo e das empresas. Os resultados puderam ser vistos no segundo governo militar, entre 1968 e 1973, quando ocorreu o denominado "milagre econômico". O crescimento foi espetacular, mas seus benefícios se concentravam de forma desproporcional nas mãos das classes proprietárias e classes médias.

O começo da distensão do regime coincidiu com o fim do "milagre econômico". A primeira crise do petróleo (1973) afetou o Brasil muito duramente, já que importávamos quase todo o petróleo que consumíamos. Apesar disso, a economia continuou crescendo devido à decisão do governo de recorrer à dívida externa. Aproveitando a disponibilidade dos denominados petrodólares, ele implementou um ambicioso programa de investimentos. Esse programa provocou a primeira grande reação negativa do setor empresarial contra o regime. Um setor mais liberal considerava que o governo – naquele momento sob o mandato do general/presidente Ernesto Geisel – havia se tornado muito estatista. Algumas dessas pessoas se aproximaram da oposição, não gostavam da combinação entre estatismo econômico e autoritarismo político. Nesse período de crescimento, a dívida externa acelerou-se rapidamente e a inflação também, levando ao enfraquecimento do poder aquisitivo dos salários e dando nova vida ao movimento sindical. Nesse contexto, as eleições parlamentares de 1974 e 1978 beneficiaram o partido de oposição.

A situação econômica entrou em uma nova etapa com a segunda crise do petróleo e a brusca ascensão das taxas de juros em 1979. A inflação disparou a mais de 100% ao ano e o crescimento caiu de forma drástica. Em 1981, o Brasil entrou em recessão pela primeira vez desde meados da década de 1960, o que estimulou as campanhas dos partidos de oposição aos cargos de governadores. As lutas pela democracia e para a recuperação do crescimento econômico e dos salários começaram a se associar. Em 1982, o Brasil solicitou ajuda ao Fundo Monetário Internacional (FMI), porque já não havia como enfrentar sozinho o pagamento dos juros da dívida externa. A ajuda do FMI teve um alto custo político para o governo. Lembro-me de que barramos a aprovação de um decreto que reajustava os salários abaixo da inflação, imposto pelo FMI e enviado pelo Executivo ao Congresso. Na Câmara, o decreto foi rejeitado. Quando chegou ao Senado, outro senador da oposição e eu nos apressamos em convencer o presidente da Casa, Nilo Coelho, do partido do governo, a apoiar a decisão da Câmara dos Deputados. A derrota do decreto também no Senado foi decisiva para enfraquecer o regime. Uma semana depois, Nilo Coelho sofreu um forte ataque cardíaco. A situação política era tão dramática que lhe custou a vida.

Depois de 1982, o regime claramente perdeu sua fonte de legitimidade: o crescimento econômico. A classe empresarial já não tinha medo da esquerda armada, que havia sido reprimida e derrotada entre 1968 e 1976. Sem o medo de que ocorressem desordens, por um lado, e sem perspectivas de crescimento, por outro, a classe empresarial estava disposta a apostar no fim do regime militar. Mas, à exceção dos mais liberais e valentes, em geral, os líderes empresariais foram os últimos a aderir.

No início, muitos governos democráticos novos enfrentaram graves dificuldades econômicas. A inflação volta a disparar, fazendo com que as pessoas pensem que a democracia não serve para melhorar a economia. Isso aconteceu?

Sim e não. É certo que a democracia não conseguiu de imediato uma melhora da situação econômica; ao contrário, a inflação continuou aumentando e foi interrompida apenas temporariamente por sucessivos planos de estabilização que fracassaram. Entretanto, a política continuou gerando novas agendas e novas esperanças, com a Assembleia Constituinte, a volta da eleição direta para presidente da República e o processo de destituição do primeiro presidente eleito.

A inflação era terrível, mas não transtornou por completo nem a economia nem a sociedade. O Brasil teve a experiência única de ter hiperinflação controlada, por assim dizer. Havia uma hiperindexação de preços e salários que possibilitou certo grau de "normalidade", ainda que instável e regressiva em termos de distribuição de renda e desfavorável ao crescimento sustentado. Compreender essa "estranha normalidade" da situação social e econômica – e a possibilidade de superá-la – foi fundamental para criar o Plano Real.

MOBILIZAÇÃO SOCIAL

Como os movimentos sociais – as comunidades de base católicas, os advogados, os trabalhadores, o grupo empresarial, as mulheres – se relacionaram com os partidos políticos que realizaram a transição? E o que ocorreu depois das eleições diretas para a Presidência? As organizações sociais foram enfraquecidas?

Durante a transição, o conjunto da sociedade civil se mostrou muito atuante e os partidos buscaram ter contato com todos esses grupos. Posteriormente, os partidos procuraram *controlá-los*. Sobretudo o PT, que controlou tanto os movimentos sociais que acabou com eles. Muitos dos grupos da sociedade civil passaram a se subordinar ao projeto político do partido, passaram a formar o aparato do partido e se burocratizaram. Quando o PT conseguiu a Presidência, se beneficiaram de mais recursos públicos às custas de sua autonomia. Algumas dessas organizações se transformaram em organizações estatais. O Movimento dos Trabalhadores Sem Terra, que se radicalizou, é, em parte, uma exceção.

Depois do Plano Real, com a estabilização e modernização da economia, os sindicatos perderam a capacidade de mobilização, sobretudo no setor privado, em parte por motivos estruturais. No início, Lula pretendia reforçar a autonomia dos sindicatos diante do Estado. Quando adquiriu importância como líder sindical, seu principal lema era pôr fim à contribuição sindical obrigatória e ao requisito de os sindicatos serem reconhecidos pelo Estado para poder existir oficialmente. Como presidente, porém, manteve a contribuição sindical obrigatória, incluiu as centrais sindicais entre os beneficiários dessa fonte de renda e transformou o Ministério do Trabalho em uma ferramenta para garantir apoio político, através do reconhecimento de novas organizações sindicais.

Os movimentos de mulheres tiveram papel durante a transição?

Sim, as mulheres desempenharam um importante papel, sobretudo nas campanhas pela anistia e pelas eleições diretas. Muitos dos intelectuais e artistas envolvidos eram mulheres. Mas as mulheres continuaram tendo uma pequena presença nos partidos e sindicatos do setor produtivo. Os sindicatos de trabalhadores industriais são muito machistas.

Agora os partidos refletem melhor o papel da mulher na sociedade. Cada vez mais mulheres são chefes de família, e a sua participação na força de trabalho tem aumentado consideravelmente. Há uma lei que exige dos partidos uma porcentagem mínima de candidatas mulheres ao Congresso.

Entretanto, a mudança de leis e de políticas é lenta, muito mais lenta que a mudança da sociedade. A presidente Dilma Rousseff pode acelerar esse processo de mudança com seu próprio exemplo, e inclusive porque nomeou muitas mulheres para cargos importantes do Estado.

TRANSIÇÕES CONTEMPORÂNEAS

Qual sua opinião sobre as atuais tendências democratizantes no mundo árabe e em outros lugares? Que efeito terão as novas tecnologias de comunicação? Como as forças dominantes afetam as transições hoje em dia? E que lições são úteis, olhando para o futuro?

As novas tecnologias permitem que as pessoas se expressem. O problema de tudo isso é que é fácil mobilizar para destruir, mas é mais difícil reconstruir. As novas tecnologias não bastam, por si só, para dar um passo adiante. As instituições são necessárias, assim como a capacidade de compreender, processar informações e exercer uma liderança que perdure. Não está claro como se pode utilizar as novas tecnologias para construir algo novo. Quando um país está fechado, é autoritário e ainda tem problemas econômicos, é fácil mobilizá-lo. Para nós, a televisão foi fundamental. Quando a Rede Globo passou a anunciar a mobilização a favor das eleições diretas, tudo mudou. Agora a televisão não é necessária, a internet hoje facilita a mobilização, mas o que se fará em seguida?

Trata-se de um momento complicado, porque estamos vivendo uma enorme crise do sistema capitalista, com distintos graus de profundidade e recuperação. Há certa fascinação pelo modelo chinês, que é autoritário. China, Chávez, entre outros, representam uma espécie de estatismo. Chávez não contava com um sistema unipartidário, mas ele teria gostado de ter um. Não existe um modelo único. Há os que pensam que a democracia capitalista ocidental chegou ao fim. Essa não é minha opinião, não apenas porque valorizo o liberalismo político, mas também porque acredito que a recuperação econômica ocorrerá como consequência da abertura a novas fontes de investimento, tecnologia e inovação. Creio que, atualmente, os Estados Unidos têm um potencial de criação e inovação maior que a Europa ou China. Entretanto, até que não ocorra uma mudança econômica, os governos autoritários estão ganhando algum grau de prestígio.

No Brasil, tem havido certo retrocesso para uma maior centralização, com menos confiança na sociedade civil e mais no Estado. A regulação é sempre necessária, mas, em certas situações, pode transformar-se em intervencionismo político, o que é prejudicial.

Não creio que seja suficiente defender a democracia. Talvez as grandes questões sejam a justiça e a igualdade. Chega um momento em que a distância entre os políticos no poder e o povo é tão grande, que se produz um mal-estar generalizado. A situação piora quando existem diferenças culturais e étnicas. Aqui no Brasil, temos conseguido reduzir a pobreza de forma considerável, e a desigualdade em alguma medida. Em alguns países nada mudou, e continua sendo difícil promover a democracia sem um sentido concreto de maior respeito aos direitos dos cidadãos e uma maior igualdade.

A situação da África é preocupante nesse sentido. Mesmo que o continente, em grande medida, esteja melhorando do ponto de vista econômico, ainda resta muito a fazer. O que está ocorrendo na África do Sul me assusta, porque existe racismo negro, corrupção e tribalismo. Mandela foi excepcional porque foi capaz de administrar seu povo e criar um sistema que respeitava os direitos da minoria étnica branca, embora essa minoria tenha perdido o poder.

Não há um caminho iluminado para o progresso e para a democracia. Livrar-se do regime autoritário é mais fácil do que estabelecer uma cultura e práticas verdadeiramente democráticas.

PRINCÍPIOS FUNDAMENTAIS

Se, por exemplo, alguém da Rússia que quer promover a democracia vem conversar com o senhor e diz: "Na Rússia alguns de nós acreditam nas ideias liberal-democratas, com a esperança de ter um futuro melhor, que conselho nos daria para melhorar nossas possibilidades de conseguir o que vocês conseguiram no Brasil?". O que o senhor diria?

Que tenha muita paciência e que se dê conta de que a mudança chega pouco a pouco, porque a penetração da democracia e a sofisticação do mercado levam seu tempo. O problema é que, na Rússia, a economia está crescendo com monopólios e oligopólios, e isso pode piorar com o tempo. É difícil prever que curso a história seguirá. Se analisarmos no dia de hoje, tem-se a impressão de que as portas estão fechadas, mas devemos lembrar que a União Soviética se desintegrou muito rapidamente. Assim, convém dizer que mantenha a esperança na possibilidade de uma situação melhor.

Com relação à Rússia, não creio que se possa ter a ilusão de que todo mundo vá tornar-se liberal-democrata. Não é o momento de *avançar* na causa da democracia liberal, estamos em um momento de *defesa.*

Dada a grande diversidade existente nas distintas transições e nas diferentes personalidades implicadas, que lições podem ser extraídas das transições anteriores, relevantes tanto para o presente como para o futuro?

No Brasil, a mudança não ocorreu de forma repentina. Não houve um "Dia D", tratou-se de um processo. Foi uma transição pactuada, sem acordos formais, mas com negociações. Houve luta política e negociações, houve presença na sociedade e nos espaços institucionais, e houve confrontação com o regime e aproximação com os setores descontentes com ele. Saímos como uma única frente de oposição. Esta frente se fragmentou no caminho, com o fim do bipartidarismo. **Apesar da pluralidade dos pontos de vista e de interesses dos distintos partidos da oposição que surgiram, foi possível nos colocar de acordo em relação aos objetivos principais. Desse modo, a cultura da negociação mútua e de diálogo foi reforçada como característica da democracia brasileira. Mas isso pode deteriorar e derivar em cooptação e acomodação de interesses, e enfraquecimento da política democrática, o que gera desalento na cidadania e compromete a capacidade do Estado para participar da ação republicana. O estilo da transição condiciona a governança democrática, para o bem ou para o mal.**

INFLUÊNCIA INTERNACIONAL

Que efeito os fatores internacionais tiveram na transição brasileira?

No princípio, a Espanha foi a principal referência. Posteriormente, foi o Chile, no momento de reforçar a governança democrática. Observávamos o que ocorria com a Concertação naquele país. No Brasil, não tivemos uma única grande coalizão como a Concertação, mas o PT e o PSDB se deram conta, a partir do meu governo, que ambos eram parte de um único processo de democratização e modernização, apesar das fortes disputas. E quem surgiu como novo fenômeno após a ditadura? Lula e eu. Nossos partidos estavam brigando por algo muito simples: quem dos dois assumiria o poder. A luta é política, gira em torno de quem controlará o Executivo.

Os partidos diferem sobre que caminho tomar? Como responder melhor à globalização e ao Brasil moderno?

Sim, em certa medida. Existem diferenças porque, por exemplo, o PT tem uma perspectiva centrada no Estado e no partido. No PSDB, somos mais pluralistas e menos hierárquicos. Mas ambos os partidos têm uma forte tendência social-democrata. Eles nos acusaram de ser neoliberais, ainda que nunca tenhamos sido; nós os acusamos de ser estalinistas, ainda que nunca tenham sido.

É uma pena que Lula tenha deixado absorver-se pela cultura política tradicional brasileira. Aceitou muito a dinâmica política. Eu, que venho de um contexto mais tradicional, fiz um esforço para modificar a cultura política. Quando saí do governo, os grupos oligárquicos estavam enfraquecidos; Sarney e Antonio Carlos Magalhães estavam enfraquecidos e haviam me enfrentado. Lula voltou a introduzi-los na política e quando terminou seu segundo mandato foi para São Paulo no mesmo avião que Sarney, que era símbolo da oligarquia. Nesse sentido, houve um retrocesso durante sua presidência. Mas a democracia veio para ficar, não haverá retrocesso para um regime autoritário.

MOMENTOS-CHAVE NA TRANSIÇÃO DEMOCRÁTICA DO BRASIL

Março de 1964: Pressionado por manifestações massivas e pela alta inflação, o presidente João Goulart anuncia "reformas de base" redistributivas que provocam a ira das facções políticas conservadoras, inclusive grande parte dos militares. Em resposta, as Forças Armadas dão um golpe de Estado contra Goulart em 31 de março.

Outubro de 1965: O regime militar realiza eleições para governador, mas os resultados obtidos são piores que o esperado. As facções mais duras dos militares pressionam para proibir os partidos existentes. Adota-se o bipartidarismo, com um único partido legal da oposição, o Movimento Democrático Brasileiro (MDB).

Março de 1967: O general Artur da Costa e Silva, da linha-dura, é escolhido presidente de forma indireta, com o apoio dos militares e da Aliança Renovadora Nacional (Arena), o partido do governo. Mais adiante é substituído por outro militar de linha-dura, general Emílio Garrastazu Médici. A repressão alcançaria seu auge nos mandatos desses dois presidentes.

Dezembro de 1968: O governo militar promulga o Ato Institucional n° 5, que confere ao presidente o poder de pôr em recesso o Congresso e os legislativos estaduais, legislar por decretos, censurar a imprensa e suspender o *habeas corpus* para crimes com "motivação política".

Março de 1974: Mais um general é eleito presidente, mais uma vez de forma indireta. O general Ernesto Geisel anuncia a *distensão* (uma tímida liberalização política).

Novembro de 1974: Com uma campanha centrada nos aspectos econômicos, o MDB obtém 16 das 22 cadeiras em disputa no Senado, 44% das cadeiras da

Câmara de Deputados e a maioria em 5 legislaturas estaduais. Os resultados corroboram a polêmica decisão de participar nas eleições.

Outubro de 1975: Morre o jornalista Vladimir Herzog, após ser preso e torturado por integrantes do aparelho de repressão do regime. Os líderes religiosos realizam um funeral ecumênico que se transforma na primeira manifestação contra o regime militar. Geisel ordena frear a repressão e destitui o general responsável pela jurisdição militar onde ocorreu a morte de Herzog.

Abril de 1977: O governo aprova o "Pacote de Abril", com medidas que acabam com a eleição direta de um terço das cadeiras do Senado, limitam o acesso da oposição aos meios de comunicação antes das eleições e dão peso desproporcional na Câmara de Deputados aos estados menores, onde o partido do governo tinha mais votos.

Maio de 1978: O movimento sindical *Novo Sindicalismo*, dirigido por Luiz Inácio Lula da Silva, convoca greves massivas contra o regime e a legislação trabalhista.

Novembro de 1978: São realizadas eleições para o Congresso. Devido ao "Pacote de Abril", de 1977, a oposição não alcança a maioria no Senado, embora obtenha mais votos no governo. Na Câmara, fica com 45% dos deputados eleitos.

Março de 1979: O general João Batista Figueiredo, tido como moderado, é eleito presidente indiretamente. O general dissidente Euler Bentes Monteiro enfrenta Figueiredo no Colégio Eleitoral, expondo as desavenças entre os militares. Quando no cargo, Figueiredo promove uma política de *abertura*.

Agosto de 1979: Figueiredo anuncia a anistia também para crimes cometidos pelos militares. Os dirigentes da oposição começam a voltar do exílio.

Novembro de 1979: O governo acaba com o sistema eleitoral bipartidário. O MDB se torna Partido do Movimento Democrático Brasileiro (PMDB) e a Arena se transforma no Partido Democrático Social (PDS). Surgem novos partidos, como o Partido dos Trabalhadores (PT), dirigido por Lula.

Agosto de 1982: O México decreta a moratória da sua dívida externa e dá início a uma crise que contaminaria a maioria dos países latino-americanos, entre eles o Brasil.

Novembro de 1982: Nas eleições gerais, a oposição obtém a maioria na Câmara de Deputados e elege governadores dos estados mais importantes. Mas não consegue obter o controle do Senado nem do Colégio Eleitoral. Com grave crise nas suas contas externas, o Brasil recorre ao FMI.

Janeiro de 1984: A campanha das *Diretas Já* em favor das eleições diretas para presidente convoca protestos de janeiro a abril, com o apoio das várias forças de oposição. A reforma constitucional para garantir as eleições diretas não obtém maioria qualificada necessária no Congresso.

Agosto de 1984: É lançada a Aliança Democrática, união entre partidos da oposição e dissidentes do partido do governo em torno da candidatura de Tancredo Neves. O PT é o único partido de oposição a não apoiar Neves.

Janeiro de 1985: A chapa Tancredo Neves, presidente, e José Sarney, vice, é eleita no Colégio Eleitoral com mais de 72% dos votos.

Março de 1985: Neves fica gravemente doente na véspera de assumir a Presidência. Sarney toma posse como presidente em exercício, e assume plenamente após o falecimento de Neves em abril.

Maio de 1985: O Congresso promulga a legislação que possibilita a eleição direta para a Presidência, estende o direito de voto aos analfabetos e permite a legalização do Partido Comunista Brasileiro (PCB) e do Partido Comunista do Brasil (PCdoB).

Junho de 1985: José Sarney encaminha projeto de convocação de uma assembleia constituinte ao Congresso.

Outubro de 1985: O Movimento dos Trabalhadores Rurais Sem Terra (MST) promove a sua primeira ocupação de terra, na Fazenda Annoni, no Rio Grande do Sul.

Novembro de 1986: São realizadas eleições para a Câmara e o Senado, além das assembleias e governos estaduais. O PMDB obtém a maioria das cadeiras do Congresso e elege todos os governadores, com exceção de Sergipe.

Fevereiro de 1987: Instala-se a Assembleia Nacional Constituinte.

Outubro de 1988: A Assembleia Constituinte promulga uma nova Constituição, após mais de um ano de deliberações.

Dezembro de 1989: Fernando Collor de Mello, governador de Alagoas, é eleito presidente da República em segundo turno, com pouco mais de 50% dos votos, derrotando Lula, que obteve 47% dos votos.

Setembro de 1992: A Câmara de Deputados dá início ao impeachment de Collor, que se afasta da presidência.

Dezembro de 1992: Collor de Mello apresenta sua renúncia para evitar a iminente aprovação do impeachment no Senado. O vice-presidente, Itamar Franco, no cargo desde setembro, assume a presidência para cumprimento do restante do mandato.

Abril de 1993: Em um plebiscito, os eleitores decidem manter o sistema presidencialista em lugar de adotar o parlamentarismo.

Dezembro de 1993: O ministro da Fazenda, Fernando Henrique Cardoso, anuncia as três fases de implantação do Plano Real.

Julho de 1994: É lançada a nova moeda, o Real.

Outubro de 1994: Com a inflação em queda rápida, Fernando Henrique Cardoso é eleito presidente no primeiro turno com o apoio de Itamar Franco; obtém 54% dos votos e vence o PT de Lula, que consegue 27% dos votos.

Dezembro de 1995: Fernando Henrique Cardoso assina uma lei que reconhece as responsabilidades do governo pelas mortes ocorridas durante o regime militar e estabelece a Comissão Especial sobre os Mortos e Desaparecidos Políticos para oferecer indenizações às famílias das vítimas.

Junho de 1997: O Congresso aprova emenda constitucional apresentada por deputado da base governista que permite a reeleição do presidente, governadores e prefeitos.

Outubro de 1998: Fernando Henrique Cardoso é reeleito com 53% dos votos, em primeiro turno. Lula obtém 32%.

Junho de 1999: Fernando Henrique Cardoso cria o Ministério da Defesa, eliminando os ministérios militares.

Junho de 2002: Lula lança a "Carta ao Povo Brasileiro" em que assegura, se eleito, adotar uma política econômica condizente com a estabilidade da moeda e o respeito aos contratos.

Outubro de 2002: Lula vence José Serra, candidato do PSDB, com 61% dos votos no segundo turno.

Nota

1 Dava ao presidente o poder de colocar o Congresso em recesso, assumir o Poder Legislativo, censurar a imprensa e suspendia o *habeas corpus* para crimes de "motivação política".

Leituras recomendadas sobre o Brasil

CARDOSO, Fernando Henrique, "Entrepreneurs and the Transition Process: The Brazilian Case" [Empresários e o processo de transição: o caso do Brasil], em Guillermo O'Donnell, Philippe Schmitter e Laurence Whitehead (eds.), *Transitions from Authoritarian Rule: Comparative Perspectives* [Transições de regimes autoritários: perspectivas comparadas] (Baltimore, Md.: Johns Hopkins University Press, 1986).

CARDOSO, Fernando Henrique, "A Arte da Política: A História que Vivi" (Rio de Janeiro: Civilização Brasileira, 2006) [ver também as memórias resumidas em inglês: *The Accidental President of Brazil* [O presidente acidental do Brasil], de Brian Winter].

CARDOSO, Fernando Henrique, "Reconciling the Brazilian Military with Democracy: The Power of Alfred Stepan's Ideas" [Reconciliando os militares brasileiros com a democracia: o poder das ideias de Alfred Stepan], em Douglas Chalmers y Scott Mainwaring (eds.), *Problems Confronting Contemporary Democracy: Essays in Honor of Alfred Stepan* [Problemas da democracia contemporânea: ensaios em homenagem a Alfred Stepan] (Notre Dame, Ind.: University of Notre Dame Press, 2012).

D'INCAO, Maria Ângela e Martins, Hermínio (eds.), *Democracia, Crise, e Reforma: Estudos Sobre a Era Fernando Henrique Cardoso* (São Paulo, Brasil: Paz e Terra, 2009) [ver em particular os capítulos de Hurrell e Whitehead].

FISHLOW, Albert, *Starting Over: Brazil Since 1985* [Voltar a começar: o Brasil desde 1985] (Washington D. C.: The Brookings Institution, 2011).

GASPARI, Elio, *A Ditadura Derrotada* (São Paulo: Companhia das Letras, 2004) [quarto volume da história do regime militar que trata da *distensão* e da *abertura*].

HAGOPIAN, Frances, *Traditional Politics and Regime Change in Brazil* [A política tradicional e a mudança de regime no Brasil] (Cambridge, Reino Unido: Cambridge University Press, 1996).

HUNTER, Wendy, *Eroding Military Influence in Brazil* [A erosão da influência militar no Brasil] (Chapel Hill, N.C.: University of North Carolina Press, 1997).

HUNTER, Wendy, *The Transformation of the Workers' Party in Brazil, 1989-2009* [A transformação do Partido dos Trabalhadores no Brasil, 1989-2009] (Nova York: Cambridge University Press, 2010).

HURRELL, Andrew, "The International Dimension of Democratization in Latin America: The Case of Brazil" [A dimensão internacional da democratização da América Latina: o caso do Brasil], em Laurence Whitehead (ed.), *The International Dimensions of Democratization: Europe and the Americas* [As dimensões internacionais da democratização: Europa e Américas] (Oxford, Reino Unido: Oxford University Press, 1996).

KINGSTONE, Peter R.; POWER, Timothy J. (eds.), *Democratic Brazil: Actors, Institutions, and Processes* [Brasil democrático: atores, instituições e processos] (Pittsburgh, Pa.: University of Pittsburgh Press, 2000).

LAMOUNIER, Bolivar; MENEGUELLO, Rachel, *Partidos Políticos e Consolidação Democrática: o Caso Brasileiro* (São Paulo: Brasiliense, 1986).

MOISÉS, José Álvaro, *Os Brasileiros e a Democracia: Bases Sócio-Políticas da Legitimidade Democrática* (São Paulo: Ática, 1995).

PAYNE, Leigh A., "Working Class Strategies in the Transition to Democracy in Brazil" [Estratégias da classe trabalhadora na transição democrática no Brasil], *Comparative Politics*, 23/2 (1991), p. 221-38.

SKIDMORE, Thomas, *The Politics of Military Rule in Brazil, 1965-1985* [A política do regime militar no Brasil, 1965-1985] (Nova York: Oxford University Press, 1988).

SOLA, Lourdes, "The State, Structural Reform, and Democratization in Brazil" [O estado, a reforma estrutural e a democratização no Brasil], em William C. Smith, Carlos H. Acuña e Eduardo A. Gamarra (eds.), *Democracy, Markets, and Structural Reform in Latin America: Argentina, Bolivia, Brazil, Chile, and Mexico* [Democracia, mercados e reforma estrutural na América Latina: Argentina, Bolívia, Brasil, Chile e México] (Boulder, Colo.: Lynne Rienner, 1994).

STEPAN, Alfred, *Rethinking Military Politics: Brazil and the Southern Cone* [Repensando a política militar: Brasil e o Cone Sul] (Princeton, N. J.: Princeton University Press, 1988).

STEPAN, Alfred (ed.), *Democratizing Brazil: Problems of Transition and Consolidation* [Democratizando o Brasil: problemas de transição e consolidação] (Nova York: Oxford University Press, 1989).

WEYLAND, Kurt, *Democracy without Equity: Failures of Reform in Brazil* [Democracia sem equidade: falhas da reforma no Brasil] (Pittsburgh, Pa.: University of Pittsburgh Press, 1996).

CHILE

O sucesso da transição chilena:
de uma intensa polarização a uma democracia estável

Genaro Arriagada, ex-ministro e intelectual do Partido Democrata Cristão

Em 1970, a população chilena era de aproximadamente 9 milhões de habitantes e o país tinha a terceira maior renda *per capita* da América Latina. O Chile contava com uma sociedade desenvolvida em termos políticos, e seu sistema partidário maduro, dividido em três campos políticos praticamente iguais, era um reflexo das principais influências europeias. A esquerda contava com dois partidos marxistas-leninistas. O maior deles era o Partido Comunista pró-soviético, o terceiro maior partido comunista do mundo ocidental, depois dos partidos da Itália e França; o segundo era o Partido Socialista. A força predominante no centro eram os democrata-cristãos, situados mais à esquerda que seus correlatos europeus, e com peso comparável a seus colegas da Itália e Alemanha. A direita tinha tradição democrática e seus partidos estavam mais organizados que os similares de direita de outros países latino-americanos. As Forças Armadas estavam sob forte controle civil havia tempo.

Nesse contexto, Salvador Allende obteve, em 1970, a vitória eleitoral com a aliança política Unidade Popular. Allende chegou à presidência com 36% dos votos, mas sua coalizão partidária era minoria em ambas as câmaras do Congresso. Os analistas ainda discordam sobre a verdadeira natureza do projeto de Allende. Seus acusadores viam a intenção de estabelecer o "socialismo real". Para muitos de seus partidários, tratava-se de um projeto de construção de um modelo de transição ao socialismo alternativo e pluralista sem precedentes; para outros, o experimento chileno não poderia escapar das "leis do socialismo científico", que incluía o inevitável período da "ditadura do proletariado". Qualquer que fosse a intenção do governo Allende, o Chile começou a tender para a intolerância, e os conflitos sociais e políticos (e a violência), tanto nos discursos, como nas ruas, se agudizaram.

A RUPTURA DE 1973

A intervenção militar dirigida pelo general Augusto Pinochet, que terminou com a queda e morte de Allende em 11 de setembro de 1973, foi de extrema violência. Embora não tenha havido resistência armada, centenas de pessoas foram assassinadas nos primeiros dias, a maioria em execuções sumárias. As prisões ficaram repletas de presos políticos e foram criados vários campos de concentração. Não menos que 100 mil pessoas tiveram que partir para o exílio. Dezenas de milhares de pessoas perderam o emprego na administração pública, universidades, escolas, empresas públicas e privadas. A tortura tornou-se instrumento imprescindível para o regime.

O governo dissolveu o Poder Legislativo, os sindicatos e partidos políticos, queimou os registros eleitorais e interveio nas universidades, nomeando oficiais das Forças Armadas como reitores. Fechou os jornais que avaliou que não lhe dariam apoio incondicional e instaurou a censura à imprensa e aos livros. Os novos jornais e revistas deveriam obter autorização do Ministério do Interior. Impôs o toque de recolher durante mais de uma década.

Um golpe de Estado de semelhante brutalidade deveria ter provocado a rejeição contundente de um país com um passado democrático como o Chile. Mas não foi assim. A sociedade havia se polarizado fortemente, e o ódio político e social permeava todo o tecido social. Durante o governo da Unidade Popular, as discussões nas ruas estavam na ordem do dia e todos os lados organizavam grandes manifestações. As fábricas, universidades e terras estavam ocupadas por grupos que queriam ou passá-las para as mãos do Estado ou que fossem salvas dele.

Uma parte expressiva da população considerou que o golpe militar era uma solução, um retorno à ordem, e deu apoio incondicional, com olhos estrábicos (ou seja, com um olho viam a ordem e certa prosperidade econômica, com o outro deixavam de ver as atrocidades que ocorriam contra os direitos humanos). A classe empresarial apoiou os golpistas, pois, em primeiro lugar, estava agradecida pela devolução das empresas nacionalizadas e ocupadas; em segundo lugar, pela aplicação de uma política econômica neoliberal bastante ortodoxa. Não seria correto, entretanto, afirmar que o apoio social ao regime terminava na elite, pois, em distintos graus, abarcava todas as classes sociais.

UM CAMINHO ÁRDUO PARA A OPOSIÇÃO

A atrocidade do golpe de Estado teve como consequência a ruptura da aliança entre os militares e os democrata-cristãos que se opunham a Allende. A magnitude das violações dos direitos humanos e o ódio do ditador aos partidos políticos levaram os democrata-cristãos para a oposição ao regime no final de 1973. A resposta de Pinochet foi tornar o partido ilegal e confiscar suas propriedades e escritórios. Mesmo assim, não acabou o antagonismo entre os democrata-cristãos e a aliança entre socialistas e comunistas. Ao contrário, democrata-cristãos, de um lado, comunistas e socialistas, de outro, continuaram presos a uma dura polêmica sobre quem era responsável pela ruptura da democracia.

Assim, os primeiros anos do regime militar foram marcados por uma oposição dividida: o Partido Democrata Cristão era o mais forte do país, embora os socialistas e comunistas fossem a força dominante entre os chilenos no exterior. Ao mesmo tempo, surgiu um confronto interessante entre a junta militar e a oposição. O mecanismo de inteligência militar, sobre o qual não se exercia nenhum tipo de controle moral ou jurídico, era muito forte, mas um número crescente de organizações de direitos humanos passou a informar os crimes que aquele mecanismo cometia. O governo tomou controle absoluto das universidades, embora grupos de estudos da oposição, cada vez mais numerosos, aglutinassem uma grande parte da comunidade intelectual. O governo também criou um movimento sindical "pelego" após a dissolução dos sindicatos, mas não podia livrar-se da influência dos dirigentes trabalhistas associados à esquerda e aos democrata-cristãos, que gozavam de legitimidade dentro e fora das fronteiras chilenas. A Igreja Católica, com a aquiescência dos bispos e padres, servia de guarda-chuva para proteger os advogados de direitos humanos e todo um conjunto de organizações da sociedade civil.

Vários fatores contribuíram para que a oposição se organizasse melhor a partir de 1980. O debate sobre qual grupo foi responsável pela queda da democracia ajudou no reconhecimento das responsabilidades de cada partido. Os intelectuais de distintas frentes colaboraram com essa dinâmica. Entretanto, o fator mais importante foi que, no seio das organizações opostas ao regime militar, os que haviam sido inimigos políticos durante as décadas de 1960 e 1970 passaram a unir-se. Embora as diferenças políticas iniciais tenham persistido, elas perderam a importância diante da tarefa concreta de salvar vidas, denunciar abusos, organizar manifestações contra o regime e financiar restaurantes comunitários para alimentar as famílias dos desempregados.

Em 1980, o regime convocou um plebiscito para aprovar uma nova Constituição, mas sem suspender o estado de sítio, sem listas de votação, foros, debates ou publicidade. A oposição chamou o processo de fraudulento, mas a iniciativa do governo deu oportunidade para os socialistas e democrata-cristãos trabalharem juntos. Durante esse período houve um rearranjo no Chile e em outros países que alterou a natureza da oposição. Uma facção majoritária do Partido Socialista cindiu com o campo "socialista" internacionalista dirigido pela União Soviética, e estreitou laços com os partidos social-democratas europeus. Ao mesmo tempo, o Partido Comunista do Chile foi para a direção oposta e propôs construir uma forma avançada de socialismo por meios políticos e através de ações militares e paramilitares, incluindo atos terroristas. Surgiu uma nova correlação de forças na oposição. De um lado, estava o Partido Comunista, de outro, o crescente terreno comum entre os democrata-cristãos e socialistas, que argumentavam que o regime seria vencido pela mobilização pacífica e uma melhor organização dos partidos e da sociedade civil, que obrigaria a negociação para uma transição democrática.

Sob essas novas condições, o setor moderado da oposição redobrou seu ativismo e fundou a Aliança Democrática e a Assembleia da Civilidade. A Aliança era um pacto entre vários partidos políticos, organizado em torno de socialistas e democrata-cristãos; a Assembleia era um acordo social entre grêmios profissionais, sindicatos, organizações estudantis e grupos de defesa dos interesses das pequenas empresas. Alguns anos depois, em 1985, a Igreja Católica convocou um Acordo Nacional, que incluía representantes da direita que haviam colaborado com a ditadura. Todas essas iniciativas contaram com o suporte de um programa moderado que podia ganhar apoio mais amplo da sociedade, com a única exceção dos comunistas, que continuavam reivindicando "a validade de todas as formas de luta", inclusive a violência.

Na primeira metade da década de 1980, a oposição colheu vitórias notáveis, mas não conseguiu ocultar dois grandes fracassos. O primeiro foi sua incapacidade de incorporar setores significativos da direita. A direita liberal, que havia sido uma força constante ao longo da história do Chile durante a República, tinha se diluído desde o golpe de Estado de 1973 e foi substituída por uma mistura de militares civis e integristas católicos que não confiavam na democracia e alguns neoconservadores cujo liberalismo se limitava a aspectos econômicos. A segunda dificuldade teve sua origem no choque entre as estratégias da Aliança Democrática e os comunistas, que dividiu a oposição. O discurso moderado e o convite a uma solução pacífica para a crise entravam em constante contradição com os atos de violência, que iam desde os excessos nas manifestações de rua até a explosão de torres de alta tensão e tentativas de assassinato.

Essa contradição nociva se manifestava nos protestos, realizados mensalmente desde o início de 1982. Durante o dia, eram realizadas manifestações pacíficas, e ao cair da tarde as batidas ensurdecedoras das panelas vindas de todos os bairros levavam à cidade um ruído estrondoso. Em compensação, à noite, os grupos extremistas enfrentavam a polícia, causando grandes danos materiais e a morte de jovens, quase sempre dos setores mais pobres. Enquanto isso, a extrema-esquerda parecia envolver-se com a morte de policiais, com a colocação de bombas no metrô e a realização de atos de vandalismo. A resposta do governo foi brutal: houve assassinatos, inclusive do líder sindical Tucapel Jiménez; três professores universitários foram degolados; e, em um protesto, uma patrulha militar ateou fogo em dois estudantes após ensopá-los com gasolina. As facções mais radicais do regime estavam tomadas por esse clima de violência, já que procuravam justificar "a mão dura" como o único método para conquistar a governabilidade e a ordem, ao mesmo tempo que caracterizavam toda a oposição, sem distinção, como uma força anárquica.

Apesar das circunstâncias, a oposição moderada continuou seus esforços para unificar e adotar acordos mais amplos. Por outro lado, a estratégia do Partido Comunista havia sofrido um revés. Na segunda metade de 1986, descobriu-se em uma praia afastada, no norte do Chile, um enorme arsenal que a Frente Patriótica Manuel Rodrigues (FPMR), o braço armado do Partido Comunista, havia contrabandeado de Cuba. Um mês mais tarde, a FPMR tentou assassinar Pinochet; não conseguiu, mas morreram seis guarda-costas do ditador. Assim, o ano de 1986 terminou com um regime recrudescido, Pinochet no controle absoluto das Forças Armadas e a estratégia comunista falida. No entanto, a aliança entre os socialistas e os democrata-cristãos, remando contra a corrente em um contexto de polarização e violência, foi suficientemente forte para prosseguir com sua estratégia de mobilização social, com o apoio da sociedade civil e partidos políticos revitalizados.

O INÍCIO DA TRANSIÇÃO

Em 1987, quando a ditadura completava seu 14º ano no poder, a situação se tornou mais complexa. O governo e a oposição haviam conseguido um equilíbrio de poder provisório. Pinochet continuava com muita força, sobretudo estatal e militar. Era um chefe de Estado bem atuante, além de ser o comandante em chefe das Forças Armadas, sobre as quais exercia poder absoluto: unidas, obedientes, sem ingerência em assuntos políticos e leais ao seu comandante. Também contava com o apoio das classes alta e empresarial.

Mas as coisas não iam mal para a oposição. Uma de suas características era a força das suas instituições, o que significava que a direção era coletiva, em vez de concentrar-se unicamente em algumas personalidades carismáticas; tinha poder político, social e internacional. Os partidos, embora ilegais, estavam suficientemente bem organizados para convocar manifestações que mobilizavam centenas de milhares de pessoas. A oposição também tinha bases em organizações independentes do Estado, como igrejas, sindicatos, associações estudantis, colégios profissionais, organizações de mulheres e associações de bairro. A oposição tinha a solidariedade da opinião internacional e a simpatia quase unânime dos governos da Europa e da América do Sul e do Norte. Também contava com a presença de personalidades fortes que desempenharam um papel fundamental para reunir a oposição e desenhar estratégias. Entre elas estavam Patricio Aylwin e Ricardo Lagos, figuras-chave na oposição a Pinochet e que contribuíram para construir a cooperação entre os partidos de centro e de esquerda. Ambos foram posteriormente presidentes do Chile quando a democracia foi restaurada.

Na década de 1980, o Chile ficou em um equilíbrio catastrófico. Pinochet tinha força suficiente para manter-se no poder, mas não para acabar com seus adversários. Por sua vez, apesar das intensas pressões, incluindo o estado de sítio, a oposição era forte o bastante para continuar controlando a sociedade civil e política, mas não para mudar o governo.

Na segunda metade dos anos 1980, os hábeis dirigentes políticos da oposição tiveram sucesso em definir a agenda, negando-se a perder de vista seus objetivos. A oposição decidiu participar do plebiscito programado para o final de 1988, que constava da Constituição promulgada por Pinochet em 1980, com o objetivo de provocar uma confrontação decisiva.

O voto favorável no referendum de 1988 perpetuaria a ditadura por mais oito anos; o voto contrário exigiria a convocação de eleições. Embora a oposição tivesse aceitado o calendário de 1988, lutou insistentemente pela substituição desse plebiscito por eleições abertas. Quando informada da decisão irrevogável de apenas realizar o plebiscito, a oposição aceitou as condições do governo, temendo que eleições competitivas apresentassem dificuldades para as quais não estaria totalmente preparada (como a eleição de um candidato e a elaboração de um programa únicos), e também porque teria maior oportunidade de conservar a unidade se ficasse limitada a lutar pela negação da continuidade do regime de Pinochet. Entretanto, a oposição alertou que, se não houvesse condições mínimas para um plebiscito justo, se retiraria e denunciaria a fraude nacional e internacionalmente.

Em seguida, teve que organizar a campanha do *não* para o plebiscito, o que requeria reunir grande força política e social. A campanha partia do conceito de uma transição pacífica para a democracia, distanciando-se da ideia de uma revolução ou de um confronto polarizado e, em lugar de buscar uma "vitória esmagadora", prometia construir "uma pátria para todos", na qual todos (exceto os culpados de crimes) teriam "um lugar sob o sol", ou seja, os mesmos direitos e respeito à dignidade.

Em 5 de outubro de 1988, a oposição venceu. O *não* obteve 56% dos votos, o que deu início à contagem regressiva da ditadura. Em dezembro de 1989, em eleições abertas para a chefia do Estado e às duas Câmaras do Congresso, Patricio Aylwin foi eleito presidente da República. Dez anos depois, foi eleito Ricardo Lagos.

UMA TRANSIÇÃO DIFÍCIL (MAS EXITOSA)

A transição chilena apresenta uma curiosa contradição. Seu início foi tão difícil que parecia condenada a não obter mais do que resultados exíguos. No entanto, hoje é considerada uma das transições mais exitosas.

Do ponto de vista político, o início foi fortemente desfavorável. Em 1988, Pinochet tinha perdido nas urnas, mas ainda assim obteve 44% dos votos. O antigo regime ainda tinha poder, com um exército incondicionalmente unido ao ditador e com o apoio militante dos partidos políticos, que também tinham obtido 44% dos votos nas primeiras eleições legislativas. A direita contava com o apoio quase total da classe empresarial, uma das mais conservadoras da América Latina. Apesar do forte apoio de seus partidários, o regime militar recuou ao obter êxito econômico. O Chile seria o modelo de reforma econômica neoliberal.

O marco institucional era ainda pior. Segundo a Constituição, Pinochet continuaria sendo o comandante em chefe do Exército por mais oito anos, o dobro do mandato presidencial de Patricio Aylwin. O sistema eleitoral "binominal" garantia um empate na representação entre o governo e a oposição que só podia desfazer-se nos distritos em que uma das coalizões obtivesse o dobro de votos que a outra, ou seja, ao menos 67%. O empate no Congresso se desfez no Senado em favor das forças do antigo regime, quando Pinochet nomeou oito de seus partidários como senadores vitalícios. Além disso, a Constituição exigia um quórum especial para a aprovação de todas as leis importantes, o que tornava impossível emendar a legislação sem o acordo da oposição. No último ano, o regime militar nomeou 14 dos 17 membros da Suprema Corte e concedeu anistia a todo crime cometido contra os direitos humanos.

Se a política fosse circunscrita ao que o marco institucional permitia, a transição chilena teria fracassado de antemão. Na luta por "romper" o marco herdado, a qualidade, a unidade e a força da Concertação, que foi o instrumento político da transição, foram fundamentais. A Concertação conseguiu seus objetivos porque constituía a aliança política mais significativa que havia existido no Chile havia mais de um século. Foi a coalizão de governo de maior duração no Chile e elegeu quatro presidentes seguidos: Patricio Aylwin, Eduardo Frei, Ricardo Lagos e Michelle Bachelet. A Concertação participou, unida, em todas as eleições presidenciais, legislativas e municipais durante 20 anos. Seus dirigentes, desde os presidentes da República até as bases, compartilhavam um único programa e enfoque político, o que permitiu a sucessivas administrações darem continuidade às ações básicas para a transição democrática e, mais à frente, dar base à sua consolidação.

Quanto às violações dos direitos humanos cometidas no passado, o primeiro grande objetivo consistiu em reconhecê-las oficialmente. A criação, pelo presidente Aylwin, da Comissão Nacional da Verdade e Reconciliação foi fundamental, pois provou a magnitude colossal dos crimes cometidos pela ditadura, para que todo o país soubesse o que ocorreu. Anos depois, o presidente Lagos criou a Comissão Nacional sobre Prisão Política e Tortura, que documentou mais de 30 mil casos de abusos de direitos humanos. As repercussões desses informes foram enormes e conferiram um aval moral às administrações democráticas.

Um esforço similar foi realizado para eliminar os "entraves autoritários" criados com o objetivo expresso de reduzir a representação dos democratas da Concertação a uma minoria institucional, apesar de terem muito mais apoio eleitoral que as forças do antigo regime.

Durante o mandato de Aylwin e os primeiros anos de seu sucessor, Eduardo Frei, foram propostas três reformas constitucionais. Todas foram rejeitadas. Embora a direita tenha conseguido bloqueá-las, era evidente que a legitimidade dos entraves autoritários estava enfraquecendo. No final, várias mudanças constitucionais tiveram que ser aceitas: a derrogação da disposição constitucional que tornava o Partido Comunista ilegal; a redução do quórum necessário para aprovar leis; e uma restrição progressiva dos poderes do Conselho de Segurança Nacional, que, segundo a Constituição de Pinochet, podia sobrepor-se à autoridade do presidente com o acordo de dois comandantes em chefe. As reformas mais significativas foram conquistadas sob o governo de Ricardo Lagos em 2005, a saber, o fim da disposição relativa aos senadores nomeados e a proibição aos presidentes, durante os quatro anos de mandato, de destituírem os comandantes em chefe das Forças Armadas e da Polícia.

Dado que Pinochet continuou como comandante em chefe do Exército depois de 1990, levou tempo para que a Concertação instaurasse a justiça de transição. Durante o mandato de Aylwin, Pinochet levou as tropas às ruas em uniforme de combate para intimidar as autoridades civis. Também foi impugnada a decisão do governo de Frei de encarcerar o general Manuel Contreras, ex-chefe da polícia secreta da ditadura durante os anos de maior repressão, tomada enquanto Pinochet ainda era comandante em chefe.

A partir de Aylwin, os governos da Concertação insistiram em subordinar as Forças Armadas ao controle civil e ao estado de direito. Tiveram o cuidado de respeitar a carreira dos oficiais que não haviam participado da política ou dos abusos contra os direitos humanos no passado e de financiar adequadamente as Forças Armadas. No entanto, ao mesmo tempo proibiu a intervenção militar na política. Eram decisões complementares: o respeito à profissão militar exigia que estivesse subordinada à autoridade política civil.

As políticas econômicas da transição chilena também foram eficazes. O crescimento, os investimentos, as exportações, o equilíbrio macroeconômico e as políticas sociais foram geridos de forma adequada. O Chile pôde tirar lições da transição em outros países, alguns dos quais tinham sido levados por políticas populistas que desencadearam uma hiperinflação. Desde os primeiro dias de Aylwin até os últimos do primeiro governo de Michelle Bachelet, a disciplina fiscal da Concertação não impediu que fossem realizadas fortes ações para enfrentar as demandas sociais dos setores mais pobres, a maioria das quais acumuladas durante a ditadura. Aylwin insistiu na ideia do "crescimento com equidade". O crescimento com igualdade seria mais tarde o slogan principal da campanha presidencial de Lagos. Um grande êxito foi a redução do número de pessoas que viviam abaixo da linha de pobreza, de 44% para 13,7% nos 20 anos de governo da Concertação. O governo de Aylwin adotou e implementou uma nova estratégia econômica: definir claramente as regras do jogo, tranquilizar as empresas para não reativarem suas alianças com as Forças Armadas e constituir acordos entre as empresas e os trabalhadores para promover reformas fiscais e trabalhistas. Foram negociados vários acordos de livre-comércio para facilitar a recuperação das exportações. A produção, o investimento e o emprego aumentaram em um ritmo sustentável, contribuindo para o sucesso da transição.

Os dirigentes da Concertação cuidaram de preservar a imagem ética que os acompanhou durante sua chegada ao poder. Aplicaram políticas com um sentido de proporção e justiça, tolerância e convergência. As decisões da Concertação se baseavam na ética da responsabilidade, mais do que na ética da convicção, dado que davam prioridade aos resultados. Seus dirigentes viam a política como instrumento para alcançar a liberdade, a segurança e a prosperidade para o conjunto da sociedade, e não como um meio para salvar almas, unir corações ou remediar o tédio ou mal-estar.

Ao final dos governos da Concertação, ou seja, 20 anos depois do início da transição, o Chile parecia ser o país mais desenvolvido e estável da América Latina. A renda *per capita* se multiplicou três vezes, até tornar-se uma das mais altas da região, e a taxa de crescimento durante os quatro governos da Concertação foi o dobro da média obtida durante o regime militar em seus 17 anos. Essas altas taxas de crescimento produziram uma mudança drástica na sociedade chilena: o país passou a ter o índice de desenvolvimento humano mais alto da América Latina e a mais baixa porcentagem da população abaixo da linha de pobreza. Segundo a Transparência Internacional, está entre os países menos corruptos do mundo. Na classificação da Freedom House, que leva em conta tanto o cumprimento quanto a qualidade dos direitos humanos e as liberdades civis, o Chile se encontra na categoria mais alta, junto com o Uruguai e a Costa Rica, e se forem observadas as avaliações mais complexas (como as do Banco Mundial ou da Bertelsmann Stiftung), que incluem o respeito à lei, a governabilidade, as liberdades políticas e a qualidade do Estado, novamente o país aparece no topo das classificações da América Latina.

Esses avanços econômicos e sociais vieram ao lado da satisfação com dois elementos básicos de qualquer transição. O primeiro, a relação com os militares. Apesar das dificuldades do primeiro período, dez anos depois do fim da ditadura, as Forças Armadas chilenas voltaram a ficar totalmente sob o controle civil, a partir de princípios de profissionalismo, obediência, não deliberação e submissão às autoridades legítimas. Isso se deveu, entre outras coisas, à reabilitação pelo Exército, com todas as honras, do general Carlos Prats, o comandante em chefe que antecedeu Pinochet, assassinado em Buenos Aires em 1974 pela polícia política do regime, e a ascensão à chefia das Forças Armadas de uma geração de oficiais que, embora não tenha se oposto a Pinochet, também não estava vinculada a ele ou a seu governo.

O segundo elemento básico da transição foi o tratamento dos abusos aos direitos humanos cometidos no passado. Durante a transição chilena, houve um esforço enorme para esclarecer a verdade, fazer justiça, oferecer reparações e recuperar a memória histórica daqueles crimes. Em meados da década de 2000, haviam sido apresentadas acusações contra mais de 100 membros das forças militares, incluídos os generais que exerceram chefias de segurança durante a ditadura. Em nenhuma transição se conseguiu uma justiça plena para as vítimas do regime autoritário, mas os esforços constantes do Chile para obtê-la se destacam entre as transições de outros países da América Latina, assim como da Europa Meridional e Central, Ásia e África, por ter conseguido um dos melhores resultados.

Resenha biográfica de PATRICIO AYLWIN, presidente do Chile (1990-94)

Patricio Aylwin foi advogado constitucional e catedrático de Direito com uma ampla experiência política como dirigente do centrista Partido Democrata Cristão. Foi presidente de seu partido, senador e presidente do Senado chileno antes da chegada dos militares ao poder. Era conhecido por sua oposição ao presidente socialista Salvador Allende nas negociações infrutíferas que precederam o golpe de Estado de 11 de setembro de 1973. Apesar de seu apoio inicial ao golpe militar, Aylwin acabou sendo uma figura fundamental para aproximar os posicionamentos entre as principais facções da oposição a Pinochet, profundamente divididas. Contribuiu com a direção da Concertação de Partidos pelo *não*, que venceu Pinochet no plebiscito de 1988, abrindo caminho para a transição a um regime democrático civil em 1990.

Moderado e com maneiras refinadas, Aylwin conseguiu o apoio necessário para obter acordos estratégicos que uniram o centro, a centro-esquerda e a centro-direita. Representava uma firme adesão ao estado de direito e às tradições políticas democráticas de longa data do Chile. Como dirigente e primeiro presidente da Concertação, que venceu todas as eleições de 1989 até 2010, Aylwin tomou medidas destinadas a exercer o controle civil sobre as Forças Armadas diante das disposições constitucionais impostas por Pinochet em 1980, que o atrapalhavam muito. Fez o possível para estabilizar a economia e ganhar a confiança das empresas, além de dar mais atenção à justiça social. Aylwin atuava como o capitão de uma equipe e quase sempre consultava seus assessores de confiança. Mesmo assim, assumiu pessoalmente a responsabilidade de insistir, contra a opinião de sua equipe política, no estabelecimento de uma comissão plural e representativa para esclarecer a verdade sobre as execuções e "desaparecimentos" políticos ocorridos durante o regime autoritário, para conseguir que se fizesse justiça "na medida do possível". Essa decisão e a resultante Comissão Nacional de Verdade e Reconciliação (conhecida como Comissão Rettig) deram legitimidade e estabilidade à transição democrática, deixando aberta a porta para avanços futuros na Justiça.

ENTREVISTA COM O PRESIDENTE PATRICIO AYLWIN

A transição chilena da ditadura de Pinochet para um período prolongado de governança democrática e desenvolvimento econômico é considerada um modelo. De todas as decisões que o senhor tomou para dirigir o processo, poderia citar as duas ou três mais importantes?

Inicialmente, diria que, para além dessas decisões, a história do país foi muito importante para a transição. O Chile é, talvez, o país que gozou de maior estabilidade democrática depois da independência. E, quando perdemos a democracia, recuperá-la passou a ser a tarefa fundamental de nosso processo. Para os que lutaram pelo retorno da democracia – tanto pessoas de esquerda como de centro, como eu –, o que nos unia, para além de um espírito de mudança e busca de uma sociedade mais justa, era uma sede de democracia.

Quando falo da tradição democrática chilena, creio que também nos favoreceu o fato de que, diferentemente de muitos países latino-americanos onde os militares haviam intervindo permanentemente na política, o Chile teve uma grande estabilidade, e as Forças Armadas se mantiveram submetidas ao poder civil, salvo exceções. Mesmo nos tempos de grandes mudanças sociais, as tentativas totalitárias não conseguiram uma base de apoio muito sólida na sociedade chilena.

Mas, para responder diretamente a sua pergunta, creio que uma decisão importante foi conseguir derrotar o regime militar seguindo suas próprias regras do jogo. Em geral, o que ocorria nos países latino-americanos era que as forças opositoras tentavam derrubar os governos totalitários com outro golpe de Estado. Uma ditadura se derrubava com outra ditadura. **Nós derrotamos Pinochet com a institucionalidade que ele mesmo criou, sem alterar muito, nem comprometer o que poderíamos chamar de convivência pacífica entre os chilenos. Foi difícil. Na realidade, foi bastante complexo.**

Para isso tivemos que aprender a agir com os pés no chão. Se não tivéssemos feito assim, teríamos sido fortemente derrubados. O adversário não era apenas Pinochet, que não era nada bobo; era hábil e contava com o apoio de uma parte da população e, sobretudo, com o apoio irrestrito das Forças Armadas do Chile: Exército, Marinha e Aeronáutica. Eles acreditavam – e penso que continuam acreditando – que cumpriram seu dever com o Chile ao derrubar Allende. Esse era o sentimento que tiveram durante o golpe militar e ao longo de todo o processo de recuperação da democracia chilena.

CONSTRUINDO A OPOSIÇÃO A PARTIR DA CONFIANÇA

Você foi em um primeiro momento bastante crítico do presidente Allende, mas nos anos 1980 conseguiu obter a confiança das pessoas que o haviam apoiado. Como conseguiu trabalhar com os que tinham sido seus adversários?

Fomos adversários em um momento de grande divisão política e confronto. Não é frequente na história que partidos que tenham sido adversários consigam entrar em acordo poucos anos depois. Durante o mandato do presidente democrata-cristão Eduardo Frei Montalva (1964-70), os socialistas foram duros adversários nossos e durante o governo Allende (1970-73) fizemos forte oposição, porque víamos que a Unidade Popular tinha intenção de instaurar o socialismo pela via de fato. Inclusive, quando houve o golpe militar, muitos consideravam que tinha sido consequência inevitável da situação em que o governo havia se colocado, com um país à beira de uma guerra civil. Então, fomos acusados de ter apoiado o golpe militar.

Mas a ditadura foi tão dura que fomos nos encontrando na defesa de valores fundamentais, iniciando pela defesa dos direitos humanos.

Também houve iniciativas políticas que congregaram personalidades dentro e fora do Chile para pensar como reconstruir a democracia. Uma das primeiras iniciativas foi o chamado Grupo dos 24. Era um grupo de pessoas, a maioria advogados ou juristas, que formavam uma espécie de academia para analisar os problemas do Chile e buscar um retorno à democracia, e isso era um desafio ao governo. Nesse grupo conviveu gente de distintas visões, em um espectro que ia do velho Partido Liberal até o socialismo, inclusive com a adesão de comunistas.

O gênio criador do Grupo dos 24 foi Edgardo Boeninger. No princípio, éramos um grupo de amigos e nos reuníamos em nossas casas. Quase todos acadêmicos, embora a maioria não estivesse na universidade, porque as universidades tinham sofrido intervenção e estavam submetidas à autoridade militar. Integravam o grupo acadêmicos como Luiz Izquierdo, da Faculdade de Ciências da Universidade do Chile; o historiador Sergio Villalobos, que recebeu o Prêmio Nacional de História; Manuel Sanhueza, ministro da Justiça de Allende; Sergio Teitelboim, comunista e irmão de um alto dirigente daquele partido, e muitos advogados.

Estudamos uma nova Constituição, como deveria ser a nova democracia. O grupo tinha caráter mais acadêmico e instalou-se em um escritório no centro de Santiago, às vistas e com a tolerância do governo. Todo o mundo sabia, tínhamos sessões semanais. Nesse processo, fomos construindo confianças entre os que tinham sido adversários.

Creio que também foi importante que, a partir de nossas distintas posições, fomos assumindo a nossa cota de responsabilidade. Até os socialistas começaram a reconhecer os erros do governo Allende e a revalorizar a democracia. E também os democrata-cristãos.

Por último, houve fatores de amizade que favoreceram esse reencontro. Por exemplo, eu tinha muita amizade desde garoto com alguns socialistas, como Clodomiro Almeyda, ministro das Relações Exteriores de Allende. Quando ele voltou do exílio, nossa antiga amizade ajudou a integrar a facção mais dura do socialismo à emergente concertação dos partidos democráticos.

A experiência de trabalho no Grupo dos 24 contribuiu para estabelecer relações de respeito mútuo e confiança entre pessoas de ideias muito diferentes? Como conseguiram essa aproximação?

Exatamente, está certo. Foi um longo processo. Eu tenho falado do "reencontro dos democratas". Escrevi um livro com esse título sobre como se produziu essa aproximação. **Havia muitas maneiras de nos encontrarmos. Surgiram círculos de diálogo, foram realizados seminários dentro e fora do Chile, nos quais ocorria o encontro entre os exilados e os que estavam no país. A reflexão em conjunto nos permitiu derrubar preconceitos e construir confianças.**

O tema dos direitos humanos foi muito importante, porque uniu pessoas em defesa da dignidade humana, para além das diferenças ideológicas. Os advogados de direitos humanos eram democrata-cristãos, radicais, liberais e comunistas, e nos encontrávamos defendendo causas nos tribunais. Quando exilaram Jaime Castillo (ex-ministro da Justiça e conhecido dirigente democrata-cristão), fiz várias arguições em seu favor, e também para amigos socialistas expulsos do país. Houve uma ocasião, não me recordo o caso, em que a sala de audiências ficou muito pequena e a Suprema Corte autorizou que fossem colocados microfones fora, e as arguições podiam ser ouvidas nas calçadas dos tribunais. Mas perdíamos quase todos os julgamentos.

Posteriormente, as alianças políticas foram se organizando. Primeiro, a Aliança Democrática e, em seguida, o Acordo Nacional e a Assembleia da Civilidade, que foram o embrião da Concertação de Partidos para a Democracia. Houve um grande movimento social de apoio às demandas democráticas: trabalhadores e sindicatos, estudantes universitários e mulheres, que exerceram um papel unificador defendendo os direitos humanos e de cidadania. **As organizações de mulheres foram muito ativas e muito valentes. Foram as primeiras a sair às ruas e a atuar unidas mesmo sendo de partidos adversários.**

MOBILIZAÇÃO SOCIAL

A crise econômica e as reformas neoliberais do início dos anos 1980 produziram uma pobreza considerável, deixaram muitos feridos no caminho e contribuíram para acentuar o crescente descontentamento. Entre 1983 e 1986, a mobilização da sociedade civil, apoiada pelos partidos políticos – que, embora proscritos, existiam –, foi erodindo o apoio ao regime militar. As mobilizações desgastaram a ditadura, até que se realizou o atentado contra Pinochet em 1986.

Houve uma forte discussão sobre como pôr fim à ditadura mediante um plebiscito. O Partido Comunista sustentava que devia realizar-se por meio de uma mobilização social ampla, sem excluir a luta armada. O que o senhor achava?

A mobilização social era impulsionada pelos partidos democráticos. O Partido Comunista e sua frente armada apoiavam uma estratégia em que empregariam todas as formas de luta, inclusive o uso da violência. Os partidos democráticos acreditavam na mobilização pacífica, embora fossem reprimidos. A entrada de armas no país por contrabando, realizada pelos comunistas, e que foi interceptada, assim como o fracassado atentado contra Pinochet foram um ponto de ruptura. A repressão recrudesceu e vimos claramente que tínhamos que nos dedicar a trabalhar por uma via não violenta para conseguir um amplo apoio.

Foi um debate tenso e todos tínhamos dúvida. Eu sou muito pacifista e um homem do direito. Embora nesse momento não se pudesse apostar que as coisas iriam bem para nós, acreditava que a via pacífica era a mais adequada, não apenas à história do Chile, mas também à mentalidade e ao modo de ser dos chilenos, sua índole nacional.

Havia também duas teses no interior dos partidos que depois formaram a Concertação: os que insistiam em que o governo de Pinochet iria cair como consequência direta da mobilização social e os que chegaram à conclusão de que podia ser mais eficaz inserir-se na Constituição de Pinochet, participar em um plebiscito previsto e derrotá-lo de dentro.

Eu concordava com essa última tese. A estratégia de mobilização social havia erodido o regime, mas víamos com preocupação que insistir em uma tentativa de revolução social e uma mobilização das bases teria um fim muito trágico, porque as Forças Armadas tinham a capacidade de repressão. Ambas as teses rejeitavam a estratégia do Partido Comunista, mas a ele convinha mais o aprofundamento da mobilização social.

ACABAR COM O SISTEMA AUTORITÁRIO A PARTIR DE DENTRO

Quando a Constituição de 1980 foi votada em um plebiscito, denunciamos a ilegitimidade do processo – sem liberdade e sem lista de eleitores, porque o ditador a tinha destruído – e, portanto, dessa Constituição. **Entretanto, em 1984, alguns de nós começaram a solicitar que se deixasse de lado a discussão sobre a legitimidade da Constituição, para aceitá-la como uma realidade *de fato*. A ideia era inscrever os partidos políticos na lei de partidos de Pinochet, o que não nos agradava, participar do plebiscito, que também não nos agradava, e derrotar o regime com suas próprias regras.**

Essa foi a estratégia que finalmente venceu. De fato, fui eleito presidente do Partido Democrata Cristão defendendo a inscrição como partido político de acordo com a lei da ditadura. Em nosso partido havia pessoas que se opunham a isso. Depois lutamos pelas eleições livres, inscrevemos nossos partidos e conseguimos que se inscrevessem 7 milhões de chilenos nos registros eleitorais. Finalmente, veio a Campanha do NÃO e o plebiscito em que derrotamos Pinochet.

CONTROLE CIVIL DAS FORÇAS ARMADAS

O senhor disse que a tradição histórica das Forças Armadas ajudou, porque o Exército chileno obedece historicamente a autoridades civis. A experiência chilena é única, porque em nenhuma transição o ditador permaneceu como comandante em chefe do Exército durante oito anos depois de deixar o cargo de presidente. Como se deu essa relação com os militares? Como se negocia com os militares? Que lições cabem extrair e quais problemas houve?

Na minha primeira reunião com Pinochet como presidente eleito, eu disse que acreditava que seria melhor para o Chile que ele deixasse a função de comandante em chefe. [Sorri e imita Pinochet:] "Engana-se, presidente, ninguém vai defendê-lo melhor que eu". Ele tinha muita influência nas Forças Armadas e é provável que sua permanência tenha evitado revoltas de coronéis, como as que houve em outras transições.

A relação com ele foi complexa. No final, submeteu-se a um marco institucional que não lhe agradava, mas respeitou porque havia sido criado por ele. Queria modificar muitas coisas. Por exemplo, na primeira reunião que tive com ele no palácio La Moneda sendo já presidente, me disse: "Eu vou me entender diretamente com você, não com o ministro da Defesa".

Então mostrei a ele a Constituição e disse: "Olhe, general, a Constituição feita por você diz que você depende do ministro da Defesa, logo, eu lamento, mas tem que se entender com ele". Ele queria evitar o intermediário, mas teve que aceitar, e a partir daquele momento apresentou os informes ao ministro da Defesa.

CONTRATEMPOS

Durante seu governo ocorreram alguns incidentes inesperados para tirar a transição dos trilhos e que tiveram profundas consequências, incluindo o assassinato do senador Jaime Guzmán, um dirigente da direita, e o sequestro do filho de Agustín Edwards, editor do El Mercurio*, o jornal mais importante. Que resposta deu a esses incidentes?*

Eu diria que considerei como parte da situação tensa que vivíamos. Estávamos metidos em uma situação que não se sabia como ia terminar, havia grandes riscos, havia ações terroristas. Inclusive sabíamos que havia funcionários ou pessoas infiltradas que continuavam trabalhando "contra", como se diz. Disso tenho uma lembrança muito vaga, mas descobriu-se que havia conexões entre o La Moneda (o palácio presidencial) e um edifício da polícia secreta, que grampeava os telefones.

Vivíamos muitas tensões. Lembro que uma vez que, em Punta Arenas, me reuni com os chefes das Forças Armadas da zona, uma das mais militarizadas, e lhes disse que queria reunir-me com todos os oficiais como demonstração de minha disposição para ser presidente de todos os chilenos, civis e militares. Colocaram-me todo tipo de empecilhos e disseram que era muito difícil convocá-los para o dia seguinte. Então, eu lhes disse: "Como assim? E se houvesse uma guerra, vocês não podem juntar oficiais de um momento para outro?". Assim, reuni-me com os oficiais e falei sobre a transição. Foi uma reunião bastante representativa com a Marinha, o Exército e a Aeronáutica. Ocorreu na região de Magallanes.

Como o senhor reagiu aos dois incidentes em que as tropas do Exército exerceram pressões concretas em 1990 e 1993, com a aparente intenção de intimidar o governo para que deixasse de investigar as supostas irregularidades financeiras do filho de Pinochet? Pinochet não controlava as Forças Armadas?

Pinochet estava no comando do Exército, mas as Forças Armadas não o seguiam totalmente. Por exemplo, quando ocorreu o chamado "exercício de ligação"* em 1990, esse dia era a graduação e entrega de reconhecimento aos melhores oficiais do Exército. Por esse motivo, houve uma cerimônia e um almoço no La Moneda, em que Pinochet participou como comandante em chefe do Exército. Ao deixar o La Moneda, lhe deram o jornal *La Segunda* que continha uma informação sobre a investigação a respeito de alguns cheques emitidos por seu filho, os chamados "pinocheques", para compra de armas durante o governo militar. Nessa tarde, o Exército aquartelou-se e saiu à rua em uniformes de guerra.

Nesse mesmo dia, à tarde, eu tinha a cerimônia de formatura de oficiais dos Carabineros e, estando ali, me avisaram da situação que estava se formando. Bem, disse a mim mesmo, vamos ver o que está ocorrendo. Mas a cerimônia dos carabineiros transcorreu normalmente, e os outros ramos das Forças Armadas não compareceram. Pinochet tinha a intenção de que o governo parasse a investigação sobre as atividades de seu filho. Isso demonstra que sua influência estava limitada ao Exército, já que a Marinha, a Aeronáutica e os Carabineros (a Polícia) não aderiram à ação.

A segunda vez que Pinochet tentou algo semelhante foi quando eu estava em visita ao exterior. Os motivos foram parecidos, mas agregou-se o tema das investigações em casos de direitos humanos, que o incomodavam. Também nessa ocasião não teve apoio dos outros ramos das Forças Armadas.

Felizmente, as tentativas de intimidação do Exército não prosperaram, porque o compromisso com a democracia já estava enraizado na consciência nacional. Portanto, já não era tão fácil retroceder. Já estava instalada no país a ideia de que o Chile tinha recuperado sua democracia.

* N.T.: Episódio marcado pela movimentação de tropas do Exército, convocada pelo Alto-Comando do Exército para demonstrar reação à investigação na Câmara dos Deputados sobre o caso dos "pinocheques", que envolvia o filho de Pinochet.

JUSTIÇA E RECONCILIAÇÃO

As maiores tensões com Pinochet foram a propósito do tema dos direitos humanos. Quando convocamos a Comissão Nacional da Verdade e Reconciliação para investigar as desaparições de pessoas durante a ditadura, Pinochet me disse: "Para que isso, presidente? É como quando uma família está tranquila e vem alguém reclamar a herança, forma-se uma briga familiar". Respondi: "Vamos fazê-lo". Depois, quando o relatório foi lançado, houve muita tensão. Convocaram o Conselho de Segurança Nacional, mas não conseguiram mais que isso.

Como o senhor tomou a decisão de criar a Comissão Nacional da Verdade e Reconciliação? Que reação esperava dos militares?

A comissão se formou para investigar os crimes da ditadura. Eu a convoquei no início do meu mandato. Foi fundamentalmente uma iniciativa minha. Eu acreditava que era necessário, mas meu primeiro esforço foi convencer meus colaboradores. Nem Edgardo Boeninger, nem Enrique Correa, meus principais assessores políticos, acreditavam que era uma boa decisão, mas eu estava convencido de que era o caminho para abrir portas. Se eu quisesse que os militares abrissem um caminho para uma democracia, tinha que ser franco, mas ao mesmo tempo prudente, então a frase que usei, buscar a "justiça na medida do possível" – pela qual fui muito criticado –, correspondia a um mínimo de prudência, porque se a justiça ia ser pura e simplesmente total, isso significava processar Pinochet e toda sua gente, e haveria uma guerra civil. "Na medida do possível" foi um caminho viável, porque houve processos, mas não uma decapitação ou uma ação agressiva contra os que continuavam com o poder das armas.

Pinochet havia dito que estaria alerta, que não tocassem em nenhum de seus homens, mas o relatório da Comissão foi de um impacto enorme, porque ainda havia muitos que não acreditavam nessa verdade: a violação generalizada e sistemática dos direitos humanos. O relatório da Comissão foi uma espécie de confirmação oficial. E logo foram dados outros passos, e quanto à verdade e à justiça, avançamos mais que muitas outras transições.

E como a Comissão foi formada? O senhor mesmo escolheu seus integrantes?

Chamei uma a uma as pessoas que, a meu juízo, tinham prestígio e representavam visões distintas, buscando que a comissão tivesse legitimidade. Dom Raúl Rettig a presidiu, um conhecido jurista, grande líder do Partido Radical chileno (um partido de centro). Além disso, tínhamos sido muito próximos. Ele fora um dos integrantes do Grupo dos 24. Era um homem muito importante, muito respeitado na direita, mas igualmente respeitado na esquerda.

Lembro-me de que eu tinha muito interesse em que um respeitável dirigente do conservadorismo chileno, Francisco Bulnes, participasse da Comissão, porque gozava de grande respeito entre a direita tradicional. Inclusive fui até sua casa para pedir, mas ele disse não. Foi difícil encontrar pessoas da direita que aceitassem. Finalmente, aceitou o historiador Gonzalo Vial, que tinha sido ministro de Educação de Pinochet. Também incorporamos pessoas vinculadas aos direitos humanos, como José Zalaquett. Todos eram muito prestigiosos.

REFORMA CONSTITUCIONAL

Outro momento crucial antes que o senhor fosse eleito presidente, em 1989, foi a negociação com a ditadura para realizar reformas constitucionais. Muitos acharam que as mudanças conquistadas não foram suficientemente significativas. Agora, olhando para trás, qual é sua análise? Deveriam ter insistido em mudanças mais profundas naquele momento?

Bom, **aquela frase que a muitos não agrada, mas que eu acredito era muito realista, "na medida do possível", reflete o fato de que fomos avançando de forma gradual. Essas reformas foram um primeiro passo, não tudo que queríamos, mas claramente um avanço**, considerando que Pinochet naquele momento era o ditador e que continuaria sendo o comandante em chefe do Exército, detendo um poder muito grande.

Passaram-se muitos anos e posso ter esquecido muitas das coisas, mas eu diria que não tenho questões como: "Terei feito bem? Terei feito mal?". Não, **eu acredito que fizemos o que devíamos fazer, e felizmente teve resultados, mas posso também ter fracassado. Significou renunciar a certas coisas e impulsionar outras.** Por exemplo, no programa de governo da Concertação constava revogar a Lei da Anistia, mas, quando chegamos ao governo, não pudemos fazê-lo, porque isso requeria uma maioria qualificada que não tínhamos no Congresso. Lembremos que Pinochet havia deixado senadores nomeados (nomeados em virtude da Constituição de 1980) e não tínhamos no Congresso os votos para terminar com esses entraves autoritários. Por isso, criamos a Comissão Nacional da Verdade e Reconciliação. Foi um passo importante para avançar na reconciliação do país, e uma base fundamental para alcançar a justiça.

CONSTRUÇÃO DE UMA COALIZÃO

Um aspecto central de toda transição exitosa é a construção de uma coalizão sólida. Você teve um apoio firme dos partidos. Até que ponto isso se deveu à elaboração de um programa de governo acordado com os partidos?

Creio que o programa acordado era a carta de navegação, e tratamos de agir dentro do programa. Lembro que era um assunto sobre o qual gostava de conversar com os dirigentes partidários: "Como vocês veem o que estamos fazendo com relação ao que prometemos ao país?". Havia grandes expectativas, mas nos preocupávamos em não fazer grandes promessas que pudessem causar desilusões. Tínhamos um programa ambicioso econômico e social nesse momento, mas era razoável. Os que estiveram a cargo de executá-lo eram os mesmos que tinham participado em sua elaboração. Contudo, sempre houve aspirações que não pudemos cumprir, porque tínhamos um sistema político com senadores designados por Pinochet que nos obrigava a negociar, especialmente nos temas políticos.

A direita disse que a Concertação continuou aplicando o mesmo modelo econômico de Pinochet. Entretanto, quando se observa o que foi realizado no Chile – tratados internacionais, luta contra a pobreza, infraestrutura, investimentos –, o que em seu governo denominou-se "desenvolvimento com equidade", talvez tenha tido enfoque distinto. Qual foi seu enfoque econômico? Quão importante era a política econômica para sustentar seu governo?

Pinochet aplicou uma política neoliberal a qualquer custo. Nós mantivemos a abertura da economia, inclusive a ampliamos, e tivemos uma política fiscal responsável. Mas é muito distinto do modelo econômico da ditadura. Conduzimos uma política de crescimento com equidade. Criamos políticas para a redução da pobreza, melhoramos as remunerações e aumentamos o investimento do Estado em saúde e educação. Reduzimos a inflação, que deixou de ser um problema para o Chile. Enfim, os resultados da política econômica e social da Concertação iniciada em meu governo estão à vista. Modéstia à parte, creio que fizemos bem, que cumprimos nossa tarefa, que era o que devíamos fazer, e não cometemos erros graves. Algumas coisas devemos ter feito mal, mas creio que em geral fizemos um bom governo e a prova é que teve continuidade. Se se faz um mau governo, o mais provável é que a oposição venha a ganhar a eleição seguinte. Nós tivemos 20 anos, quatro governos da Concertação.

O caso chileno revela muita contenção das pessoas quanto às suas demandas sociais, por exemplo, as reivindicações de aumentos salariais e melhores condições de trabalho. Que resposta o senhor deu a essas demandas e como as canalizou?

Penso que o êxito do meu governo e dos governos de transição em geral deve-se não apenas às políticas conduzidas pelas autoridades, mas também ao grande apoio da comunidade nacional. Eu nunca senti que estivéssemos encurralados, que a oposição fosse mais que nós. Ao mesmo tempo, **cuidamos de tratar bem a oposição. Ou seja, fizemos o possível para nos entendermos com a oposição, porque os levamos em conta, para que não se sentissem marginalizados, porque explicamos o que estávamos fazendo, para que compreendessem. Isso me ajudou a ter apoio para as políticas que empreendemos. De fato, quando começamos as primeiras viagens internacionais, convidávamos empresários, dirigentes sindicais, parlamentares da oposição e do governo para que constituíssem uma equipe. Isso também gerava encontros, porque à noite se reuniam para comer e tornavam-se mais amigos. Foi uma forma de construir amizade cívica.**

Que papel as mulheres desempenharam na transição e em seu governo?

A luta das mulheres pela democracia foi muito importante. Foram muito valentes. Houve organizações como Mulheres pela Vida e Mulheres dos Presos Desaparecidos que se mobilizaram incansavelmente buscando seus familiares, denunciando as violações dos direitos humanos e reivindicando liberdade e justiça. Por outro lado, as mulheres se organizaram em comunidades locais buscando formas solidárias de responder à crise econômica do início dos anos 1980. Houve a proliferação de restaurantes comunitários (as chamadas "tigelas comuns") para alimentação dos desempregados. Ao mesmo tempo, as mulheres apresentaram temas que as preocupavam, como a violência intrafamiliar ou as desigualdades no campo do trabalho e da legislação civil. Durante meu governo, embora não houvesse uma alta representatividade de mulheres na política, criou-se o Serviço Nacional da Mulher, sua diretora tem o nível de ministro. A partir dali foram estimuladas mudanças na legislação civil e penal e abordou-se o problema da violência intrafamiliar. Foram constituídas bases para que os governos seguintes pudessem modernizar a legislação sobre a família de forma significativa e avançasse na eliminação das diferenças de gênero.

APOIO INTERNACIONAL

O Chile é um caso muito interessante e importante para estudar o papel da comunidade internacional em uma transição. Poderia nos falar um pouco desse aspecto?

O Chile contou com muito apoio internacional. Foi muito importante para nós. De fato, iniciamos o governo com a presença de mandatários da América Latina, Europa e também de importantes figuras dos Estados Unidos. Nossa proposta era integrar o Chile à comunidade internacional para além da abertura econômica, porque politicamente havíamos ficado muito isolados durante a ditadura. Houve muita solidariedade internacional, foi um grande apoio para um governo que se iniciava em uma situação difícil.

Até que ponto levou em conta as transições anteriores para decidir como conduzir a transição chilena? Por exemplo, no Brasil a transição foi lenta e começou a partir de cima, com os militares. Na Argentina, os militares estavam totalmente desacreditados e, portanto, foi fácil livrar-se deles, mas a inflação disparou, a economia se enfraqueceu e o presidente Raúl Alfonsín, o primeiro presidente democrático, teve que renunciar. As experiências de outros países da América Latina foram um referencial para sua análise?

Como o Chile foi o último país a recuperar sua democracia na região, as experiências dos demais serviram para aprendermos. O caso da Argentina com Alfonsín, que terminou mal, foi uma lição das dificuldades que devíamos enfrentar. A democracia trazia consigo muitas expectativas e era necessário um grande controle para que não terminassem transbordando. Por outro lado, tivemos uma preocupação especial em estreitar laços com os governos da América Latina, em particular com a Argentina. Com o presidente Carlos Menem avançamos ao resolver praticamente todos os problemas de fronteira que tínhamos. Com o México, assinamos o primeiro acordo de livre-comércio.

Uma das decisões que tomamos, especialmente olhando o caso argentino, foi empreender reformas sociais, mas fizemos buscando acordo com os sindicatos para canalizar as demandas sociais e também realizando acordos entre trabalhadores e empresários. Nesse aspecto, devemos muito a líderes sindicais, como Manuel Bustos, que entenderam a complexidade do processo de transição democrática.

PRINCÍPIOS FUNDAMENTAIS

Como o senhor fez para tomar decisões equilibradas e corretas diante de tantos desafios complexos e difíceis, e com tantas pessoas e grupos de ideias tão distintas?

Boa pergunta. **Eu sou uma pessoa muito comprometida com as coisas nas quais acredito, para as quais atuo, mas tenho algo assim como uma espécie de reserva que me diz: "Tenha cuidado, não se deixe guiar apenas pelo ímpeto, pelo entusiasmo". Isso significa que em toda a minha vida política sempre tenho trabalhado bem em equipe e construído boas relações humanas.** Isso poderia ser simbolizado na minha relação com Edgardo Boeninger. Ele vinha do mundo acadêmico e tinha sido reitor da Universidade do Chile. Não havia se metido em política, mas, com o golpe, ingressou na Democracia Cristã. Fizemos uma boa dupla.

Creio que também me ajudou a minha capacidade para dormir bem e tomar distância das coisas. Sempre procurei ter tempo para ler e ter uma vida normal. Eu gostava de dirigir meu carro. Lembro que uma vez, quando presidente, ia dirigindo com as escoltas no carro atrás do meu e, de improviso, os carabineiros nos pararam. Os carabineiros abriram caminho a Pinochet. Ele ia com uma escolta muito maior que a minha!

TRANSIÇÕES CONTEMPORÂNEAS

Qual seria seu conselho geral para um líder político do mundo árabe, ou de alguma outra parte do mundo, que quisesse ajudar seu país a fazer uma transição de um governo autoritário para um democrático?

Não me atreveria a improvisar. Custa formar a ideia clara do que se deve fazer em seu próprio país, menos ainda pode-se opinar sobre uma realidade que está tão distante. Mas talvez, depois de períodos de muita divisão, uma recomendação geral seria dar mais ênfase em buscar o que une do que o que divide. Desse modo pudemos nos colocar de acordo. Refiro-me a pessoas que tinham estado em lados opostos, como o ministro Sergio Bittar, que participou do governo Allende e foi preso e exilado, e políticos que estiveram contra Allende. Nos colocamos em acordo para defender coisas essenciais: a luta pela liberdade e a luta pela dignidade das pessoas. Também buscamos consensos com muitos dos que haviam sido partidários de Pinochet. Buscar a unidade era difícil depois de anos em que o mais claro era aquilo que nos dividia. Nesse sentido, os governos da Concertação, começando com o meu, conseguiram um maior grau de convergência entre o governo e a oposição, e entre os distintos setores políticos do que ocorria nas décadas anteriores.

Outro aspecto que se deve destacar é que não se deve partir do zero. É melhor fazer mudanças a partir do que existe. Essa foi a ideia quando propusemos derrotar Pinochet a partir de sua própria Constituição, em lugar de dizer "vamos mudar a Constituição". Fomos mudando as regras do jogo de dentro dele. Fomos muito realistas ao definir nossa política; **tínhamos grandes sonhos, o sonho de reconstruir a democracia, obter a unidade dos chilenos, mas as ações eram realistas**. Nesse sentido, creio que fizemos o que devíamos. E é interessante, porque, ainda que tenhamos dito "justiça na medida do possível", poucas transições tiveram ao longo do tempo tanta justiça como a chilena: **o possível vai mudando com o tempo; não se pode fazer tudo de uma vez.**

Resenha Biográfica de RICARDO LAGOS, presidente do Chile (2000-06)

Ricardo Lagos foi dirigente da federação dos estudantes da Faculdade de Direito da Universidade do Chile na década de 1960. Também formado em Economia, Lagos constituiu uma carreira profissional no mundo acadêmico e nas organizações internacionais. Sua primeira incursão na política foi no Partido Radical e, em seguida, no Partido Socialista. Salvador Allende o nomeou embaixador na União Soviética, cargo que nunca ocupou por causa do golpe de Estado de 1973. Nos anos seguintes ao golpe, viveu primeiro nos Estados Unidos, para voltar depois ao Chile a serviço da Organização das Nações Unidas (ONU). Lagos se tornou um personagem respeitado da oposição, conhecido por suas análises incisivas. Teve fama como representante socialista no Acordo Nacional multipartidário e foi preso durante um breve período após a tentativa de assassinato de Pinochet de 1986. Ganhou importância ao enfrentar Pinochet diretamente, em particular em uma memorável aparição na televisão em que se tornou porta-voz da insatisfação nacional amplamente reprimida.

Lagos assumiu a frente para a fundação do Partido pela Democracia, que contribuiu para a cooperação entre a esquerda moderada e os democrata-cristãos e desempenhou um papel importante na Concertação de Partidos pelo NÃO, que venceu Pinochet no plebiscito de 1988 e na subsequente Concertação de Partidos pela Democracia. Recusou a candidatura a presidente em 1989, porque considerava que a Concertação era muito frágil para correr o risco de dividir os eleitores e que o país não estava ainda preparado para um candidato da esquerda. Naquele ano, candidatou-se ao Senado e perdeu. Lagos exerceu o cargo de ministro da Educação e, em seguida, de Obras Públicas, nos primeiros governos da Concertação. Foi eleito presidente em 2000, cargo que ocupou até 2006. Durante seu governo, a infraestrutura chilena foi transformada, foram realizadas importantes reformas constitucionais que reduziram as características antidemocráticas da Constituição de 1980 e foi criada a Comissão Nacional sobre Prisão Política e Tortura, que aprofundou a justiça de transição.

ENTREVISTA COM O PRESIDENTE RICARDO LAGOS

Há quatro aspectos da transição chilena que têm especial pertinência para as transições contemporâneas: em primeiro lugar, a convergência das forças sociais e políticas que permitiram pôr fim à ditadura e construir a mais longa e duradoura coalizão das democracias ocidentais; em segundo lugar, a negociação para convencer os militares de que deviam voltar aos quartéis e assumir suas responsabilidades pelas violações dos direitos humanos; em terceiro lugar, o processo parcial e gradual da reforma constitucional, e, em quarto lugar, a aspiração a um desenvolvimento econômico em condições de igualdade que deu base a um grande crescimento e à redução da pobreza. Nesse contexto, como foi possível que as forças opositoras ao regime de Pinochet, altamente polarizadas e hostis entre si, se reunissem, colaborassem para vencer e, juntas, destituíssem o general?

Temos que começar explicando como foi possível que, em um país tão polarizado como era o Chile de 1973, as forças políticas e sociais conseguiram colocar-se de acordo menos de vinte anos depois. A ruptura da democracia no país fez com que os chilenos entendessem que os assuntos que nos dividiam no passado tinham cada vez menos peso, à medida que se prolongava a ditadura.

Posso dar-lhes um exemplo de minha própria experiência pessoal. Em 1975, quando era professor em Chapel Hill, na Carolina do Norte (Estados Unidos), recebemos a visita do antigo presidente democrata-cristão Eduardo Frei Montalva. Nesse dia, disse ao catedrático Federico Gil que estaria doente no dia seguinte e não poderia ir à aula. Não me agradava falar com Frei Montalva. Isso foi um ano e meio após o golpe de Estado.

Quando voltei ao Chile em abril de 1978, as coisas estavam mudando e minha própria atitude para com os democrata-cristãos, e com o antigo presidente Frei Montalva, também estava evoluindo. A primeira coisa que fiz foi reunir-me com Enzo Faletto, um excelente sociólogo e membro do Partido Socialista, para ajudar nos protestos no 1º de maio, o Dia doTrabalho. Supunha-se que Faletto sabia onde ocorreria o protesto, mas quando saímos não vimos ninguém se manifestando nas ruas. Só encontramos um grupo de homens que, sem dúvida, pertencia à polícia de Pinochet. Nessa noite vimos na televisão que as manifestações haviam ocorrido em outra parte. Nem Faletto, que era muito bem informado, sabia onde seriam as manifestações porque, se muita gente soubesse, Pinochet teria se antecipado e reprimido. Em uma situação de tal desamparo, percebemos que seria melhor nos reunirmos com os democrata-cristãos para debater o que seria possível fazer no futuro.

A situação era totalmente diferente da que havia em 1973, antes do golpe, quando houve uma tentativa de diálogo entre os democrata-cristãos (DC) e Allende. A maior parte dos democrata-cristãos acreditava, àquela época, que se houvesse um golpe, a DC estaria de volta ao poder seis meses depois. Quando retomamos o diálogo com os democrata-cristãos, já sob Pinochet, sabíamos todos que, se fracassasse o diálogo, a ditadura persistiria durante muito tempo, com tudo o que isso significava. Ou seja, não apenas não havia mais dúvidas sobre as vantagens do sucesso, mas também e sobretudo sobre as consequências em caso de fracasso da tentativa de nos colocarmos de acordo. A falta de percepção sobre as consequências do fracasso é o que, a meu ver, levou a que não houvesse um acordo entre os DC e os socialistas em 1973, o que ajudou aos que estavam a favor de um golpe militar.

Os democrata-cristãos apenas começaram a rever sua abordagem quando se deram conta de que a ditadura ia durar muito tempo, que o regime tinha "objetivos e não prazos fixos", como disse Pinochet, e que não lhes daria qualquer espaço.

Pouco depois de minha volta ao Chile, em 1978, Tomás Reyes – um antigo senador muito influente no Partido Democrata Cristão, que cuidava da coordenação com a esquerda – me convidou para jantar e começamos a nos reunir com frequência.

Em 1981, escrevi um artigo intitulado "O preço da ortodoxia", no qual analisava os custos da crise de 1929 para o Chile. No exame critiquei diretamente a maneira como o governo Pinochet estava gerindo a crise desencadeada em 1981. Para minha surpresa, recebi uma chamada do antigo presidente Frei para felicitar-me pelo artigo e combinamos de nos ver para conversar depois da cirurgia a que devia submeter-se. Havia seis anos que eu me negava a reunir-me com ele. Lamentavelmente não chegamos a nos ver, porque ele faleceu. Sempre me arrependerei de não ter ido vê-lo em Chapel Hill.*

A EXPERIÊNCIA DO EXÍLIO

Isso mostra quantos anos foram necessários para criar a confiança pessoal e a convergência política. Que outros fatores são importantes para explicar como a cooperação germina após um período de polarização?

* N. R. T.: Em janeiro de 1982, faleceu Frei Montalva. Em 2019, a Justiça chilena concluiu que ele foi morto pela ditadura de Pinochet, dentro de uma clínica onde convalescia de uma cirurgia. Morreu por envenenamento.

Outro fator que favoreceu a formação de nossa coalizão é que muitos socialistas que foram para o exílio no outro lado da *Cortina de Ferro* perceberam que o sistema ali instaurado não era a democracia que tínhamos imaginado. Na Alemanha Oriental, apenas a elite tinha direito de entrar e sair do país. O restante, inclusive os chilenos exilados, deviam solicitar uma autorização que o chefe político concedia ou negava. Não estávamos acostumados a isso no Chile.

Os que estavam no Chile naquela época, como me disse em uma ocasião o economista Aníbal Pinto, só podiam ter duas posições políticas: os moderados, que solicitavam respeito ao *habeas corpus* [o direito de recuperar a liberdade em caso de detenção arbitrária e de não sofrer prisão prolongada sem que se apresentassem provas de forma oficial] e os extremistas, que reivindicavam eleições livres. Quando você vive em uma ditadura, você fica feliz se o *habeas corpus* for respeitado. Por isso sempre digo que "a democracia é como o ar que respiramos; temos que estar contentes porque há democracia". Quando nasci, se respirava ar limpo no Chile. Com a democracia é a mesma coisa: quando você a tem, você a dá por garantida. O período Pinochet deu base para muitos socialistas reavaliarem a democracia, ou porque estavam no exílio, ou porque viviam no Chile sob a repressão.

Essas circunstâncias também desencadearam um debate sobre o "socialismo real" em suas distintas formas. Em 1978 e 1979, teve início um debate interno sobre o processo de renovação socialista. Em 1980, foram realizadas várias reuniões sem precedentes. Durante oito ou dez meses nos reunimos das 3 da tarde até as 9 da noite para debater sobre a renovação do socialismo. A primeira vez foi em um retiro do grupo religioso Schoenstatt. Éramos 10 ou 12 pessoas que pertenciam a diferentes partidos de esquerda existentes naquele momento: o Partido Socialista-Almeyda (PS-Almeyda), o Partido Socialista renovado, a Esquerda Cristã, as distintas facções do Movimento de Ação Popular Unitária (Mapu), entre outros. Germán Correa [membro do PS-Almeyda que mais adiante seria presidente do Partido Socialista e ministro de Transportes durante o governo de Aylwin, e ministro do Interior durante o governo de Frei Ruiz-Tagle] redigia atas detalhadas e as distribuía na sessão seguinte para aprovação. Em meados de 1980, foi elaborado um documento nesse foro sobre a convergência socialista, como começamos a chamar esse processo.

Nessas reuniões clandestinas, às vezes era divertido discutir, por exemplo, o que faríamos com os bancos se chegássemos ao poder, se seriam nacionalizados ou se aceitaríamos os bancos privados. Lançávamos temas polêmicos dessa natureza, entre outros.

DIFERENÇAS NO SEIO DA OPOSIÇÃO

Poderia explicar as diferenças que persistiram entre os grupos socialistas e o que foi necessário superar para criar uma aliança mais ampla?

Quando voltei ao Chile em maio de 1978 trabalhava para a ONU. Como toda atividade política estava proibida e era clandestina, não infringi nenhuma norma da ONU ao dedicar-me à política nacional, já que ninguém podia saber que me dedicava à política após minha jornada de trabalho. Assim, participei da fase da divisão entre os socialistas. Havia os socialistas liderados por Carlos Altamirano (secretário-geral do PS durante o governo Allende) e os liderados por Clodomiro Almeyda (ministro das Relações Exteriores no mesmo governo). Ambos os líderes estavam no exterior. Os socialistas partidários de Altamirano se reformaram rapidamente e os partidários de Almeyda continuaram unidos ao Partido Comunista (PC). Eu era parte de um grupo de socialistas chamado Vector, um pequeno grupo de reflexão criado para pensar a esquerda. Havia outro grupo semelhante formado em torno de um centro de pesquisa, chamado Cieplan, mas associado ao Partido Democrata Cristão e dirigido por Alejandro Foxley (economista que depois exerceu o cargo de ministro da Fazenda de 1990 a 1994 no governo Aylwin, e ministro de Relações Exteriores no primeiro governo de Michelle Bachelet). O Vector se reunia num pequeno escritório e Enzo Faletto, Eduardo Trabuco, Eduardo Ortiz, Rodrigo Alvayay e Heraldo Muñoz (todos intelectuais socialistas de destaque) passavam por ali. Um dia, Germán Correa veio nos informar que seria realizado um congresso socialista e queria conhecer nossas opiniões. Dissemos o que pensávamos e supusemos que a informação chegaria ao seu destino. Três meses mais tarde, Correa voltou para nos dizer que o Congresso havia decidido pela cisão do Partido Socialista. Pedi que nos explicasse que implicações isso teria e perguntei como iríamos enfrentar Pinochet, se estávamos divididos. Perguntou-me se aceitaria as instruções de Almeyda e minha resposta foi que não aceitaria enquanto o Partido estivesse dividido. Meu grupo do Vector compartilhava minha opinião.

Quando viajei ao México uns meses depois, a trabalho para a ONU, a primeira coisa que fiz foi chamar Hortensia Bussi, a viúva de Allende, que me havia convidado para almoçar em sua casa com um grupo grande de chilenos. Ela me apresentou e pediu que informasse os últimos acontecimentos, e me perguntou o que achava da cisão socialista. Expus o que os socialistas de Almeyda me haviam dito e que nós, do Vector, nos recusávamos a aceitar a divisão e, portanto, não iríamos escolher nenhuma das facções. Ela então me disse que eu era como os suíços, "neutro". Eu não tinha colocado nesses termos, apenas disse que não podíamos nos dividir. A partir desse momento, nós (os que não reconheciam os líderes das facções) passamos a ser chamados de "os suíços".

Durante muito tempo, "os suíços" foram mais uma facção entre as múltiplas ilhas que compunham o arquipélago dos socialistas, divididos em várias facções. Mas adiante formou-se o Comitê Político da Unidade (CPU) com o acordo de reconstruir um único partido socialista com seis facções: os renovados de Ricardo Núñez, os de Almeyda, os seguidores de Raúl Ampuero, os que seguiam o órgão coordenador das seções regionais, uma outra mais e nós, "os suíços". Eu participei da CPU. Concordamos com a criação de um Comitê Central para o qual cada facção nomearia dez membros. Informei ao grupo "suíço" que tínhamos um problema, éramos apenas sete pessoas. Ao final, seis de nós formaram parte do Comitê Central. Enzo Faletto, que era nosso líder intelectual, disse que, se havia um Comitê Central, significava que "esse órgão tinha poder e, em respeito à minha ascendência anarquista, não aceitarei um posto no poder". De forma que estávamos nós seis em nome dos "suíços" em um Comitê Central com 36 membros, 6 por facção.

Entre 1982 e 1983, dois processos tiveram início: a convergência socialista, com a incorporação dos dois ramos do Mapu e da Esquerda Cristã, e as iniciativas dos democrata-cristãos, dirigidas por Gabriel Valdés, após o falecimento de Frei Montalva, de estabelecer contatos com setores da direita. Valdés começou a entrar em contato com Hugo Zepeda e Armando Jaramillo, Luis Bossay e Enrique Silva, do Partido Radical. Ao final, convidou os socialistas.

CONSTRUÇÃO DE UMA COALIZÃO

Muitos outros grupos tentaram terminar com a ditadura. Como conseguiram reunir todos os setores e uni-los em torno de uma plataforma comum?

Em 15 de agosto de 1983, foi fundada a Aliança Democrática na sede do clube Círculo Espanhol, com um discurso de Gabriel Valdés (a Aliança Democrática pretendia representar todos os partidos e pessoas independentes que se opunham a Pinochet e recusavam a luta armada. Inicialmente, estava composta pela DC, por membros do Partido Radical, alguns socialistas, o Mapu, a Esquerda Cristã e algumas personalidades de direita). Nosso comitê político para a unidade socialista designou os representantes da facção de Almeyda (Julio Stuardo e Aquin Soto) e da facção de Núñez (Hernán Vodanovic) na Aliança Democrática. Essas indicações desencadearam disputas entre os partidários de Almeyda. Os que estavam fora do Chile recusavam a Aliança Democrática, porque a viam como um grupo disposto a negociar com Pinochet, ao passo que eles acreditavam que o caminho correto consistia em continuar lutando e chegar a um entendimento com os comunistas. O PC não foi convidado a unir-se à Aliança Democrática porque apoiava o uso da violência. No final, a facção de Almeyda decidiu não participar, mas Julio Stuardo e Aquin Soto decidiram ficar e formaram parte do CPU, enquanto outros se mantiveram à margem do comitê.

A Aliança Democrática tomou suas primeiras decisões naqueles dias. Definiu que a presidência seria alternada e mudaria todo mês. No início, em outubro, Gabriel Valdés assumiu; em novembro, deviam assumir os radicais, com Enrique Silba Cimma; e em dezembro era a vez dos socialistas. Aquin Soto e Julio Stuardo, da facção Almeyda me perguntaram se eu estava disposto a ser representante dos socialistas para presidir a Aliança. Disse que não, que minha participação era clandestina, já que trabalhava para a ONU. Depois recebi a visita dos socialistas do setor dos renovados, Julio Stuardo e Hernán Vodanovic, que insistiam que eu devia presidir a Aliança. De forma que tomei uma decisão muito difícil. Disse à minha família que ia deixar meu cargo na ONU e, em dezembro, assumi a presidência da Aliança.

Em 1983, no dia 4 de setembro (um dia simbólico, porque é a data de eleição tanto de Salvador Allende quanto de todos os outros presidentes chilenos anteriores), foi comunicado ao país a unificação dos socialistas em um Comitê Central com 36 membros. Eu me surpreendi muitíssimo com a enorme atenção que obteve o Partido Socialista "renovado". Concedi várias entrevistas a jornais e revistas e comecei a entender que a política inovadora podia ser o resultado da ação coletiva, já que, por meu intermédio, se expressavam ideias debatidas em reuniões prévias. Era evidente que o Partido Socialista estava mudando, sob a influência dos partidos socialistas da zona do Mediterrâneo, que já haviam mudado. Felipe González estava no governo desde 1982, e François Mitterrand havia vencido na França em 1981.

APOIO INTERNACIONAL

O longo período que antecedeu o fim da ditadura proporcionou tempo para refletir a partir do exílio sobre os acontecimentos no Chile e para aprender com outras experiências. Como os social-democratas europeus viam a nova coalizão e sua estratégia, que também contava com o apoio dos democrata-cristãos?

Lembro-me de que, quando Mitterrand assumiu a presidência da França, em maio de 1981, ele entrou no Panteon com a viúva de Allende à sua direita. Queria destacar o impacto de Allende e do golpe de Estado no mundo da esquerda europeia. Se perguntassem a Olaf Palme (da Suécia), ou a Gerhard Schröder (da Alemanha) ou a Tony Blair (do Reino Unido), eles diriam que entraram na política motivados pela experiência de Allende. Todos os europeus que eu conhecia me diziam que saíram às ruas para se manifestar pelo Chile. Também recordo quando estive em Chantilly e em Bordeaux, em duas reuniões sobre a convergência socialista no exterior, em que chilenos exilados nos escutavam com muito respeito porque vivíamos no Chile. Ali se reuniam os que viviam em Estocolmo, Milão ou Paris. Nesses foros, via-se a influência daquilo que os rodeava, os homens e as mulheres renascentistas que chegavam diretamente da Itália, e os que vinham da Suécia com uma mentalidade escandinava. Era incrível. Ninguém escreveu nada sobre o impacto da experiência do exílio sobre a cultura política. **O processo pelo qual as forças democráticas do Chile chegaram a um acordo deu-se sobre um pano de fundo de ideias em mudança que tinham distintas origens.**

Lembro-me de minha visita à posse do presidente Raúl Alfonsín em dezembro de 1983 na Argentina. Eu era o presidente da Aliança Democrática porque, como já expliquei, os socialistas tinham a presidência naquele mês. Estavam comigo Valdés, Silva Cimma e Armando Jaramillo. Nós nos reunimos com Felipe González, presidente do Governo da Espanha; Pierre Mauroy, primeiro-ministro da França, e Betino Craxi, presidente do Conselho de Ministros da Itália, e apresentamos nosso extraordinário programa: um governo provisório, Pinochet fora, assembleia constituinte, uma nova Constituição e convocação de eleições. Explicamos o programa a Felipe González e ele nos disse: "Isso não é um programa. Com esse plano, continuarão muito tempo na universidade. Como podem dizer que é um governo provisório? Pinochet vai sair? E como vão nomear o governo provisório? Imaginemos que as coisas vão bem e Pinochet renuncie. Ficam sem discurso. Antes de fazer qualquer dessas coisas, vocês têm que sair do fundo do poço". Essa reunião teve um impacto importantíssimo. Foi esclarecedora e muito útil.

Então, nos reunimos com Pierre Mauroy, que nos disse: "Eu os recebo como camaradas, companheiros de luta, mas não posso fazer grande coisa, porque as relações se dão entre governos: os interesses da França, os interesses do Chile etc. Vocês têm meu apoio como camarada, mas como primeiro-ministro, não há muito que se possa fazer". Quando deixou de ser primeiro-ministro, Mauroy me chamou e disse: "Agora já pode contar comigo; quando for ao Chile vou trabalhar com você". E assim fez, antes e durante o plebiscito que derrubou Pinochet. Estávamos aprendendo a fazer política.

Em seguida, nos reunimos com Craxi. Fizemos nosso discurso e ele disse: "Necessitamos de uma via de comunicação; como estamos na Argentina, amanhã pedimos a Alfonsín que nos arrume um lugar no lado argentino dos Andes. Eu financiarei uma grande antena, e a partir daqui poderemos fazer transmissões ao Chile". No dia seguinte, Craxi foi falar com Alfonsín, que lhe explicou que para ele era muito difícil instalar uma antena, porque acabaria tendo que brigar com Pinochet.

Alfonsín era muito importante para nós. Pedimos que intercedesse junto aos cubanos para assegurar-nos que seus amigos do Chile (o Partido Comunista) não cometessem nenhuma loucura. Se fossem colocar bombas, nos eliminariam. E ele fez isso. Desempenhou um papel muito importante nos bastidores para explicar aos dirigentes cubanos nossa estratégia para vencer Pinochet.

Em conclusão, havia um debate entre os que defendiam a mobilização e o protesto social e os partidários de "todas as formas de luta", inclusive a violência. Nesse contexto, chegamos a 1986, que entendíamos ser o ano decisivo.

ACABAR COM O SISTEMA AUTORITÁRIO A PARTIR DE DENTRO

Pensamos que seria possível tentar tirar Pinochet em 1986. Do contrário, teríamos que enfrentá-lo no plebiscito para 1988, como definia a Constituição de 1980. O plebiscito seria realizado para decidir se Pinochet continuaria governando. O esboço da Constituição de 1980 previa que ele ficaria no poder mais 16 anos, mas seu ministro do Interior, Sergio Fernández, lhe disse: "Não acha que 16 anos é demais? Por que não fazemos um plebiscito na metade desse período? Assim, depois, poderá continuar no poder por mais oito anos. Você será o candidato no plebiscito". E quem o nomearia candidato? A Junta formada por quatro comandantes em chefe. "Assim seja", disse Pinochet, e concordou que ao fim de oito anos a Junta o indicaria candidato.

Aylwin ajudou a criar o Grupo de Estudos Constitucionais, ou Grupo dos 24, em 1978, com Manuel Sanhueza como presidente. Esse grupo elaborou uma Constituição alternativa à que Pinochet acabou impondo no referendo de outubro de 1980. Em 1984, realizei um debate público com Aylwin. Participamos de um seminário organizado pelo Instituto Chileno de Estudos Humanísticos, uma instituição de democrata-cristãos que contava com o apoio da Fundação Konrad Adenauer da Alemanha. Aylwin disse que tínhamos que aceitar a Constituição de Pinochet para mudá-la mais adiante. Eu disse que a Constituição era ilegítima na sua origem e que repetiria isso até o fim dos seus dias, embora aceitasse que outros a considerassem legítima. **Aylwin não queria debater sobre a legitimidade da Constituição, porque argumentava que nunca chegaríamos a um acordo sobre essa questão. Entendia que quando um carabineiro dava uma multa por excesso de velocidade, para ele, o fazia obedecendo a uma ordem institucional que começava na Constituição de Pinochet e acabava no direito de dar essa multa. A Constituição de Pinochet era um fato. Portanto, se essa era a situação *de fato*, podia-se procurar mudar essa Constituição sem por isso dar-lhe qualquer legitimidade.**

Eu não concordava em absoluto com ele nesse ponto. Entretanto, Aylwin insistia em dizer que aceitava a Constituição de Pinochet, embora a considerasse ilegítima, e que a cumpria porque era a ordem que emanava do uso da força.

MOBILIZAÇÃO SOCIAL

Houve várias tentativas de acabar com a ditadura através de mobilização social e ações políticas. Quanto à mobilização social, os protestos no Chile tiveram início em maio de 1983, organizados pela federação dos trabalhadores do cobre e um dirigente sindical emergente, Rodolfo Seguel. Nos reuníamos no edifício Carlos V, no centro de Santiago, onde o DC tinha escritórios em uma firma de advogados. Dissemos aos trabalhadores do cobre que podiam fazer greve, mas que não acreditávamos que alguém se uniria a ela. Nós, os dirigentes da Aliança Democrática, junto com os líderes das minas de cobre, nos convencemos de que era melhor organizar uma proposta mais moderada. Na convocatória do protesto, pedíamos que nesse dia ninguém enviasse as crianças para a escola e que os trabalhadores não almoçassem no trabalho; deveriam trabalhar, mas devagar. Importamos essa ideia da Argentina, trabalhar sem muita ênfase, mas ir ao trabalho e trabalhar. Lá eles chamavam isso de "operação-padrão", uma greve de zelo. Por exemplo, se você fosse a um banco grande onde sabia que tinha fundos, diziam a você: "Vou ver se tem fundos"; depois diziam que tinham dúvidas sobre a assinatura. No final, pagavam o cheque depois de 15 minutos e faziam isso com todo mundo. Era uma loucura.

Alguém propôs que fizéssemos barulho com panelas e caçarolas. As pessoas dos bairros de classe alta com tendências direitistas haviam feito isso quando houve falta de bens durante o governo da Unidade Popular. Nesse dia, 11 de maio de 1983, às 8 da noite, começou um ruído ensurdecedor de panelas e caçarolas dos edifícios de apartamentos dos setores de classe média, como a comuna de La Reina. Foi uma grande surpresa e eu tive a sensação de que algo havia ocorrido no Chile. Pinochet levou os tanques para as ruas e prendeu os dirigentes que haviam convocado o protesto. Em uma manifestação posterior, Gabriel Valdés imprimiu cartazes chamando as pessoas para a rua; foram encontrados e ele foi preso com os demais.

Em 1985, nosso respeitado cardeal Raúl Silva Henriquez aposentou-se e o Vaticano nomeou o cardeal Juan Francisco Fresno como sucessor, que constatou que o clima entre o governo e a oposição estava muito polarizado, e propôs um grande Acordo Nacional. Esse acordo implicava reunir representantes da esquerda e da direita da Aliança Democrática. Luis Maira foi convidado a participar, ele vinha da Esquerda Cristã e formava parte do Movimento Democrático Popular (MDP), mas também foram convidados representantes da direita, como Fernando Léniz, que havia participado do gabinete de Pinochet. O MDP era um agrupamento político que reunia pessoas do PC, PS-Almeyda e outros grupos, partidários de "todas as formas de luta".

O Acordo Nacional foi uma tentativa de conseguir uma solução política ampla para além da Aliança Democrática. Era importante, pois pela primeira vez se analisava o que deveria mudar na Constituição de Pinochet, e isso significava a aceitação implícita dessa Constituição.

A Igreja Católica desempenhou uma função-chave, todas as igrejas em geral, mas a Católica em particular. Nos reuníamos nos lugares de culto, a igreja significava proteção. **As mulheres foram muito importantes, porque, sob o lema da "igualdade de gênero", também pediam igualdade na luta contra a ditadura.** Então, apresentou-se a ideia de que "a liberdade tem um rosto humano", o que é bem verdade e foi um elemento importante. Não há dúvida que os movimentos sociais cumpriram uma função destacada.

Em 1986, os dirigentes sindicais e os grupos profissionais (como a associação de professores e o colégio de médicos) criaram a Assembleia da Civilidade, que foi muito relevante. Quando os médicos se uniram, as coisas ficaram sérias e também se somaram os caminhoneiros. A Assembleia foi organizada pelo doutor Juan Luis González, presidente do Colégio Médico e membro do Partido Democrata Cristão. Todo mundo se envolveu.

CONTRATEMPOS

A Aliança Democrática também elaborou um plano para acabar com a ditadura em 1986, que foi chamado o ano decisivo. Então, o que aconteceu?

Esse ano (1986) foi, efetivamente, decisivo, mas não como tínhamos imaginado. Acabou sendo muito mais decisivo, porque a descoberta das armas contrabandeadas na localidade de Carrizal demonstrou que "todas as formas de luta" (quer dizer, o uso de violência) estavam ainda vigentes para derrubar Pinochet, e isso teve um efeito duríssimo. A operação estava bem financiada: uma empresa pesqueira com dois barcos e uma empresa de extração para explorar uma mina abandonada. As armas vinham do alto-mar. Disseram que a delação veio do Peru. O que se sabe, sim, é que as armas chegavam ao país em um volume considerável.

Quando o arsenal foi descoberto, tudo indicava que a Frente Patriótica Manuel Rodríguez pretendia acelerar o seu plano B, ou seja, assassinar Pinochet. Tentaram isso em 7 de setembro de 1986. Não mataram Pinochet, mas vários guarda-costas morreram. O governo prendeu a mim, como a outros, dentre os quais Germán Correa, um membro do setor socialista que mantinha uma aliança com o PC. Perguntei se ele estava ciente da tentativa de assassinato, e me disse que não tinha ideia, e que seus companheiros não tinham sido justos com ele porque não haviam dito nada a respeito. Eu percebi que estava com muita raiva. Muitos chilenos perderam a vida nas mãos da polícia secreta de Pinochet nos dias posteriores ao 7 de setembro.

Na Aliança Democrática criamos um comitê político em que participavam os democrata-cristãos e o Partido Radical, com Valdés e Sila Cimma, respectivamente, junto com o Partido Socialista. Nós nos reuníamos com o MDP em um lugar determinado para falar de operações específicas; por exemplo, como organizar o protesto seguinte sem ações violentas que pudessem servir de desculpa para a repressão; como evitar que as pessoas tivessem que ocultar o rosto e como nos assegurar que pneus não seriam queimados, nem ruas seriam bloqueadas, nem seriam realizadas outras interrupções dessa natureza.

Como os partidos se organizaram para o plebiscito de 1988, que decidiria se Pinochet manteria o poder por mais um mandato?

Tínhamos que nos registrar com as autoridades eleitorais para constar das listas para o plebiscito de 1988 sobre a renovação do mandato de Pinochet. A decisão do Tribunal Constitucional de que para realizar o plebiscito era necessário criar um novo censo de eleitores que substituísse o destruído após o golpe militar foi muito importante. De forma que ficou estabelecida a necessidade de inscrever os eleitores. A partir disso, criou-se o Comitê pelas Eleições Livres e o Comitê de Esquerda pelas Eleições Livres, porque nós, a esquerda democrática, não participávamos do primeiro. Tivemos que estabelecer nossa presença e reforçar a aliança dos grupos políticos em favor do plebiscito.

O artigo 8[1] só foi revogado depois do plebiscito, de forma que não pudemos nos apresentar como Partido Socialista, e nos inscrevemos sob o nome de Partido pela Democracia (PPD). No final, o Partido pela Democracia se transformou no Partido Socialista renovado; incluía um grupo que estava se separando do Partido Radical e outro grupo de liberais da direita republicana, além de alguns independentes.

Naquele momento, o MDP cunhou o slogan "Inscrição é traição". A Aliança Democrática já não existia ou estava desaparecendo para transformar-se na Concertação. Nesse momento, o MDP começou a mudar. Chamou-se Esquerda Unida, em um esforço para manter reunidos o PS-Almeyda, o PC e o Movimento de Esquerda Revolucionária (MIR). Lembro-me de ir com Arturo Valenzuela, um cientista político chileno-norte-americano, à comuna de Renca em 15 de agosto de 1987. Fomos a um mercado dizer que as pessoas tinham que se inscrever para que pudessem votar. Um pequeno grupo nos acompanhava e gritava "Inscrição é traição". Eram do PC. Dirigi-me aos que conhecia e disse-lhes que estávamos fazendo todo o possível. Pedi que não nos provocassem, que eles podiam ir para outra calçada se quisessem. Propuseram que viéssemos naquela tarde para falar da questão da inscrição com seus colegas. Estávamos na igreja e um colega comunista pronunciou um discurso para explicar por que a inscrição era uma traição. Quando tomei a palavra perguntei se sabiam o que Pinochet havia previsto para manter-se no poder. Antes se mantinha pela força, mas agora tinha que ganhar o plebiscito. Se tivermos fiscais, podemos ganhar de Pinochet, sempre e quando os nossos estiverem inscritos como eleitores.

Que contas fazíamos? Oito milhões de chilenos tinham direito ao voto; acreditávamos que Pinochet não poderia obter mais que 40%, mas que todos os seus partidários estariam inscritos para votar. De fato, o primeiro a inscrever-se foi Augusto Pinochet. Portanto, nas nossas contas, eles poderiam chegar a 3,2 milhões de votos, 40% de 8 milhões. Para ganhar, tínhamos que conseguir que ao menos 7 milhões de chilenos se inscrevessem. Lembro-me de quando Ricardo Núñez declarou: "Hoje a pessoa número 7 milhões se inscreveu; vamos ganhar de Pinochet". Era a lógica da matemática, mas, se houvesse um boicote e nossa gente não se inscrevesse, estaríamos perdidos.

Depois da vitória no plebiscito, fui visitar Clodomiro Almeyda, que havia regressado do exílio e sido preso com base no artigo 8 da Constituição de Pinochet. Eu o visitei na prisão de Capuchinos, onde me disse: "Temos boas notícias: o MDP vai se inscrever para as eleições". Eu disse que tínhamos que formar um partido político, tínhamos que criar o PPD, porque, se não tivéssemos partido, quem iria assegurar que as eleições (marcadas para 1989) transcorreriam corretamente e as contagens seriam realizadas sem interferências? Só os democrata-cristãos? Os partidos designariam os fiscais de mesa e eu não queria que os democrata-cristãos fossem os únicos a supervisionar as contagens. Queria estar lá contando os votos também. Não pude convencer Almeyda para que formasse parte do PPD.

Quando nos unimos em torno da candidatura de Aylwin à presidência, descobrimos que apenas o candidato presidencial podia designar os fiscais eleitorais, de forma que pedimos que ele delegasse essa autoridade e responsabilidade ao nosso grupo. No final, pudemos indicar os fiscais para os candidatos a senador e deputado.

Conto esses acontecimentos para mostrar que a criação dessa coalizão, a Concertação, foi resultado de um acúmulo sucessivo de forças durante um longo período de tempo, não fruto de uma decisão pontual.

PROMOVENDO A CONFIANÇA NA OPOSIÇÃO

O movimento da oposição tinha que superar a desconfiança e a fraturada política interna para poder trabalhar em conjunto. Quais foram os momentos e decisões-chave que levaram a oposição a vencer Pinochet?

O primeiro foi a decisão do Partido Socialista de colaborar com a Democracia Cristã, ainda que muitos de nós acreditássemos que os democrata-cristãos tinham chamado os militares às portas dos quartéis e provocado o golpe de 1973. Não estou dizendo que foi isso que aconteceu, mas muitos membros da coalizão Unidade Popular acreditavam que a DC tinha contribuído com o golpe militar. Esse era um obstáculo para a cooperação. **Tínhamos que superar uma profunda desconfiança para alcançar nossas metas democráticas, e alcançamos esse objetivo.**

ACABAR COM O SISTEMA AUTORITÁRIO A PARTIR DE DENTRO

A segunda questão problemática era a participação no plebiscito e, por conseguinte, a aceitação da Constituição de Pinochet, ao menos nesse sentido, além de todos os riscos derivados de uma possível fraude eleitoral. A decisão foi adotada no final de 1986 e início de 1987, quando outras tentativas de acabar com o regime militar haviam fracassado e as pessoas se deram conta de que o plebiscito estava se aproximando.

Em fevereiro de 1987, quando Clodomiro Almeyda voltou ao Chile, fui vê-lo com meu cunhado Pedro Durán em Chile Chico, um povoado escondido da Patagônia, onde ficou preso até ser transferido para uma prisão em Santiago. Fui lhe dizer que o Partido Socialista tinha de se inscrever nos registros eleitorais. Chegamos a Balmaceda à meia-noite. O ônibus em que viajávamos foi parado em um posto de polícia e nos fizeram descer. Nesses postos, a polícia podia realizar interrogatórios e investigações. Não sabíamos se iam nos mandar de volta a Santiago.

Eu me dei conta da importância de envolver Almeyda porque ao retornar ao Chile incógnito, o que ele havia feito? Apelou aos tribunais para evitar a sua expulsão, e ao fazê-lo aceitou o marco institucional da ditadura. Acreditava que dentro desse marco institucional não lhe matariam. Efetivamente, ele foi preso e enviado a 1.400 quilômetros de Santiago, enquanto pensavam no que fazer com ele. Era o presidente declarado do Partido Socialista, mas os socialistas estavam banidos, segundo a Constituição de Pinochet, de forma que o governo tinha que decidir o que fazer com ele. O mais fácil era optar pelo confinamento. Foi possível ir falar com ele, porque era permitido que Almeyda se deslocasse dentro dos limites daquele pequeno povoado, mas não podia sair dali. Era importante inscrever-se nos registros eleitorais e contar com o apoio da facção de Almeyda (para derrotar o regime dentro das regras do jogo). Não consegui promessa alguma durante essa visita. "Necessito de mais tempo para tomar essa decisão no partido", me disse.

E a terceira decisão-chave, como resultado da anterior, de participar do plebiscito, foi fundar o PPD. Em 1987, Patricio Aylwin ganhou as primárias organizadas na DC e fez duas promessas fundamentais. Em primeiro lugar, comprometeu-se a criar uma pequena coalizão sem os socialistas, como pedia Adolfo Zaldívar (um dos dirigentes do partido), que disse que só o apoiaria se não incluísse os socialistas. E em segundo lugar, Aylwin prometeu que o Partido Democrata Cristão se inscreveria. Quando vi o que havia prometido, falei com ele: "Se formar uma pequena coalizão, será Adolfo Suárez e eu serei Felipe González". Disse assim porque certa vez, saindo de uma reunião, Gabriel Valdés me disse: "Eu não serei Adolfo Suárez para que você seja Felipe González. Vamos juntos ao governo porque temos que adotar muitas medidas difíceis". (Naquela ocasião, González era o presidente do Governo da Espanha. Adolfo Suárez, o primeiro presidente após a morte de Franco, havia renunciado em 1981. Após a saída de Suárez, o Parlamento espanhol nomeou Leopoldo Calvo Sotelo como presidente até as eleições de 1982, em que o partido de González, o PSOE, ganhou por uma ampla maioria).

De maneira que, embora não tenha manifestado a Aylwin minha discordância com a pequena coalizão, eu o indaguei, sim, sobre a inscrição de seu próprio partido. Quando Aylwin disse que ia inscrever o partido, fui falar com Enrique Silva Cimma, do Partido Radical, para perguntar o que iria fazer. Ele disse: "Se os democrata-cristãos se inscrevem, eu também vou". Assim, fiz um chamamento à solidariedade dos democratas chilenos para com o Partido Socialista, que estava proscrito. Nesse momento, propus a criação de um partido aglutinador, o PPD, que representava todo mundo. Eu propus inscrever o PPD. Em uma entrevista ao jornal *El Mercurio* em janeiro de 1987, disse que tinha que formar um grande partido, o PPD, para todos nos reunirmos. Apresentei a ideia porque estávamos a ponto de inscrever o partido. Aylwin me disse que, para ganhar as eleições presidenciais, era preciso dizer que o Partido Democrata Cristão ia se inscrever. Mas adicionou que podia ficar tranquilo, porque não o faria até que se revogasse o artigo 8, para que nós também pudéssemos nos inscrever. Se não fosse revogado, então formaríamos um partido único.

CONTROLE CIVIL DAS FORÇAS ARMADAS

O Chile é o único caso de transição em que o antigo ditador permaneceu mais oito anos como comandante em chefe do Exército, um grande obstáculo para tratar das violações dos direitos humanos e conseguir que os militares voltassem aos quartéis. Que lições podem-se extrair de sua experiência na relação com as Forças Armadas?

A política relacionada com as Forças Armadas tem que se basear em princípios claros:

Primeiro, o Exército e as Forças Armadas são instituições permanentes da República e, portanto, nessa qualidade, terão o pleno apoio das autoridades civis eleitas.

Segundo, isso significa que a decisão de utilizar a força militar e o momento de fazê-lo deve ser tomada na esfera civil.

Terceiro, por outro lado, a esfera civil deve dar aos militares o monopólio do uso da força e garantias de que suas necessidades técnicas e financeiras serão cobertas, de modo que possam desempenhar sua tarefa de defender o país de ameaças externas.

Quarto, os demais benefícios ou vantagens que os militares possam ter obtido enquanto governavam na ditadura devem ser extintos. As instituições da República pertencem ao conjunto do país, e todo benefício especial que o ditador outorgou aos militares deve ser eliminado.

Quinto, e mais importante ainda, posto que as forças militares têm armas, não podem participar na vida pública. Se alguém quer participar da política, tem que deixar o uniforme e vestir-se de civil. Em seguida, pode ir diante das câmaras de televisão e debater, sem armas, para ver quem tem razão.

Esses são princípios básicos que se devem respeitar desde o início. No entanto, é fácil dizer, mas foi difícil que os comitês centrais de nossos partidos assumissem a ideia. Não foi nada fácil quando tanta gente queria punir os militares por sua participação nas violações dos direitos humanos.

Quando Pinochet assumiu o cargo de comandante em chefe do Exército em 1990, sabia-se que seria por um período determinado. Quando eu fui presidente, Pinochet já havia voltado de Londres, onde foi detido, e no Chile estava sendo julgado por violações dos direitos humanos. Um dia, poucas semanas depois de minha posse, os quatro comandantes em chefe das Forças Armadas, incluindo os carabineros, foram almoçar juntos em um restaurante de Santiago para dar uma mostra pública de unidade e solidariedade a Pinochet. Eu fiquei furioso. Mas, embora eu fosse o presidente, ainda não tinha o poder de destituí-los. A primeira coisa que perguntei foi quem pagou a conta; disseram que tinha sido o comandante dos carabineros (a polícia). Eu o chamei e ele confirmou. Disse-lhe o mesmo que repeti a cada um em separado: "Alguma vez você viu todos os comandantes em chefe entrarem na Casa Branca? Ou, os três comandantes indo ver o primeiro-ministro da Noruega ou dos Países Baixos, ou de qualquer outro país democrático por iniciativa própria? Com esse almoço prejudicaram a posição do Chile no mundo. Não aceitarei novamente uma demonstração desse tipo e, na próxima vez, farei uma declaração do balcão do La Moneda (o palácio presidencial) para que sejam suspensos de suas funções, e veremos quem manda no Chile. Vou aproveitar para dizer-lhes outra coisa: o dia que decidirem convocar o Conselho Nacional de Segurança por sua conta, terão que procurar um lugar para a reunião, porque eu, como presidente da República, não participarei, e logo não se reunirão no La Moneda. Não irei". Com conversas desse tipo começamos a nos entender pouco a pouco. Mais adiante, decidi pedir a demissão de um comandante em chefe por seus antecedentes no campo dos direitos humanos. Não me desafiou. Embora eu não tivesse autoridade constitucional para destituí-lo, não me disse que não podia pedir sua demissão. A situação mudou, mas foi mudando com o tempo. No final, a oposição de direita votou em 2005 a favor de eliminar a disposição constitucional que estabelecia que o presidente não podia destituir os comandantes em chefe. De todo modo, todo o mundo sabia que essa cláusula, na prática, já era coisa do passado.

JUSTIÇA E RECONCILIAÇÃO

Como se explica que o Chile tenha conseguido avançar mais que qualquer outro país na questão da justiça de transição, apesar de o ex-ditador ter continuado como comandante em chefe durante oito anos após o retorno à democracia?

É importante definir como a Justiça foi feita durante a transição, levando em conta que houve violação dos direitos humanos. Como se explica aos militares que a busca da verdade e justiça não é uma revanche, ao mesmo tempo em que se assegura aos cidadãos que os fatos não serão negados, para não vivê-los novamente? O processo (de busca de justiça e reconciliação) que nos levou às reformas da Constituição de Pinochet foi, às vezes, lento, mas avançou em um ritmo sustentável.

O presidente Eduardo Frei Ruiz-Tagle teve uma iniciativa exitosa, a chamada Mesa de Diálogo (1999-2001). Essa mesa tinha quatro lados: em um deles, sentavam-se os generais, representados pelas autoridades de maior nível das Forças Armadas, noutro os advogados de direitos humanos, noutro ainda a Igreja e outras instituições morais do país e, por último, um grupo de pessoas que representava o espectro político do Chile. Havia gente de centro, esquerda e direita, e não estavam ali indicados pelos partidos, mas pelo presidente da República. O diálogo começou em torno da mesa. Começou com um gesto simbólico. Um general do Exército aproximou-se da advogada Pamela Pereira, cujo pai havia desaparecido, e estendeu a mão. Pereira não lhe deu a mão. Disse-lhe: "General, darei a mão quando o diálogo terminar". Dito de outro modo, quando houver resultados concretos, não antes. No final, se deram as mãos.

Eu mantive a Mesa de Diálogo, que concluiu seus trabalhos durante meu mandato. O fato de os militares terem sentado nessa mesa significa que assumiam alguma responsabilidade. Levou tempo até chegar aí. As mulheres podiam ir com fotos dos seus entes queridos presos e/ou desaparecidos.

Moisés Naim, um notável analista político latino-americano, perguntou-me uma vez qual tinha sido a decisão mais difícil durante meu governo. A decisão mais difícil foi elaborar um relatório sobre prisão política e tortura, porque supunha olhar para trás e abrir a caixa de Pandora das violações dos direitos humanos. Isso ocorreu 13 anos depois da vitória e 11 anos depois que Aylwin estabeleceu a Comissão Nacional da Verdade e Reconciliação, em 1991, que investigou as mortes e os desaparecimentos por motivos políticos. Mais tarde, esse relatório serviria de exemplo a Mandela. Mas os que tinham estado na prisão continuavam argumentando que ninguém reconhecia o que haviam passado. Quando pediam os certificados de antecedentes, constava que tinham sido presos e tinham que explicar que havia sido por suas ideias políticas. No final, decidi criar a Comissão Valech.[2] Foram decisões difíceis. Dirigi-me ao país ao obter as conclusões do relatório sobre prisão política e tortura, no qual foi reconhecido que mais de 29 mil chilenos e chilenas tinham sido torturados e foram registrados os lugares de encarceramento e os tipos de tortura. Sua leitura foi uma viagem ao inferno. No entanto, o Exército não o contestou, ao contrário do que ocorreu com o Relatório Rettig, de Aylwin. Agora aceitavam o ocorrido durante o regime militar e pediam perdão.

Com a volta da liberdade, foram apresentadas reivindicações sociais que podiam complicar as primeiras fases políticas de uma transição. Os movimentos sociais chilenos agiram com responsabilidade? Ajudaram a conter as expectativas para assegurar que a mudança política conseguisse avançar?

Contarei uma história que exemplifica bem a situação durante a transição. Estava eu no Ministério da Educação (quando era titular dessa pasta, no governo Aylwin) e um dia a secretária me disse que tinha recebido uma carta manuscrita de um lugar perto de Valdivia, no sul do Chile. Primeiro, a remetente me recordava que havia passado por seu povoado durante as campanhas e, depois, me explicava seu problema. Dizia: "Somos um grupo de comuneros [membros das comunidades agrícolas] e sabemos que o regime fuzilou e enterrou nossos parentes. Agora queremos ir ao juiz solicitar a exumação dos cadáveres, porque queremos dar-lhes uma sepultura cristã. No entanto, alguns de nós pensam que isso ainda não é para ser feito, que é muito cedo, porque os militares podem ficar furiosos e voltar a dar um golpe de Estado. Outros pensam que já vivemos na democracia e pode ser feito. Esperamos quase 17 anos e, como ainda não nos colocamos de acordo, porque não sabemos tudo o que o país está passando, decidimos pedir-lhe um conselho. Faremos o que você disser". Essa carta me marcou muito. Era comovente.

Levei a carta a Aylwin. Ele me perguntou o que fazer e eu disse que tínhamos que lhes dizer que fossem ver um juiz. Aylwin concordou. Enviei meu chefe de gabinete para dizer-lhes que fossem ao juiz. Eles foram e ele ordenou a exumação. Escavaram e encontraram alguns ossos e botões. Os militares haviam levado os restos. Esse exemplo mostra que não estavam pedindo aumento salarial, o que seria de esperar, mas direitos humanos e políticos básicos, e isso tem muito peso. Conto essa história como exemplo do medo e da responsabilidade dos cidadãos chilenos.

MEDO DO PASSADO

Sabe quando me dei conta de que poderia perder as eleições para o Senado? Como disse antes, não quis me apresentar para a presidência em 1989, ainda que tivesse bastante apoio. É verdade que naquela época as sondagens não eram tão precisas como as de hoje, mas eu estava ciente de que, se me apresentasse como candidato à presidência, poderia haver outro golpe de Estado. Decidi concorrer ao Senado. Eu me dei conta de que podia perder quando, em Huechuraba, uma comunidade pobre perto de Santiago, estava pronunciando um discurso diante de mais de 20 mil pessoas, e vi que uma senhora idosa me olhava como se eu fosse Deus. Quando estava saindo, a mulher se aproximou do palco, que era no alto. Vi que não chegaria até mim, e desci com um salto. As pessoas abriram caminho e me aproximei para dar-lhe um abraço. Estava comovida e me disse: "Me convenci, vou votar em você. Eu apoiava Allende, mas ia votar em Zaldívar porque pensei que, se você ganhasse, os militares iam voltar e eu sofri muito". Fiquei tão impressionado que pedi que alguém fosse falar com essa senhora no dia seguinte. Ali é que me dei conta de que podia perder as eleições. Era o medo: mesmo que ela me apoiasse, pensou que tinha que votar em outro candidato, contanto que fosse contra Pinochet, para assegurar que os militares não voltassem. Isso demonstra a maturidade das pessoas, a maturidade que facilitou a transição.

Até aqui temos falado da relação com os militares. Que papel teve o ramo político da direita civil que apoiou Pinochet?

No Chile, os militares queriam o perdão, mas a direita política nunca teve esse objetivo. Muitos dos partidários de direita continuam insistindo que o golpe de Estado era necessário e justificam a violação dos direitos humanos. Isso continua sendo um fator de desconfiança, um obstáculo para a reconciliação e a conquista de acordos mais amplos.

O SISTEMA ELEITORAL

Durante a transição chilena abriu-se uma oportunidade importante após o plebiscito de 1988 para alterar a Constituição de 1980, mas as modificações foram relativamente superficiais e deixaram muitos entraves autoritários sem mudanças. O que aconteceu então e qual e seu balanço hoje?

A transição requer que todos os grupos entendam que não podem exigir todas as suas reivindicações. Isso é uma transição: falar com os que não pensam como você, ainda que tenham perdido, e trabalhar muito para os objetivos comuns, ganhar o plebiscito, negociar o governo, revogar o artigo 8 etc.

A Constituição de Pinochet estabelecia um sistema eleitoral binominal: em cada distrito se elegem dois representantes. A direita descobriu que esse sistema era fundamental para manter sua existência, já que leva ao estancamento político. Você obtém 60% e eu 40% e estamos empatados, você elege um e eu, outro. O sistema eleitoral binominal também tem repercussões profundas nas coalizões, porque mudanças pequenas no seio de uma coalizão podem dar lugar à eleição de todos os candidatos democrata-cristãos e nenhum do PPD, e vice-versa. Isso, além do altíssimo quórum necessário para aprovar mudanças no poder legislativo, concede, na prática, a capacidade de veto para a coalizão de oposição. Isso significa que governamos 20 anos com uma maioria obtida nas eleições, mas sem maioria suficiente para mudar o que queríamos, porque não conseguimos reunir o quórum necessário. Isso tem que acabar. Como sair desse beco sem saída? Não sei, porque o sistema binominal continua vigente. Embora tenhamos vencido as eleições presidenciais, não tenho muito claro o que será feito para mudá-lo (em abril de 2015, o Congresso chileno aprovou a lei que pôs fim ao sistema binominal, que foi substituído por um sistema proporcional, abrindo a possibilidade de representação parlamentar a um maior número de partidos).

REFORMA CONSTITUCIONAL

A Constituição de Pinochet tinha uma lacuna. Estabelecia um alto quórum para apresentar emendas: as questões importantes requeriam uma maioria de quatro sétimos, e a emenda de alguns títulos da Constituição exigia uma maioria de dois terços. Paradoxalmente, o título que fazia referência à reforma da Constituição não estava entre os que requeriam uma maioria qualificada, ou seja, o título poderia ser reformado com uma maioria simples e mudar o quórum necessário para a reforma da Constituição. Era a única carta que tínhamos na manga. A questão era utilizá-la ou não, e isso a ditadura não sabia. A alternativa era entrar em um enfrentamento direto. Os militares poderiam dizer que estávamos trapaceando com eles e responder com outro golpe de Estado. Assim, jogar essa carta era muito arriscado. Com o tempo, os militares concordaram com uma série de mudanças, como a supressão do artigo 8 e outras. Em contrapartida, impuseram um quórum especial para a reforma da Constituição. Dito de outro modo, eles fecharam a única via disponível para introduzir mudanças que considerávamos importante na Constituição de 1980. Lembro-me de que chegou o momento de tomar a decisão definitiva sobre aprovar as poucas mudanças constitucionais (que haviam sido negociadas com os militares entre o plebiscito e as eleições). Aylwin sabia que eu não concordava (em aprová-las no novo plebiscito marcado para julho de 1989). Essa foi a única vez que o vi irritado, porque nos enfrentamos em um debate. Eu era favorável a defender que os chilenos votassem "não" no novo plebiscito. Não podíamos tomar a iniciativa porque, naquele momento, somente a Junta Militar podia propor reformas constitucionais. De forma que eu tinha que pedir que se votasse "não".

Aylwin estava claramente a favor do "sim". Insistiu que, juntos, mudaríamos o sistema eleitoral binominal mais à frente. Quando Aylwin terminou sua exposição, perguntei: "Que garantias temos?". Ele respondeu que no dia seguinte iríamos à casa de Ricardo Rivadeneira, o advogado da Renovação Nacional (partido de direita), que estava redigindo a reforma. No dia seguinte, fomos à casa de Rivadeneira, mas Jarpa, o chefe político da direita, não foi, e não se pôde fazer nada.

A segunda diferença entre nós emergiu quando Aylwin já era presidente eleito. Eu era um dos possíveis ministros do Gabinete. Havia perdido as eleições ao Senado, e em uma conversação privada perguntei: "Qual será a primeira medida a tomar?". Ele me disse que não tinha pensado e me perguntou se eu tinha alguma ideia. Disse que sim, que era preciso pedir a renúncia de Pinochet. Ele me respondeu que Pinochet não iria renunciar. Então eu disse que tinha que apresentar imediatamente uma proposta de reforma constitucional ao poder Legislativo e anunciar que havia decidido destituir Pinochet, pois havia pedido que apresentasse sua renúncia, mas Pinochet não a apresentou, e a Constituição diz que não tem por que fazê-lo. Começamos a discutir sobre o assunto até que eu lhe disse que não tinha mencionado o argumento mais eloquente para acabar com essa diferença de opiniões. Ele me perguntou qual era e eu disse: "Você poderia me dizer: olha, Ricardo, você será ministro, o presidente serei eu. Era absurdo que um ministro lhe dissesse o que fazer como presidente. Nós rimos e essa "discussão" terminou assim.

Como conseguiu que a Concertação se colocasse de acordo sobre os candidatos? Também discutiam e preparavam os programas para o novo governo. Que importância tinha essa prática?

Mais difícil que a transição da ditadura para a democracia é o que fica quando o ditador sai. Por exemplo, chegar a um acordo sobre quem será o candidato a presidente.

Muitos pensaram em mim como candidato. Para mim estava claro que era impossível. Teria sido como colocar um pano vermelho diante de um touro. Por isso, dois dias depois do plebiscito anunciei que não seria candidato presidencial. **A transição exige que alguns renunciem a suas legítimas**

aspirações. Lembro-me de que, depois do plebiscito, o conselho geral do PPD queria indicar-me candidato. Armando Jaramillo e outros estavam entusiasmados. Eu os agradeci, mas expliquei que minha candidatura seria nociva para a transição. Propus que apoiássemos Enrique Silva Cimma como candidato do PPD e, ao final, todos apoiamos Patricio Aylwin como candidato da Concertação. E o resto é história.

DEFINIÇÃO DE PRIORIDADES POLÍTICAS

No início não estávamos conscientes de que haveria outra transição muito mais difícil: de país pobre a país desenvolvido. Tínhamos que nos perguntar que sociedade queríamos. Não se pode fazer tudo de imediato, de forma que é preciso definir prioridades de governo.

Darei um exemplo. Uma vez vencido o plebiscito, estávamos seguros de que Aylwin ganharia as eleições presidenciais. Certo dia, chegou uma chamada da Conferência Episcopal para perguntar se o governo de Aylwin iria pressionar para conseguir uma lei sobre o divórcio. Disse que não, porque havia coisas mais importantes para fazer. Expliquei que, em um segundo mandato, aprovaríamos a lei do divórcio. Bem, pois nem isso conseguimos. Quando eu era presidente, o cardeal me perguntou: "E o divórcio?". "Esta vez, sim", eu disse. E me perguntou se podia pedir um favor. "Por que não o deixa nas mãos do ministro da Justiça, assim posso discutir isso com ele, e não com você?". Estavam conscientes de que as condições políticas eram adequadas e não se poderia bloquear a mudança. A lei do divórcio foi adotada em 2005.

Nós nos colocamos de acordo sobre as prioridades em cada uma das campanhas presidenciais. Esses programas acordados nos permitiram manter a unidade ao longo de vinte anos. Toda transição tem prioridades políticas principais: mudar o sistema político e garantir as eleições, a liberdade e o respeito aos direitos humanos. Em seguida, começa um segundo processo de mudanças econômicas e sociais. Quando se propõe crescimento com igualdade para todos, e se busca que todos se beneficiem desse crescimento, é necessário elaborar novas políticas públicas e integrar-se no mundo do livre-comércio. Tudo isso requer uma grande maioria. Portanto, obter uma grande maioria para vencer Pinochet foi a parte fácil; a grande maioria para que Aylwin fosse presidente foi fácil; o difícil foi essa outra transição, aquela que não tem impacto na opinião pública comparável ao momento em que o ditador deixa a faixa presidencial para cedê-la ao novo presidente eleito pelo povo.

Nenhum partido político assinou um acordo oficial (após a eleição de Aylwin como presidente). Todos partiram da premissa de que tínhamos que continuar juntos. Seriam oito anos juntos, porque esse era o mandato presidencial estabelecido na Constituição de 1980. Nós o reduzimos a quatro anos, de bom grado, para que depois cada um fosse para seu lado. Poderíamos então voltar a brigar.

Não foi assim. Os quatro anos passaram voando e tivemos que voltar a nos colocar de acordo para indicar um candidato comum. Fizemos isso com eleições primárias que decidimos fazer na metade do mandato de Aylwin. Escolhemos Eduardo Frei Ruiz-Tagle (filho do ex-presidente Eduardo Frei Montalva), para assegurar a vitória e continuar governando. **Creio que esse foi um momento muito importante, quando você se dá conta de que a unidade para derrubar a ditadura deve passar a outra fase, a um programa comum para a mudança política, econômica e social.** Se olharmos para trás, na década anterior ao plebiscito, tivemos dez anos para refletir. O que Alejandro Foxley fez depois, como ministro da Fazenda, e as políticas econômicas e sociais que implantou, para expandir a economia e reduzir drasticamente a pobreza, foi fruto de uma reflexão comum.

A transição chilena foi bastante especial. Pinochet exerceu o comando em chefe durante oito anos depois de instaurada a democracia e, logicamente, foi difícil governar com o ditador em um cargo tão importante. Alguns começaram a antecipar novos problemas de governança e maneiras de solucioná-los. Por exemplo, Edgardo Boeninger, que desempenhou um papel muito importante na transição, me disse: "Agora é preciso fazer com que os movimentos sociais não continuem tão atuantes; do contrário, como vamos governar se a cada dia nos pedem mais? Como podemos controlar as expectativas?".

GESTÃO ECONÔMICA PARA O DESENVOLVIMENTO

O caso do Chile é um total êxito do ponto de vista econômico. Em que medida a política econômica contribuiu para a transição política?

No mundo moderno, a gestão da economia deve ser um empreendimento sério e responsável. Não é uma questão de esquerda ou direita; é preciso encontrar a melhor maneira de gerir a economia. Além disso, **em épocas de transição nos países em desenvolvimento onde há pobreza, a gestão econômica é fundamental, porque é necessário gerar crescimento para satisfazer as demandas dos setores desfavorecidos. É necessário adotar**

políticas públicas sólidas que orientem o gasto ali, onde é necessário, para que as pessoas vejam uma mudança. Se as pessoas não sentem que suas vidas estão mudando para melhor, se desencantarão com o regime democrático. Muitos podem pensar que, se a democracia não oferece resultados, para que serve? De forma que o crescimento era um elemento-chave de nossa política. **Numa transição, o líder ou a líder de qualquer governo é a principal referência do país, e essa pessoa deve explicar o que está fazendo e por que está fazendo,** e se o país cresceu o suficiente ou não. A democracia é uma planta que deve ser regada todos os dias. Quanto maiores são as receitas do Estado, maior é o número de reivindicações que se pode satisfazer.

APOIO INTERNACIONAL

Além da solidariedade dos socialistas de outros países, o Chile recebeu mais apoio internacional?

Todos dependíamos do apoio internacional, de um modo ou de outro, e ele foi crucial. Lembro-me de que algo mudou no segundo governo de Ronald Reagan, entre 1984 e 1988, quando George Shultz foi bem importante. O novo embaixador, Harry Barnes, foi ao Chile e disse: "Quero reunir-me com a Aliança Democrática". Armando Jaramillo era o presidente e perguntou ao embaixador Barnes quando poderia visitá-lo. Mas ele disse que não, que ele viria visitar-nos. Tínhamos um escritório muito pequeno, e lá foi o embaixador. Essa visita impressionou muito Pinochet, pois era uma importante mudança política. Também me lembro de que nos convidaram e a outros, junto com Sergio Bitar, para um seminário no Departamento de Estado em 1985, e ali estivemos com Elliot Abrams. Era evidente que o governo dos Estados Unidos apoiava a volta à democracia e estava se afastando de Pinochet.

A repressão e o controle causam medo e podem paralisar a luta social e a ação política. Era necessário combater o medo. Esse é o motivo pelo qual a campanha do NÃO *em 1988 centrou-se na alegria e no futuro: "A alegria já vem". Que lições podem-se extrair sobre como enfrentar o medo na luta contra a ditadura?*

A campanha do NÃO, considerada um exemplo em todo mundo, também teve a influência de amigos dos Estados Unidos. Quando os especialistas em relações públicas nos disseram que iríamos aterrorizar as pessoas com todos os relatórios sobre as violações dos direitos humanos, e assim por diante, ficou evidente que propunham que, **para ganharmos as pessoas, tínhamos que oferecer uma visão positiva do futuro, e não ficarmos presos no passado.** A campanha do NÃO foi muito importante, não há dúvida, e essa foi uma lição muito significativa.

TRANSIÇÕES CONTEMPORÂNEAS

Com sua experiência, como vê as transições hoje?

O mais importante é que as transições de hoje são distintas das de ontem, porque agora existem Twitter e Facebook. Quando eu assumi a presidência da Aliança Democrática pela segunda vez, em novembro de 1984, houve um protesto e Pinochet declarou o estado de sítio. Fomos marginalizados e não podíamos nos comunicar. Era proibido nos entrevistar, deixamos de ser nós mesmos. Enrique Silva Cimma, chefe do Partido Radical, era identificado somente como ex-controlador-geral. Quando se falava de Gabriel Valdés, chefe do Partido Democrata Cristão, referiam-se a ele como o antigo ministro das Relações Exteriores, e eu era apenas o economista Ricardo Lagos. Não se podia indicar o posto que era ocupado dentro de um partido político. Certo dia, irritado, fiz uma coletiva de imprensa sabendo que nada apareceria nos meios de comunicação. Após minha apresentação, uma pessoa me fez duas perguntas para o *New York Times*. "O que me importa o *New York Times*, se meu problema é o 'Santiago Times'!" – respondi, e em seguida pedi desculpas. Esse desabafo deveu-se à frustração que sentia pelo cordão de silêncio que Pinochet nos havia imposto.

Recentemente, o governo de Sebastián Piñera proibiu uma marcha convocada por Camila Vallejo, uma dirigente estudantil, que se realizava todas as quintas-feiras. Certo dia, disse no Twitter que todo mundo deveria levar panelas e caçarolas para bater e fazer barulho naquela noite. Se se comparar com as transições anteriores, as redes sociais de hoje em dia são espetaculares, mas, no final, é preciso ir para a praça. Twitter e Facebook são ferramentas que dotam os movimentos sociais de poder, não há a menor dúvida. Quando está no governo, usam Twitter para pedir que cumpra suas promessas, dizem a você: "Eu votei em você, e olha como o governo nos trata".

Poderia resumir brevemente alguns dos pontos mais importantes para a transição de um regime autoritário para a democracia, de forma a reunir os princípios básicos que se deve conhecer e ter em mente?

Em primeiro lugar, no início de uma transição, deve-se entender que o ponto de partida é que as pessoas têm medo de voltar à ditadura e à repressão. Em segundo lugar, deve-se construir uma coalizão a mais ampla possível, porque é preciso acumular todo o poder possível para romper com o passado. Em terceiro lugar, **não se deve nunca esquecer de que apenas em teoria é possível fazer e dizer o que se quer. Na política, se faz o que se pode, e tem que fazer com paixão, com força, para que as pessoas vejam que você acredita de verdade naquilo que diz.** Quando os discursos estão recheados de demagogia e interesses pessoais, as pessoas sentem e você perde o apoio.

MOMENTOS-CHAVE NA TRANSIÇÃO DEMOCRÁTICA DO CHILE

Setembro de 1970: A esquerda vence as eleições presidenciais, mas Salvador Allende não obtém a maioria. Nessas circunstâncias, coube ao Congresso eleger o presidente entre os dois candidatos mais votados. O presidente dos Estados Unidos, Richard Nixon, ordena que a Agência Central de Inteligência (CIA) enfraqueça Allende.

Outubro de 1970: René Schneider, o comandante em chefe do Exército conhecido por seu respeito à Constituição, é assassinado durante uma tentativa fracassada, preparada com o apoio da CIA, para impedir a eleição de Allende. O Congresso elege Allende presidente.

Novembro de 1970: Allende começa a nacionalizar as minas de cobre, propriedade de empresas norte-americanas, acelera a reforma agrária e amplia os benefícios sociais, polarizando a sociedade.

Novembro de 1971: Fidel Castro realiza uma visita de 40 dias ao Chile, o que acentua a polarização.

Outubro de 1972: Após um longo período de instabilidade nacional e uma grande greve, apoiada secretamente pela CIA, Allende nomeia um novo gabinete que incorpora oficiais militares.

Agosto de 1973: O Congresso e a Suprema Corte acusam Allende de governar ilegalmente através de decretos, ignorar decisões judiciais e tolerar grupos armados da esquerda.

Setembro de 1973: As Forças Armadas, encabeçadas pelo comandante em chefe do Exército, Augusto Pinochet, dão um golpe de Estado e uma Junta Militar assume o poder. Allende morre no La Moneda. A Junta bane os partidos e os sindicatos, fecha o Congresso, tortura e faz "desaparecerem" muitos partidários da esquerda e prende a maioria dos membros do gabinete. Muitos dirigentes da oposição fogem e vão para o exílio.

Setembro de 1974: O general Carlos Prats González, ex-comandante em chefe do Exército e ministro do Interior de Allende, é assassinado em Buenos Aires, um dos vários assassinatos cometidos pelo serviço de inteligência chileno.

Abril de 1975: Em resposta ao escasso crescimento e à excessiva inflação, o governo introduz reformas de liberalização dos mercados dirigidas por economistas conhecidos como os "Chicago Boys". O produto interno bruto (PIB) cai 12,9% durante esse ano e o desemprego aumenta.

Janeiro de 1976: Sob a ordem do cardeal Raúl Silva Henriquez, a Igreja Católica estabelece o Vicariato da Solidariedade para proporcionar assistência jurídica, documentar abusos aos direitos humanos e publicar uma revista crítica ao governo.

Setembro de 1976: Orlando Letelier, ex-embaixador e ministro do gabinete de Allende, é assassinado em Washington DC, junto com seu assistente. O governo dos Estados Unidos acusa o governo do Chile pelo assassinato.

Setembro de 1980: É realizado um referendo no Chile para aprovar uma nova Constituição que estenderia o mandato da Junta até 1990, e convocaria um plebiscito em 1988 para prolongar o regime até 1998. Em meio à censura, à fraude e ao banimento dos partidos políticos, a nova Carta fundamental é aprovada. A oposição rejeita o referendo como ilegítimo.

Junho de 1982: A economia chilena se contrai em 17% no acumulado dos anos de 1982 e 1983, e a taxa de desemprego cresce a 23%. Aumenta o descontentamento com Pinochet, o que o obriga a moderar suas políticas econômicas.

Maio de 1983: A oposição realiza suas primeiras manifestações de peso, em colaboração com o sindicato dos mineiros, dando início, assim, a vários anos de protestos.

Agosto de 1983: Um amplo leque de partidos de oposição estabelece a Aliança Democrática, comprometida com a mudança pacífica e democrática. São realizados os primeiros protestos sociais massivos contra o regime militar.

Março de 1985: O assassinato de três comunistas nas mãos de uma divisão de comunicações dos carabineros (a polícia chilena) leva a uma investigação da Suprema Corte. Vários oficiais são condenados; o diretor dos carabineros, membro da Junta, renuncia.

Agosto de 1985: Onze partidos assinam o Acordo Nacional para a Transição à Plena Democracia, uma estratégia respaldada pela Igreja Católica para empreender reformas políticas graduais, com a participação do regime.

Janeiro de 1986: Forma-se a Assembleia da Civilidade, uma coalizão de grupos da sociedade civil a favor da democracia.

Agosto de 1986: As forças de segurança encontram um enorme arsenal de armamentos em Carrizal Bajo, no deserto do norte do Chile.

Setembro de 1986: A Frente Patriótica Manuel Rodríguez, braço armado e clandestino do Partido Comunista, tenta assassinar Pinochet e tira a vida de cinco guarda-costas. Esse ataque explicita a divisão da oposição e estimula uma nova onda repressiva do governo.

Abril de 1987: O papa João Paulo II visita o Chile, onde critica a ditadura e faz um pronunciamento a favor da democracia.

Setembro de 1987: O governo indica Augusto Pinochet como candidato presidencial para o plebiscito de 1988, legaliza a publicidade política e começa o registro de eleitores.

Janeiro de 1988: A oposição decide participar do plebiscito, apesar das dúvidas sobre a igualdade nas condições da disputa, e forma a Concertação de Partidos pelo NÃO. O profissionalismo da campanha surpreende o governo e a Concertação recebe amplo apoio internacional. O embaixador dos Estados Unidos e outros pressionam por um plebiscito mais justo.

Outubro de 1988: Os eleitores rejeitam prolongar o mandato de Pinochet, com 56% dos votos a favor do NÃO e 44% do SIM. O governo negocia reformas constitucionais menores com a oposição, mas insiste em que Pinochet continue como comandante em chefe do Exército por mais oito anos, antes de passar a senador vitalício.

Julho de 1989: Após intensas negociações, são aprovadas em plebiscito, com mais de 90% dos votos, as reformas constitucionais negociadas entre o governo e a oposição. Com elas, limitou-se o exercício de poderes excepcionais, permitiu-se que tratados internacionais prevalecessem sobre a legislação chilena e ampliou-se o pluralismo político. Por outro lado, asseguraram-se condições especiais de poder às Forças Armadas e estabeleceu-se rigoroso quórum para aprovação de novas emendas à Constituição.

Dezembro de 1989: São realizadas eleições gerais livres no Chile. A Concertação de Partidos pela Democracia, o movimento sucessor da Concertação de Partidos pelo NÃO, obtém a maioria no Congresso. Patricio Aylwin, democrata-cristão e líder da Concertação, ganha a presidência contra o ministro da Fazenda de Pinochet, Hernán Büchi.

Março de 1990: O governo lança um plano para combinar as políticas macroeconômicas da era Pinochet com novas medidas destinadas a reduzir a pobreza, mediante aprovação de uma reforma fiscal viabilizadora do aumento do gasto público.

Abril de 1990: Aylwin convoca a Comissão Nacional da Verdade e Reconciliação para relatar os abusos contra os direitos humanos cometidos durante o regime de Pinochet. Em seu relatório, publicado em 1991, foram identificados 2.279 assassinatos políticos e "desaparecimentos".

Abril de 1991: O senador Jaime Guzmán, aliado de Pinochet e um dos ideólogos da Constituição de 1980, é assassinado por um grupo da esquerda radical. Outros sequestros e atos de violência contra a direita aumentam a polarização e convencem o governo de que é necessário fortalecer os serviços de inteligência.

Outubro de 1992: Realizam-se as primeiras eleições municipais desde 1973.

Dezembro de 1993: Eduardo Frei Ruiz-Tagle, um democrata-cristão, filho do ex-presidente Eduardo Frei Montalva, é eleito presidente. A Concertação mantém o controle do Congresso.

Maio de 1995: A Suprema Corte confirma sentença condenatória de Manuel Contreras, antigo chefe da inteligência militar durante os anos de maior repressão na década de 1970, acusado de tramar o assassinato de Orlando Letelier em Washington.

Março de 1998: Pinochet deixa o comando do Exército. Como antigo presidente, torna-se senador vitalício com imunidade.

Outubro de 1998: Pinochet é preso em Londres em virtude de uma ordem internacional de prisão por violações aos direitos humanos. O governo de Frei Ruiz-Tagle solicita sua extradição ao Chile e um juiz chileno o processa.

Janeiro de 2000: Ricardo Lagos, dirigente de centro-esquerda que havia sido ministro da Educação durante a presidência de Aylwin e ministro de Obras Públicas no governo de Frei Ruiz-Tagle, é eleito presidente.

Março de 2000: Pinochet é extraditado para o Chile. O Congresso concede-lhe imunidade, mas tira sua cadeira no Senado. Inúmeros processos judiciais questionam sua imunidade.

Maio de 2004: Lagos convoca uma comissão para identificar e compensar as pessoas presas e torturadas durante o regime de Pinochet. O chamado "Relatório Valech" é publicado seis meses depois.

Setembro de 2005: O Congresso reforma a Constituição e elimina a figura dos senadores não eleitos, além de permitir a destituição pelo presidente dos comandantes em chefe das três armas e dos carabineros.

Janeiro de 2006: A socialista Michelle Bachelet, candidata da Concertação e filha de um general da Aeronáutica que se opôs ao golpe de Estado e foi preso e assassinado sob tortura, é eleita a primeira mulher presidente do Chile.

Dezembro de 2006: Pinochet morre aos 91 anos, sendo ainda objeto de investigações judiciais.

Janeiro de 2010: Sebastián Piñera, empresário e político de centro-direita, é eleito presidente. A Concertação perde a presidência pela primeira vez, desde o retorno à democracia.

Janeiro de 2014: Michelle Bachelet ganha as eleições presidenciais e volta ao governo, desta vez em uma coalizão chamada Nova Maioria, que é a antiga Concertação mais o Partido Comunista.

Notas

[1] O artigo 8 da Constituição de Pinochet de 1980 estabelecia que as pessoas podiam ser penalmente responsabilizadas por suas ideias: "Todo ato de pessoa ou grupo destinado a propagar doutrinas que atentem contra a família, propugnem a violência ou uma concepção da sociedade, do Estado ou da ordem jurídica, de caráter totalitário ou fundado na luta de classes, é ilícito e contrário ao ordenamento institucional da República. As organizações e os movimentos ou partidos políticos que por seus fins ou pelas atividades de seus filiados tenham esse objetivo, são inconstitucionais". Essa disposição dava base legal para que o governo justificasse a repressão.

[2] A Comissão Nacional sobre Prisão Política e Tortura, chamada Comissão Valech, foi presidida pelo bispo católico Sergio Valech, que também presidia a organização de direitos humanos Vicariato da Solidariedade, atuante durante o regime do Pinochet.

Leituras recomendadas sobre o Chile

ARRIAGADA, Genaro, *Pinochet: The Politics of Power* [Pinochet: a política do poder] (Boston, Mass.: Unwin Hyman, 1988) [do Diretor Executivo da Concertação de Partidos pelo NÃO].

AYLWIN, Patricio, *El reencuentro de los demócratas: Del golpe al triunfo del No* [O reencontro dos democratas: Do golpe ao triunfo do NÃO] (Santiago, Chile: Ediciones Grupo Zeta, 1998).

AYLWIN, Patricio, SERRANO Pérez, Margarita, Cavallo, Ascanio y Niklander, *El poder de la paradoja: 14 lecciones políticas de la vida de Patricio Aylwin* [O poder do paradoxo: 14 lições políticas da vida de Patricio Aylwin]. (Santiago, Chile: Grupo Editorial Norma, 2006).

BARAHONA DE BRITO, Alexandra, *Human Rights and Democratization in Latin America: Uruguay and Chile* [Os direitos humanos e a democratização na América Latina: Uruguai e Chile] (Oxford, Reino Unido: Oxford University Press, 1997).

BITAR, Sergio, *Transición, Socialismo y Democracia: La Experiencia Chilena* [Transição, socialismo e democracia: a experiência chilena] (Buenos Aires, Argentina: Siglo Veintiuno Editores, 1979).

DRAKE, Paul W.; JAKSIC, Iván (eds.), *The Struggle for Democracy in Chile* [A luta pela democracia no Chile] (Lincoln, Nebr.: University of Nebraska Press, 1991).

FLEET, Michael; SMITH, Brian H., *The Catholic Church and Democracy in Chile and Peru* [A Igreja Católica e a democracia no Chile e Peru] (Notre Dame, Ind.: University of Notre Dame Press, 1998).

FOXLEY, Alejandro, "Lessons from Chile's Development in the 1990s" [Lições do desenvolvimento do Chile na década de 1990], in Timothy Besley e Roberto Zagha (eds.), *Development Challenges in the 1990s: Leading Policymakers Speak from Experience* [Problemas de desenvolvimento na década de 1990: a voz da experiência dos grandes elaboradores de políticas] (Washington D.C. e Nova York: Banco Mundial y Oxford University Press, 2005) [do dirigente do grupo de reflexão democrata-cristão e ministro da Fazenda de Aylwin].

GARRETÓN, Manuel Antonio, *Reconstruir la política: transición y consolidación democrática en Chile* [Reconstruir a política: transição e consolidação democrática no Chile] (Santiago, Chile: Editorial Andante, 1987).

HUNEEUS, Carlos, *The Pinochet Regime* [O regime de Pinochet] (Boulder, Colorado: Lynne Rienner, 2007).

LAGOS, Ricardo, com HOUNSHELL, Blake e DICKINSON, Elizabeth, *The Southern Tiger: Chile's Fight for a Democratic and Prosperous Future* [O Tigre do Sul: a luta do Chile por um futuro democrático e próspero] (Nova York: Palgrave Macmillan, 2012) [do ex-presidente e dirigente da Concertação].

MUÑOZ, Heraldo, "Chile: The Limits of Success" [Chile: Os Limites do Sucesso], in Abraham F. Lowenthal (ed.), *Exporting Democracy: The United States and Latin America* [Exportando a democracia: os Estados Unidos e a América Latina] (Baltimore, Md.: Johns Hopkins University Press, 1991).

OMINAMI, Carlos, *Secretos de la Concertación: Recuerdos para el futuro* [Segredos da Concertação: lembranças para o futuro] (Santiago, Chile: Editorial Planeta, 2011).

OXHORN, Philip, *Organizing Civil Society: The Popular Sectors and the Struggle for Democracy in Chile* [Organizando a sociedade civil: os setores populares e a luta pela democracia no Chile] (University Park, Pa.: Pennsylvania State University Press, 1995).

PURYEAR, Jeffrey M., *Thinking Politics: Intellectuals and Democracy in Chile, 1973-1988* [Pensando a política: os intelectuais e a democracia no Chile, 1973-1988] (Baltimore, Md.: Johns Hopkins University Press, 1994).

SILVA, Patrício, "Searching for Civilian Supremacy: The Concertación Governments and the Military in Chile" [Em busca da supremacia civil: os governos da Concertação e os militares no Chile], *Bulletin of Latin American Research,* 21/3 (2002), pp. 375-95.

TIRONI, Eugenio; SUNKEL, Guillermo, "The Modernization of Communications: The Media in the Transition to Democracy in Chile" [A modernização das comunicações: a mídia na transição à democracia no Chile], in Richard Gunther e Anthony Mughan (eds.), *Democracy and the Media: A Comparative Perspective* [A democracia e a midia: uma perspectiva comparada] (Cambridge, Reino Unido: Cambridge University Press, 2000).

VALENZUELA, J. Samuel; SCULLY, Timothy R., "Electoral Choices and the Party System in Chile: Continuities and Changes at the Recovery of Democracy" [Escolhas eleitorais e o sistema partidário no Chile: Continuidades e mudanças na recuperação da democracia], *Comparative Politics*, 29/4 (1997), p. 511-27.

MÉXICO

A gradual democratização do México: de baixo para cima e de cima para baixo

Soledad Loaeza, El Colegio de México

De 1940 a 1982, em um contexto de rápido crescimento econômico e mudanças sociais drásticas, o México manteve a estabilidade política sob um único partido dominante, o Partido Revolucionário Institucional (PRI), que controlava todas as instâncias do governo em escala nacional, estadual e municipal. No final da década de 1970, o presidente do país, todos os governadores estaduais, todos os senadores e ao menos 80% dos deputados da Câmara pertenciam ao PRI. O México se diferenciava do restante dos estados autoritários porque realizava eleições periódicas e se organizava oficialmente com base na separação de poderes (Executivo, Legislativo e Judiciário), bem como tinha direitos civis estabelecidos na Constituição. Entretanto, na prática, o poder Executivo era exercido com muito poucas restrições, os resultados eleitorais eram definidos antecipadamente e os direitos raramente eram observados.

Após as mobilizações estudantis e sua violenta repressão em 1968, propagou-se na sociedade mexicana a ideia de que reformas políticas eram necessárias. O presidente Luis Echeverría (1970-76) procurou retomar a tradição populista. Já o presidente José López Portillo (1976-82) abriu o caminho para a transição democrática com a reforma eleitoral de 1977, tendo como pano de fundo o segundo choque do petróleo, em 1979, que fez aumentar drasticamente o seu preço no mercado internacional. A partir desse momento, distintos setores sociais e partidos políticos deram início a um processo de mudança que durou décadas, culminando no governo de Ernesto Zedillo (1994-2000).

Em 1982, o regime autoritário do partido hegemônico mexicano foi atingido por uma grave crise financeira e econômica, causada pela enorme dívida externa e gasto público descontrolado. A crise gerou insatisfação no conjunto da população, que até então aceitara com certa passividade o autoritarismo, desencadeando uma série de acontecimentos que, com altos e baixos, resultou na implantação gradual da governança democrática no México. O aumento da mobilização política e da participação eleitoral, ao lado das reformas políticas adotadas como resposta às crises recorrentes, desafiaram o governo e limitaram o controle que tradicionalmente ele exercia sobre os processos eleitorais. O autoritarismo foi se desmantelando ao longo de mais de uma década de crescimento econômico lento e de reformas econômicas orientadas para o mercado. Nesses anos, a economia e o sistema político mexicano passaram por transformações profundas, embora graduais e pacíficas.

Ernesto Zedillo foi o último presidente que chegou ao poder durante o regime em que o PRI era o partido dominante. Na mesma linha que seu antecessor, Carlos Salinas de Gortari (1988-94), Zedillo aprofundou a liberalização econômica do México e sua integração na economia mundial. Também contribuiu para a abertura do sistema político ao reduzir a intervenção do Estado, limitar a autoridade presidencial e aceitar os avanços políticos da oposição, além de assegurar a integridade institucional e a imparcialidade do governo nas eleições presidenciais do ano 2000 (vencidas pela oposição).

O REGIME AUTORITÁRIO

Durante a maior parte do século XX, a continuidade e a estabilidade políticas se mantiveram no México sem o uso da força militar. Ao mesmo tempo, o país manteve as aparências de uma democracia. Esse sistema autoritário dominado por civis contrastava radicalmente com o de muitos países da América Latina, onde os militares desempenhavam um papel fundamental.

A continuidade do sistema político foi possível graças à força das instituições: um Estado coerente, vinculado a um único partido dominante e dotado de uma presidência com amplos poderes. Esse arranjo foi introduzido em 1929, com a criação do Partido Nacional Revolucionário (PNR) para unificar e representar a elite revolucionária, depois de décadas de conflitos entre suas várias lideranças e facções. Em 1938, o PRN foi substituído pelo Partido da Revolução Mexicana (PRM), dirigido por sindicatos e organizações camponesas de esquerda. Em 1946, nasceu o PRI, em substituição ao PRM, como uma organização nacionalista e interclassista, representante das metas e dos objetivos da Revolução Mexicana de 1910.

Previstos na Constituição promulgada em 1917, o federalismo e um regime presidencial submetido à divisão de poderes logo foram colocados em xeque pela tendência à centralização do poder em torno do Executivo, em detrimento das instâncias legislativa e judiciária. A centralização de poder no nível nacional, por sua vez, pôs em questão os princípios do federalismo.

O autoritarismo mexicano se caracterizou por um estado de direito frágil, com funcionários públicos arbitrários, em particular quanto ao cumprimento da lei. Os mexicanos nunca sabiam se as leis seriam aplicadas ou não. Entretanto, mesmo no auge do regime institucionalizado nos anos 1930, os presidentes eram limitados por algumas normas que restringiam seu poder. Por exemplo, a Constituição de 1917 proibia a reeleição presidencial. Esta foi e continua sendo uma regra de ouro do sistema político mexicano, a qual impediu que um presidente extremamente ambicioso se perpetuasse no poder e se tornasse um ditador permanente.

Os poderes oficiais do presidente aumentaram com o poder extraoficial concedido pelo PRI. O partido estendeu a autoridade presidencial além dos limites constitucionais. O presidente, por exemplo, passou a designar os candidatos para os cargos eletivos em nível local, estadual e nacional. Essa prerrogativa lhe dava o controle da renovação da elite política e, o que é mais importante, lhe conferia o controle do Congresso. O partido era a base das redes clientelistas que constituíam os alicerces do regime autoritário. Também era o veículo da presença simbólica do presidente em todos os níveis da sociedade. Graças a um conjunto de poderes oficiais e extraoficiais, o presidente do México podia governar praticamente sem oposição alguma durante seu mandato de seis anos.

Apesar de seu amplo poder, o PRI, de certo modo, mesmo no auge do seu domínio, nunca deixou de ser uma organização frágil. Sua autonomia era limitada e seu domínio dependia do apoio do presidente e dos recursos públicos para manter seus distintos mecanismos de controle, desde a coação até a corrupção. As decisões sobre a liderança do partido eram tomadas pessoalmente pelo chefe de Estado. A influência do partido na elaboração de políticas era limitada, já que estava subordinado às necessidades e prioridades política do chefe de governo.

Suas principais funções consistiam em mobilizar os apoios para as decisões de governo e desmobilizar a oposição.

A estrutura corporativista do PRI habitualmente organizava e controlava a participação e representação dos grupos de trabalhadores, camponeses e da classe média urbana. A hegemonia do partido se baseava, em parte, nas altas taxas de abstenção eleitoral, que facilitavam o controle da representação – quando era necessário, mediante fraude e manipulação dos resultados – permitindo ao partido obter maiorias de mais de 75% dos votos, que legitimavam o regime presidencialista arbitrário. Porém, com o desenvolvimento econômico, acelerado nas décadas de 1950 e 1960, criou-se uma sociedade urbanizada, educada e diversa que se tornou cada vez mais difícil de ser controlada. Assim, no final da década de 1960, o regime do PRI começou a perder eficácia e os mexicanos passaram a recorrer a formas de participação política não eleitorais, a exemplo da mobilização estudantil de 1968. Em grande medida, esse fenômeno motivou os sucessivos presidentes posteriores a investir em reformas políticas.

UMA COMPETIÇÃO INCIPIENTE ENTRE OS PARTIDOS POLÍTICOS

O processo de democratização do México seguiu um padrão baseado fundamentalmente nas eleições, em lugar de protestos e mobilizações de rua sob a direção de sindicatos e outras organizações da sociedade civil. Isso indica que, embora as eleições no período autoritário não definissem o poder político, valores e normas democráticas foram inculcados na opinião pública mexicana. O governo incentivou a existência de partidos de oposição para que representassem tendências minoritárias. Nunca houve mais de quatro partidos na oposição e, durante décadas, eles não foram muito sólidos, pois não podiam competir com o partido oficial, dotado de recursos quase ilimitados. Sua participação sistemática nas eleições contribuiu para manter as aparências democráticas que diferenciavam o sistema mexicano das ditaduras puras. Os partidos de oposição funcionavam como grupos de interesse restritos, em vez de atuarem como verdadeiros partidos políticos.

Contudo, com o passar do tempo, a competitividade eleitoral dos partidos de oposição aumentou. Durante muitos anos, o Partido de Ação Nacional (PAN) foi a única organização política verdadeiramente independente. O PAN foi fundado em 1939 por um grupo de profissionais de classe média da Cidade do México, muitos deles pertencentes a organizações católicas, em resposta às políticas radicais do presidente Lázaro Cárdenas, como a distribuição de terras e a educação obrigatória de orientação socialista. O partido representava a oposição conservadora à revolução, e devido a seus escassos recursos e à implacável hostilidade do PRI durante muitos anos, o PAN sobreviveu com dificuldade. Nas eleições presidenciais de 1976, o PAN não apresentou candidato por causa de conflitos internos. Com isso, praticamente não houve competição, por falta de alternativa, o que esvaziou o significado do voto.

O presidente ingressante, López Portillo, estava preocupado em conservar a legitimidade política e oferecer formas de canalizar a dissidência. Em 1977, introduziu uma reforma eleitoral que flexibilizou as condições gerais de registro de partidos e reforçou a representação política, por meio da reserva de uma parte das cadeiras na Câmara de Deputados para que fossem distribuídas de forma proporcional à votação total obtida pelos partidos em todo o território nacional, o que favoreceu a presença de partidos menores no Parlamento. No Congresso que assumiu em 1979, havia uma representação de sete partidos, incluindo o Partido Comunista. A reforma foi adotada em um período em que as ditaduras militares proliferavam na América do Sul, e o México enfrentava organizações guerrilheiras emergentes. Nesse contexto, reforçar os elementos democráticos da sua legitimidade se tornou ainda mais importante para o regime.

A reforma eleitoral convergiu com fortes tendências sociais de longo prazo: urbanização, secularização e diversificação da sociedade mexicana. Essas mudanças se expressaram no surgimento do pluralismo e na articulação das reivindicações a favor do reconhecimento dos direitos dos cidadãos à participação e à organização sindical independente.

O PAN foi o primeiro partido a se aproveitar do enfraquecimento do PRI. Ao longo da década de 1980, beneficiou-se de um padrão recorrente: as crises suscitavam reformas que, por sua vez, abriam mais espaços para a oposição. A primeira crise deu-se com a expropriação repentina dos bancos comerciais pelo governo de López Portillo em setembro de 1982, provocando uma oposição frontal da classe média. Nos estados do norte, como Baja California, Sinaloa, Sonora, Durango e Chihuahua, os candidatos do PAN ganharam as eleições locais entre 1982 e 1985, traduzindo a erosão da influência do PRI entre os grupos com maiores recursos econômicos da sociedade mexicana.

Entretanto, o principal desafio à hegemonia eleitoral do PRI originou-se no seio do próprio partido. Em 1987, Cuauhtémoc Cárdenas, antigo governador do estado de Michoacán, senador e vice-secretário da Agricultura, membro importante do PRI e filho do venerado presidente Lázaro Cárdenas, exigiu transparência na seleção do candidato presidencial do partido quando se aproximava a sucessão para presidente. Até então, a designação do candidato era uma prerrogativa do presidente. Naquele momento, Cárdenas e outros membros do PRI defenderam que a escolha do candidato presidencial fosse feita mediante debate público e competição interna. Rejeitavam as políticas econômicas neoliberais do presidente Miguel de la Madrid, como a adesão ao Acordo Geral sobre Tarifas Aduaneiras e Comercio (o GATT, precursor da Organização Mundial do Comercio, OMC), bem como sua decisão em aceitar as vitórias do PAN em várias eleições municipais. As vozes críticas reivindicavam uma volta às tradições e às políticas econômicas nacionalistas da Revolução Mexicana que, segundo eles, o PRI havia abandonado durante o governo de Miguel de la Madrid (1982-88).

O apoio eleitoral de Cárdenas era especialmente grande na Cidade do México, onde ocorreram os grandes terremotos de 19 de setembro de 1985. Aqueles trágicos acontecimentos, em que pelo menos 10 mil pessoas morreram, desencadearam um sentimento contrário ao PRI, pois o governo de De la Madrid pareceu ter ficado paralisado diante da catástrofe. A população da capital recorreu às ONGs independentes e, nesse contexto, a mensagem de Cárdenas chegou aos eleitores da capital, que, até aquele momento, tinham sido fiéis ao partido do governo.

Cárdenas foi expulso do PRI e, em 1987, fundou a Frente Democrática Nacional (FDN), uma coalizão precursora do Partido da Revolução Democrática (PRD), que, em 1989, reuniu várias correntes de centro-esquerda.

A DEMOCRATIZAÇÃO MEXICANA DEPOIS DE 1987: O AUGE DO PRD

As eleições presidenciais de 1988 foram marcadas pelo surgimento de um novo e importante concorrente, o "cardenismo", organizado na FDN, e por uma imprevista e elevada participação eleitoral independente, que não poderia ser controlada pelos mecanismos históricos do PRI.

Cárdenas realizou uma campanha baseada em temas nacionalistas tradicionais, enfatizando os altos custos sociais das políticas de ajuste econômico e enfocando os temas da pobreza e desigualdade. Seus seguidores falavam de "carisma" e seu nome era, em si mesmo, o programa do partido. Cárdenas dirigiu-se aos desfavorecidos e competiu com o PRI pelo apoio dos setores de rendas média e baixa. A FDN constituía uma grave ameaça à hegemonia do partido oficial, já que ambas as forças políticas disputavam o legado da Revolução de 1910.

Nos últimos meses de campanha, apesar dos escassos recursos, Cárdenas mostrou uma capacidade de mobilização da opinião pública superior à dos demais candidatos. A cobertura televisiva de sua campanha era quase inexistente, os meios de comunicação raramente mencionavam seu nome, mas, mesmo assim, o candidato seguia acumulando apoios.

Os resultados oficiais divulgados no final de 1988, questionados por um grande número de observadores, deram a Cárdenas 30% dos votos, frente aos 50% obtidos por Salinas de Gortari e os 16% por Manuel Clouthier, candidato do PAN. A participação eleitoral chegou a 49%, um número baixo comparado às eleições anteriores, mas com uma taxa excepcionalmente elevada de participação independente. As eleições foram marcadas por irregularidades e acusações de fraude. Muitos mexicanos e outros observadores afirmaram que, na realidade, Cárdenas obteve a maioria dos votos. Inclusive, segundo dados oficiais, sua coalizão obteve 108 das 500 cadeiras da Câmara de Deputados. Naquele momento, Cárdenas teve um papel decisivo para transformar sua coalizão em um partido e colocar o PRD como partido dominante na esquerda. A ascensão do PRD, juntamente com a consolidação do PAN, alterou o panorama político do México. Pela primeira vez, desde a fundação do PRI em 1946, sua hegemonia foi seriamente ameaçada e o partido não obteve as maiorias significativas que antes tivera no Congresso.

O PRD incorporou membros do antigo Partido Comunista e vários membros desencantados do PRI. O novo partido levou algum tempo para ajustar-se às normas da política parlamentar e à competição partidária. No entanto, a existência de partidos de oposição mais fortes e mais diversos foi transformando, com o tempo, as relações entre os poderes Executivo e Legislativo no México. Desse modo, os mecanismos de divisão de poderes se tornaram significativamente mais eficazes.

Após as eleições de 1988, as reformas de liberalização econômica e política, iniciadas pelo presidente Salinas e aprofundadas mais tarde pelo presidente Zedillo, transformaram o país. As reformas econômicas se opunham à tradição intervencionista do PRI, enquanto as reformas políticas concediam paulatinamente poder político à oposição. A primeira derrota reconhecida pelo PRI foi o sucesso do PAN nas eleições governamentais de 1989, na Baja Califórnia. O código eleitoral de 1990, chamado Cofipe, foi o preço fixado pelo PAN para aceitar a eleição de Salinas em 1988. A característica mais importante do código era a criação do Instituto Federal Eleitoral (IFE), um órgão autônomo permanente, com orçamento próprio e pessoal administrativo responsável pela organização e gestão do processo eleitoral. Em 1992, o IFE introduziu um documento eleitoral com fotografia, que logo se tornou o documento oficial mais importante e seguro para todos os mexicanos.

O programa radical de reformas econômicas do presidente Salinas contrastava com a timidez de suas reformas políticas. O IFE representou um passo adiante, mas a fórmula utilizada para distribuir as cadeiras de acordo com a representação proporcional constituiu uma regressão que favoreceu o partido majoritário. A fórmula introduziu uma cláusula denominada "de governabilidade", que concedia cadeiras adicionais ao partido com maior presença na Câmara de Deputados até a obtenção do controle de 60% da representação. Salinas, cujas reformas constitucionais contaram com o apoio do PAN, nunca escondeu sua aversão ao PRD. Durante seu governo, os estados de Baja Califórnia, Chihuahua e Guanajuato elegeram governadores "panistas", ao passo que as vitórias conquistadas pelo PRD nunca foram reconhecidas.

AS ELEIÇÕES DE 1994

Vários acontecimentos extraordinários ocorridos em 1994 contribuíram para o enfraquecimento do PRI. Em janeiro daquele ano, o movimento camponês Exército Zapatista de Libertação Nacional (EZLN, também conhecido como "zapatistas") declarou guerra ao governo do México, no estado sulista de Chiapas. Inicialmente em nome do socialismo, o levante zapatista rapidamente passou a enfatizar a defesa das comunidades indígenas e seus direitos. Em março, o candidato presidencial do PRI, Luis Donaldo Colosio, foi assassinado durante a campanha em Tijuana, criando um ambiente de incerteza.

Salinas contava apenas com duas opções para indicar um novo candidato, entre os chamados "renovadores", grupo que representava dentro do PRI: Pedro Aspe (secretário da Fazenda) e Ernesto Zedillo, que fizera a maior parte da sua carreira no setor das finanças públicas e, mais recentemente, exercera os cargos de secretário de Planejamento e Orçamento e de Educação Pública. Aspe não podia ser escolhido porque os candidatos presidenciais deviam demitir-se dos postos ministeriais seis meses antes das eleições. Já Zedillo preenchia o requisito, pois havia deixado o governo para administrar a campanha de Colosio.

Ernesto Zedillo era um candidato presidencial atípico porque conhecido como tecnocrata, com vocação para o serviço público, mas impaciente com as confusões da política. Entretanto, havia motivos para crer que daria continuidade às reformas econômicas de Salinas, ao contrário dos demais aspirantes à presidência, como o presidente do PRI, Fernando Ortiz Arana, ou Francisco Rojas, diretor-executivo da petroleira estatal Pemex. Além disso, Salinas provavelmente pensava que Zedillo seria um presidente hesitante, que necessitaria de seu aconselhamento e apoio político.

O PAPEL DE ERNESTO ZEDILLO

Em torno de 35 milhões de mexicanos (78% dos eleitores registrados) foram às urnas em 1994, um número sem precedentes. A alta participação foi, muito provavelmente, uma resposta tanto à possível propagação da violência política como às significativas mudanças nos procedimentos eleitorais. Para combater a possível atração do movimento zapatista, em janeiro de 1994, todos os partidos concordaram em alterar a legislação com o objetivo de aumentar a credibilidade das eleições, através de uma participação maior do Poder Legislativo no processo eleitoral, em detrimento do Poder Executivo. Assim, os conselheiros do IFE foram substituídos por seis "conselheiros civis", eleitos por uma maioria de dois terços na Câmara dos Deputados, com base em uma lista elaborada pelos partidos políticos. O novo documento eleitoral de identificação com fotografia aumentou a confiança dos eleitores nas eleições.

Ernesto Zedillo assumiu a presidência em um contexto de tranquilidade generalizada. Os resultados das eleições foram claros e indiscutíveis, aceitos pela oposição e pela opinião pública. Três candidatos presidenciais obtiveram 92% dos votos nacionais: Zedillo conquistou 49%; Diego Fernández de Cevallos do PAN, 26%; e Cuauhtémoc Cárdenas, 16%. Em agosto, o secretário-geral do PRI, Francisco Ruiz Massieu, morreu ao receber um tiro, mas a investigação esclareceu que o assassinato estava relacionado a uma disputa pessoal (ainda assim, o fato prejudicou, ainda mais, a imagem do partido). Em grande medida, a violência política parecia ter sido freada e o país ter voltado à normalidade.

Porém, menos de três semanas depois da posse de Zedillo, uma repentina crise econômica e financeira levou o peso mexicano a se desvalorizar em 40% de seu valor em apenas um mês. A inflação e as taxas de juros dispararam no início de 1995, e a economia encolheu drasticamente. Milhões de mexicanos viram suas economias e seus investimentos desaparecerem, e muitos se tornaram incapazes de pagar seus empréstimos. As circunstâncias lembravam a crise de 1982 para muitos cidadãos, que novamente culparam o PRI. Não apenas o partido foi acusado de corrupto e antidemocrático, mas também de incompetente. A recuperação veio com relativa rapidez, em parte graças a um pacote de medidas de resgate proveniente dos Estados Unidos, aprovado pelo presidente Bill Clinton. Mas o dano estava feito, como demonstrariam as eleições nacionais realizadas em meados de 1997.

Nesse complexo contexto político, o presidente Zedillo também teve que enfrentar os efeitos polarizadores das ambiciosas reformas econômicas realizadas por Carlos Salinas, que haviam abalado as bases do tradicional nacionalismo econômico do México. Salinas assinara o Tratado de Livre Comércio da América do Norte (NAFTA, na sigla em inglês) com os Estados Unidos e o Canadá, privatizara muitas indústrias e reformara heranças sagradas da Revolução Mexicana, entre elas o *ejido*, uma forma de propriedade coletiva da terra, e os artigos anticlericais presentes na Constituição. Os antagonismos entre o partido e a elite governante foram uma parte do legado de Salinas a Zedillo. Também emergiram antagonismos pessoais, em particular após a prisão do irmão do ex-presidente, acusado de corrupção e da participação no plano para assassinar Ruiz Massieu.

O objetivo do programa político de Ernesto Zedillo consistia em conquistar a "normalidade democrática", ou seja, estabelecer limite ao poder presidencial, marcar distâncias entre a presidência e o PRI e assegurar a vigência da divisão de poderes. Em dezembro de 1994, logo após tomar posse, Zedillo apresentou uma reforma constitucional ao Congresso para reduzir o número de magistrados da Suprema Corte de Justiça, modificar o processo de escolha de seus membros e redefinir seus mandatos, de forma a garantir a independência do Judiciário. O projeto político do presidente Zedillo também defendia que todos os partidos estivessem em igualdade de condições quanto ao acesso ao financiamento e aos meios de comunicação durante as campanhas eleitorais.

Da mesma forma, Zedillo declarou que estabeleceria uma "distância saudável" entre o PRI e o governo. Na prática, isso implicava que o partido já não teria acesso privilegiado ao presidente nem aos recursos do Estado para manter sua hegemonia. Zedillo buscava construir uma presidência democrática baseada única e exclusivamente na Constituição.

Entre 1994 e 2000, tensões e desconfiança mútua permearam a relação entre o governo e o PRI. O novo presidente parecia mais comprometido ideologicamente com as reformas que Salinas. Tinha a firme convicção de que a intervenção direta do Estado na economia era uma fonte de corrupção e baixa produtividade, e preferia a regulação à intervenção direta do governo. Zedillo duvidou do PRI desde o início, o que ficou patente quando nomeou como procurador da República um ativo dirigente do PAN, que então se tornou responsável pela investigação do assassinato de Colosio. A relação entre o presidente e a elite do PRI também era tensa, pois Zedillo havia feito um esforço importante para iniciar um diálogo com o PRD, em vez de rejeitá-lo, como Salinas havia feito. Entretanto, o presidente Zedillo esperava que os membros do PRI atuassem com disciplina e lhe dessem apoio. Seus votos no Congresso lhe permitiram executar o doloroso programa de estabilização em resposta à crise de 1994-95, e o partido ofereceu a Zedillo o apoio parlamentar de que ele necessitava para continuar o processo de reforma econômica.

Zedillo tomou distância do PRI e negociou seu programa político com os partidos da oposição. Apoiou outra reforma eleitoral em 1996, para fortalecer a autonomia das autoridades eleitorais. O conselho geral do IFE teria oito membros e, na sua chefia, o secretário de governo seria substituído por um "membro da sociedade civil", eleito na Câmara dos Deputados, tal como proposto pelos partidos políticos. Essa reforma também modificou a relação entre o financiamento público e privado das campanhas eleitorais e incorporou o Tribunal Eleitoral ao Poder Judiciário, em vez de deixá-lo vinculado ao Executivo.

Nas eleições federais de 1997, consideradas amplamente justas, o PAN e o PRD obtiveram, juntos, uma maioria de 247 representantes na Câmara de Deputados, frente às 239 cadeiras do PRI. Cuauhtémoc Cárdenas tornou-se o primeiro prefeito eleito da Cidade do México e o PRD obteve a maioria na Assembleia Legislativa do Distrito Federal. Foi uma derrota estratégica para o PRI, pois na capital concentram-se os recursos econômicos, financeiros, políticos e culturais do México.

Entre 1994 e 2000, o PRD venceu as eleições para governador da Baja California Sur, Tlaxcala e Zacatecas, enquanto o PAN venceu em Jalisco, Aguascalientes, Querétaro e Nuevo León, além de manter os governos de Baja California e Guanajuato. O já diversificado mapa político mexicano foi enriquecido com a proliferação de coalizões políticas que incluíam pequenos partidos, como o Partido do Trabalho e o Partido Verde Ecológico do México.

O impulso reformista do presidente alcançou o próprio PRI, que escolheu seu candidato presidencial para as eleições de 2000 em eleições primárias internas, um fato sem precedente. Nelas, Zedillo teve participação limitada. Em dezembro de 1999, Francisco Labastida, ex-secretário de Energia e governador de Sinaloa, foi escolhido candidato oficial do partido. Em campanha havia um ano, o candidato do PAN, Vicente Fox, aparecia com grande vantagem nas pesquisas eleitorais. Ele teve êxito em encarnar a mudança e atrair um eleitorado mais amplo.

Na noite das eleições presidenciais de julho de 2000, o presidente do IFE anunciou em rede nacional de televisão que, segundo os votos contabilizados e prognósticos cuidadosos, Fox havia vencido as eleições. O presidente Zedillo imediatamente cumprimentou o presidente eleito, antes mesmo que Labastida admitisse a derrota.

Hoje, o México tem uma governança multipartidária democrática na qual os presidentes, deputados, governadores estaduais e prefeitos são eleitos em eleições livres e justas, administradas com independência, profissionalismo e honestidade. A alternância entre partidos ocorre em todos os níveis de governo. Em 2012, o PRI recuperou a presidência nas urnas, após dois governos do PAN: Fox (2000-2006) e Felipe Calderón (2006-2012).

Para governar, o presidente deve negociar com centros de poder relativamente independentes: o Congresso, os estados e os municípios. A considerável concentração de poder em mãos privadas – a saber, grandes empresas (em geral, oligopólios), grupos de interesses setoriais, sindicatos, impérios da mídia e cartéis – faz da governança um processo complexo, mas atualmente o México mostra uma divisão de poderes cada vez mais eficaz.

Ainda falta muito para fortalecer e aprofundar a democracia mexicana. Os três principais partidos concordaram em tese sobre a necessidade de uma profunda reforma política. Atualmente, são debatidas propostas que permitiriam candidaturas independentes e a iniciativa legislativa cidadã; a regulação dos partidos políticos, o financiamento de campanhas e a propaganda de governo; a introdução do segundo turno nas eleições presidenciais; e a promoção de governos de coalizão. Seja qual for o resultado das negociações, mostram que a democracia atual no México está cada vez mais dinâmica.*

* N. R. T.: Reformas feitas em 2012 e 2014 autorizaram a apresentação de candidaturas independentes, sem vínculo com partidos, permitiram a reeleição de deputados e senadores, com o objetivo de fortalecer o Poder Legislativo, e transformaram a Procuradoria Geral da República em um órgão independente, encarregado de fiscalizar o cumprimento da lei pelas autoridades mexicanas.

Resenha biográfica de ERNESTO ZEDILLO, presidente do México (1994-2000)

Ernesto Zedillo cursou a educação primária e secundária em Mexicali, na fronteira entre o México e o Texas. Concluiu seus estudos universitários no Instituto Politécnico Nacional da Cidade do México e, em seguida, obteve uma bolsa da Universidade de Yale, onde realizou doutorado em Economia e entrou em contato, pela primeira vez, com membros da elite mexicana, colegas de estudos. Ao voltar ao México, Zedillo trabalhou no setor de finanças públicas, no qual obteve uma excelente reputação por sua destacada competência técnica, mais do que por sua atividade política. Durante a presidência de Carlos Salinas de Gortari (1988-94), foi secretário de Planejamento e Orçamento e, posteriormente, secretário de Educação Pública. No início de 1994, apresentou sua demissão para ocupar o cargo de chefe de campanha presidencial de Luis Donaldo Colosio, um nortista como ele. Quando Colosio foi assassinado durante a campanha, Zedillo era o único membro de gabinete do partido governante, o Partido Revolucionário Institucional (PRI), que podia candidatar-se, pois a lei mexicana exige que, para ser candidato, os membros do gabinete se demitam seis meses antes do início da campanha eleitoral.

Zedillo foi eleito presidente em agosto de 1994, nas eleições com maior participação da história do México. Ele se propôs a trabalhar para que o México se tornasse uma "democracia normal", mediante reformas destinadas a fortalecer o Poder Judiciário e o Congresso, distanciar o governo do partido até então dominante, o PRI, e consolidar as instituições eleitorais independentes. Apesar da grave crise econômica desencadeada apenas algumas semanas depois de sua posse, Zedillo reformou as normas relativas ao financiamento eleitoral e ao acesso dos partidos aos meios de comunicação nas campanhas eleitorais. Em 1997, aceitou os resultados eleitorais que levaram a oposição a obter o governo da Cidade do México e a maioria no Congresso Nacional. Insistiu em uma "distância saudável" entre o governo e o PRI e promoveu o primeiro processo de eleições primárias internas no partido para seleção de candidatos. A decisão de seu governo de processar Raúl Salinas, irmão do ex-presidente, acabou com a histórica impunidade de presidentes anteriores e seus parentes próximos. O governo Zedillo também reforçou a liberalização da economia mexicana iniciada por Miguel de la Madrid e acelerada por Salinas. Ao mesmo tempo, introduziu um programa inovador de redução da pobreza, o Progresa, que consistiu na transferência de renda às famílias mais pobres, condicionada ao desempenho escolar dos filhos e a cuidados com a saúde.

Depois de deixar a presidência, Zedillo continuou sua carreira fora do México. Voltou aos Estados Unidos para exercer o cargo de diretor do Centro para o Estudo da Globalização da Universidade de Yale. Participa também de uma série de comissões de políticas e conselhos de empresas e organizações sem fins lucrativos.

ENTREVISTA COM O PRESIDENTE ERNESTO ZEDILLO

REFORMAR O SISTEMA A PARTIR DE DENTRO

Quais lições os líderes que buscam obter avanços democráticos em outros países podem extrair da democratização gradual do México?

Primeiro, é preciso distinguir entre processos como o mexicano e outros em que é necessário passar de um regime totalmente autoritário a um regime mais aberto ou democrático. Esse não foi o caso do México. Formalmente, o México tinha uma democracia com eleições periódicas havia muitos anos e certas regras para a competição política. No momento em que fui eleito presidente do México, já havia pessoas da oposição que tinham ocupado postos em outros níveis de governo e, também, no Congresso. Além disso, uma série de passos anteriores em direção a uma reforma eleitoral progressiva já tinham sido dados, de forma a tornar ainda mais possível a participação de outros partidos, não apenas o partido no poder (Partido Revolucionário Institucional, PRI). Eu diria que já existia, então, um processo significativo de aprendizagem.

Alguns pensam que esse processo foi lento, outros consideram que foi muito rápido. Do meu ponto de vista, foi lento. Os cidadãos estavam prontos havia tempos para viver uma democracia plena. O grande desafio, para mim e para todos os atores políticos, era acelerar a construção das bases dessa democracia competitiva, moderna, plena.

Uma das primeiras coisas que disse a meus companheiros de partido (PRI), depois das eleições de 1994, foi que as eleições tinham sido legais, cumprido as regras vigentes e que a contagem de votos tinha sido correta. Mas as eleições não foram justas, porque as condições de competição política ainda não eram equitativas no México.

Eu podia fazer esse tipo de comentário porque não tinha nenhum problema de legitimidade; o partido havia obtido resultados satisfatórios, não apenas na eleição para a presidência, mas também para o Congresso. O partido foi receptivo a essa mensagem. Não houve ninguém que se levantasse para dizer que eu estava errado, e a mim muito me animou não encontrar uma reação negativa dos membros do partido; assim, considerei que podíamos seguir em frente.

No dia em que tomei posse como presidente, anunciei minha intenção de trabalhar com todos os partidos políticos em favor de algo que chamei "normalidade democrática". O país tinha que alcançar uma normalidade democrática, incluídos os mecanismos reais de separação de poderes, e isso somente se consegue de maneira democrática.

Havia muitos anos que, não apenas eu, mas também muitos outros, estávamos preocupados, porque, se não procedêssemos de forma ordenada para obter uma maior abertura política com maior competição entre os partidos, algum dia essas reivindicações poderiam colocar-se de maneira desordenada ou caótica, o que seria, ao menos no curto prazo, ruim para o país e certamente ruim, ou talvez mortal, para o partido.

Depois do que ocorreu no final da década de 1980 na Europa Oriental, quem pensava como nós pensávamos tinha um argumento a mais: tínhamos que tomar as rédeas do processo, em vez de sermos levados por ele. **Resistir a uma democratização maior seria um erro. Com o nível de desenvolvimento econômico que o país estava alcançando, seria impossível manter uma autocracia frente a uma cidadania alerta e reivindicativa que, além disso, aspirava à democracia.**

Há 40 ou 50 anos, a democracia não era uma demanda generalizada da população; mas há 20 ou 25 anos, era já evidente que os cidadãos diziam: "Queremos liberdade política, queremos participação, representação e democracia".

Cada um a expressava de maneira distinta, mas no fundo a demanda era a mesma. Por que não temos democracia se acreditamos nela, os cidadãos estão prontos e temos partidos políticos organizados? Creio que a grande diferença entre o México e outros países que passaram por mudanças semelhantes é que o governo entendeu que tinha que ser parte do processo. Não podíamos ser o obstáculo; ao contrário, tínhamos que contribuir com nossa capacidade política e intelectual para que o processo de democratização se desse de maneira ordenada e adequada para o país.

Sem dúvida, naquele momento, houve muita gente que entendeu que o PRI tinha que responder de um modo ou de outro ao clamor favorável a uma democratização maior, mas queria que o partido mantivesse o controle. O que o senhor descreve é não apenas um processo de administração das pressões e manutenção da hegemonia do PRI, mas uma verdadeira abertura do sistema político. Esses são dois processos muito distintos. O senhor poderia descrever como o senhor e os líderes políticos mexicanos (do PRI e de outros partidos) passaram de um processo restrito a um processo mais amplo de abertura do sistema político?

Não tenho dúvida de que, no partido, houve visões ou interpretações distintas do que significava naquele momento avançar na construção da democracia real, efetiva e normal no México. Certamente havia pessoas que se preocupavam com o ritmo da mudança e, inclusive, questionavam o porquê de avançar, sobretudo depois de ganhar claramente uma eleição, como ganhamos em 1994. Diziam: "Para que fazermos algo agora? Não temos nenhum problema de legitimidade". Outros opinavam que deveríamos moderar o impulso de mudança para que nada de fato mudasse. Mas havia muitos outros que pensavam e diziam: "Por que não avançar agora, se temos o que é preciso para travar esta batalha democrática, se somos eleitoralmente competitivos?". Havia confiança em que não apenas o país estava pronto, mas que o PRI estava pronto para competir sob novas regras. Fui eu quem ganhou a presidência, de forma que não apenas tinha a responsabilidade, mas também o direito de representar essa corrente mais moderna do partido.

Às vezes se fala do PRI como se tivesse sido a grande oposição à democracia nas décadas de 1980 e 1990 no México. Na verdade, o PRI foi parte desse processo e desempenhou um papel muito ativo, ao qual se deve atribuir grande mérito, como sempre se atribuiu mérito aos outros partidos e aos movimentos de cidadãos que exerceram papel muito importante na plena democratização do México.

MOBILIZAÇÃO SOCIAL

Que papel as forças políticas e sociais que pressionavam por uma democracia plena desempenharam nesse processo?

Para responder a essa pergunta, remonto a 1968 (quando teve início um movimento de protesto estudantil violentamente reprimido pelas forças de segurança do governo). Foi ali o momento em que pela primeira vez um grupo de cidadãos – e alguns deles muito jovens – expressou com grande força cívica, embora não necessariamente com muita clareza, que havia descontentamento com o modo pelo qual funcionava o sistema político mexicano.

Nenhum partido político, oficialmente reconhecido ou não, posicionou-se claramente ao lado dos estudantes em 1968. Alguns dos militantes do proscrito Partido Comunista apoiaram o movimento, mas nenhum dos partidos se colocou ao lado do movimento estudantil. Assim, acredito, os que participaram dele têm razão em reivindicá-lo como o primeiro movimento de cidadãos que questionou o funcionamento do sistema político.

Lamentavelmente, como muitas outras coisas que ocorreram durante a Guerra Fria, um movimento dessa natureza – visto pela ótica daqueles anos e de uma perspectiva que eu descreveria como míope, por parte de muitas pessoas – foi desqualificado. E, infelizmente, o governo atuou como se o movimento estudantil de 1968 fosse mais um dos muitos que havia naqueles anos. Enxergou no movimento estudantil uma ameaça por trás da qual se moviam forças obscuras emanadas do outro lado da Cortina de Ferro. Aliás, empregou-se este argumento frequentemente para inibir a participação de novos atores políticos no México.

É possível que houvesse pessoas no movimento com seu coração do outro lado da Cortina de Ferro, mas basicamente era um movimento pela liberdade, de recusa do autoritarismo e da repressão. Foi um movimento de jovens, e quando os jovens agem politicamente não se deve esperar um alto grau de articulação e de sofisticação ideológica ou conceitual. Teria sido ideal se eles tivessem reivindicado em primeiro lugar, com clareza, mais democracia ao governo, pois creio que, no fundo, era isso que eles demandavam, ao dizer: "Por que não podemos participar? Por que não podemos opinar? Por que quando marchamos dizem que somos comunistas, que estamos conspirando contra a estabilidade do país?".

Na realidade, era um movimento pela liberdade política; assim, creio que a construção democrática do México surgiu de um movimento de cidadãos: o movimento estudantil de 1968.

Os estudantes não diziam "Fazemos esse movimento para ser como a União Soviética"; diziam "Queremos ter liberdade, não um governo repressivo; queremos ter um governo que nos escute".

Durante muitos anos prevaleceu a percepção de que o movimento fracassou porque foi reprimido, não conquistou concretamente nenhuma das suas reivindicações, teve um alto custo humano, social (e provavelmente político) no curto prazo. Olhando em retrospectiva, porém, posso dizer que o movimento venceu, e tomara que um dia seja valorizado como merece. Naquele momento, eu era estudante da Politécnica, era muito jovem, tinha 16 anos.

Como esse fato histórico marcou sua vida?

De forma definitiva. Eu já participava muito modestamente na política estudantil, tinha 15 ou 16 anos, e sabia que não podíamos realizar eleições na escola com regras justas, porque apareciam chapas financiadas por alguém que não sabíamos quem era. Isso foi em 1967.

Certa vez concorremos e pensamos ter vencido, mas descobrimos que os votos não tinham sido contados corretamente e, portanto, perdemos. Obviamente, frente à reação do governo ao movimento estudantil em 1968, confirmou-se para mim que algo estava muito mal, o que o governo dizia não era congruente com o que eu enxergava em meus companheiros. Os participantes do movimento estudantil eram pessoas que estavam se formando, que queriam se expressar, tal como queríamos nos expressar em outros âmbitos da vida, no gosto musical ou na literatura, ou em nossas relações pessoais em um sentido emocional e físico, mas o entorno era totalmente repressivo. Em resposta, o governo aumentou a manipulação política e a violência. Foi o que ocorreu em 1968.

Transcorreu um bom tempo entre o movimento de protesto estudantil de 1968 e a primeira mudança política perceptível, com o presidente José López Portillo (1976-80). Que avanços democráticos foram obtidos entre 1968 e 1978?

Nesse período tão significativo, criou-se um sentimento de fracasso, de que nada havia sido conquistado. Mas o movimento estudantil contribuiu para que se fosse gestando dentro do sistema a ideia de que algo tinha que ser feito. Sinal disso é que pessoas ligadas ao governo expressaram uma opinião distinta (eu diria até dissidente) sobre a reação ao movimento estudantil, entre elas Jesús Reyes-Heroles, que era diretor da Pemex (Petróleos Mexicanos, a petroleira estatal). Alguns anos depois, Reyes-Heroles se tornou secretário de governo e o homem-chave do presidente López-Portillo para promover a lei federal de Organizações Políticas e Procedimentos Eleitorais (LOPPE). É mais uma prova em favor da minha hipótese sobre a relação entre 1968 e o avanço político posterior.

PARTIDOS POLÍTICOS

Houve pressão de outros setores sociais?

Creio que sim, mas também dos partidos, dentro e fora do PRI. Não posso tirar o mérito do Partido Ação Nacional (PAN), que é quase tão antigo quanto o PRI. O PAN sempre jogou segundo as regras, digamos precárias, daquela democracia formal, claramente imperfeita. Uma de suas vertentes de ação sempre foi pedir mais democracia. Em todo momento atuaram de maneira civilizada, sempre encorajaram a participação eleitoral. Não podemos minimizar o papel do restante dos partidos. Mesmo do Partido Comunista, embora a democracia não fosse para ele um princípio. Levou mais tempo para que os comunistas mexicanos adotassem uma postura oficial a favor da democracia, mas eles realizaram enormes esforços nesse sentido, em alguns momentos até mais do que outros atores políticos.

Onde o senhor situa o Partido da Revolução Democrática (PRD) nesse contexto?

O PRD não existia até 1989. No final da década de 1980, um grupo de dissidentes do meu partido criou uma frente (Frente Democrática Nacional, FDN) para participar das eleições. Outros grupos e alguns dos partidos de esquerda se uniram à Frente (o principal deles, o Partido Mexicano Socialista, liderado por Heberto Castillo, resultante da fusão de seis outros partidos de esquerda, em 1987) Em 1989, a FDN se transformou no PRD. Apesar da presença da esquerda, a maior parte dos dirigentes do PRD tiveram origem no PRI e, provavelmente, na ala mais conservadora do partido, ao menos no que diz respeito à política econômica.

No PRD há pessoas que sempre militaram na esquerda, pessoas que estiveram no movimento de 1968 e pessoas que contribuíram para criar partidos políticos na época da primeira importante reforma política durante o governo de López Portillo; o mérito dessas pessoas deve ser reconhecido.

O CONTEXTO INTERNACIONAL

Entre os múltiplos acontecimentos importantes ocorridos no mundo em 1968 houve a intervenção soviética na Tchecoslováquia. Para muitos da esquerda, aquilo foi um escândalo. Esse incidente afetou a esquerda mexicana?

Suponho que sim, mas nunca tive uma relação estreita com seus dirigentes. Eu era muito jovem, mas me lembro muito bem de que durante a Primavera de Praga (curto período de liberalização do regime comunista tcheco, entre janeiro e agosto de 1968) havia reuniões em minha escola. Lembro-me de pelo menos uma delas, marcada por grande entusiasmo e alegria, em que uns diziam "Vejam, os russos não são tão maus como dizem, os russos permitem isso" e outros, "Agora, os tchecos estão fazendo alguma coisa".

Depois veio a repressão. Não sei o que sentiram os que diziam que "os russos não são tão maus quanto pintam os americanos ou como muita gente pinta aqui no México". Quero acreditar, mas não tenho nenhuma prova, que o que ocorreu em Praga naquele momento estimulou alguns companheiros a refletirem um pouco mais sobre o que o regime soviético significava.

Quais outras mudanças políticas importantes se iniciaram depois do governo de López Portillo e foram finalizadas durante o seu período presidencial?

Houve uma reforma muito importante na época do presidente Miguel de la Madrid (1982-88), quando foram introduzidas novas regras para aumentar a representação proporcional no Congresso e dar mais espaço às minorias (1986). Passamos a um sistema de representação proporcional clássico e, depois, o presidente Carlos Salinas (1988-94) avançou mais alguns passos, em particular quanto à forma de organizar as eleições. Foi criado um órgão eleitoral especializado para garantir uma gestão profissional das eleições. Entretanto, do meu ponto de vista, quando assumi a presidência existiam ainda grandes oportunidades para construir um sistema melhor.

O PAPEL DAS FORÇAS SOCIAIS

Em muitos países, a classe intelectual – professores universitários, analistas, ensaístas e a Igreja Católica – está na vanguarda e entende que a abertura do sistema é necessária. Entretanto, seria correto afirmar que os intelectuais mexicanos, em geral, defendiam o sistema antigo?

Em termos gerais, diria que sim; mas também é possível dizer que temos, ou tínhamos, intelectuais que estavam bem à frente, na vanguarda. O caso mais evidente é Octavio Paz, que já na década de 1950 se deu conta do que estava acontecendo na União Soviética, organizou suas ideias, deixou-as amadurecer e as expressou. Já na década de 1960 ele constatou que era necessário e urgente instaurar uma democracia real em nosso país, e passou a ser mais atuante nas décadas de 1970 e 1980.

Alguns intelectuais notáveis foram mais tímidos no momento de reivindicar maior democracia, enfocaram mais a justiça social.

Não vou falar em nomes, mas suponho que tinham ainda a esperança de poder construir uma sociedade justa, independentemente de haver ou não democracia. O modelo de Cuba era muito atraente para muitos intelectuais naquela época. Creio que isso foi parte do problema. Hoje falamos de Cuba, ao menos os que querem entender o que se passou lá, como um projeto que não conseguiu trazer justiça social, progresso e bem-estar para o povo cubano. Mas há 40 anos ainda se pensava que estava acontecendo algo bom, e não apenas em Cuba, mas também em outros países socialistas. Alguns intelectuais diziam que o mais importante não era a democracia, mas a justiça social, e isso tinha uma influência inibidora na defesa de mais democracia no México. Mas os intelectuais chegaram lá, e bem. Muitos deles têm contribuído para consolidar as bases democráticas do México atual.

AS PRIORIDADES DA REFORMA

Durante sua presidência, houve um conjunto de iniciativas coerentes, incluindo a reforma do Judiciário, a reforma eleitoral, as mudanças nos tribunais eleitorais, a reforma constitucional para a eleição do governador da Cidade do México, o fortalecimento do Poder Legislativo e a redução do poder discricionário do presidente. Há quem sustente que essas reformas formavam parte de uma tendência de longo prazo e que teriam ocorrido de qualquer forma. No entanto, há experiências em todo mundo que apontam que, se uma liderança não põe as ações em marcha, na maioria dos casos não se realizam reformas importantes. O senhor foi adaptando-se gradualmente a cada problema ou houve um planejamento e coordenação prévios às reformas?

Não era preciso ser um gênio para imaginar que medidas deveriam ser adotadas. Eu não tinha nenhum problema de legitimidade, venci com mais de 50% dos votos. Em termos absolutos, com um número de votos que demorou 18 anos a ser superado, embora o número de eleitores tenha crescido nesse período.

Quando assumi, estava claro que existiam ao menos três problemas, alguns reais e outros de percepção. O primeiro problema era a igualdade de condições da competição política. Se analisamos as reformas anteriores à de 1996, é evidente que, apesar delas, o partido no governo manteve muitas vantagens em relação ao pouco transparente financiamento eleitoral e ao acesso aos meios de comunicação. Esses eram assuntos pendentes da democracia mexicana.

Deve ter havido uma grande oposição no PRI para mudar isso.

Sem dúvida houve oposição, mas nunca suficientemente forte para evitar um acordo (que permitisse avançar). O PRI tinha maioria no Congresso e o partido apoiava a reforma. Nem todos eram a favor, mas a maioria era.*

O SISTEMA ELEITORAL

O outro problema era saber se a contagem de votos era feita corretamente. Já tínhamos um sistema eleitoral sólido, graças a reformas empreendidas antes do meu governo.** No entanto, o sistema continuava a ter um pecado original, a saber, o órgão eleitoral seguia submetido ao Poder Executivo. **Em um país com um histórico de suspeitas sobre a lisura das eleições, com um partido que estava no poder há tantos anos, o fato de o instituto encarregado de organizar as eleições ser um organismo oficial do governo federal logicamente impedia que se superassem as desconfianças. Era necessário criar um órgão de Estado independente em relação ao Executivo e ao Legislativo,** que fosse integrado por pessoas que, por um lado, contassem com o apoio dos partidos e, por outro, tivessem prestígio pela sua probidade. Assim, seria menos provável que suas ações fossem questionadas. Além disso, com um órgão eleitoral independente, seria mais fácil assegurar o financiamento para que ele pudesse desempenhar corretamente as suas funções. Por fim, era preciso resolver o problema de quem julgaria a

* N. R. T.: Os quatro partidos com representação no parlamento negociaram a reforma política, mas no final, por desacordo em relação às regras de financiamento das campanhas eleitorais, os três partidos de oposição não deram seus votos e o PRI aprovou a reforma porque tinha maioria suficiente na Câmara e no Senado para fazê-lo.

** N. R. T.: A chamada cláusula de governabilidade, introduzida na reforma promovida por Salinas de Gortari, levava à sobrerrepresentação do partido majoritário na Câmara e era considerada injusta pela oposição.

legalidade do processo eleitoral em caso de contestação. No sistema anterior, era o Congresso, num claro conflito de interesses, já que os partidos estavam ali representados. Para mim, era totalmente absurdo deixar ao Congresso as decisões sobre controvérsias em relação às eleições.*

REFORMA JUDICIÁRIA

No segundo dia de meu governo dirigi uma mensagem à nação para dizer que, se queríamos um equilíbrio de poderes e justiça no México, era necessário realizar uma profunda reforma do Poder Judiciário para que ele se tornasse verdadeiramente independente.**

Essa reforma ocorreu no primeiro mês de meu governo e foi adotada com o consenso de todos os partidos. Também era necessário tomar decisões taxativas para garantir a legalidade das eleições e deixá-las nas mãos do Poder Judiciário, no âmbito de um tribunal especializado. Não foram atos isolados (a reforma política e a reforma do Judiciário). Ambas foram apresentadas muito rapidamente e avançaram não apenas por iniciativa do presidente da República, mas também por iniciativa dos partidos.

CONSTRUÇÃO DE UMA COALIZÃO PARA A REFORMA

As grandes aspirações e grandes linhas da reforma foram colocadas desde o início. Vivemos 18 meses árduos, com muitas interrupções, porque, em meio aos esforços para realizar uma reforma política, estávamos lidando com uma grave crise econômica e continuávamos realizando eleições sob o sistema antigo. Assim, era perfeitamente compreensível, ainda que lamentável, que os partidos recorressem a qualquer desculpa para abandonar a mesa de negociação.

Por isso demoramos tanto tempo negociando uma mudança que parecia tão óbvia. O país atravessava uma situação difícil e o processo de negociação da reforma política frequentemente era sobreposto por muitos outros interesses

* N. R. T.: Em 1990, o Tribunal de Contencioso Eleitoral, criado três anos antes, se transformou no Tribunal Federal Eleitoral, com maior autonomia para julgar pedidos de impugnação. Em 1996, a autonomia do tribunal se fortaleceu com sua vinculação ao Poder Judiciário.

** N. R. T.: A proposta de reforma foi apresentada ao Senado em 5 de dezembro de 1994 e aprovada ao final do mesmo mês pelas duas Casas do Congresso. A Suprema Corte de Justiça teve sua composição reduzida de 26 para 11 juízes (os que a ocupavam foram forçados à aposentadoria) e seus poderes ampliados como guardiã da Constituição e árbitro de última instância de disputas jurídico-políticas. A reforma também profissionalizou as carreiras dentro do Poder Judiciário e criou barreiras para reduzir a influência política na nomeação de juízes para os tribunais. Recebeu críticas pela tramitação apressada e pela aposentadoria forçada dos juízes nomeados por governos anteriores para a Suprema Corte. Não contou com o apoio do PRD.

de menor importância ou irrelevantes, comparados com as grandes questões que estávamos negociando. Tive que brigar muito para continuar avançando com essas reformas.

Lembro-me de que, uma vez, um dos partidos mais importantes abandonou a negociação porque havia uma controvérsia em torno das eleições em um município do estado de Puebla. Acusavam o governador de intervenção naquelas eleições e disseram que, se estávamos negociando a grande reforma política, primeiro era necessário resolver aquele problema com uma solução clara e transparente para que situações como aquela não se repetissem. No final, um ano e meio depois de iniciada a negociação, firmou-se um grande acordo político que logo se traduziu na reforma constitucional que deu fundamento legal e institucional para as eleições de 1997 e 2000.

É importante dispor de um mecanismo para supervisionar as eleições que evite problemas de credibilidade. Mas há algo mais: para que haja democracia, deve haver democratas, e isso é algo que ainda estamos formando no México. Apesar de contarmos com instituições muito sólidas para organizar, realizar e julgar eleições, há grandes controvérsias. De forma que, quando as pessoas perguntam se as instituições que construímos são falhas, digo que não, ao contrário. Se não fosse por essas instituições, as consequências das más condutas de alguns atores políticos, que reivindicam vitórias não obtidas nas urnas, teriam sido catastróficas para o país.*

A SEPARAÇÃO DE PODERES

Quando se deu a alternância no poder após as eleições de 2000, alguns observadores mexicanos mostraram uma postura ambivalente. Queriam a democracia, mas estavam impacientes quanto ao processo político. Sentiam que um regime eleito democraticamente tinha que ser muito eficaz para resolver os problemas. Não levavam em conta até que ponto é necessário negociar para governar em um sistema com separação de poderes. O que o senhor pensa dessa impaciência?

Há muita gente, e não apenas no México, que afirma que se tivéssemos um sistema no qual o presidente pudesse agir mais rapidamente, muitos problemas seriam mais bem solucionados. Creio que estão equivocados. Meus

* N. R. T.: Zedillo se refere implicitamente a Andrés Manuel López Obrador, que, candidato do PRD derrotado nas urnas por minúscula margem nas eleições presidenciais de 2006, não reconheceu a vitória de Felipe Calderón, candidato do PAN.

amigos da Ásia dizem isso, pensam que nosso problema é querer fazer uma democracia ao estilo dos Estados Unidos ou da Europa, e que assim não vamos sair do subdesenvolvimento. Eu lhes respondo que durante mais de 200 anos tentamos fazer o que eles fazem e nunca nos saímos bem. Quando ocorreu uma concentração de poder e não houve divisão de poderes, o fracasso foi estrondoso, o fracasso econômico, político e, sobretudo, humano.

Na América Latina, somos especialistas nesse tipo de fracasso. A concentração de poder não trouxe nada de bom para a América Latina e podemos contar as vidas e mesmo a porcentagem do Produto Interno Bruto (PIB) que nos custou. Essa via tem que ser descartada. A única via possível é a democracia, que requer a divisão de poderes entre os distintos ramos do Estado. É preciso mantê-la para que dê frutos.

Octavio Paz disse que a democracia é uma servidora do desenvolvimento e da justiça social. **A democracia não produz bons resultados automaticamente; oferece uma forma de governo que cidadãos, partidos e dirigentes devem utilizar para obter o desenvolvimento.** Estou certo de que toda vez que não estabelecemos uma divisão de poderes e um sistema de prestação de contas na América Latina, devido à concentração demasiada de poder, fracassamos. Há exemplos antigos, recentes e atuais.

A democracia é um direito dos latino-americanos. No futuro mostraremos (ainda faltam anos para conseguir) que funcionamos muito melhor na democracia do que no autoritarismo. Não está em nosso espírito funcionar bem no autoritarismo, vai contra nossa natureza, contra muito do que somos. Lamentavelmente, não houve oportunidade de estabelecer regimes democráticos logo após nossa independência. Se tivesse havido, hoje seríamos uma região plenamente desenvolvida.

CONFLITO CIVIL

Que repercussões teve o movimento zapatista (um movimento no estado sulista de Chiapas que se sublevou contra o governo mexicano em janeiro de 1994, usando a retórica socialista, mas que em seguida concentrou-se nos direitos dos povos indígenas) na reforma política do México e no processo de democratização? Que consequências ele teve na sociedade em geral e nos partidos políticos?

A questão de Chiapas foi importante, também foi tratada com os partidos, mas não condicionou nossas ações. O movimento zapatista não consistiu numa rebelião armada. Expressava descontentamento social. Embora seja verdade que seus líderes apresentavam um discurso revolucionário, recorrendo inclusive à violência no início, era evidente que não se tratava de uma questão de ordem militar. O governo entendeu que o melhor a fazer era trabalhar para resolver os problemas sociais do estado de Chiapas.

Entretanto, não estava claro com quem falar, já que, em teoria, essas pessoas agiam na clandestinidade. Uma vez identificadas a origem e a natureza do movimento, iniciou-se um diálogo sério. Lamentavelmente, nunca se conseguiu a incorporação desse grupo na vida política oficial do país. É certo, porém, que depois de seis anos, a situação em Chiapas havia mudado significativamente, porque trabalhamos muito ao longo do meu mandato. Foi um dos lugares onde passei mais tempo como presidente para tratar dos problemas sociais. Estive lá em condições de normalidade e também em circunstâncias excepcionais, quando a região foi atingida por dois desastres naturais, aos quais tivemos de responder muito rapidamente.

Mas eu diria que minha determinação para realizar a reforma política teria sido a mesma com ou sem Chiapas. Melhor dizendo, Chiapas foi um assunto em si mesmo, que mereceu enfoque e estratégia próprios. Assim como a reforma política, que, por ter sido tratada como um assunto independente, produziu um bom resultado.

RESPOSTA À CRISE ECONÔMICA

No México, a reforma política foi realizada em meio a uma grave crise econômica. Com base nessa experiência, que comentário faria sobre a relação entre mudança política e crise econômica? Que lições poderia tirar?

Pode ser que o caso do México seja particular, porque antes de assumir a presidência já tínhamos dito que trabalharíamos com os partidos para realizar a reforma política. Quando dissemos isso, não tínhamos nem ideia – ao menos eu não tinha nem ideia – de que teríamos que enfrentar uma crise econômica como a que acabou nos atingindo.

Durante a campanha, quando já era candidato presidencial, o senhor e seus assessores não suspeitaram que uma crise dessa envergadura pudesse se desencadear?

Não. Se a tivéssemos antevisto, ela não teria ocorrido. As crises ocorrem por isso, porque ninguém as espera, ao menos não naquela magnitude. Darei um exemplo contemporâneo: ninguém previu que em 2008 estouraria uma crise de tamanhas proporções. Obviamente, alguns disseram que o sistema bancário era muito vulnerável; outros, que os desequilíbrios macroeconômicos globais poderiam conduzir a uma crise financeira. Mas ninguém previu que uma eventual crise teria a magnitude e a gravidade que teve, com os efeitos que sofremos até hoje.

O mesmo ocorreu com a crise mexicana. Ninguém a previu.

Ela representou a primeira grande crise financeira nesta nova era de globalização e mercados emergentes. Foi muito distinta da crise da dívida de 1982. Fomos a primeira cobaia da globalização financeira. A crise ocorreu quando houve uma reversão súbita de ingressos de capital, no final de 1994 e início de 1995. Nunca tinha havido um caso como esse antes; a crise asiática, a crise russa, e mais adiante, a crise brasileira, que seguiram o mesmo padrão, vieram depois da nossa.

Tínhamos um compromisso e um objetivo quanto à reforma política. O governo teve início em meio a uma grande crise econômica e financeira e teve que tomar uma decisão muito importante: atrasar ou não a reforma política para se concentrar nas questões econômicas?

Alguns sustentavam que não podíamos tratar de outra coisa senão dos assuntos econômicos naquele momento. Eu não estava de acordo. Estava convicto de que tínhamos que tentar fazer as duas coisas, e isso por dois motivos. Primeiro, porque tínhamos nos comprometido a fazer a reforma política e porque ela era necessária para o país, era parte da estratégia de desenvolvimento nacional. E segundo, devo admitir, por motivos táticos. Eu pensava que seria muito complicado conseguir que o restante das forças políticas nos apoiasse se nos limitássemos a tratar somente dos assuntos econômicos.

Se os partidos da oposição acreditassem que, devido à desigualdade das leis eleitorais, estariam condenados a continuar na oposição, por que iram se envolver na solução da crise econômica? A tendência seria negativa. Colocando a reforma política em negociação, nós demos uma outra mensagem. É como se disséssemos, "Vejam, teremos que conseguir a recuperação econômica. É uma crise muito grave, mas tem solução. Podemos nos recuperar, e vamos decidir por vias democráticas quem vai ocupar, dentro de três anos, o Congresso e, dentro de seis, a presidência".

Houve inclusive gente da oposição que disse ser preferível não tratar da reforma política naquele momento, porque a reforma poderia ficar submetida a muitas chantagens. Mas a reforma aconteceu. Sim, havia um interesse tático do governo, mas a reforma interessava a todos, assim como interessava ou deveria interessar ao restante dos partidos políticos a validação da estratégia de recuperação da economia.

INSTITUIÇÕES INDEPENDENTES

No início do seu governo o senhor nomeou uma pessoa da oposição, do PAN, como procurador da República. Alguns afirmaram que seu objetivo era debilitar seu partido. Poderia explicar como concebeu a composição da equipe de governo?

A nomeação do procurador da República foi uma decisão tomada deliberadamente e que as pessoas não compreenderam completamente. Meu primeiro procurador da República não era alguém que eu conhecesse pessoalmente, nem tinha trocado uma palavra com ele até chamá-lo para que considerasse o convite. Era o líder do PAN na Câmara de Deputados. Quando o nomeei, disse-lhe que seria um procurador totalmente independente. Mencionei que tomaria apenas duas atitudes referentes a ele: nomeá-lo e, em caso de que não fosse suficientemente competente segundo minha avaliação, demiti-lo. Disse-lhe que era livre para desempenhar suas funções. Quando deixou seu posto, nomeei outro homem a quem conhecia, mas de quem nunca fui próximo, e tinha sido nomeado por meu antecessor para a Comissão de Direitos Humanos. Mas eu não tinha nenhum vínculo com ele, que gozava de uma excelente reputação como jurista e de grande probidade. Durante toda a minha presidência, o procurador da República foi independente. Alguns críticos disseram que eu estava de pés e mãos atados porque, além de almejar a independência do Poder Judiciário, havia nomeado um procurador da República independente.

À luz da dramática situação que atravessava o país naquele momento, era tática e estrategicamente importante assegurar a independência do Poder Judiciário e do procurador da República. Tenho orgulho de tê-las assegurado. As duas coisas eram importantes do ponto de vista tático. Além disso, correspondiam a uma convicção minha. Acredito que o poder do presidente deve ser limitado, que o presidente não deve ter um poder imperial, que suas competências devem ser limitadas ao que a Constituição estabelece.

Alguns afirmaram naquele momento que uma pessoa do PAN teria tido mais autonomia para investigar o assassinato de Luis Donaldo Colosio em 1994 (o candidato à presidência do PRI). Foi esse seu raciocínio?

Não queria ninguém tendencioso, não nomeei um ativista confuso, nomeei um jurista com reputação por sua seriedade, com muitas recomendações. Novamente, era uma questão de credibilidade: como podemos reconstruir a credibilidade das instituições? Os órgãos legais e o sistema jurídico estavam totalmente desacreditados, e eu queria dar um passo adiante para começar a reconstruir a credibilidade das instituições e demonstrar que o sistema jurídico funcionava.

Há várias interpretações sobre sua decisão de ser o primeiro a anunciar os resultados das eleições de 2000. Se não me engano, quando o senhor os anunciou, ainda não tinham sido apresentados ao povo mexicano pelo IFE (Instituto Federal Eleitoral, órgão de gestão eleitoral).

Não, o IFE anunciou os resultados primeiro. O primeiro a anunciar foi o presidente do IFE. Que deveria ser assim, para mim estava muito claro. O presidente do IFE, com quem eu havia falado só em três ocasiões em minha vida, não foi para o IFE por ser meu amigo, mas porque era uma pessoa com reputação impecável. Uma das poucas vezes que conversamos foi nessa noite. Ele me disse: "Senhor presidente, a contagem rápida (em referência ao programa de contagem do IFE) aponta que o candidato do PAN, (Vicente) Fox, ganhou, e o IFE entende que tem bases sólidas para anunciar os resultados das eleições".

Eu lhe respondi: "O IFE tem que fazer o que determina a lei, de forma que tem todo meu respaldo para anunciá-lo". Eu o informei que, minutos depois do anúncio do IFE, eu faria uma declaração para apoiá-lo, porque confiava na instituição que ele representava. Além disso, as pesquisas de boca de urna que estavam me mostrando também indicavam que Fox havia vencido.

E assim fiz. José Woldenberg (presidente do IFE, 1996-2003) fez seu anúncio e minutos depois fui eu quem disse o que tinha que dizer. Ou seja, não me adiantei ao IFE, isso teria sido um erro. Teria esvaziado por completo o sentido da reforma política de 1996, que fortaleceu a independência do IFE. Eu cumprimentei o presidente eleito, por isso as pessoas se lembram mais. Mas o presidente do IFE fez o anúncio antes.

Mas seus atos foram mal interpretados, não é?

Fiz o que era lógico fazer. Se temos um órgão eleitoral que pode anunciar o resultado das eleições presidenciais com grande segurança, por que o presidente não pode cumprimentar o próximo presidente?

Não havia receio de que o PRI tivesse dificuldades para aceitar os resultados? O PRI quis atrasar o anúncio?

Bom, creio que todos os partidos queriam ter certeza de que não haviam perdido, é normal que, sob a pressão do momento, dissessem que talvez os resultados se modificassem à medida que a contagem avançasse. No entanto, com a mente fria, se se conhece a metodologia estatística, sabe-se que não havia como se alterar o resultado que a contagem rápida indicava; teria sido necessária uma mudança de tendência totalmente inimaginável para que o rumo da contagem se alterasse.

Portanto, não é verdade que o PRI se opôs a que eu fizesse uma declaração; me remeto aos fatos: o candidato do PRI teve um comportamento irrepreensível naquela noite. Entendo que alguns tivessem querido esperar até ter mais dados, mais resultados, ter um tempo a mais, mas quando me pronunciei sobre o resultado ele já estava muito claro.

Há muitos mitos sobre essa noite, e vários me dão mais méritos ou mais deméritos do que mereço.

Levamos seis anos trabalhando com todos os partidos políticos para que, ganhasse quem ganhasse, o PRI, o PRD ou o PAN, as coisas ficassem bem. Essa era a normalidade democrática que queríamos estabelecer. A normalidade democrática consistia em celebrar eleições sem que houvesse brigas nas ruas no dia seguinte, devido aos resultados. Utilizei o termo "normalidade democrática" em 1º de dezembro de 1994, e o que tivemos nas eleições quase seis anos depois? Normalidade democrática. Não apenas para mim, mas para todo mundo.

POLÍTICAS SOCIAIS

O Progresa (programa de transferência de renda condicionada a resultados em educação, saúde e alimentação) foi um programa social inovador, o primeiro desse tipo na América Latina, desenvolvido para diminuir as consequências sociais dos ajustes macroeconômicos e reduzir a pobreza. Pode nos explicar seus objetivos e resultados obtidos?

O Progresa tem uma história muito interessante. Quando eu estava em campanha, disse que tínhamos que começar a refletir sobre a questão da pobreza e a educação de forma mais rigorosa, mais científica. O osso duro de roer era que havia grupos de população que tinham escolas, professores, às vezes livros-texto, um apoio especial para os docentes, e tudo isso em volume suficiente para que as crianças completassem a educação primária e secundária. E, entretanto, não completavam.

Perguntei quem havia examinado o vínculo entre a educação e a pobreza e me deram o nome de Santiago Levy. Também chamei um amigo meu muito inteligente, doutor em demografia, José Gómez de León, e pedi-lhes, em separado, que começassem a trabalhar em algumas ideias. Foram feitos testes, gastamos o equivalente a 10 milhões de dólares em pesquisa e experimentos para configurar as características básicas do programa.

A vantagem de contar com José Gómez de León em nossa equipe era que ele tinha desenvolvido um programa pioneiro nas ciências sociais. Tinha uma população teste e uma população experimental para comprovar se a intervenção estava produzindo o resultado desejado depois de certo tempo.

Os candidatos de outros partidos criticaram o Progresa e disseram que o eliminariam se chegassem ao governo. Diziam que era um programa com fins políticos. Justo antes do final de meu mandato, convidamos cientistas sociais de grande prestígio para avaliar o programa. Chegaram à conclusão de que o Progresa estava tendo resultados: melhorou a saúde das crianças, reduziu a taxa de abandono escolar e o viés que introduzimos em favor das meninas estava funcionando. Com base nessa análise, o governo seguinte manteve o programa.

LIDERANÇA

Antes de sua eleição em 1994, o senhor não era visto como um dirigente político, mas como um técnico de grande expertise. Se entendemos a liderança política como a capacidade de compreender as tendências e forças subjacentes, de entender como elas interagem e como facilitar uma mudança positiva – o que supõe uma visão sobre os objetivos dessa mudança e uma vontade para conduzi-la –, sem dúvida, o senhor desempenhou um papel de liderança política de suma importância. O que o preparou para exercer essa liderança?

Em primeiro lugar, não estou seguro de ter sido um líder político importante, apenas fui presidente do México, e antes havia exercido outras responsabilidades importantes no governo de meu país. Mas deixe-me dizer algo sobre essa distinção um tanto artificial entre políticos e tecnocratas. Quando as pessoas falam de políticos, na verdade não sei que características lhes atribuem. Se por "político" entende-se alguém com um claro gosto pelo poder e o exercício da autoridade, então podem me riscar da lista, porque nunca tive nenhum sentimento, nem necessidade, de ostentar poder nem autoridade. Se por "político" se referem a alguém que se sente atraído pelos aspectos artificiais do poder político, o aparato, a engrenagem, as pessoas no seu entorno que dizem sim a tudo, então não sou um político.

Se se referem a alguém que sempre interage com muita gente em público, bem, sou muito tímido de nascença, de forma que isso me custa muito, mas eu o faço, e de fato em parte agora ganho minha vida assim, falando com as pessoas.

Agora, se me dizem que um político é alguém com vocação para o serviço público, sim me encaixo nessa definição; se um político é alguém que pensa mais no interesse geral, sou político; se é alguém que gosta da competição política, sim, eu gosto.

Parece-me que a distinção ente políticos e tecnocratas é muito artificial e, além disso, não conta com argumentos históricos. Há alguns grandes políticos que não conseguiram muita coisa, e outros que não pareciam adequados, mas se revelaram grandes dirigentes. Creio que foi Carlos Solchaga, ministro da Economia na época de Felipe González (presidente da Espanha, 1982-96), quem deu a seguinte definição de um tecnocrata: um político que sabe alguma coisa, que foi à escola.

Há duas coisas que nos permitiram deixar de ser selvagens: primeiro, a política, e segundo, a diplomacia, que deriva da política. Sem política nem diplomacia, provavelmente continuaríamos vivendo em cavernas, matando uns aos outros.

O tecnocrata é alguém que entende a natureza de um problema e o que se deve fazer, mas nem sempre conta com as capacidades ou as funções sociais para juntar as diversas forças em busca de uma visão comum. Isso é precisamente o que faz um líder político. Trata-se de qualidades diferentes. É difícil ser bom em qualquer das duas, mas é especialmente difícil ser um bom líder político. O que poderia dizer a uma pessoa jovem que deseja contribuir para as mudanças democráticas sobre as qualidades, capacidades ou atitudes que são necessárias e que devem ser cultivadas para ser um líder político?

Quase todos os semestres tenho aulas nas quais um ou dois, às vezes até três jovens se aproximam para dizer que, ao terminar os estudos, desejam dedicar-se à política e pedem minha opinião. A primeira coisa que digo é que estão bem encaminhados porque estão obtendo uma boa educação. Mas devem lembrar que a formação é necessária, mas não suficiente.

Em segundo lugar, além da educação, é necessário ter a convicção de que deseja estar a serviço da cidadania sem esperar nada em troca, porque isso é a política. Se é um político honesto pode ter seu salário ou não, mas tem que ter uma convicção de serviço total e servir de verdade. Porque, por exemplo, um banqueiro oferece um serviço, mas cobra por seu serviço e cobra muito bem. Quem está no serviço público deve ter vontade de servir por servir, por fazer algo pelo bem coletivo. Se sua ambição tem mais a ver com a notoriedade, com o reconhecimento, deve buscar outro ramo de atividades. A vocação de serviço público é fundamental.

E terceiro, como vivemos em democracia neste país e em muitos outros, deve-se entender que a política é como a roda da fortuna: às vezes se está em cima e outras vezes se está embaixo; às vezes se está no governo, e outras na oposição. Cada um tem que analisar se tem resistência para estar em cima e embaixo, porque nem todo mundo tem. Há pessoas que preferem a segurança, a estabilidade, o previsível e a recompensa imediata, e, na política, na vida pública, nem sempre se encontra tudo isso.

Ainda assim, o elemento de preparação é muito importante. É um risco enorme ter pessoas que não têm bases intelectuais bem estruturadas em cargos de responsabilidade. É um grande risco para essa pessoa e para os cidadãos, e há casos tristes e patéticos.

CONTEXTO INTERNACIONAL

Muitas transições estavam sendo concluídas na América Latina naquele momento. Essas outras experiências foram examinadas no México?

Não. Nesse sentido, creio que novamente o México foi um caso especial. A verdade é que nós nunca nos comparamos com o Brasil ou a Argentina, porque, formalmente, nunca deixamos de ter uma democracia, eleições periódicas e mudanças de poder. Além disso, toda vez que algum país latino-americano sofria com essas ditaduras militares, o México era onde as pessoas podiam encontrar um lugar para viver e se expressar. Foi assim para a América Latina nas décadas de 1960 e 1970, assim como para a Espanha duas décadas antes. Nós nunca nos sentimos no mesmo clube que nossos irmãos argentinos, brasileiros ou chilenos. Teria sido uma ofensa para eles, porque desfrutávamos de muitíssimas liberdades que nossos irmãos do Cone Sul simplesmente não conheciam. É verdade que havia restrições, havia manipulação, controles e em alguns momentos houve repressão no México, mas é algo que não tem nada a ver com as dramáticas experiências da América do Sul.

TRANSIÇÕES CONTEMPORÂNEAS

Nas transições que ocorrem nesse momento, constata-se que as tecnologias de comunicação, a expansão da classe média e os altos níveis de educação terão repercussões sobre os novos processos de democratização. O que o senhor pensa desses novos processos?

Em muitos lugares do mundo continuamos em transição, e persistem grandes dúvidas sobre se esses processos se consolidarão, ao menos em um prazo razoável de tempo. Nos últimos dez anos, com o peso cada vez maior da economia chinesa na economia mundial, os países africanos estão obtendo um melhor desempenho econômico e, em alguns casos, isso vem acompanhado de melhores sistemas políticos. Entretanto, ainda há incerteza sobre se será possível manter essa tendência em países com um marco institucional incrivelmente frágil. **Se esses países podem extrair uma lição da América Latina é que, talvez, devessem começar por construir um marco institucional como principal prioridade, porque, sem um marco institucional sólido, o risco de adotar políticas inadequadas ou de retroceder é muito elevado.** Até certo ponto, esse é o problema também na América Latina. Não se pode negar que tem havido alguns retrocessos e que, em alguns países, há uma concentração de poder que, na prática, anula a divisão de poderes, e limita, talvez de forma sutil e não tão brutal, a liberdade de expressão. É muito cedo para nos considerar vitoriosos.

Creio que estamos em um caminho perigoso e não podemos "baixar a guarda". Mas acredito que o que estamos conseguindo com relação à sensibilização dos cidadãos – ou seja, que as pessoas não apenas conheçam seus direitos, mas também saibam como exercê-los, que tenham aprendido a usar as regras do jogo – faz com que seja mais difícil retornar a formas de governo mais autoritárias ou menos democráticas, embora a tentação sempre exista.

CRISE DA DEMOCRACIA

Também há problemas muito graves nas democracias maduras. O ideal de democracia está mais forte que nunca na história da humanidade. Agora, se me perguntar se o modelo para alcançar esse ideal de democracia é suficientemente sólido, eu diria que não, não é, nem sequer nos países desenvolvidos. **Quando olho ao meu redor, inclusive em uma democracia como a dos Estados Unidos, observo enormes debilidades; vejo flancos em que o ideal democrático pode estar cedendo à influência de determinados interesses privados ou setoriais na configuração do poder político, na organização dos mecanismos de tomada de decisões.** É muito preocupante, e penso que o modo como funciona a democracia nos Estados Unidos hoje não corresponde ao ideal democrático.

A ideia é ter um governo *das* pessoas *para* as pessoas. E hoje quem são as pessoas? Os que podem influir nos resultados das eleições ao doar dinheiro para partidos e candidatos e assim influenciar o processo político? No caso dos Estados Unidos, isso (presumivelmente, a doação de bilionários a partidos e candidatos) é legal; em outros países não é, mas ocorre em ambos os casos. No longo prazo, não me importa muito que seja legal nos Estados Unidos. Simplesmente me parece que é nocivo para a saúde da democracia americana, tal como parece atroz quando ocorre, como ocorre, de maneira ilegal, em muitos países no mundo, inclusive na América Latina.

RELAÇÃO COM OS ESTADOS UNIDOS

O senhor gostaria de adicionar algo sobre sua relação com o presidente Bill Clinton quando apoiou o México com ajuda financeira durante a crise de 1994-95?

Eu desfrutei das vantagens de ter um homem tão inteligente e visionário como o presidente Clinton na Casa Branca. A primeira vez que mencionei a ele que tínhamos problemas, eu já estava convencido de que não era uma crise como as demais. Disse-lhe que não se tratava de uma mera questão de ajuste fiscal ou monetário, havia elementos de pânico, mas podia ser algo muito maior, podia ser sistêmico. Ele não tinha informação suficiente e ainda não tinha chegado a essa conclusão; disse que falaria com seus assessores sobre a questão, o secretário do Tesouro, Robert Rubin, e seu subsecretário, Larry Summers. Dois ou três dias depois me chamou e disse:

"Disseram que pode ser que tenha razão, e creio que tem. Isso é diferente. O México tem que fazer sua tarefa, mas também necessita do apoio da comunidade internacional, começando por seu principal parceiro". Clinton demorou apenas dois dias para resolver que nós teríamos apoio do Tesouro americano. Assim, foi uma verdadeira sorte que fosse ele o presidente dos Estados Unidos naquele momento.

Os atores internacionais podem ajudar a construir a governança democrática de maneira satisfatória?

É evidente que os choques geopolíticos do mundo e os acontecimentos internacionais influenciam na obtenção ou não de avanços democráticos, ainda mais com as novas tecnologias de informação que disseminam as notícias com muita rapidez. Já com relação às organizações ou instituições que promovem a democracia em todo o mundo, diria que podem exercer certa influência, mas sinceramente é bastante limitada. Se as condições, as aspirações, os movimentos e a liderança em prol da democracia não existem no país, praticamente nada do que vier de fora mudará as coisas. Agora, **se as condições internas tendem a se consolidar em favor da democracia, não há dúvida de que a comunidade internacional pode desempenhar um papel positivo. No entanto, na minha opinião, esse papel sempre será acessório e secundário, um complemento.** Além disso, é preciso ser cauteloso, porque, em algumas situações, as tentativas de intervenção podem terminar sendo contraproducentes para a construção democrática.

Nunca se deve subestimar o nacionalismo de qualquer país. Não é que eu creia firmemente no nacionalismo, mas é uma realidade. O nacionalismo, criado em alguns casos por motivos políticos ou culturais de forma artificial, é um fator real. Além disso, há uma história de imperialismo, de intervencionismo, de ambiguidade de governos que, por um lado, dizem que vão intervir para apoiar a democracia e, ao mesmo tempo, apoiam regimes autoritários, de forma que temos que ser cautelosos a respeito. Para mim, a ideia-chave é que o que não nasce de dentro não prospera.

Eu acredito no internacionalismo e na cooperação. Acredito que os países que estão tentando trabalhar para conseguir um futuro melhor devem ter apoio, mas não se pode apoiá-los contra sua vontade, as pessoas de dentro têm que encontrar seu próprio caminho para a democracia.

MOMENTOS-CHAVE NA TRANSIÇÃO DEMOCRÁTICA DO MÉXICO

Fevereiro de 1917: A Constituição do México, adotada durante a Revolução Mexicana, consagra a democracia e amplos direitos sociais.

Março de 1929: Após terminar o mandato, o presidente Plutarco Elías Calles funda o Partido Nacional Revolucionário (PNR), uma ampla coalizão de revolucionários que domina as eleições em todos os níveis. Em 1946, o PNR passa a ser o Partido Revolucionário Institucional (PRI), de características semelhantes.

Setembro de 1939: Os conservadores que se opõem às políticas de esquerda e anticlericais do PRI fundam o Partido Acción Nacional (PAN). Embora o PAN no início não tenha ganhado muitas eleições, torna-se o maior partido de oposição nas décadas seguintes.

Outubro de 1968: Após três meses de protestos estudantis, os militares disparam contra os manifestantes na Cidade do México, causando muitas vítimas fatais.

Julho de 1976: As brigas internas do PAN impedem que o partido apresente um candidato às eleições presidenciais e o candidato do PRI, José López Portillo, é eleito sem opositor.

Dezembro de 1977: O PRI aprova uma reforma eleitoral que facilita o registro de partidos da oposição e introduz um sistema de representação proporcional mais favorável aos pequenos partidos.

Setembro de 1982: López Portillo nacionaliza os bancos; a classe média reage energicamente contra a decisão.

Setembro de 1985: Um grande terremoto atinge a Cidade do México. A resposta do governo do PRI é amplamente criticada por sua lentidão; surgem inúmeros grupos cívicos que oferecem serviços sociais e de salvamento.

Julho de 1986: Tudo indica que o PAN ganha legitimamente as eleições para o governo de Chihuahua, mas o PRI manipula os resultados. O PAN começa campanha aberta em favor de eleições justas.

Março de 1987: Cuauhtémoc Cárdenas, um político do PRI com tendências esquerdistas e filho do ex-presidente Lázaro Cárdenas, faz um apelo em favor da democracia interna para enfrentar a tendência econômica neoliberal do PRI.

Outubro de 1987: Cárdenas é excluído da corrida para a candidatura presidencial. Carlos Salinas de Gortari, um economista formado na Universidade de Harvard e antigo secretário de Planejamento e Orçamento, se torna o candidato do PRI. Cárdenas lança uma campanha presidencial à margem do PRI na qual critica o autoritarismo e as políticas econômicas neoliberais do partido governista.

Julho de 1988: Os primeiros resultados eleitorais indicam a derrota do PRI e dão a presidência a Cárdenas, mas o PRI mantém o controle após um corte na energia elétrica que afeta todo o território nacional e obriga a realização de contagem manual dos votos. Apesar da flagrante fraude eleitoral, os votos obtidos pelo PRI na contagem oficial das eleições presidenciais caem para 51% (o partido havia alcançado 74% nas eleições presidenciais anteriores); o PRI obtém 260 das 500 cadeiras da Câmara dos Deputados, uma maioria bem mais estreita do que a que detivera no período presidencial anterior.

Dezembro de 1988: Salinas assume a presidência. Nos seis anos seguintes, promove reformas econômicas liberais e programas de bem-estar social. Algumas medidas requerem o apoio da oposição para reformar a Constituição. Salinas põe em marcha uma série limitada de reformas políticas, através de negociações com o PAN: uma comissão eleitoral independente, uma cobertura midiática mais equitativa e o reconhecimento oficial da Igreja pelo Estado mexicano.

Maio de 1989: Cárdenas e seus correligionários fundam o partido de esquerda Partido da Revolução Democrática (PRD). São objeto de perseguição constante pelo governo nos anos seguintes.

Julho de 1989: O PAN é vencedor nas eleições para governador no estado de Baja Califórnia Norte; é a primeira vez que um partido da oposição ganha o governo de um estado.

Junho de 1990: Começam as negociações oficiais do Acordo de Livre Comércio da América do Norte (Nafta) promovido por Salinas. Alguns dirigentes norte-americanos propõem a inclusão de melhorias nos direitos políticos e trabalhistas mexicanos.

Agosto de 1991: Salinas obriga à renúncia vários candidatos do PRI, vencedores das eleições a governador, acusados de fraude. Nomeia seus sucessores mediante negociações com o PAN. Essa dinâmica se prolonga durante uma década, o que dá ao PAN o controle de alguns estados.

Janeiro de 1994: O Nafta entra em vigor. Começa o levante armado do Exército Zapatista de Libertação Nacional (EZLN) de tendência esquerdista, formado por indígenas do estado sulista de Chiapas. Salinas promete reformar o sistema eleitoral e o financiamento das campanhas políticas em troca de que a oposição condene o EZLN.

Março de 1994: O candidato presidencial Luis Donaldo Colosio é assassinado durante a campanha eleitoral. Poucos dirigentes do PRI cumpriam os requisitos para apresentarem-se em seu lugar. Salinas escolhe Ernesto Zedillo – antigo secretário de Planejamento e Orçamento e de Educação Pública, que assumira a campanha de Colosio –, como novo candidato.

Agosto de 1994: Zedillo é eleito presidente com 49% dos votos em eleições com uma histórica participação eleitoral. O PAN obtém 26% e o PRD de Cárdenas, 17%. No geral, as eleições foram consideradas justas, ainda que o PRI tenha se beneficiado de uma grande quantidade de recursos públicos.

Setembro de 1994: O secretário-geral do PRI, José Francisco Ruiz Massieu, é assassinado. Uma investigação posterior revela que seu assassinato foi orquestrado pelo irmão de Carlos Salinas, Raúl; a condenação de Raúl acabaria com o precedente de imunidade dos membros importantes do PRI.

Dezembro de 1994: Após assumir a presidência, Zedillo promete reformas eleitorais, apresenta uma reforma constitucional para fortalecer a independência do Poder Judiciário e nomeia como procurador da República Fernando Antonio Lozano Gracia, ligado ao principal partido da oposição. Ao final de três semanas, o valor do peso mexicano despenca, as reservas internacionais se reduzem e o governo se vê obrigado a aplicar duros cortes orçamentários.

Fevereiro de 1995: O governo Clinton concede 50 milhões de dólares em empréstimos ao México.

Março de 1995: O Congresso cria uma comissão multipartidária, com inclusão do PAN e do anteriormente marginalizado PRD, para negociar com o EZLN.

Novembro de 1996: A negociação sobre as reformas eleitorais prometidas em 1994 chega a um impasse. O PRI aprova unilateralmente inúmeras propostas de reformas: leis mais equitativas sobre o financiamento das campanhas e sobre o acesso dos partidos aos meios de comunicação, uma comissão eleitoral mais independente e as eleições diretas para a chefia de governo (prefeitura) da Cidade do México.

Julho de 1997: Em eleições relativamente justas ocorridas no meio do mandato presidencial, o PRD e o PAN obtêm, juntos, a maioria no Congresso, o que lhes concede o controle do orçamento fiscal. Zedillo amplia a cooperação com ambos os partidos. Cuauhtémoc Cárdenas é eleito chefe do governo da Cidade do México.

Agosto de 1997: O governo de Zedillo lança o Progresa, um ambicioso programa de luta contra a pobreza. Com uma administração independente, o programa seleciona os beneficiários de forma transparente e é submetido a avaliações periódicas, o que dificulta sua manipulação para fins políticos.

Julho de 1998: O PRI recupera o governo do estado de Chihuahua das mãos do PAN após realizar um processo de seleção de candidatos mediante eleições primárias, as primeiras de sua história. A vitória ajuda os reformistas do PRI a convencerem o partido a convocar eleições primárias presidenciais no ano seguinte.

Julho de 2000: O candidato presidencial do PAN e governador de Guanajuato, Vicente Fox, ganha de Cárdenas (PRD) e de Francisco Labastida (PRI) e se torna, depois de 70 anos, o primeiro presidente não pertencente ao PRI nem a seus precursores. Andrés Manuel López Obrador, do PRD, é eleito chefe de governo da Cidade do México.

Agosto de 2000: A Suprema Corte de Justiça emite uma resolução com limitações ao Poder Executivo.

Julho de 2006: Felipe Calderón, do PAN, ganha de López Obrador por uma estreita margem de votos nas eleições presidenciais. O PRI se torna a terceira força política. López Obrador se nega a aceitar os resultados, alegando fraude eleitoral.

Julho de 2012: O candidato do PRI, Enrique Peña Nieto, é eleito presidente contra López Obrador. O PAN é o terceiro em número de votos.

Julho de 2018: Andrés Manuel López Obrador se elege presidente do México com mais de 50% dos votos. Seu partido, o Movimiento de Renovación Nacional (MORENA), que fundou ao se desligar do PRD, ganha a maioria das cadeiras no Congresso.

Leituras recomendadas sobre o México

AGUAYO QUEZADA, Sergio, "Electoral Observation and Democracy in Mexico" [Observação eleitoral e democracia no México], en Kevin J. Middlebrook (ed.), *Electoral Observation and Democratic Transition in Latin America* [Observacão eleitoral e transição democrática na América Latina] (Boulder, Colo.: Lynne Rienner, 1998) [de um importante ativista da sociedade civil].

ARISTEGUI, Carmen; TRABULSI, Ricardo (eds.), *Transición: Conversaciones y retratos de lo que se hizo y se dejó de hacer por la democracia en México* [Transição: Conversações e retratos do que se fez e se deixou de fazer para a democracia no México] (Cidade do México: Random House Mondadori, 2010).

BECERRA, Ricardo; SALAZAR, Pedro y Woldenberg, José (eds.), *La mecánica del cambio político en México: elecciones, partidos y reformas* [A mecânica da mudança política no México: eleições, partidos e reformas] (Cidade do México: Editorial Aguilar, 2000).

BRUHN, Kathleen; LEVY, Daniel C.; ZEBADÚA, Emilio, *Mexico: The Struggle for Democratic Development* [México: a luta pelo desenvolvimento democrático] (Berkeley, Calif.: University of California Press, 2006).

CENTENO, Miguel Ángel, *Democracy within Reason: Technocratic Revolution in Mexico* [Democracia nos limites do razoável: a revolução tecnocrata no México] (University Park: Pennsylvania State University Press, 1994).

EISENSTADT, Todd A., *Courting Democracy in Mexico: Party Strategies and Electoral Institutions* [Em busca da democracia no México: as estratégias dos partidos e as instituições eleitorais] (Nova York: Cambridge University Press, 2004).

FOX, Jonathan, "The Difficult Transition from Clientelism to Citizenship: Lessons from Mexico" [A difícil transição do clientelismo à cidadania: lições do México], *World Politics*, 46/2 (1994), p. 151-84.

GREENE, Kenneth F., *Why Dominant Parties Lose: Mexico's Democratization in Comparative Perspective* [Por que os partidos dominantes perdem: a democratização do México a partir de uma perspectiva comparada] (Nova York: Cambridge University Press, 2007).

LOAEZA, Soledad, *El Partido Acción Nacional: la larga marcha, 1939-1994. Oposición leal y partido de protesta* [O Partido Ação Nacional: a longa marcha, 1939-1994. Oposição leal e partido de protesto] (Cidade do México: Fondo de Cultura Económica, 1999).

LUJAMBIO, Alonso, *El poder compartido: un ensayo sobre la democratización mexicana* [O poder compartilhado: um ensaio sobre a democratização mexicana] (Cidade do México: Oceano, 2000).

MAGALONI, Beatriz, *Voting for Autocracy: Hegemonic Party Survival and its Demise in Mexico* [Votar pela autocracia: sobrevivência e queda do partido hegemônico no México] (Stanford, Calif.: Stanford University Press, 2008).

MAZZA, Jacqueline, *Don't Disturb the Neighbors: The United States and Democracy in Mexico, 1980-1995* [Não incomode os vizinhos: os Estados Unidos e a democracia no México, 1980-1995] (Nova York: Routledge, 2002).

MIDDLEBROOK, Kevin J. (ed.), *Dilemmas of Political Change in Mexico* [Dilemas da mudança política no México] (Washington D. C.: Brookings Institution Press, 2004) [ver especialmente os capítulos de Ai Camp sobre o Exército e de Lawson sobre os meios de comunicação].

PRESTON, Julia; DILLON, Samuel, *Opening Mexico: The Making of a Democracy* [A abertura do México: a criação de uma democracia] (Nova York: Farrar, Straus and Giroux, 2004).

RÍOS-FIGUEROA, Julio, "Fragmentation of Power and the Emergence of an Effective Judiciary in Mexico, 1994-2002" [Fragmentação do poder e surgimento de um Poder Judiciário eficaz no México, 1994-2002], *Latin American Politics & Society*, 49/1 (2007), p. 31-57.

SELEE, Andrew; PESCHARD, Jacqueline (eds.), *Mexico's Democratic Challenges: Politics, Government, and Society* [Os desafios democráticos do México: a política, o governo e a sociedade] (Washington D.C. e Stanford, Calif.: Stanford University Press e Woodrow Wilson International Center for Scholars, 2010).

SHIRK, David A., *Mexico's New Politics: The PAN and Democratic Change* [As novas políticas do México: o PAN e a mudança democrática] (Boulder, Colo.: Lynne Rienner, 2005).

TREJO, Guillermo, *Popular Movements in Autocracies: Religion, Repression, and Indigenous Collective Action in Mexico* [Movimentos populares em autocracias: a religião, a repressão e a ação coletiva indígena no México] (Nova York: Cambridge University Press, 2012).

POLÔNIA

A grande experiência polonesa: a criação da democracia através de protestos, repressão, negociação, eleições e a política do ziguezague

Jane L. Curry, Universidade de Santa Clara

A transição polonesa do comunismo autoritário à democracia de livre mercado foi lenta, complexa e paulatina. Começou muito antes de 1989 e quase dez anos transcorreram até a aprovação de uma Constituição definitiva. Foi necessário algo mais que transferir o poder de um grupo a outro. O processo exigiu a separação entre a economia e o sistema político, a eliminação do Partido Comunista como instituição central da Constituição, a definição de partidos políticos e organizações da sociedade civil independentes e legais, além de o país deixar de ser um satélite da União Soviética para fazer parte da Europa. Conforme o processo avançava, após as negociações da Mesa-Redonda de 1989, houve uma transformação no mundo ao redor da Polônia: o controle soviético da Europa Central e Oriental chegou ao fim, os países vizinhos se fragmentaram em sete novos estados independentes, o Muro de Berlim caiu, a União Soviética foi dissolvida e o Pacto de Varsóvia foi anulado. Com a ajuda do Ocidente, a Polônia se transformou e passou a integrar a Europa Ocidental para ingressar na União Europeia (UE) e na Organização do Tratado do Atlântico Norte (Otan).

Entre o colapso de 1989 e a aprovação da nova Constituição de 1997, foram realizadas quatro eleições nacionais, e o país teve três presidentes distintos.[1] Foram muitos os acontecimentos imprevistos ocorridos nesses anos: várias coalizões políticas se dissolveram e o poder passou de um campo ideológico a outro, enquanto a economia e a política se transformavam de forma drástica. Apenas em 2007 surgiu o sistema bipartidário.

CONTEXTO HISTÓRICO

O passado da Polônia contribuiu tanto para facilitar como para complicar a mudança para a democratização. O comunismo sempre foi menos rígido e repressivo na Polônia do que em outros países. Já em 1956, as fazendas privadas predominavam no setor agrícola, os pequenos negócios e o comércio eram permitidos, e os poloneses voltavam-se cada vez mais para o Ocidente em termos culturais e sociais. Com o início dos protestos, e após o fracasso da repressão, algumas reformas foram realizadas e permitiam pensar que o regime cederia diante da pressão popular. A lista de candidatos ao Parlamento unicameral, o Sejm, foi formada pelo Partido Comunista, pelo Partido Camponês e por um Partido Democrata para pequenas empresas, além de dois grupos "católicos": um intelectual, Znak, e uma organização mais favorável ao comunismo, Pax. Os eleitores podiam riscar nomes da lista, embora isso não afetasse realmente os resultados. Também foram formados grupos de oposição, na sua maioria, ilegais. Os grupos profissionais continuaram sob o controle do Estado, mesmo quando defendiam seus interesses. Como consequência, havia porta-vozes e especialistas conhecidos que podiam trabalhar juntos nas negociações entre os grupos de oposição e o regime.

A Igreja Católica da Polônia, de tradição nacionalista, teve permissão para participar com representantes de seus grupos laicos no Parlamento e organizando diversos agrupamentos. Embora o Estado tenha tentado tirar alguns de seus privilégios, seu poder cresceu desde meados da década de 1950. Quando o cardeal polonês Karol Woityla foi eleito Papa, em 1978, e visitou a Polônia em 1979, o poder da Igreja aumentou ainda mais, assim como aumentou a sensação dos poloneses de que podiam agir com independência em relação ao Estado, o que fortaleceu a ação popular. Quando Lech Walesa – líder do sindicato Solidariedade – assinou publicamente os acordos de Gdansk de 1980, que colocaram fim nas greves do sindicato, utilizou a caneta da primeira visita do Papa em 1979.

Apesar da repressão às manifestações de massa de trabalhadores contra o aumento de preços em 1956, 1970 e 1976, em todas essas ocasiões o governo cedeu às exigências, tanto para levá-las a cabo como para melhorar os benefícios dos trabalhadores. Em duas ocasiões, em 1956 e em 1970, o primeiro secretário do Partido Comunista polonês foi substituído devido aos protestos.

De cada uma das manifestações surgiram grupos de intelectuais. Em 1976, os intelectuais estabelecidos em Varsóvia constituíram o Comitê de Apoio aos Trabalhadores, que ajudava os operários presos durante as manifestações e suas famílias. Esse comitê se ampliou para organizar debates, em sua maioria ilegais, editar milhares de publicações também ilegais e dirigir a "Universidade Volante",* ações que ocuparam os espaços que a censura e o controle do governo deixavam.

Dentro do Partido Comunista, formou-se uma ala reformista que contribuiu para a aprovação de reformas econômicas e a abertura do sistema político. No final da década de 1970, com o objetivo de importar bens e equipamentos industriais, a Polônia emprestou do Ocidente mais dinheiro do que na realidade podia assumir e pagar. Os credores ocidentais pressionavam para conseguir um aumento de preços, o que desencadeou a ocupação dos estaleiros das cidades bálticas em 1980 e provocou demandas por um sindicato livre (o Solidariedade), o direito de greve e uma maior transparência e abertura dos meios de comunicação. Depois que o governo cedeu às demandas dos trabalhadores dos estaleiros, através dos acordos de Gdansk, as manifestações do Solidariedade por toda a Polônia conseguiram também que as concessões se ampliassem para outros grupos do país, incluindo os camponeses, os estudantes e os intelectuais.

As demandas radicais que exigiam liberdades políticas e sociais – e que a economia proporcionasse bens de consumo, pagasse salários adequados e se modernizasse – aumentaram na década de 1980, pois o governo não podia fornecer bens nem alimentos de primeira necessidade. Em 13 de dezembro de 1981, em resposta à pressão soviética para conter a radicalização do Solidariedade diante da deterioração da situação econômica (e da necessidade de evitar um pagamento significativo de empréstimos ao Ocidente que não podia assumir), o governo decretou a lei marcial. Os líderes e os ativistas do Solidariedade, assim como os líderes do governo e dos principais partidos responsáveis pelo desastre econômico da década de 1970, foram presos, a polícia e o Exército ocuparam seus postos e as ruas da Polônia, e as comunicações nacionais e internacionais foram com-

* N.T.: Iniciativas clandestinas de ensino, existentes durante o controle e a censura dos regimes fechados autoritários na Polônia desde o século XIX, durante o nazismo e no regime soviético.

pletamente cortadas. O governo norte-americano de Ronald Reagan condenou a decretação da lei marcial e impôs sanções que impediram aviões poloneses de aterrissarem nos Estados Unidos, congelaram os empréstimos à Polônia e proibiram o comércio. Os países da Europa Ocidental definiram sanções à Polônia apenas mais tarde, embora tenham imediatamente condenado os ataques.

Durante os sete anos seguintes, as restrições da lei marcial foram reduzidas: as comunicações foram restauradas, os presos libertados, produziu-se uma lenta abertura da vida política e dos meios de comunicação, e o governo experimentou a liberalização da econômica para aumentar a produção. Ainda assim, nada conseguiu eliminar as marcas da lei marcial.

A FASE FINAL

No final de 1980, a situação econômica da Polônia havia melhorado e não havia mais racionamento para a maior parte dos bens de primeira necessidade, como havia ocorrido no início da década. Apesar do fim das sanções impostas pelo Ocidente, da maior autonomia das fábricas e do aumento dos salários dos trabalhadores, a maioria dos poloneses considerava que sua situação pessoal havia piorado. A porcentagem da população que manifestava ter esperança no futuro havia se reduzido drasticamente, passando de 42%, no início da década de 1980, para 16%, em fevereiro de 1988.[2] O Estado não dispunha de fundos suficientes para suas obrigações básicas e estava submetido às pressões do Banco Mundial e do Fundo Monetário Internacional (FMI), assim como às pressões dos Estados Unidos e da Europa Ocidental para a reestruturação da economia.

A consequência foi o distanciamento da população e fracassos econômicos muito profundos. A libertação gradual de mais de mil ativistas do Solidariedade realizada pelo partido; o fim das sanções; o aumento da privatização na economia; e os convites feitos a opositores moderados para que trabalhassem com o governo não conseguiram acabar com o impasse político. Em 1988, a gravidade da situação era tal que não houve outra opção ao Partido Comunista e ao governo senão iniciar "conversações sobre conversações" com a oposição política e a Igreja Católica, para obter apoio para realizar novas reformas econômicas. Essa iniciativa era importante para o Solidariedade, pois, apesar de todos os presos políticos terem sido libertados em 1986, o movimento não havia sido legalizado e podia pouco mais do que participar de greves e manifestações.

AS NEGOCIAÇÕES

Em 1988, os líderes da Igreja Católica atuaram como intermediários em reuniões separadas com Lech Walesa e com o general Wojciech Jaruzelski – antigo chefe das Forças Armadas e primeiro secretário do Partido Comunista, que havia imposto a lei marcial – para iniciar o diálogo sobre como delinear as negociações. Os líderes inferiores de ambas as partes se reuniam regularmente. O governo deixou claro que legalizaria o Solidariedade e inclusive concederia tempo na televisão e o direito de publicação de seu próprio jornal. Aleksander Kwasniewski, ministro da Juventude e Esportes do último gabinete comunista e um dos negociadores designados para as conversas preliminares, lançou um "balão de ensaio". Convocou eleições parcialmente livres, nas quais 35% das cadeiras do Sejm ficariam abertas a candidatos que não fossem do Partido Comunista ou de seus órgãos subsidiários, e 65% seriam reservadas aos candidatos do Partido Comunista, incluindo uma lista nacional com os 60 principais reformadores do partido; um novo Senado eleito livremente; e um presidente eleito por ambas as Câmaras. No que parecia uma concessão ao Partido Comunista, que já tinha seus trabalhadores eleitorais prontos, houve acordo para que as eleições se realizassem logo depois da finalização das negociações da Mesa-Redonda. O Solidariedade aceitou a oferta como base para um novo sistema, assim como o governo e o Partido Comunista.

Cada uma das três "mesas" que conformavam as negociações da Mesa-Redonda era presidida por um representante do Solidariedade e outro do governo. Estas, por sua vez, estavam formadas por uma série de grupos de trabalho ou "submesas" compostas de 500 especialistas e ativistas. Cada grupo de trabalho era dirigido por um especialista do Solidariedade e um especialista que representava os partidos no poder. Foram elaboradas propostas econômicas e sociais, estudadas pelos deputados após as eleições, e chegou-se a acordos sobre uma nova estrutura de governo e um plano sobre como se realizariam as eleições, incluídas as eleições livres ao Parlamento e as presidenciais, que ocorreriam quatro anos após as eleições de 1989. Outra concessão conquistada pelo Solidariedade foi que a nova Constituição não fosse aprovada até haver uma Assembleia Nacional eleita livremente.

Os acordos foram firmados em 4 de abril de 1989 e, em 4 de junho, foram realizadas eleições. No primeiro turno, os candidatos do Solidariedade ganharam todas as cadeiras destinadas aos deputados não pertencentes ao partido. Na lista do Partido Comunista, somente três candidatos conseguiram a maioria em seus distritos, e apenas dois da lista nacional obtiveram a maioria no primeiro turno. Essa situação foi uma surpresa para ambos os lados e os pegou despreparados. O

Solidariedade não havia se apresentado com uma plataforma pronta para dar os passos seguintes, e os candidatos do Partido Comunista estavam preparados para compartilhar o poder, não para perdê-lo. A derrota foi ainda mais crítica quando o antigo Partido Camponês e o Partido Democrata se uniram ao Solidariedade, o que levou a nova coalizão a conquistar uma maioria de 65%.

Os dirigentes do Partido Comunista polonês aceitaram essa derrota esmagadora, tal como ocorreu com o líder reformista soviético Mikhail Gorbachev. Os líderes do Solidariedade mantiveram o acordo secreto de que alguns deputados não se apresentariam na votação para viabilizar a redução do quórum, propiciando que a Assembleia e o Senado elegessem Jaruzelski como presidente. O Solidariedade também concordou que houvesse um governo de coalizão que satisfizesse as expectativas soviéticas ao conceder os ministérios do Interior, Defesa, Comércio Internacional e Transporte Internacional a reconhecidos funcionários comunistas. Naquele momento, não sabiam que, logo depois, o comunismo desmoronaria em outros países e ocorreria a queda do Muro de Berlim.

PROCESSO DE MUDANÇA

Tadeusz Mazowiecki, membro da oposição católica, foi indicado por Lech Walesa para ocupar o cargo de primeiro-ministro nomeado pelo presidente Jaruzelski. Ele havia sido jornalista e deputado católico, bem como um dos líderes do Solidariedade nas negociações dos acordos de Gdansk e nas conversações da Mesa-Redonda. Mazowiecki deixou claro que só ocuparia o cargo se pudesse realizar as próprias nomeações e tomar decisões. Seu "gabinete da grande coalizão" incluía 12 membros do Solidariedade, sete membros dos partidos que desertaram do Partido Comunista e quatro membros do Partido Comunista. Apenas o Ministério de Assuntos Exteriores, que o Partido Comunista pretendia ocupar, ficou com um especialista que não pertencia a grupo algum.

Em setembro de 1989, Mazowiecki manifestou, em seu discurso inicial diante do Sejm e do Senado, que a Polônia se concentraria no presente, e não no passado, traçando uma "linha larga" entre os dois, e no progresso através da reforma do sistema político, a estabilização e a privatização da economia e a "entrada na Europa". Isso implicava não investigar nem punir as pessoas pelos atos cometidos no passado. Era necessário, já que os comunistas formavam parte do governo e continuavam controlando o Exército e os serviços de segurança. Em seu lugar, a legislação deu atenção especial à recuperação dos símbolos do Estado prévios à tomada do poder, à criação de leis eleitorais para eleições livres e ao início da redação de uma nova Constituição.

Os membros do gabinete tinham critérios muito distintos sobre o que deveria ser feito, e suas reuniões se prolongavam durante horas para chegar a um difícil consenso. No Parlamento, a drástica derrota sofrida pelos candidatos do Partido Comunista os deixou em segundo plano, com pouca esperança de influir na política. O resultado foi que quase todos os deputados de ambos os grupos votaram a favor de Mazowiecki para primeiro-ministro, bem como das suas indicações para o gabinete e das leis encaminhadas pelo seu governo.

Diante da derrota eleitoral, o Partido Comunista (PC) se dissolveu quase quatro meses depois da formação da grande coalizão. A maior parte de seus membros se uniu ao Partido Social Democrata da Polônia, que herdou as propriedades e os fundos do PC. Kwasniewski foi um de seus membros fundadores e seu presidente. A Aliança da Esquerda Democrática (SLD) começou a reagrupar-se para as eleições parlamentares de 1991, mantendo-se muito próxima ao partido de Mazowiecki, a União Democrática. Em 1993, esse legado do Partido Comunista, junto com o Partido Camponês, liderou o Sejm, pois o Solidariedade fragmentou-se em vários partidos pequenos que não alcançaram o patamar necessário de votos para ocupar cadeiras. Então, apenas seis anos depois da derrota eleitoral do Partido Comunista em 1989, Kwasniewski ganhou as eleições presidenciais como candidato da SLD contra Walesa, apesar de os recursos de seu partido terem sido confiscados e dos ataques da imprensa e de outros políticos.

A inserção do país na Europa foi simples, especialmente depois da queda do Muro de Berlim. As fronteiras foram abertas e os poloneses podiam viajar livremente. O papa João Paulo II se envolveu no processo e ajudou a convencer os outros Estados a aceitarem a entrada da Polônia nos órgãos europeus. O país recebeu o convite para ingressar no Conselho Europeu em 1990. Até a queda da União Soviética e a reunificação formal da Alemanha, não havia possibilidades reais para que a Polônia ingressasse na Otan ou fosse parte da União Europeia (UE). Entretanto, quando ocorreu a dissolução da União Soviética, em 1991, a colaboração do Ocidente foi suficiente para que a Polônia desse continuidade a seus objetivos.

O resgate e a transformação da economia eram um caminho mais complexo. O último governo comunista havia tentado realizá-lo com o apoio popular, concedendo aumentos salariais significativos e permitindo às empresas estatais aumentarem os preços. Essas políticas, ao lado do aumento da carga que representava o pagamento da dívida da Polônia contraída desde a década de 1970, promoveram uma taxa de inflação de 55% em outubro de 1989.[3] Os credores públicos e privados do ocidente, assim como as instituições internacionais, inundaram a Polônia de especialistas em economia e governança, e todos defendiam uma reforma econômica urgente e profunda. Com a finalidade de reestruturar a economia, em dezembro de 1989, o Sejm votou majoritariamente a favor do plano proposto pelo ministro da Economia Leslek Balceriwicz. Esse "tratamento de choque" teve como consequência um aumento dos preços de 572%, enquanto os salários diminuíram 24% em relação ao ano anterior, apesar de a Polônia ter recebido um aporte considerável de investimentos e ajuda estrangeira, inclusive um "fundo de estabilização" de 1 bilhão de dólares financiado pelos Estados Unidos e Europa Ocidental. As ajudas e o comércio, assim como as "doações" de alimentos e as importações de alimentos e bens de consumo, mantiveram a economia polonesa erguida. Mas debilitaram os negócios agrícolas e a indústria, já que os bens ocidentais eram mais baratos, mais bem embalados e mais atrativos para os poloneses.

O governo dispunha de pouco dinheiro para enfrentar os problemas sociais que essas mudanças trouxeram. A situação prejudicou a base eleitoral do Solidariedade, porque não existia uma rede de seguridade social efetiva para os mais afetados pelo fechamento ou venda das propriedades agrícolas e indústrias estatais. Para outros, o que realmente assustava era a perda do poder aquisitivo e a insegurança pelo que podia ocorrer quando a privatização fosse ampliada e o governo reduzisse sua "presença".[4] O resultado foi uma perda radical de apoio para Mazowiecki e seu governo e a fragmentação do Solidariedade.

TRANSFORMAÇÃO ATRAVÉS DE ELEIÇÕES

Essa fragmentação fez com que Jaruzelski cedesse diante da pressão e renunciasse, para que a Polônia pudesse realizar eleições antecipadas e ter um presidente eleito democraticamente. Em sua campanha, Lech Walesa atacou Mazowiecki e os intelectuais por terem afundado a economia polonesa e serem muito brandos com os comunistas. Mazowiecki o enfrentou, argumentando a postura errática de Walesa. No final, um desconhecido empresário polonês, de origem canadense, ganhou de Mazowiecki, mas perdeu para Walesa no segundo turno. Esse foi o início do que seria a divisão ainda mais amarga do Solidariedade. Também deu bases aos ataques de Walesa contra outros políticos, bem como à sua desobediência às disposições constitucionais que limitavam o poder presidencial.

Inicialmente, a finalidade das eleições parlamentares de 1991 era garantir a aprovação de uma Constituição em um Parlamento eleito livremente. Também refletiam a necessidade internacional de a Polônia colocar-se em dia com os Estados da Europa Oriental, cujo processo de democratização começou mais tarde, quando sentiram-se menos oprimidos pelo temor aos limites que os soviéticos podiam impor. Como as primeiras eleições foram livres, cumpriram antes da Polônia os requisitos para eleger representantes no Parlamento Europeu.

Os resultados das primeiras eleições parlamentares livres de 1991 foram desastrosos para a estabilidade política. O Solidariedade fragmentou-se em muitos partidos; dentre eles, os mais fortes eram populistas e de tendência nacionalista-religiosa. Após uma disputa relacionada à lei eleitoral, foram estabelecidos patamares tão baixos que mais de 111 partidos cumpriram os requisitos para apresentar-se; 29 superaram a barreira de 5% para obtenção de cadeiras no Sejm e 22 chegaram ao Senado. Não havia nenhum partido ou coalizão que tivesse ampla maioria. Esse resultado, ao lado do desejo de Walesa de controlar todas as decisões, provocou disputas constantes com relação às nomeações e um tenso debate sobre a eliminação da "linha larga". A Polônia deixou de ter um gabinete com pontos de vista distintos, capaz de adotar uma postura unificada nas questões políticas fundamentais, e perdeu um Parlamento que respeitasse as decisões do governo.

O Sejm desmoronou depois que radicais próximos ao ministro do Interior acusaram importantes membros do governo e do Sjem, assim como Lech Walesa, de serem agentes da polícia secreta. Quando o Sejm foi dissolvido, aprovou-se uma nova "Pequena Constituição" de natureza provisória, que especificava as funções das diversas instituições e estabelecia um patamar mais elevado para a obtenção de cadeiras na Câmara. Nas eleições realizadas em 1993, antecipadas em consequência dessa situação, a direita ficou tão dividida que foram poucos os partidos que alcançaram o patamar necessário para ocupar cadeiras. A SLD obteve novo apoio eleitoral por ter ficado à margem dos conflitos e por sua reputação de "modernizadores racionais"; também teve apoio daqueles que recordavam as vantagens do comunismo e dos que foram atacados por sua implicação no regime comunista. O Sejm ficou dominado pela SLD e o Partido Camponês.

Dois anos mais tarde, Kwasniewski derrotou Walesa nas eleições presidenciais. Durante seu mandato aprovou-se uma nova Constituição que agregava as lições extraídas dos sete anos precedentes. Ela circunscrevia os poderes do presidente e outorgava todo o Poder Legislativo às Câmaras do Parlamento, inclusive a competência para anular o veto presidencial. O presidente apenas conservou competências limitadas para dissolver o Parlamento. A Polônia ingressou na Otan e, mais tarde, na UE, após receber uma substancial ajuda para satisfazer as normas de adesão à UE e adaptar as Forças Armadas e seu equipamento da época do Pacto de Varsóvia aos requisitos da Otan.

Ainda que com a nova economia muitas pessoas continuassem sofrendo dificuldades, a Polônia passou a ser um membro próspero da Comunidade Europeia. Entretanto, os abusos de seu passado comunista continuavam sem solução e geravam inquietudes. As queixas e processos – e a exposição de tudo o que a polícia secreta havia feito – se converteram nos instrumentos da direita radical. Até a aprovação, em 1998, da legislação que estabelecia um Instituto da Memória Nacional, as revelações da "depuração selvagem" sobre quem havia sido agente e espião constituíram o centro do debate político e criaram uma profunda instabilidade. Os fantasmas do passado continuam vivos na Polônia nos dias de hoje, minando a Igreja com declarações de sacerdotes que atuaram como agentes e enfraquecendo o respeito que a população tinha pelo Sejm e – durante as presidências de Walesa e Kaczynski – pelo presidente. A atenção centrou-se em quem fez o quê (e quando), em vez de como resolver os problemas atuais.

O interesse dos cidadãos poloneses em punir as pessoas pelos feitos do passado é muito menor que o dos políticos. Os julgamentos, iniciados em 2006 contra Jaruzelski e seu entorno por ter imposto a lei marcial e atacado os manifestantes em 1970, não despertaram um interesse real na população. A candidatura a um cargo público e as nomeações políticas exigem que a pessoa declare ter sido agente (se for o caso); entretanto, muitas das pessoas cuja confissão foi tornada pública nas assembleias foram eleitas.

LIÇÕES EXTRAÍDAS

Quando os líderes do Partido Comunista recorreram ao Solidariedade, em 1988, para pensar uma forma de incluir a oposição no sistema, o objeto era envolver esse movimento no processo de mudanças econômicas que sabiam ser difíceis. Afinal, apesar das reformas e da abertura do sistema, a declaração da lei marcial de 1981 não havia sido esquecida nem perdoada.

Optaram por uma via diferente, que incluía a participação dos líderes da Igreja Católica como partidários das negociações, conversações informais com os defensores intelectuais do Solidariedade e um processo formal de mesa-redonda. Para os líderes do Solidariedade, as negociações da Mesa-Redonda constituíram uma oportunidade para ressurgir como organização legal que podia promover melhoras para a vida dos cidadãos. O processo foi realizado porque o Solidariedade contava com uma base de negociadores e especialistas conhecidos por seu trabalho na oposição; os membros de ambos os lados se conheciam e podiam trabalhar juntos. Da mesma forma, os líderes do governo e do partido que defenderam a mudança eram os mesmos que tinham declarado a lei marcial e controlado os serviços de segurança; portanto, não se tratava de uma oposição real na retaguarda do antigo regime comunista. O processo foi público desde o início. Quando começaram as negociações, os debates seguiam a cargo dos especialistas que representavam os dois lados pretendendo não apenas abrir e reestruturar o sistema, mas também combater os problemas sociais e econômicos, que incluíam desde a reforma educacional até os direitos dos trabalhadores, questões que importavam diretamente à população.

Os resultados das eleições, imprevisíveis para ambas as partes, modificaram o processo. Mas como os dirigentes comunistas tinham estabelecido as regras eleitorais, seus líderes não tiveram outra opção senão assumir a derrota e a deserção de seus aliados. Nenhum dos lados sabia o que ia ocorrer em seguida. De forma que os líderes do Solidariedade reuniram todos os partidos no gabinete, e aqueles que haviam se apresentado como membros do Partido Comunista votaram a favor de mudanças profundas nas áreas política e econômica.

Dado que nenhuma das partes tinha as ações previstas, foi possível realizar mudanças drásticas e irreversíveis de caráter político e econômico. No entanto, essas mudanças também provocaram uma amarga fragmentação do Solidariedade e disputas insolúveis sobre como enfrentar o passado. O sistema político evoluiu partindo do que havia funcionado (e o que não) na primeira década da transição. Essas lições estão refletidas na Constituição de 1997.

Embora a Polônia tenha realizado sua própria transformação, os atores externos desempenharam um papel importante. O fim do controle soviético na Europa Central e Oriental em 1989 e a dissolução da União Soviética em 1991 abriram as portas a mudanças até então difíceis de imaginar. A colaboração do Ocidente com a Polônia desde meados da década de 1950 fez os poloneses verem que havia alternativas melhores que o comunismo e que o exterior se preocupava com eles. Os vínculos econômicos com o Ocidente exerceram pressão sobre os dirigentes poloneses para que reformassem o sistema político e econômico.

Para o novo governo, os assessores ocidentais, assim como os empréstimos e a ajuda dos governos do Ocidente e as instituições internacionais, desempenharam um papel significativo na hora de determinar a direção da reforma econômica e na manutenção da economia coesa depois da transformação. O processo de mudança econômica e política foi acelerado pelo fato de ser "europeu". Isso, junto com o ingresso na Otan e na UE, também legitimou o novo sistema aos olhos da população, embora muitas pessoas tivessem sofrido com as reformas no princípio.

No final, a colaboração ocidental e o apoio proporcionado, assim como as primeiras medidas irreversíveis tomadas para transformar as estruturas econômicas e políticas do antigo sistema, permitiram que a Polônia se transformasse no que talvez seja o país mais estável e próspero dos Estados pós-comunistas. Ela serve como exemplo de um dos casos mais exitosos de transição de um regime autoritário à democracia. A economia da Polônia obteve melhores resultados que a maior parte da Europa durante a crise posterior a 2008, e a política polonesa sobreviveu aos períodos de agitação, passando a ser democrática e institucionalizada de forma permanente.

Resenha biográfica de ALEKSANDER KWASNIEWSKI, presidente da Polônia (1995-2005)

Aleksander Kwasniewski, político de carreira, ascendeu no Partido Trabalhista Unificado Polonês (Partido Comunista) até um posto menor no gabinete do último governo comunista. Foi ator importante na transição de um regime comunista autoritário a um de governança democrática e de economia de mercado e conduziu os comunistas reformistas ao êxito eleitoral, o que o levou ao cargo de presidente durante duas legislaturas em um sistema presidencialista.

Começou como dirigente da organização estudantil comunista em Gdansk em 1976 e posteriormente foi editor-chefe das duas revistas estudantis de tiragem nacional do partido. Durante os últimos anos do regime comunista, de 1985 e 1990, Kwasnieswksi foi nomeado ministro da Juventude e Esportes e, mais tarde, chefe do comitê sociopolítico do governo de fins de 1988 até 1989. Em 1989 foi copresidente, junto com Tadeusz Mazowiecki, do grupo da Mesa-Redonda que se ocupava de questões sindicais.

Após a dissolução do Partido Comunista em 1990, Kwasniewski foi cofundador e presidente do seu sucessor, o Partido Social Democrata, e seu grupo parlamentar, a Aliança da Esquerda Democrática (SLD). Durante sua liderança, a SLD obteve bons resultados nas primeiras eleições plenamente livres da Polônia, em 1991, e ganhou as eleições parlamentares de 1993. Kwasniewski encarregou-se então de dirigir a coalizão de governo. Essa vitória eleitoral e seu triunfo posterior diante de Lech Walesa nas eleições presidenciais de 1995 foram, por um lado, consequência do descontentamento público com o programa econômico polonês de "tratamento de choque" e, por outro, da ênfase de Kwasniewski em uma liderança política eficaz não ideológica, centrada na transformação econômica.

Concentrando-se em um governo eficaz, Kwasniewski foi capaz, como presidente, de superar as distâncias que separavam a esquerda e a direita em sua primeira legislatura, quando a SLD era uma coalizão no poder e, mais tarde, depois que a SLD perdeu para a direita em 1997. Nesse ano, com o apoio do Parlamento e a aprovação popular, foi feita uma nova Constituição – com competências presidenciais limitadas – que substituía a "Pequena Constituição" instaurada depois da transição. Ele deu continuidade à transição econômica na direção do capitalismo, levou a Polônia para a Otan e para a União Europeia (UE) e conseguiu ser reeleito presidente em 2000. Em 2001, Kwasniewski ajudou a SLD a recuperar o poder parlamentar em coalizão com o Partido Camponês Polonês, embora a SLD tenha desaparecido em 2006.

Durante sua Presidência e depois dela, Kwasniewski fomentou a cooperação entre os países da Europa Central e Oriental e estimulou a democratização em toda a região. Liderou os esforços de mediação que puseram fim à Revolução Laranja da Ucrânia em 2004 e dirigiu as delegações de observadores dos posteriores julgamentos dos dirigentes políticos ucranianos acusados de violações de direitos humanos. Também realizou inúmeras conferências.

ENTREVISTA COM O PRESIDENTE ALEKSANDER KWASNIEWSKI

A transição da Polônia é descrita como um dos casos mais frutíferos de mudança de um aparato estatal repressivo e uma economia ineficiente controlada pelo Estado para uma economia de mercado e um sistema político democrático. Por que a Polônia obteve esse sucesso relativo?

Estou de acordo que a Polônia é um exemplo de sucesso. Inclusive durante a recente crise econômica, a economia da Polônia continuou crescendo e a estabilidade política tem sido constante.

O problema dos vizinhos é importante, porque quase ninguém leva em conta que a Polônia não modificou as fronteiras com o passar dos anos, e todos os países ao nosso redor o fizeram. Antes, tínhamos três vizinhos e agora temos sete. Conseguimos estabelecer boas relações com todos eles. Durante os últimos 20 anos, a Polônia exportou estabilidade à região.

Por que foi possível conseguir uma transição duradoura à democracia? Quanto à atividade política da população, às mudanças dentro do Partido Comunista e às primeiras tentativas de reformar o sistema anterior, não resta dúvida de que a Polônia estava mais bem preparada para as mudanças que outros países da região. Da mesma forma, a Polônia tinha mais vínculos com o Ocidente que outros países próximos, pela diáspora polonesa e devido aos contatos pessoais.

Um exemplo foram as bolsas internacionais para poloneses que apoiaram pessoas que, posteriormente, desempenhariam papel crucial nas reformas.

Na Polônia existia um fator adicional que fomentou o diálogo e mitigou os comportamentos extremos: a Igreja Católica. Durante praticamente todo o período posterior à Segunda Guerra Mundial, a Polônia sofreu constantes crises políticas que se repetiam a cada dez anos; a primeira foi em 1956, a segunda em 1970 e a seguinte em 1976. As crises foram sentidas pelo Partido Comunista. Depois, entre 1980 e 1981, entrou em cena o movimento Solidariedade.

Em termos gerais, o comunismo polonês mudou para melhor após cada uma dessas crises. Em 1956, o estalinismo acabou e foi introduzida uma trajetória polonesa nacional, liderada por Wladyslaw Gomulka [líder comunista e líder *de facto* da Polônia entre 1945-48, 1956-70]. Pode-se recriminá-lo por muitas coisas, mas seu trabalho ajudou a Polônia ter certa independência da União Soviética. Gomulka caiu em 1970, e nessa década houve uma liberalização parcial do sistema político e uma abertura maior para o Ocidente com Edward Gierek [líder do Partido Comunista entre 1970-80]. Gierek modernizou a Polônia. É evidente que pode-se criticá-lo pelos empréstimos que contraiu, mas, por outro lado, foi o período em que a Polônia conseguiu dar um salto para a modernização. Pode parecer engraçado, mas neste ano é celebrado o 40º aniversário da produção do primeiro Fiat mini polonês, que se converteu no carro típico da Polônia. Também foi meu primeiro carro. Foi um grande passo, porque, graças a ele, a Polônia se converteu em uma sociedade em que a população dirigia.

O ano de 1980 marcou o final do período Gierek e o nascimento do Solidariedade, algo sem precedentes no bloco soviético. Foi a prova definitiva de que a sociedade não esperava a "democratização", mas a "democracia", e sem rodeios. Já não se aceitava o slogan que o partido havia repetido durante anos: "Sim ao socialismo, não à distorção".

MOBILIZAÇÃO SOCIAL

Poderia explicar a diferença entre o que denominou "democratização" e a "democracia plena"?

A democratização significa que ainda temos uma democracia parcial, algo que se aproxima da democracia, mas que não é. Na Polônia, tínhamos um sistema descrito como uma democracia: "democracia socialista". Na época, havia uma piada muito conhecida: "Qual é a diferença entre uma democracia e uma democracia socialista? A mesma que entre uma cadeira e uma cadeira elétrica". Uma palavra muda a essência da ideia. E esse foi o principal caminho que apresentou o Solidariedade ao sistema entre 1980 e 1981, porque a chegada de uma nova geração, com melhor formação, pessoas das grandes cidades e inclusive da classe trabalhadora, significou que os opositores do Partido Comunista não eram intelectuais; não eram professores de universidades nem dissidentes. Os principais opositores do Partido Comunista e seu programa eram trabalhadores que enfraqueciam as afirmações do partido. O partido situou a classe trabalhadora no centro de tudo o que representava. Portanto, o período entre 1980 e 1981 foi muito importante.

Naturalmente, a revolução do movimento Solidariedade está vinculada de forma muito estreita à eleição do papa João Paulo II, em 1978. A primeira visita do papa à Polônia, em 1979, contribuiu para esse grande movimento. Milhões de pessoas assistiram a suas missas e encontros. Tudo estava organizado, não pelo governo nem pelas estruturas oficiais, mas pelo povo, através da própria organização da sociedade. Pela primeira vez, durante o período do comunismo, a população finalmente entendeu que podia fazer algo sozinha, e algo grande, como um ato para milhões de pessoas.

Em 1980, o clima havia mudado muito. A maior parte das pessoas do Solidariedade não falava sobre mudar o sistema, porque continuava sendo muito arriscado. Leonid Brezhnev [secretário-geral do Comitê Central do Partido Comunista da União Soviética, 1964-82] continuava no Kremlin. No entanto, era uma luta pela dignidade, uma luta pela liberdade, uma luta pela democracia como tal, não apenas pela democratização. Sem soluções parciais. As pessoas pediam soluções reais. E o fizeram em uma época de crise econômica profunda.

ENFRAQUECIMENTO DO SISTEMA AUTORITÁRIO

Qual foi a resposta do Partido Comunista polonês às demandas generalizadas pela abertura democrática e pelo progresso econômico, dentro do contexto das restrições impostas pela União Soviética?

Na queda do comunismo, houve dois elementos decisivos em termos políticos e sociais. O primeiro foram os sucessos de Praga em 1968 e a posterior invasão soviética, em resposta às reformas propostas pelo Partido Comunista da Tchecoslováquia. Foi o princípio da deterioração ideológica do sistema, porque se há líderes comunistas que falam de reformas e é necessário recorrer a soldados para detê-los, significa que o sistema não funciona ideologicamente. O segundo elemento decisivo para a queda do comunismo foi o Solidariedade, um movimento de 10 milhões de pessoas, formado, em sua maioria, por trabalhadores poloneses que lutavam contra o sistema.

Em 1982, a resposta de [Wojciech] Jaruzelski, primeiro secretário do Partido Comunista da Polônia naquele momento [1981-89], foi a lei marcial. A instauração da lei marcial foi uma das decisões mais dramáticas da história do país. Se perguntarmos hoje aos poloneses o que acham dessa decisão, as respostas são muito divididas: 50% têm certeza de que era necessária, porque a situação era extremamente perigosa e havia muita probabilidade de uma invasão soviética, e outros 50% consideram que não era necessária e que Jaruzelski não estudou outras possibilidades para uma solução. Se perguntarem a mim, estou convencido de que o medo de uma invasão soviética era muito, muito forte. É bastante provável que se a situação na Polônia tivesse continuado como estava, os soviéticos ou as tropas do Pacto de Varsóvia teriam decidido intervir em questão de um mês. Não há dúvida de que teria sido um tipo muito especial de "invasão", porque havia então 200 mil soldados soviéticos em solo polonês. Não teria sido necessário enviar tropas de Vladivostok a Varsóvia. Bastava recorrer aos soldados de Rembertow, a 20 km do centro da cidade.

Portanto, a década de 1980 foi uma época de grandes problemas para Jaruzelski e para o Solidariedade. Pela primeira vez, a sociedade estava profundamente dividida. Após a imposição da lei marcial, a maioria dos poloneses estava decepcionada, frustrada e com uma atitude passiva. A posição do Partido Comunista, do governo, era fraca. Apesar das reformas, a economia não estava bem. A Polônia tinha problemas com todos os seus parceiros ocidentais: não tinha dinheiro, nem crédito, nem relações normais. A situação da União Soviética se deteriorava e não podia oferecer nenhum tipo de ajuda ao país.

ESTABELECER AS BASES PARA O DIÁLOGO E A NEGOCIAÇÃO

A situação era bastante trágica e Jaruzelski tinha cada vez mais claro que um verdadeiro avanço era necessário. Era preciso manter certo diálogo com a oposição e, certamente, pediu primeiro à Igreja que iniciasse o diálogo, porque para Jaruzelski a Igreja Católica polonesa era uma representação da sociedade no início da década de 1980. Em minha opinião, supervalorizou o papel e a posição da Igreja. Eu tinha a impressão de que Jaruzelski, que tinha bons contatos na instituição, estava certo de que colaborar com ela seria suficiente para encontrar uma solução. Mas não foi, porque muitos grupos políticos da oposição não estavam vinculados a ela.

As mudanças que ocorreram na União Soviética foram outro fator importante, quando Gorbachev iniciou a *Perestroika* em 1986. Até aquele ano, em qualquer país comunista era muito difícil conceber um diálogo mais aberto com a oposição. Depois de 1986, Gorbachev deu sinal verde a Jaruzelski. Disse: "Está bem, se quer fazer mais reformas, respeitando sempre as ideias e os valores socialistas, vá em frente". As ideias de Gorbachev não eram tão avançadas no início. Sabia que era necessário fazer algo, mas tinha o problema de explicar a necessidade da *Perestroika* e outras mudanças.

No final da década de 1980, Jaruzelski estava completamente convencido de que os problemas da Polônia só podiam ser resolvidos através do diálogo. O calendário não o favorecia em nada, porque as eleições seguintes da Polônia ocorreriam em 1989. Evidentemente, não foram eleições democráticas normais, porque todos os candidatos tinham sido aprovados pelo Partido Comunista. O problema real foi a participação. O nível de participação eleitoral indicava o grau de apoio ao partido. Em muitos casos, as cifras publicadas foram inventadas, mas os líderes sabiam perfeitamente quais tinham sido os resultados verdadeiros das eleições. O partido sabia que nas eleições seguintes não seria possível superar uma participação de 30% ou 40%. Uma participação baixa seria um sinal de que já não se aceitava o sistema e que as pessoas queriam mudança.

A convergência desses fatores – a economia, a sociedade dividida, as eleições seguintes – convenceu Jaruzelski a encaminhar um diálogo com a oposição. As primeiras negociações secretas ocorreram em 1988, e começamos oficialmente as negociações da Mesa-Redonda em 1989, de fevereiro a abril. Depois disso, o sistema mudou.

O MOTIVO DO SUCESSO DA TRANSIÇÃO POLONESA

Voltando à pergunta principal sobre qual foi a origem do sucesso, em primeiro lugar, creio que a Polônia estava mais bem preparada que outros países para as reformas. As crises "permanentes" da Polônia tinham modificado o sistema comunista e, em certos aspectos, era um país mais liberal que outros do bloco oriental. Na Polônia, contávamos com uma oposição muito forte e há bastante tempo já existia um movimento de oposição tradicional. Em 1956, o Partido Comunista tinha alguns dissidentes, e depois surgiram organizações de oposição muito sólidas, como o Comitê para a Defesa dos Trabalhadores (*Komitet Obrony Robotników*) em 1976 com Jacek Kuron, importante líder da oposição democrática, entre outros. A postura de Gierek foi suficientemente liberal para tolerar esses grupos que desenvolveram atividades em fins da década de 1970. Portanto, **na década de 1980, a Polônia estava muito dividida, mas a parte não comunista da sociedade era bastante bem organizada, especialmente o movimento Solidariedade, assim como eram outros grupos pequenos. Esses movimentos estabeleceram uma infraestrutura organizacional adequada, reconheceram as organizações políticas alternativas, nomearam líderes da oposição e foram os grandes representantes dos anos em que se desenvolveram debates sobre como se devia governar o país durante as mudanças futuras.**

O seguinte elemento importante é que havia pessoas preparadas para liderar e implementar as mudanças. Tinham recebido uma formação muito boa aqui na Polônia, contavam com certa experiência no Ocidente, e todos tinham mais de 30 anos ou pouco mais de 40, que é a melhor idade para assumir um cargo político e iniciar esse tipo de reformas. Muitos tinham estudado no exterior, especialmente no Ocidente, e quando tivessem oportunidade, estavam preparados para propor reformas. Um bom exemplo é Leszek Balcerowicz [vice-primeiro-ministro e ministro da Economia, 1989-91 e 1997-2000, arquiteto das reformas econômicas de "tratamento de choque" conhecidas como o plano Balcerowicz], que havia passado um tempo nos Estados Unidos, na Universidade de St. John. Marek Belka [primeiro-ministro, 2004-05, ministro da Economia, em 1997 e 2001-02], presidente do Banco Central, também havia estudado nos Estados Unidos. Além disso, no último governo comunista, Miexzyslaw Rakowski – famoso editor-chefe da *Polityka,* um excelente periódico polonês e último primeiro-secretário do Partido Comunista [1989-90] – foi primeiro-ministro [1988-89] antes da transição. Seu governo, do qual participei, apresentou inúmeras reformas importantes e novas leis que ajudaram, em grande medida, a economia da Polônia. A mais importante foi denominada lei Wilczek. Mieczyslaw Wilczek foi ministro da Indústria e seu propósito era criar um clima propício para os empresários. Em minha opinião, tudo o que Wilczek propôs no passado era muito melhor do que propõe o governo atual. De forma que, em termos fiscais, burocráticos, entre outros, dispúnhamos de um clima melhor para as empresas que outros países comunistas. Não há dúvida de que a situação econômica da Polônia naquela época era terrível; mas ainda assim, tivemos a coragem e a determinação suficientes para realizar as reformas.

AS LÓGICAS E OS EQUILÍBRIOS DA "MESA-REDONDA"

Quanto à forma como os atores-chave abordaram as negociações, como as conversações da Mesa-Redonda, por exemplo, grande parte depende de seu peso relativo. Em alguns casos, há um governo forte e uma oposição fraca, ou vice-versa. O senhor explicou que Jaruzelski tomou a iniciativa, mas havia um ator principal na oposição: o Solidariedade. Como se desenvolveram os debates entre os extremistas e os reformistas?

Pode haver um governo forte com uma oposição débil ou um governo débil com uma oposição forte. A melhor situação, que é a que ocorreu na Polônia, é ter parceiros mais fracos em ambos os lados, e não mais fortes. Antes das negociações da Mesa-Redonda, os dois parceiros principais estavam completamente debilitados. Ao Partido Comunista, faltava força e planejamento sobre o que fazer e sobre como gerir a ineficácia da economia. Para a grande maioria das pessoas, e inclusive para muitas do Partido Comunista, a necessidade de reformas políticas abrangentes era algo inquestionável. A posição do Solidariedade também era bastante débil. Não era o Solidariedade de 1980 e 1981, com 10 milhões de membros. Haviam se passado dez anos, era um Solidariedade esgotado e sem popularidade. Creio que o êxito da Mesa-Redonda ocorreu porque tínhamos dois lados que não eram muito fortes, mas ambos estavam firmemente convencidos e sentiam a responsabilidade de que era o momento de realizar algo importante para o futuro, já que a situação não podia continuar como estava. Era um momento-chave. Ao meu juízo, se um dos lados é forte e outro débil, é impossível alcançar um acordo. É o que observamos atualmente no conflito entre Israel e Palestina, por exemplo.

O Partido Comunista da Polônia estava formado por 2 milhões de pessoas, com várias tendências em seu seio, mas com dois grupos principais. Havia o grupo dos "reformistas", que era consciente de que a mudança era necessária e de que, sem uma transformação verdadeiramente profunda, não teríamos nenhuma oportunidade. Entre os reformistas, sem dúvida, havia pessoas mais moderadas, outras mais radicais e outras mais combativas. O líder desse grupo era Jaruzelski; se ele não tivesse se convencido da necessidade das reformas, não teria acontecido nada. Os demais líderes dos partidos comunistas da região nunca aceitaram as reformas. Erich Honecker [Secretário-geral do Comitê Central do Partido Socialista Unificado da Alemanha, 1971-89] e Gustav Husák [presidente da Tchecoslováquia, 1975-89] não as aceitaram; só János Kádár [secretário-geral do Partido Socialista Operário Húngaro, 1956-88] aceitou. Jaruzelski considerou que a lei marcial era necessária no início da década de 1980, mas, depois de sua instauração, deu-se conta de que sua única opção era o diálogo. Já não era possível ser mais rigoroso, forte ou repressivo. Para ele, a única forma de avanço era tornar-se um líder mais liberal, e não mais repressivo. Naturalmente, alguns membros do partido estavam contra as reformas e alertavam sobre o enorme risco que implicavam. Seu principal argumento era que, se continuássemos, o Partido Comunista perderia poder. Hoje, *a posteriori*, podemos afirmar que tinham razão. Os reformistas estavam equivocados sobre o futuro do partido. Quando as reformas começaram – Gorbachev com a *Perestroika* e Jaruzelski aqui na Polônia –, o resultado foi o início do fim do partido.

CRIAÇÃO DO CONSENSO PARA MUDANÇA

Jaruzelski decidiu prosseguir com as negociações da Mesa-Redonda e as reformas no último período da década de 1980. Contou com o encorajamento e o apoio de Gorbachev, o que era importante para ele. A situação era tensa. Durante um debate muito acalorado em uma das reuniões do Comitê Central, os extremistas começaram a atacar a Jaruzelski pelo diálogo da Mesa-Redonda, afirmando que era muito forte e que destruiria o partido. Foi a única vez, em sua longa carreira política, que Jaruzelski decidiu usar uma espécie de chantagem. Afirmou que sabia que muitos de seus camaradas estavam contra o diálogo, e que devido a isso, renunciaria para que pudessem eleger um novo primeiro-secretário. Alguns de seus colaboradores mais próximos também anunciaram a renúncia. Evidentemente, o Politburo decidiu acatar a decisão do Comitê Central. O resultado da votação foi que Jaruzelski devia ficar e, assim, aceitava-se a linha pró-reformista do partido. Nos partidos comunistas, essas situações dramáticas, com ameaças de renúncias e revoltas, simplesmente não acontecem. Ter colocado o cargo à disposição foi um sinal muito importante da determinação de Jaruzelski e de sua equipe de realizar as reformas.

Naquele momento, eu tinha 31 ou 32 anos, era o ministro mais jovem do governo polonês, porque tinha sido nomeado ministro da Juventude e Esportes com apenas 31 anos. Era jovem, tinha uma boa educação e tinha viajado por todo mundo. Em 1976, estudei três meses nos Estados Unidos. Para mim, era muito simples compreender o que era comparar o comunismo e a União Soviética com o Ocidente, com os países desenvolvidos. Sem dúvida, era uma visão decepcionante e uma situação muito frustrante. Também passei algum tempo na Alemanha Ocidental como estudante. Naquela época, era difícil comparar a Polônia com a Alemanha Ocidental. Não havia ponto de comparação; a Polônia era muito subdesenvolvida.

Para minha geração, era muito evidente que a Polônia precisava de uma mudança, necessitávamos modernização. Queríamos fazer parte desse mundo melhor e desenvolvido. O problema era como consegui-lo. Qual deveria ser a abordagem? Meus companheiros da universidade e eu tínhamos duas ou três posturas gerais. A primeira, que era a minha postura, consistia em que devíamos fazer todo o possível para apoiar as reformas e mudar o sistema o máximo possível. Entretanto, também devíamos aceitar o fato de que tínhamos o Pacto de Varsóvia e a União Soviética, todas essas limitações que eram fruto da Segunda Guerra Mundial e que não podíamos mudar. Alguns companheiros da oposição (e a oposição era bastante atuante no final da década de 1970) afirmavam que não era possível reformar o sistema. Consideravam que era necessário lutar contra ele, mesmo que pagássemos um preço muito elevado.

A terceira postura, que muitos de meus companheiros apoiavam, era que nenhuma das estratégias ia funcionar. Não estávamos preparados para mudar, nem para reformar o sistema de dentro. Não estávamos preparados para pagar o alto preço de sermos novos revolucionários, nem de ser presos como dissidentes. A única opção era sair. Foram muitos os que abandonaram a Polônia no início da década de 1980, e essa onda de imigração polonesa, sobretudo depois da lei marcial, foi bem grande. Muitos desses poloneses continua nos Estados Unidos, Austrália, África do Sul e outros países europeus.

Fui membro do Partido Comunista e ministro do governo, e para mim tudo o que ocorreu durante os últimos anos da década de 1980, antes das conversações da Mesa-Redonda, foi fascinante, uma oportunidade de fazer algo que se aproximava da minha forma de pensar. Participei de todos os processos desde o início, porque uma das primeiras decisões que Rakowski tomou para mudar a situação e realizar algumas reformas políticas foi debater a lei de Associações com a Igreja e com a oposição. No final da década de 1980, essa nova lei permitiu que vários tipos de associações pudessem se organizar à margem do controle estatal. Foi um grande passo à frente.

Presidi o diálogo com a Igreja. Lembro que me reuni com alguns bispos e seus assessores. Um dos assessores do episcopado era Jan Olszewski [primeiro-ministro, 1991-92]. Estavam profundamente surpresos com a juventude da equipe. A primeira reação de nossos interlocutores foi bastante negativa, porque estavam convencidos de que era uma brincadeira de Rakowski, não podia ser sério enviar ministros tão jovens para debater a lei de Associações. Para minha geração foi uma oportunidade magnífica; para nós, não era um problema que nosso antigo partido já não fosse capaz de manter-se ativo na nova era.

PROCESSO E MECANISMO DE NEGOCIAÇÃO

Como o general Jaruzelski e sua equipe se posicionaram diante da situação que conduziu às conversações da Mesa-Redonda?

O líder da equipe de Jaruzelski para as conversações da Mesa-Redonda era o ministro do Interior, Czelaw Kiszczak [1981-90]. Foi uma boa ideia que o ministro do Interior, a pessoa mais odiada pela oposição, fosse o líder do governo nas conversações, porque a oposição podia ver nele um homem capaz de tomar decisões. Era a pessoa mais próxima a Jaruzelski, que, como principal opressor, nesse momento era responsável pela democracia e liberalização. Portanto, do ponto de vista tanto psicológico quanto político, considero que foi uma decisão muito acertada. Na equipe também estavam Florian Siwicki, ministro da Defesa, o primeiro-ministro Rakowski, três membros do Politburo (Stanislaw Ciosek, Wladyslaw Baka e Janusz Reukovski) e eu.

Nunca fiz parte do Politburo; era apenas membro do governo, um ministro do governo de Rakowski, mas fui um dos copresidentes dos três grupos da Mesa-Redonda. Na estrutura geral da Mesa-Redonda, todos os delegados sentavam ao redor de uma mesa; nas reuniões havia dois presidentes, Kiszczak e Walesa. Havia três comissões que se encarregavam de todos os documentos e decisões. Naquela que eu presidia com Mazowiescki, debatíamos sobre os sindicatos e sobre como legalizar o Solidariedade. Reykowski membro do Politburo, e o professor Bronislaw Geremek eram os copresidentes da comissão de política. O terceiro grupo se encarregava da economia;

os copresidentes eram [Wladyslaw] Baka, membro do Politburo, e o professor Witold Trzeciakowski, membro da oposição. Essa foi a equipe com que Jaruzelski trabalhou e seu papel foi absolutamente chave.

A meu ver, no enfoque de Jaruzelski confluíam vários elementos. O primeiro era que, após a lei marcial, era muito importante uma solução nova, já que organizar algo parecido ao que existia seria um desastre; a situação era totalmente distinta. Creio que Jaruzelski tinha um interesse especial na ideia da democratização e liberalização. Não estou tão seguro de que pensasse em uma democracia plena, seu objetivo se aproximava mais da democratização. No entanto, tenho um grande respeito por sua determinação, porque eu a vi. É um dos poucos políticos que começou sua carreira com a lei marcial e acabou com diálogo e uma transição pacífica do sistema político. É muito mais habitual ter um presidente ou um primeiro-ministro eleito democraticamente, que acaba impondo uma lei marcial ou outro tipo de medida repressiva. Creio que é uma pessoa muito especial entre os ditadores ou quase ditadores.

Qual foi a estratégia do Partido Comunista para enfrentar as conversações da Mesa-Redonda?

A ideia era muito simples: convidar a oposição e propor compartilhar o poder e a responsabilidade. Inicialmente, acreditávamos que o processo de transição demoraria quatro anos no mínimo, mas evidentemente nos equivocamos. E, de acordo com a Constituição, as eleições seriam realizadas em 1989. As eleições de 1989 não foram completamente democráticas. A ideia era conferir 35% das cadeiras para o Partido Comunista e seus aliados. Posteriormente, seriam realizadas eleições presidenciais e (embora nunca tenhamos discutido oficialmente) desde o início todos sabíamos que o candidato do período da transição seria Jaruzelski. Propus organizar um Senado, uma segunda Câmara do Parlamento. A oposição manifestou total discordância, afirmando que podiam aceitar eleições para o Parlamento que não fossem totalmente democráticas, mas perguntavam quantas mais teriam que aceitar. Então, propus eleições estritamente livres ao Senado, e a proposta foi aceita. Foi uma surpresa para os líderes da oposição e para meus companheiros, mas expliquei que o partido, que tinha governado o país durante quase 50 anos, devia estar preparado para participar de eleições plenamente livres para o Senado. Embora 100% dos senadores pertencessem à oposição, continuaria existindo uma pequena maioria para eleger Jaruzelski como presidente. Minha argumentação foi demagógica, pois disse: "Vejam, se este partido não está sequer preparado para realizar um teste menor, significa que não é um partido político. E, portanto, teremos que admitir que nosso partido não é capaz de ganhar nada. Como vamos dizer que estamos preparados para governar o país, mas que não nos interessa fazer um teste assim com as eleições?". É claro que eu não era tão pessimista. Estava seguro de que nas eleições para o Senado ao menos 30% ou 35% das cadeiras ficariam nas mãos do Partido Comunista. Com Jaruzelski como presidente, inclusive com um Senado eleito livremente, continuaríamos com o controle da maioria do Parlamento e isso funcionaria para a fase seguinte [eleição livre para a Câmara e o Senado, quatro anos mais tarde].

Tudo mudou depois das eleições de junho. Era impossível ignorar os resultados que favoreceram a oposição. Mais uma vez, **Jaruzelski teve uma atitude muito responsável, porque muitos membros do Partido Comunista, sobretudo dos partidos de coalizão – alguns grupos minoritários e, sobretudo, os vinculados à Igreja –, pressionaram para que declarasse as eleições ilegais e nulas. Ele se negou, disse que era necessário aceitar os resultados e inclusive aceitar que era um mau resultado para o Partido Comunista e, portanto, devíamos considerar novas soluções para o futuro. As eleições aceleraram o processo, ainda que, com o tempo, teria ocorrido de qualquer maneira**.

O PAPEL DOS LÍDERES AUTORITÁRIOS NA PROMOÇÃO DA TRANSIÇÃO

Nem sempre é necessário alguém que tenha sido democrata toda a sua vida para desempenhar um papel importante na materialização da democracia. Concorda que o general Jaruzelski seria um bom exemplo desta afirmação?

Sem dúvida. Entre todos os líderes do bloco soviético, Jaruzelski se destaca por sua inteligência, sua boa educação, sua cultura e sua dignidade. Seu enfoque era muito pragmático. Sabia que, se não houvesse diálogo nem mudanças, não teria possibilidade alguma de fazer algo pela economia, nem incorporar as opiniões da oposição. Sem dúvida, Gorbachev foi outro elemento importante, porque Jaruzelski mantinha uma relação muito correta e próxima com ele. A relação pessoal entre eles era muito boa e acredito que, talvez, para Gorbachev, Jaruzelski e a Polônia tenham sido um laboratório muito importante para ver como funcionavam certos experimentos.

Jaruzelski era um homem de muitos paradoxos. Nasceu no seio de uma família da nobreza polonesa. Antes da guerra, frequentou escolas católicas, inclusive a escola de Marianów, profundamente católica, aqui em Varsóvia. Perdeu seu pai durante a Segunda Guerra Mundial, que morreu em algum lugar da União Soviética, porque a família foi deportada para a Sibéria quando a União Soviética invadiu a Polônia. Ali, passou os anos da guerra. Depois, começou sua carreira no Exército polonês, vinculado ao governo comunista. Chegou a ser general, ministro da Defesa e, finalmente, primeiro-ministro. Ninguém é perfeito; cometeu muitos erros e sua vida também esteve coberta de oportunismo. Mas um elemento muito especial que gostaria de destacar é seu patriotismo. Foi um homem de profundos sentimentos quanto ao Estado polonês. Seu sentido de responsabilidade em tudo que fez e seu patriotismo tiveram, no meu modo de ver, uma enorme importância nas suas decisões, especialmente as últimas que tomou. Em 1989, quando foi eleito presidente por um só voto de diferença na Assembleia Nacional, abandonou o cargo um ano mais tarde. Tinha claro que seu tempo havia acabado e renunciou como presidente de uma forma totalmente pacífica. Graças a isso, foi possível organizar as eleições gerais de 1990, e Walesa foi eleito para sucedê-lo. Se perguntarmos às pessoas que trabalharam com Jaruzelski naquela época, como Mazowiecki, todos dirão que sua colaboração era de uma lealdade extrema. Continuou com muita influência no Exército e em algumas instâncias do Ministério do Interior, mas nunca a utilizou para impor sua vontade. Foi completamente leal ao novo primeiro-ministro e ao seu sucessor, Walesa. Na realidade, isso foi o final de sua vida política, porque renunciou um ano mais tarde, mas demonstra que é possível começar como ditador e terminar como um homem de Estado com convicções democráticas.

CRIAÇÃO DE NOVOS PARTIDOS POLÍTICOS

Por que o senhor decidiu que devia avançar, deixar o antigo partido e criar um novo?

Decidi organizar o novo partido porque percebi que o Partido Comunista da Polônia era parte do passado. Pertencia a um sistema repressor sem regras democráticas. O partido (e inclusive sua ideologia) havia se tornado ineficaz e, para ser sincero, inaceitável na era democrática. Umas das primeiras declarações dos documentos do novo partido, Socialdemocracia da República Polonesa (SdRP), era que queríamos ter uma representação política proporcional ao apoio com que contávamos, que respeitávamos as regras da democracia. Se obtivéssemos 5% dos votos, esse seria nosso papel: 5%. Se obtivéssemos 55%, teríamos maioria e seríamos responsáveis pelo país.

A primeira coalizão que organizei com Wlodzimierz Cimoszewicz [candidato à presidência nas eleições de 1990 e primeiro-ministro entre 1996-97] foi a SLD (Sojusz Lewicy Demokratycnej), a Aliança da Esquerda Democrática. O partido era parte da coalizão Socialdemocracia da República Polonesa [que se transformou no partido de herança pós-comunista]. Eu me sinto orgulhoso de que, nesses 23 anos, o partido não tenha provocado nenhum conflito democrático. Trata-se de um dos partidos mais limpos e defensores da democracia, que aceita todos os aspectos de um sistema democrático.

Quando as negociações começaram, o senhor previa a necessidade de contar com um novo partido?

Não, não exatamente. Durante as negociações, ninguém falou de novos partidos porque o processo era muito frágil. Éramos bons negociadores, mas não profetas. Nenhum de nós era capaz de prever a queda da União Soviética, a reunificação alemã e o colapso do Partido Comunista polonês. Para ser sincero, talvez tenha sido melhor assim. Não teria sido muito útil ter objetivos demais durante as negociações desse tipo, porque o que significa uma mudança assim? Graças a Deus, não discutimos a reunificação alemã. Nós nos limitamos a analisar como mudar o sistema político e a economia da Polônia. Durante um longo e esgotante debate com a oposição, eu disse: "Vejam, sei que as lutas pelo poder são complicadas. Mas por que é tão difícil renunciar ao poder?". Para mim, era evidente que o diálogo entre a oposição e o Partido Comunista supunha que, no mínimo, compartilharíamos o poder e a responsabilidade. A oposição estava participando na política e esse era o ponto importante. Nas eleições de junho de 1989, o Solidariedade ganhou de forma espetacular; ficaram com 99 das 100 cadeiras do Senado. Em minha opinião, o resultado foi claro: o Partido Comunista polonês era parte do passado e não tinha qualquer possibilidade de ser um elemento eficaz e respeitado na nova Polônia democrática.

A REFORMA ECONÔMICA

O período-chave para nosso sucesso foi posterior às eleições de 1989. O novo governo de Tadeusz Mazowiecki [o primeiro não comunista a ocupar o cargo de primeiro-ministro, 1989-91] era, em termos formais, um governo de coalizão, porque o Parlamento contava com representação de todos os grupos políticos. O Parlamento eleito em 1989 não tinha resultado de eleições totalmente democráticas, mas dedicou-se por completo a realizar essas reformas. Seu modo de enfocar todas as questões era muito bipartidário.

O governo de Mazowiecki e Balcerowicz utilizou o clima favorável da transição, essa explosão de esperança e expectativas positivas, para aplicar um "tratamento de choque" na economia. O tratamento incluía medidas econômicas muito duras, a população perdeu dinheiro e, em muitos lugares, também seu trabalho. Fechamos muitas fábricas grandes. O desemprego aumentou muito. No entanto, para recorrer a um tratamento de choque, é necessário encontrar o momento oportuno; se não se aplica no momento adequado, não funciona. Em alguns países, decidiram aplicar as medidas de choque dois ou três anos depois de reinstaurar a democracia. Mas, para aquele momento, já era muito tarde, porque a população não tinha o mesmo entusiasmo e estava menos disposta a fazer sacrifícios.

Também havia fatores sociais importantes. Nesse novo contexto, os poloneses demonstraram algo que surpreendeu inclusive a nós mesmos: seu forte espírito empreendedor. Era incrível. Atualmente, a Polônia é provavelmente uma das sociedades da Europa mais orientada à iniciativa empresarial. Temos aproximadamente 2 milhões de pequenas e médias empresas em que trabalham entre 7 e 8 milhões de pessoas. São empresas muito flexíveis, o que nos permitiu gerir a recente crise econômica com muita eficácia. Se você conta com duas ou três empresas grandes e tem problemas com o comércio, fica difícil para o governo enfrentar a situação. Se tem 2 milhões de empresas pequenas, pode ser que não saiba a que se dedicam, mas saberão encontrar seu nicho. O crescimento dos pequenos empresários foi muito positivo para a Polônia.

DESCENTRALIZAÇÃO

A mudança seguinte que contribuiu para nosso sucesso foi a descentralização. Um dos principais erros de muitos países pós-comunistas é o problema de descentralização. Decidimos mudar o sistema e conceder mais prerrogativas às autoridades locais e regionais. Organizamos as primeiras eleições locais plenamente democráticas em maio de 1990, 11 meses após as primeiras eleições parcialmente livres do Parlamento. Podemos afirmar que, em maio de 1990, a Polônia tinha um Estado muito mais descentralizado, com muitas competências novas, e novos fundos para os municípios, regiões e províncias.

Que efeitos teve essa decisão? Em primeiro lugar, havia muito mais energia no âmbito local, porque as pessoas que queriam fazer algo agora podiam fazê-lo. Contavam com os instrumentos e os fundos. Em segundo lugar, a população podia eleger seus líderes locais, pessoas conhecidas na cidade ou na região. Tinham seus próprios prefeitos, seus próprios líderes nos conselhos etc. A descentralização também foi muito significativa para controlar melhor os problemas de corrupção. Não há dúvida de que a corrupção continua sendo um problema em todas as partes, mas, com uma estrutura estatal descentralizada, fica mais fácil controlar. De início, a burocracia não está tão desenvolvida. Para tomar uma decisão não é necessário passar por inúmeros escritórios e níveis estruturais. A tomada de decisões está mais próxima das pessoas e dos cidadãos. E comunidades locais fortes podem supervisionar o que ocorre com essas autoridades locais. É fácil perceber se o prefeito da cidade tem um veículo modesto em um ano, e no ano seguinte tem um automóvel muito caro. Mesmo que seja uma simplificação, serve para ilustrar o mecanismo.

Por último, em qualquer lista que explique os motivos do sucesso na Polônia, é importante assinalar que, nos primeiros 20 anos, foi possível alcançar um consenso político amplo sobre os principais elementos da estratégia política polonesa. Aqui se incluem as mudanças democráticas de 1989 a 1991, o plano Balcerowicz e o ingresso na Otan, que foi fundamental para a segurança da Polônia. Chegamos a um consenso geral quanto à nova Constituição, adotada por referendo em 1997. Mais tarde, conseguimos ganhar o referendo para o ingresso na UE, com 75% de votos favoráveis. Essa foi, provavelmente, a última vez que obtivemos um consenso tão amplo e em que houve bipartidarismo.

QUANDO APLICAR UM TRATAMENTO DE CHOQUE NA ECONOMIA

Em todas as transições, o motor propulsor é de caráter político e os líderes adotam a política econômica em função de seus efeitos na evolução política da transição. Em alguns países, as mudanças econômicas foram realizadas gradualmente para evitar uma reação violenta. No entanto, na Polônia foi aplicado o tratamento de choque. Por que tomaram essa decisão?

O ponto essencial é encontrar o momento oportuno, ainda que convenha lembrar que não existe uma única resposta para todas as situações em todo o mundo. Seria fantástico dispor de duas ou três receitas, como se fossemos à farmácia, e ter soluções para os problemas de Cuba, Myanmar ou outros países, mas isso é impossível. Se quisermos analisar o caso polonês, é fundamental lembrar que tínhamos uma situação econômica tão ruim, tão dramática, que havia margem para tomar decisões arriscadas. Tínhamos hiperinflação e uma enorme dívida externa. As reformas radicais foram o modo de avançar para uma situação melhor. Entretanto, creio que tivemos sorte que o governo se considerasse obrigado a fazer algo pela economia. Encontraram o homem adequado e pessoas corretas; um grupo bastante grande de pessoas que trabalhava com Balcerowicz e que estava preparado, profissional e intelectualmente, para realizá-lo. **Em algumas ocasiões, é necessário realizar uma cirurgia de urgência, mas se não conta com bons médicos, pode terminar em tragédia. Na Polônia, encontramos bons "médicos", especialistas com uma grande determinação. Durante os primeiros meses da nova democracia, a situação política estava repleta de compreensão mútua. Havia representantes do antigo Partido Comunista no Parlamento. O ambiente estava carregado de responsabilidade, compreendia-se plenamente a necessidade da situação e as consequências para o futuro.** A partir de então, temos tido vários Parlamentos eleitos democraticamente, mas se perguntar qual Parlamento foi melhor, muitas pessoas responderão que foi o do período 1989 e 1991. Embora aquele primeiro Parlamento não tenha sido eleito de forma totalmente democrática, existia um ambiente especial de compreensão e compromisso.

Essa combinação entre mudanças importantes no sistema político e decisões difíceis em matéria econômica foi factível durante os dois primeiros anos; depois teria sido completamente impossível. As primeiras eleições totalmente democráticas para o Parlamento de 1991 se organizaram sem o patamar de 5%, de forma que qualquer partido, inclusive um que só ganhasse 1% de votos, tinha a possibilidade de obter cadeiras. A consequência foi que o Parlamento estava formado por 23 partidos políticos diferentes. É possível imaginar que esses 23 partidos políticos chegariam a um acordo para apoiar um programa tão duro e complexo, que tiraria postos de trabalho e criaria pobreza em algumas regiões? Teria sido impossível. Portanto, o momento oportuno é decisivo. A população do norte da África e de outros lugares atualmente luta pela liberdade, a democracia, a dignidade, por tudo. É evidente que não estão preparados para aceitar, nem sequer para discutir determinados problemas econômicos muito complexos. E, é certo que quando o sistema mudar e chegarem ao poder, a primeira reação será ter mais partidos políticos, menos diálogo e mais conflitos. **É muito difícil**

encontrar essa pequena oportunidade para realizar reformas econômicas necessárias, embora dolorosas; em minha opinião, esse é o principal caminho das transições democráticas, tanto em termos práticos quanto teóricos. Portanto, como se combinam esses dois elementos: um novo sistema político com uma explosão de expectativas (em ocasiões muito pouco realistas) e um enfoque econômico pragmático? Como se produz o apoio e a compreensão para essas difíceis reformas por parte dos novos líderes políticos, os muitos partidos políticos novos e as pessoas comuns?

O que sei dos outros países da região é que, quando decidiram ir passo a passo, sem tratamento de choque (e muitos líderes estavam, do ponto de vista programático, totalmente contra esse tipo de políticas), produziram inúmeros problemas, porque continuava sendo necessário tomar decisões muito dolorosas. É semelhante ao que ocorre com a cirurgia: podemos aceitar uma operação complexa e arriscada durante um tempo muito limitado, mas seria intolerável nos submetermos a uma operação menos dolorosa, embora desagradável, todos os meses durante cinco ou sete anos. Um caso similar atualmente é o da Grécia, por exemplo.

REFORMA CONSTITUCIONAL

Na maioria das transições é fundamental elaborar uma nova Constituição e um novo pacto social. Na Polônia, foram realizadas algumas mudanças na Constituição em 1989 e outras em 1992 com a "Pequena Constituição". Durante a sua presidência, Walesa não foi capaz de aprovar uma reforma constitucional significativa, mas o senhor o fez em 1997. Qual foi o processo que permitiu à Polônia alcançar o consenso para aprovar uma nova Constituição?

A adoção da nova Constituição era imprescindível, ao mesmo tempo que muito difícil. Francamente, a situação da Polônia se aproximava à do Chile [que carecia de consenso político para substituir a Constituição de Pinochet]. Nós tínhamos a Constituição do antigo comunismo cada vez mais emendada, já que era difícil obter uma maioria constitucional de dois terços na Assembleia Nacional. De fato, é mais fácil conseguir apoios em um referendo. Na Polônia, o motivo para lutar por uma nova Constituição estava claro: nossa antiga Carta fundamental era da década de 1950, tinha sido enviada a Moscou e foi revisada por Stalin. Por isso, para muitos poloneses, era completamente natural e necessário mudar o que parecia ser uma Constituição estalinista. Era importante modificá-la do ponto de vista político, ainda que também por seu conteúdo.

Meu antecessor no cargo de presidente da Comissão Constitucional do Parlamento foi o professor Geremek, uma pessoa extremamente inteligente e respeitada. Não teve sucesso porque era difícil completar a tarefa nos parlamentos de 1991 a 1993, pois estavam formados por muitos partidos políticos com opiniões diferentes. Nas eleições de 1993, decidimos aceitar um patamar de 5% para que os partidos pudessem entrar no Parlamento. Com o patamar, e dada a desintegração das forças de direita, nenhum partido de extrema-direita obteve representação no Parlamento. A SLD, junto com nosso parceiro de coalizão, o Partido Camponês Polonês [Polskie Stronnictwo Ludowe, PSL], obteve a maioria no Sejm. E eu [como líder da SLD] fui nomeado presidente da Comissão Constitucional. Em seguida, convidei um partido de oposição muito favorável à Constituição, o partido de Mazowiecki e Geremek, o União pela Liberdade, para que fizesse parte dessa maioria constitucional, e começamos a trabalhar juntos.

Quando um Parlamento se coloca projetos de lei logo antes de finalizar seu mandato, corre o risco de que os recusem na sessão seguinte, pois o novo Parlamento não está obrigado a debater os projetos de lei da legislatura anterior. Ocorria o mesmo com a Constituição. Tínhamos cinco ou seis projetos muitos úteis, alguns deles elaborados pelos partidos conservadores, que não estavam no novo Parlamento. Mas decidi que trabalharíamos com todos esses projetos. A ideia era analisar e debater os projetos e as propostas. Evidentemente, isso nos tomou muito tempo, mas controlávamos a agenda porque contávamos com a maioria. Depois, começamos a falar com a Igreja Católica, que era um ator muito importante. Nosso diálogo com ela foi positivo e finalmente redigimos uma nova proposta de Constituição. Fui eleito presidente em 1995. Em 1997, submetemos a nova proposta de Constituição à votação em um referendo nacional, em que foi aprovada. Nunca havia ocorrido algo assim na Polônia. Creio que se não tivéssemos feito naquele momento, entre 1993 e 1997, teria sido muito difícil redigir uma nova constituição, porque os parlamentos eleitos depois não contavam com maiorias constitucionais.

SISTEMA DE GOVERNO

Parece que a Polônia é o único país da Europa Oriental que tem um sistema semipresidencialista. Em seu próprio governo, com Jerzy Buzek como primeiro-ministro [1997-2001], foi realizada uma espécie de "coabitação" [quando o presidente e o primeiro-ministro pertencem a partidos políticos ou coalizões diferentes]. O que o senhor acha do sistema semipresidencialista? Está satisfeito com esse sistema?

Sim, bastante. Por que um sistema semipresidencialista? É uma história muito longa, mas, para abreviar, tínhamos duas possibilidades. A primeira opção era organizar um sistema de governo parlamentarista, mas havia argumentos contrários muito sólidos, sobretudo que seria instável, em consequência da desintegração do sistema de partidos polonês. Como íamos conceder todo esse poder ao Parlamento e aos partidos políticos, se no primeiro Parlamento democraticamente eleito havia 23 partidos? Havia crises de governo a cada seis meses e mudamos de primeiro-ministro em inúmeras ocasiões. Teria sido uma completa irresponsabilidade.

Por que não organizar um sistema presidencialista na Polônia? Primeiro, conhecendo nossa história e a dos países vizinhos, tínhamos medo de um sistema presidencialista com uma elevada centralização e, sinceramente, contávamos com o exemplo extremamente negativo da presidência do senhor Walesa. A qualidade de seu mandato foi tão deficiente que nos pareceu que conceder a um presidente mais prerrogativas e mais poder seria perigoso.

Dada nossa experiência durante esses anos na Polônia, de 1993 a 1995, decidimos propor um sistema semipresidencialista. Não era algo totalmente desconhecido, existe na França e Finlândia, por exemplo. Em minha opinião, o sistema vai bem; estou convencido de que é o melhor que podemos propor para o país. Seria muito cauteloso na hora de mudá-lo. Trabalhei quatro anos em "coabitação" com o senhor Buzek e o resultado foi bastante eficaz e viável. De fato, em algumas ocasiões, tinha a impressão de que era mais fácil trabalhar com um governo formado por outros do que com um próprio. Nos últimos anos, temos vivido verdadeiros conflitos, inclusive o que houve entre Lech Kaczynski [presidente, 2005-10] e Donald Tusk [primeiro-ministro, 2007- 2014]. Não se tratava de um problema constitucional, mas um conflito político entre duas pessoas. **Minha experiência diz que se você conta com pessoas boas e responsáveis nos cargos mais altos do Estado, uma Constituição imperfeita pode funcionar. Mas se tem a melhor das Constituições e pessoas equivocadas nesses postos, o sistema não funcionará. A qualidade da Constituição é de grande relevância, mas não é suficiente. É muito importante que exista uma relação positiva entre as pessoas que estão comandando o país.** Se querem brigar entre elas, uma Constituição perfeita não servirá de nada, já que a utilizarão para seus caprichos.

Creio que este sistema semipresidencialista é totalmente adequado para a Polônia. Criou um equilíbrio de poderes, mais do que em alguns sistemas unilaterais.

Quando temos um governo sólido com maioria parlamentar, é melhor que o presidente não pertença ao mesmo partido. Às vezes, esse elemento de equilíbrio é necessário para frear as ideias equivocadas que o governo propõe, que tem muito poder em nosso sistema. No sistema semipresidencialista, tanto o papel do governo como o do primeiro-ministro, têm muita força. Por exemplo, para depor um primeiro-ministro é necessário algo mais que uma moção de censura. Para dissolver um governo, os opositores do primeiro-ministro devem contar com um número de votos que lhes permita eleger seu próprio candidato, o que não é fácil. A responsabilidade do orçamento é do governo e da maioria parlamentar; o presidente não tem nada a ver com ele. O presidente pode vetar um projeto de lei, mas seu veto pode ser anulado por uma maioria de três quintos do Parlamento. É possível reformar alguns pontos da Constituição, e talvez alguns devessem ser mudados, mas, em termos gerais, a Constituição é muito eficaz. Estabiliza a situação política da Polônia e do Estado.

Minha mensagem para os muitos deputados que estreiam no Parlamento é que, se querem reformar a Constituição, devem se perguntar se é melhor realizar mudanças ou lutar pela continuidade e a estabilidade. No final, a estabilidade da Constituição é um valor em si mesmo. Na Ucrânia, por exemplo, reformam a Constituição praticamente a cada três ou quatro meses. A sua [refere-se ao entrevistador] é um pedaço de papel, não uma Constituição. É importante que os cidadãos respeitem a Constituição, que exista uma cultura constitucional como ocorre nos Estados Unidos. Só se pode criar uma cultura assim se não alterar a cada ano ou a cada legislatura.

A INFLUÊNCIA INTERNACIONAL

O senhor levou a Polônia à Otan e à UE. Poucos anos antes, Felipe González [1982-96] havia levado a Espanha à Comunidade Econômica Europeia [antecessora da UE] e sua permanência na Otan. A experiência espanhola serviu como modelo ao senhor?

Os conselhos de Felipe González foram muito úteis. Nós nos reunimos pela primeira vez, junto com Rakowski, durante os últimos dias da República Popular da Polônia. Creio que visitamos González em 1988 e, mais tarde, em 1989, quando era presidente do governo, e foi muito instrutivo falar com ele. Posteriormente, voltei a me reunir com ele várias vezes quando eu era presidente do Partido Socialdemocrata e, depois, como presidente da Polônia. A Espanha era um exemplo muito inspirador, porque existiam muitas similaridades com nosso caso. Ambos vivemos uma ditadura, depois, uma transição pacífica, e hoje, uma democracia que se desenvolve de forma tranquila, sem vinganças. González explicou como tinha sido possível na Espanha. Por exemplo, descreveu os Pactos de Moncloa [um acordo obtido em 1978 entre os partidos políticos, os sindicatos e as organizações empresariais para controlar a inflação, o desemprego e as fugas de capital, para facilitar a transição]. Lembro que também discutimos por que não o havia interessado abrir a caixa de Pandora da história e revisar os conflitos entre os republicanos e os demais.

Também analisamos a incorporação à UE. Para nós, aquele foi um motivo importante para respeitar a Espanha. Naquele momento, durante a década de 1990, a Espanha era, sem dúvida, o melhor país europeu. González me deu esse conselho valioso. Comentamos o que a UE denomina "deveres", as reformas que todos os países candidatos devem realizar para fazer parte da União. Ouve-se tantas vezes "deveres, deveres, deveres..." que você se sente como um menino e odeia essa descrição. Em uma ocasião, disse a González: "Felipe, estamos tão cansados de todos esses deveres. Todo mundo fala dos deveres". E me disse algo muito importante. "Está totalmente certo, eu entendo. Pode ser que esteja cansado, mas, veja, se fizer bem os deveres, obterá seus benefícios antes e poderá desfrutar de mais benefícios após a adesão. Se não fizer bem os deveres, terá muitos problemas para acessar os fundos e as ajudas, tudo o que chega da UE após a incorporação". E tinha toda razão. É um dos motivos pelos quais a Polônia se encontra bem atualmente, porque fizemos os deveres quase à perfeição. Durante nossos primeiros seis anos na UE, recebemos aproximadamente 30 bilhões de euros. Estamos à espera de receber os seguintes 30 bilhões de euros, o que supõe uma injeção fantástica para nós, para a modernização, para tudo. E esse foi um grande conselho de González. O que está ocorrendo na Grécia é consequência de deveres mal feitos, que geraram maus resultados. Se não está preparado, o sistema não tem capacidade de absorção e não há oportunidade de pertencer à UE de forma efetiva.

Como o ingresso na UE afetou a transição democrática da Polônia?

O ingresso foi muito importante porque trouxe muitas consequências para a economia, a modernização do país, a abertura de fronteiras e o comércio. Mas, do ponto de vista político, a adesão à UE implicou que, finalmente, depois de tantos anos, a Polônia fazia parte da Europa. Custou muito. O acordo de associação foi assinado em 1991, organizamos um referendum em 2003 no qual 75% votaram a favor do ingresso na UE, e nossa adesão entrou em vigor, formalmente, em 1º de maio de 2004.

Essas adesões contribuíram para reforçar nossa transição democrática. Outro fator importante foi a posição regional, porque todo nosso entorno havia mudado. Passamos de três vizinhos fronteiriços a sete, e produziu-se um duríssimo conflito muito próximo de nós, nos Bálcãs. Nosso problema consistia em encontrar um modo de manter boas relações com todos eles, firmar novos tratados e, em geral, criar um ambiente de compreensão, amizade e cooperação, ser um bom vizinho.

Creio que um dos meus êxitos foi estabelecer boas relações com os vizinhos, inclusive com Alemanha, Lituânia e Ucrânia, entre outros. Continuamos tendo alguns problemas com os russos, mas essa é outra história. O objetivo seguinte era como gerir a nova situação na região para estabelecer contatos e exportar estabilidade. Durante o primeiro período após a transição, nossa região foi um exemplo fantástico de diálogo, cooperação e estabilidade. Mas não foi algo fácil, nem natural. Se você tomasse um avião de Varsóvia a Belgrado no início da década de 1990, podia observar a Guerra dos Bálcãs, na qual houve limpeza étnica e milhares de vítimas. Portanto, há duas regiões muito próximas, ambas pertencentes ao antigo bloco soviético, com duas situações totalmente diferentes. Aqui a estabilidade e as boas relações, e lá, a guerra e o drama.

Como a União Soviética, inicialmente, e depois, a Rússia, continuou influenciando a transição polonesa – já que historicamente tinha tido importante influência para a Polônia?

Por muitos motivos, Gorbachev era importante do ponto de vista estratégico. O primeiro era a segurança. Na Polônia, o problema da segurança era muito delicado, porque nossa história está coberta de guerras. Estar situado entre a Alemanha e a Rússia não é fácil. No início da década de 1990, discutiu-se o que seria melhor para nós, manter nossa neutralidade, como a Finlândia, ou ingressar na Otan. Nesse momento ainda existia a União Soviética, que estava totalmente contrária ao ingresso da Polônia na Otan. O problema era ainda mais complexo porque, durante o debate das superpotências realizado entre 1989 e 1990, sobre a reunificação alemã, Thatcher, Mitterrand, George H.W. Bush e outros prometeram que a Otan não seria ampliada. Mas a situação mudou e a escolha entre a neutralidade e a Otan foi resolvida por maioria na Polônia. Decidiu-se que solicitaríamos o ingresso na Organização porque para nós, nesta parte do mundo, ser neutro significava manter-se em uma espécie de zona cinzenta, sem garantias, nem aliados. Na Finlândia, a história foi distinta durante muitos anos porque sua localização não é tão estratégica, e a neutralidade, tanto da Finlândia quanto da Áustria, era muito útil aos soviéticos e aos norte-americanos. Mas o que significava ser neutro na década de 1990?

Quando decidimos ser parte da Otan, começamos a manter conversações muito difíceis com o senhor Yeltsin. Afirmávamos que era possível ampliar a Otan devido à queda do bloco soviético, pois todas aquelas promessas das superpotências tinham sido feitas à União Soviética. Agora que ela já não existia, podíamos falar em ampliar a Otan. Evidentemente, a Rússia se opunha de forma taxativa. Entretanto, os norte-americanos e os europeus mantiveram a postura de que a ampliação da Otan era possível e necessária. A Polônia estava no primeiro grupo de novos membros, junto com a Hungria e a República Checa.

Em 1997, assisti a uma reunião no Kremlin. Ali, as salas são grandes, e Yeltsin tem uma voz forte. Ele me disse em russo: "Por que quer ingressar na Otan? Não precisa. Posso dar todas as garantias necessárias. Por que quer fazê-lo?". Nesse momento expliquei o motivo e foi uma discussão muito intensa. Ao final, perguntei? "Boris Nikolayevich, me diga, como são suas relações com a Alemanha?".

– Muito boas.

– E com a Itália?

– Fantásticas.

– E com o Reino Unido?

– Esplêndidas

– E com a Holanda, Dinamarca e outros?

– Estupendas

– E com a Polônia, a República Checa e a Hungria?

– Ruins, porque querem entrar na Otan. Por que querem ir para a Otan?

Eu respondi: "Veja, senhor Yeltsin, mencionou todos os membros da Otan e mantém com eles relações fantásticas, esplêndidas, estupendas, excelentes e muito boas, e só tem problemas com a Polônia, Hungria e República

Checa. Prometo que, se passarmos a participar da Otan, teremos as mesmas relações esplêndidas, estupendas, fantásticas e excelentes". Ele começou a rir e, finalmente, aceitou que prosseguíssemos com o ingresso na Otan.

Eu respeitava muito Yeltsin, porque foi um dos poucos líderes russos com verdadeiro instinto democrático. Estava em uma situação extrema, e quando teve que escolher se tomaria uma direção muito mais democrática, optou por essa direção. Com a Otan, nos ajudou muito.

Assim, a Polônia ingressou na Otan em 1999, o que foi muitíssimo importante para nós por três razões. A primeira foi a segurança, porque pertencer à Otan é a melhor forma de garantir nossa segurança perante os países mais fortes do mundo. A segunda foi a imagem da Polônia no exterior: a condição de membro da Otan nos ajudou a atrair mais investimento estrangeiro. E o terceiro elemento histórico da decisão foi que, pela primeira vez, depois de mil anos, a Polônia e a Alemanha se encontravam na mesma aliança militar e política. Se conhece nossa história, as guerras, os conflitos, a ocupação, todos os complexos problemas entre a Polônia e Alemanha, sabe que isso era muito importante.

Qual foi o papel dos Estados Unidos na transição democrática da Polônia?

Após a queda da União Soviética e o fim da Guerra Fria, o mundo era unilateral, com os Estados Unidos na cabeça. Sei que se critica muito essa unilateralidade norte-americana e suas políticas arrogantes, com ações militares no Iraque, Afeganistão etc.; mas, do ponto de vista da Europa Central e Oriental, esse período foi muito positivo. Os norte-americanos já nos tinham ajudado no início, ao apoiar o Solidariedade e nossas ambições democráticas. E depois da transição nos respaldaram através de investimentos no país, nos ajudaram a ingressar na Otan e recomendaram fortemente aos seus parceiros europeus – os mais importantes como o Reino Unido, Alemanha e França – que ampliassem a UE. E não era tão fácil, porque estávamos falando de uma ampliação de dez países, sete dos quais vinham do antigo bloco soviético. A situação nos Estados bálticos era ainda mais complexa. A Polônia era um país pós-comunista, mas a Lituânia, Letônia e Estônia eram repúblicas pós-soviéticas, não eram países independentes, faziam parte da União Soviética. Não há dúvida que foi um êxito dos Estados Unidos oferecer a esses países o ingresso na Otan e na UE, contra a resistência ferrenha da Rússia. Bill Clinton deu um grande apoio como presidente. Em sua equipe, contava com

Madeleine Albright como secretária de Estado, uma pessoa que conhecia muito bem a região, e seu papel foi absolutamente decisivo.

TRANSIÇÕES CONTEMPORÂNEAS

Imagine que o senhor se reunirá com três jovens líderes de Cuba, Jordânia e Myanmar, que recorrem ao senhor porque, devido à sua reputação, tornou-se uma figura similar à de Felipe González, alguém que viveu uma transição e possui uma visão e conhecimentos valiosos. Aproximam-se e dizem: "Sabemos que não é um especialista em Cuba, Jordânia e Myanmar, mas é em transições, e gostaríamos de saber, em termos gerais, que conselho nos daria sobre nossa responsabilidade, à medida que o processo avança". O que lhes diria? Seria o mesmo para todos?

A primeira coisa que faria seria repetir que não existe uma única via, não há uma única receita para todas essas situações. Creio que é um erro que venham pessoas de outros países e digam: "Isto é o que funcionou bem na Polônia, de forma que deveriam fazê-lo e tudo sairá bem". Não. É muito importante compreender os fatores locais e a situação concreta. Mas sei que os jovens que recorrem a mim conhecem seus próprios países e sabem que são responsáveis por compreender o que ocorre neles.

Dessa forma, eu diria: "Bem, vamos dar uma olhada em sua situação. Quais são as possibilidades? Quais são os limites? Quais são os obstáculos?". Em segundo lugar, diria: **"Devem ter uma estratégia, porque, se querem mudar seus países, é necessário ter uma meta. E o objetivo não pode limitar-se a chegar ao poder ou querer dirigir o país. Esse elemento está lá, mas não pode ser o fim principal. A meta deve ser a liberdade, a democracia, a justiça social, o Estado de direito, a paz, as boas relações com os vizinhos etc.".** É extremamente importante contar com uma meta e uma estratégia. A Polônia teve muita sorte porque contava com uma estratégia, e não era somente a estratégia de uma das partes. Para a maioria da população, era a liberdade, a segurança, a europeização, a modernização do país, a democracia.

O terceiro ponto está relacionado ao método. O diálogo é o melhor dos métodos em política. É necessário mantê-lo, inclusive com os oponentes, inclusive com os inimigos. Desde logo, a ideia de diálogo é mais fácil de aceitar para a oposição que para os governos autoritários, mas, sem dúvida, o diálogo é a base de quase tudo, porque sem ele não há possibilidades de avançar.

Meu quarto conselho **seria compreender as diversas posições daqueles**

com quem tratamos. É necessário entender que, inclusive dentro de nosso grupo, e especialmente quando se começa a falar com os demais, encontraremos tipos de pensamento distintos, com experiências diferentes e com sensibilidades díspares. Nesse mundo plural, somos diferentes; é preciso reconhecer e respeitar todas essas distinções, não podem nos surpreender, nem decepcionar.

O caso de Cuba, mais concretamente, é mais próximo porque sei o que significa uma transição após o comunismo. Creio que em Cuba a situação é similar, em boa medida, ao que encontramos em muitos países europeus, porque o primeiro desafio é desenvolver uma estratégia e a maior união da oposição. A ideologia de Castro foi tão inspiradora que não apenas motivou milhões de cubanos, mas também muitos milhões de pessoas em todo o mundo. Mas hoje, depois de tantos anos, essa ideologia ficou praticamente vazia. As possibilidades de Cuba dependem em grande parte de que organizem os grupos reformistas dentro do Partido Comunista. Em minha opinião, tudo o que ocorrer em Cuba nos próximos anos dependerá, principalmente, do que está ocorrendo no seio do partido, e não tanto das relações entre o partido e a oposição. A experiência de nossa parte do mundo é que é necessário trabalhar com grupos integrados no governo e no partido que sejam mais abertos e estejam preparados para as reformas e a transição. Não seria uma grande surpresa que o sucessor de Castro fosse um dos generais mais jovens de forte caráter reformista. A diáspora cubana também pode desempenhar um papel importante. No entanto, eu seria muito cauteloso com ela, porque considero que os que devem decidir sobre a transição são, em primeiro lugar, os que vivem no país. A diáspora pode apoiar alguns processos, mas não pode substituir a população local.

O PAPEL DOS MILITARES

Na maior parte das transições, os militares têm cumprido um papel importante. O que se pode aprender da experiência polonesa quanto às forças militares e policiais durante a transição?

As estruturas militares representam uma parte poderosa de um regime autoritário. Se o regime se torna mais débil ideológica e economicamente, aumenta o poder das forças de segurança, especialmente da polícia secreta. Esse é o motivo para que cada vez mais existam generais em todos os organismos políticos, como o Politburo. Também é o caso, em geral, quando a situação econômica está ruim e a população decepcionada. Quando muitos setores da sociedade estão desorganizados, os militares e outras estruturas de segurança servem como contraponto: contam com ordem, disciplina, trabalho duro. Existe um componente psicológico que, em geral, se utiliza para demonstrar que o Exército é o verdadeiro pilar do sistema, o pilar do Estado, que é por sua vez o pilar de todo o resto. A polícia secreta é a mais perigosa, porque está muito bem organizada, bem paga e motivada para resistir à mudança. Em todas as ditaduras, a polícia secreta só tem um bilhete de ida, porque suas mãos estão manchadas de sangue, só podem avançar tornando-se mais agressivas.

Entretanto, a situação do Exército é muito distinta. Os exércitos são organizações gigantescas, e nos bons encontramos muitas pessoas com algum tipo de opinião positiva em favor do Estado. Não gostam de participar de ações militares contra a oposição, mas se sentem, em parte, responsáveis pelo futuro e segurança do país. Em quase todos os países, a maioria dos membros do Exército tem origem em famílias humildes. Não são filhos de aristocratas; são meninos de lares comuns, trabalhadores, camponeses, empregados. O Exército se encontra mais próximo da vida normal das pessoas. As Forças Armadas nos sistemas autoritários podem desempenhar uma função muito negativa se os líderes assim decidem. A experiência polonesa é que, nos militares encontramos muitas pessoas preparadas para as reformas e a transição.

Quanto aos conselhos certos para os líderes da oposição, na Polônia tínhamos duas abordagens. Se o representante da oposição torna-se um novo primeiro-ministro ou o novo presidente do país, não pode mudar o papel do Exército da noite para o dia. Não pode dizer que o antigo Exército está acabado e organizar um novo, ou que a polícia já não manda nada e que vai criar novas forças de segurança. "Transição" significa que é necessário encontrar certo equilíbrio entre o sistema antigo e o novo, mas não é fácil. É necessário anunciar desde o primeiro momento: "Vejam, a primeira coisa que esperamos de todas as estruturas é a lealdade ao novo governo, ao novo presidente eleito" e, depois, pouco a pouco, é possível realizar mudanças e transformar instituições. Creio que não seria eficaz realizar uma revolução no início. Na Polônia, contamos com um grupo amplo de políticos, Kaczynski e seus companheiros, por exemplo, que estão plenamente convencidos de que o erro deste país foi que, depois das conversações da Mesa-Redonda e das eleições, não houve lugar para uma revolução. Em todas as transições, existe um elemento de revolução, um elemento de revanche, um desejo de incriminar os representantes do *ancien régime* para sentir que uma mudança de verdade foi realizada. Sou bem contrário a esse tipo de abordagem. A meu ver, a evolução, ainda que requeira mais tempo e que em algumas situações seja bastante cara, é melhor que a revolução. Sobretudo agora, com as comunicações modernas, a evolução pode funcionar muito bem. A transição pode ser viável e seus resultados, no fim, podem ser muito positivos.

O SIGNIFICADO E O APELO POPULAR DA DEMOCRACIA

Em sua opinião, o que impulsiona a transição à democracia em países tão distintos como Polônia e Chile, Espanha e África do Sul, Indonésia e Brasil?

Eu me reuni com Gorbachev quando ainda estava convencido de que a *Perestroika* era uma boa ideia e que a União Soviética devia continuar existindo. De fato, ele foi a última pessoa que acreditou na União Soviética. Eu lhe disse: "Mikhail, deve aceitar que, se dirige um povo, deve falar de liberdade, democracia e dignidade (na realidade, a *Perestroika* consistia em todos esses valores). Só pode ter duas situações. Em uma, as portas estão fechadas; em outra, estão abertas. Se sua ideia é abrir as portas a todos esses valores, a todas essas expectativas e a todas essas necessidades da população, deverá abri-las totalmente. Não pode limitar-se a abri-las um pouquinho. Com o passar do tempo, terá que abrir por completo, porque, se não o faz, as pessoas entrarão à força, já que são valores muito sólidos que animam as pessoas, especialmente os jovens". Depois, falamos muito e de forma dura sobre todas as crises do Partido Comunista na Polônia. Concordamos que a Polônia necessitava de mais democratização, mas que não era só isso. Em 1989, os poloneses disseram: "Por favor, não falem de democratização, queremos democracia autêntica, não uma democracia socialista, nem outro tipo de democracia, queremos uma democracia *real*". **Ainda que seu nível educacional não fosse muito elevado, sabiam de forma intuitiva o que significava a democracia: que podemos votar, que assumimos as normas democráticas, que dispomos de meios de comunicação livres e podemos ter acesso a eles etc. Podemos perguntar a qualquer pessoa na rua o que significa a democracia, que seguramente responde.**

Resenha biográfica de TADEUSZ MAZOWIECKI, primeiro-ministro da Polônia (1989-91)

Tadeusz Mazowiecki desempenhou um papel de destaque na oposição católica da Polônia desde a década de 1950, até o fim do comunismo em 1989, e, posteriormente, foi a primeira pessoa não comunista no cargo de primeiro-ministro do país. Estudou Direito, mas sua trajetória profissional transcorreu como jornalista e ativista católico. Após a liberalização da Polônia em 1956, foi um dos fundadores da organização intelectual católica leiga Znak e editor-chefe de sua publicação mensal, *Wiez*, até 1981. Na década de 1960, foi deputado no Parlamento, até que solicitou que investigassem os assassinatos dos trabalhadores dos estaleiros que participaram da manifestação de 1970. Também contribuiu com a criação do Comitê de Apoio aos Trabalhadores, que reuniu intelectuais da oposição católica e não católica, para lutar em favor dos direitos humanos e trabalhistas. Em 1980, Mazowiecki assessorou Lech Walesa durante as manifestações do estaleiro de Gdansk, permaneceu como assessor do Solidariedade e se encarregou da direção de sua publicação semanal. Quando o general Jaruzelski declarou a lei marcial em dezembro de 1981, Mazowiecki ficou na prisão durante meses e a publicação semanal foi encerrada.

Oito anos mais tarde, Mazowiecki tornou-se representante do Solidariedade e seu principal negociador na seção de reformas políticas das negociações da Mesa-Redonda. Após a surpreendente derrota dos comunistas nas eleições parcialmente livres de 1989, e por recomendação de Lech Walesa, Mazowiecki foi a primeira pessoa não comunista a exercer o cargo de primeiro-ministro da Polônia. Encarregou-se de supervisionar a transição do regime comunista à democracia multipartidária, as reformas necessárias para uma economia de mercado, a guinada do país para o Ocidente e a Otan e as reformas iniciais das instituições políticas. Projetou e dirigiu seu gabinete para que incluísse os pontos de vista de todos os grupos que obtiveram cadeiras nas eleições de 1989;

recorreu aos comunistas para os Ministérios da Defesa, Interior e Transporte, assim como a ativistas do Solidariedade e a especialistas. Seu estilo de liderança caracterizou-se por escutar respeitosamente as opiniões divergentes, para depois adotar decisões difíceis.

As consequências negativas imediatas, para muitos poloneses, da rápida liberalização, enfraqueceram a popularidade de Mazowiecki, que perdeu para Lech Walesa nas eleições presidenciais de 1990. Seu compromisso pessoal de "traçar uma linha larga" com relação ao passado, em lugar de punir os antigos membros do regime, facilitou a primeira transição democrática do bloco soviético, embora isso tenha possibilitado que as recriminações pelo passado perseguissem os políticos poloneses durante muitos anos. Mazowiecki continuou deputado do Sejm até 2001. Desempenhou o cargo de relator especial da ONU sobre direitos humanos para a antiga Iugoslávia, posto ao qual renunciou em 1995, como protesto à frágil resposta internacional diante das atrocidades cometidas na Bósnia.

ENTREVISTA COM O PRIMEIRO-MINISTRO TADEUSZ MAZOWIECKI

PRINCÍPIOS FUNDAMENTAIS

Quais lições um jovem líder político de um país em processo de transição de um regime autoritário para a democracia pode extrair de suas experiências e das da Polônia? O que os líderes deveriam saber sobre as transições democráticas para poder desempenhar um papel positivo na história de seus países?

Não há dúvida de que quem deseja aprender como nossa experiência deverá decidir o que é importante para si. Talvez a mensagem mais importante a transmitir a um jovem líder nessa situação é que, no momento de introduzir a mudança, ele não pode limitar-se a ocupar o posto das pessoas que derrubou, assumir o poder e continuar na mesma linha. Dito de outra forma, trata-se de tentar mudar o curso da História, e não de substituir um governo por outro; isso não é uma solução. Com frequência, ao falar com pessoas dos países da Primavera Árabe, observamos que, em alguns deles, um tipo de perseguição simplesmente foi substituído por outro. Não acredito que isso possa ser considerado uma verdadeira mudança, por isso, aconselharia a não se limitar a ocupar o lugar daqueles que derrubam. Se se deseja fazer uma mudança histórica, a mudança deve ser radical. A segunda lição importante a ser extraída é que, na Polônia, fizemos as mudanças de forma pacífica.

MOBILIZAÇÃO SOCIAL

Como foi possível fazer mudanças tão profundas de forma pacífica?

Certamente não foi algo que ocorreu da noite para o dia, foi um processo complexo. Houve muitas tentativas de mudar a situação da Polônia, mas o mais importante foi a criação do Solidariedade (*Solidarność*) em 1980, não apenas como sindicato independente, mas também como uma forma de movimento de independência nacional. Fomos o primeiro país do bloco soviético a organizar a resistência ao governo comunista em grande escala. Não podíamos ganhar na força, certo? Apesar da instauração da lei marcial, o Solidariedade lutou contra o regime autoritário unicamente por meios pacíficos. A paz constituía nossa única via até a vitória. O Solidariedade formou-se quando Leonid Brezhnev [secretário-geral do Comitê Central do Partido Comunista da União Soviética] estava ainda no poder e o perigo de uma intervenção militar soviética na Polônia era real. O general Jaruzelski impôs a lei marcial entre dezembro de 1981 e julho de 1983 e, posteriormente, as autoridades comunistas não queriam o restabelecimento do Solidariedade. Mas, para nós, a condição prévia fundamental para participar nas negociações da Mesa-Redonda [1988-89] era que o Solidariedade voltasse a ser legalizado. Essas eram nossas condições; se não fosse assim, não nos sentaríamos na Mesa-Redonda. Para o governo, foi difícil aceitar algo assim. Dedicaram muito tempo a evitar essa condição e não queriam aceitá-la, mas para nós constituía um requisito fundamental.

DERROTAR O SISTEMA AUTORITÁRIO A PARTIR DE DENTRO

O Solidariedade voltou à legalidade por meios pacíficos em consequência das negociações da Mesa-Redonda. O direito de participar na vida política nos foi devolvido. Concordamos com o que se denominou "eleições pactuadas" ao Sejm, a Câmara Baixa do Parlamento. O partido no poder e seus partidos satélites tinham a maioria garantida, com o que nós unicamente podíamos obter 35%. Entretanto, seriam realizadas eleições totalmente livres para a Câmara Alta (Senado), que não existia no comunismo, e ia agora ser restabelecida. Decidimos continuar na oposição, mas os acontecimentos se precipitaram. Estava claro que o Partido Comunista não poderia formar um governo capaz de tirar o país de sua terrível situação econômica. A inflação era altíssima, e o contexto econômico, péssimo. O Partido Comunista foi incapaz de constituir um governo e seus dois partidos satélites se distanciaram. Assim foi possível criar uma nova maioria parlamentar.

Quando Lech Walesa, líder do Solidariedade, me ofereceu o cargo de primeiro-ministro, minha resposta foi que era ele quem deveria assumir, mas ele não quis. Comentei que esperava contar com seu apoio e que o Solidariedade servisse de proteção ao governo. Também assegurei que seria um verdadeiro primeiro-ministro, não um títere. Esta parte é importante, já que, no sistema comunista, o Politburo era o que possuía o poder real, e o governo tinha uma função meramente administrativa. Adicionei que, se eu assumisse esse papel e me tornasse chefe de um governo encarregado de fazer mudanças tão importantes – os primeiros dessa natureza no bloco oriental –, o centro do poder devia residir no governo. Tinha claro que não seria um primeiro-ministro marionete, quer dizer, que nenhum novo Politburo, nem sequer o nosso, manipularia os fios. Anunciei que seria um autêntico primeiro-ministro e que o governo seria um governo de verdade, e assim foi. É verdade que, com o tempo, Walesa e eu começamos a ter nossas diferenças, mas nessa fase inicial ele me deu um grande apoio.

Durante vários meses, fomos o único país do bloco oriental que introduziu mudanças tão importantes. Posteriormente, outros países nos seguiram. Sabia que nossas mudanças afetariam a situação desses países, mas não esperava que ocorressem tão rápido, nem que as mudanças nos demais países fossem tão profundas. Pensei que, durante um tempo, seriamos o único país do bloco oriental com mudanças assim.

Também se deve ter em mente que naquele momento, na Polônia, o Partido Comunista tinha 2,5 milhões de filiados, e os partidos satélites, aproximadamente, meio milhão. **Por isso, considerei que o governo devia estar formado por todos os partidos com representação no Parlamento. O Partido Comunista não podia estar na oposição. Não era uma opção, já que tinham uma influência decisiva sobre o aparato da segurança e as Forças Armadas. Imagine uma oposição que tenha o controle sobre os militares, isso seria algo nunca antes visto. Por isso considerei que também deviam formar parte do governo.** Todos os poderes representados no Parlamento tinham que estar no governo. **Em algum momento, me dei conta de que seria um governo de mudanças fundamentais em três dimensões principais: o estabelecimento de um Estado democrático; a transformação do sistema econômico: nós enfrentamos a questão entre recompor o ineficaz sistema existente de economia centralizada ou passar a uma economia de mercado (optamos com firmeza por esta segunda opção); e a recondução da política externa, nos abrindo para o Ocidente.**

ESTABELECER AS BASES PARA O DIÁLOGO E A NEGOCIAÇÃO

Um elemento comum em muitas das transições exitosas é a oportunidade de desenvolver a confiança entre os distintos lados, e que esses se conheçam mutuamente. Como vocês criaram essas condições de confiança e diálogo, antes das conversações da Mesa-Redonda?

Um elemento essencial é que sabíamos que as mudanças só poderiam realizar-se se vinculássemos o restabelecimento do Solidariedade com uma mudança na situação econômica do país. Esse foi o fator crucial. É muito difícil falar de confiança. Não havia confiança. Um elemento garantiu que não houvesse erros: a Igreja. Em nosso caso, acabou sendo muito importante que existisse um ator assim nas negociações entre os que estavam no poder e na oposição. Até pouco antes de as conversações da Mesa-Redonda serem concluídas, eu não estava seguro se as condições definidas para o restabelecimento do Solidariedade seriam aceitáveis. Quando você senta para negociar, seu parceiro descobre suas capacidades e você, as dele; o que podem e o que não podem fazer. Conhecer as capacidades do outro vai adquirindo gradualmente mais importância.

JUSTIÇA E RECONCILIAÇÃO

Que reformas políticas fundamentais foram prioritárias no começo de seu mandato como primeiro-ministro? Que projeto tinha e quais medidas o senhor e seu governo adotaram?

De início, devo dizer que eu queria que todo mundo aceitasse as mudanças, e por isso afirmei que traçaríamos uma linha larga com o passado, e que só responderíamos pelo que fizéssemos a partir desse momento. Sabíamos que o passado pesaria sobre nós durante um tempo, mas queríamos nos responsabilizar apenas por nossas ações. Destaco que, inicialmente, todo mundo esteve de acordo. Mais tarde, tornou-se um pretexto para eu ser criticado, ao alegarem que, supostamente, não queria exigir as responsabilidades dos comunistas por suas ações do passado. Eu queria, sim, que prestassem contas, mas considerava que era uma questão de debate histórico e, no que diz respeito aos crimes cometidos, correspondia aos tribunais decidir. Não acreditava que fosse um problema do governo. **Minha ideia era que a função do governo consistia em oferecer a democracia para todos**.

Como já disse, a experiência mais importante que poderia compartilhar é que não se pode limitar-se a substituir seus antecessores. Esse é o cerne da questão. No sistema anterior, nós, católicos, gente de fé, éramos tratados como cidadãos de segunda classe, em comparação com os membros do partido. Por isso não queríamos começar a tratar os membros do Partido Comunista do mesmo modo, pois acreditávamos que a democracia significava democracia para todos, que a liberdade era liberdade para todos, e que apenas poderíamos conseguir um avanço histórico se essas normas fossem seguidas. Esse é o suposto fundamental e decisivo em que se baseou meu governo para aplicar as reformas: oferecer democracia para todos. O que eu dizia, literalmente, é que a partir daquele momento havia um novo começo. No fundo, a mensagem era de que todo mundo tinha um futuro na democracia. Isso formou uma parte importante dessas políticas e, posteriormente, gerou inúmeras controvérsias, mas, sobretudo, garantiu que a transição fosse progressiva.

DETERMINAR AS PRIORIDADES POLÍTICAS

No que se refere às mudanças essenciais, diria que praticamente tudo requeria uma transformação, em todos os âmbitos. Vejamos as universidades como exemplo. As instituições de ensino superior queriam que lhes déssemos autonomia e liberdade. Mas também era necessário estabelecer a liberdade de educação, introduzir mudanças importantes no ensino da história, por exemplo, o que afetava as escolas. Não havia um só segmento no qual não fosse necessário fazer modificações. Eu queria incluir todo mundo.

Uma das principais reformas de meu gabinete foi a do governo local, que deu base à introdução da democracia local. As primeiras eleições locais democráticas totalmente livres foram realizadas na primavera de 1990. A longa tradição da democracia local havia sido esmagada pelo sistema comunista. Já não existia mais, de forma que tivemos que começar do início.

DIREITOS POLÍTICOS E SOCIAIS

A segunda questão era garantir a liberdade de imprensa e a liberdade de reunião. No momento de formar meu governo, havia várias organizações políticas da oposição que não eram legais, mas falei com elas como se fossem. Poderíamos dizer, de certo modo, que elas estavam sendo legalizadas na prática. As mudanças constitucionais não foram realizadas até 1997. Antes, o Parlamento já havia tentado. Talvez tenha sido um erro, mas eu pensava que o mais importante era realizar uma mudança fundamental que, por sua vez, propiciaria a reforma da Constituição. Entretanto, as mudanças básicas que efetuamos foram democráticas.

Outra esfera decisiva era a economia. Tínhamos que enfrentar a inflação galopante e, ao mesmo tempo, aprovar leis que mudassem as bases do sistema econômico. Isso foi feito com a aprovação de uma série de leis. As mudanças foram aplicadas entre 1989 e 1990.

INFLUÊNCIA INTERNACIONAL

Qual era a sua estratégia de politica externa? Como as circunstâncias e os atores externos influenciaram a transição da Polônia?

Em matéria de política externa, era muito importante que nos reorientássemos para o Ocidente, ainda que tivéssemos que contar com nossos vizinhos do Leste, que então tinham bases militares na Polônia com uns 200 mil soldados soviéticos. Mas já era uma etapa distinta, era o período Gorbachev e a *Perestroika*. O senhor Vladimir Kryuchkov, chefe da KGB [Comitê de Segurança do Estado, principal organismo de segurança da União Soviética], veio a Varsóvia de improviso. Eu já tinha sido nomeado primeiro-ministro, mas ainda não tinha formado o gabinete. Disseram que seria positivo me reunir com ele, que sua visita era parte de uma combinação prévia para que viesse, de forma que o recebi. Para mim, era importante que transmitisse a Gorbachev a essência de nossa conversação: que seríamos um país amigo, mas que as decisões seriam tomadas aqui, em Varsóvia. Essa era a mensagem principal.

Quis que minha primeira visita ao exterior fosse ao papa João Paulo II, em Roma. Foi algo muito significativo para mim. Quando estávamos dentro do sistema comunista, os líderes comunistas viajavam a Moscou, mas eu fui a Roma. Foi algo simbólico, em parte porque não viajei a Moscou, mas a importância foi ainda maior porque fui visitar o papa. Além disso, o primeiro telefonema que fiz do meu escritório de primeiro-ministro foi a ele. Foi quando o Parlamento me nomeou primeiro-ministro, mas antes da constituição do gabinete. Passaram ao monsenhor Dziwisz e, para minha surpresa, ele disse: "Espere um momento, por favor", e o papa atendeu o telefone. Surpreendeu-me falar ao telefone. Hoje os papas têm presença no Twitter, mas naquele momento eu não estava acostumado. O antecessor do cardeal Wojtyla [o papa João Paulo II] foi o cardeal Sapieha, que sabidamente nunca falava ao telefone; por isso me surpreendeu que Wojtyla o fizesse. Ele sabia que o Parlamento havia me designado para formar o governo, e tivemos uma conversa breve, mas muito sincera.

Nessa transição, a Igreja teve um papel muito importante. Durante a lei marcial, aulas foram dadas em prédios da Igreja, por exemplo. Quando foram realizadas as conversações da Mesa-Redonda, representantes da Igreja também participaram. Para nós, foi muito importante que estivessem ali porque, de algum modo, traziam credibilidade às negociações. Até certo ponto, sua presença era garantia para nós. Portanto, o papel da Igreja foi muito importante para nossa transição.

João Paulo II apoiou o Solidariedade quando foi proibido. Falava sobre a ideia da solidariedade nos sermões que fazia em diferentes países e distintos continentes. Por isso, seu papel foi muito importante para mim, para nós, para a Polônia. Os jornalistas estrangeiros me perguntaram em inúmeras ocasiões qual o principal fator que considero desencadeador da nossa transição: o papel do papa, o de Reagan, o de Gorbachev ou o do Solidariedade. Sempre afirmo que todos esses elementos contribuíram para aquele momento histórico em que a transformação foi possível. Em relação ao papel do papa, fiquemos com a famosa frase de Stalin: "Quantas divisões tem o papa?". O papa não tinha nenhuma divisão, mas uma enorme força moral. O fato de ser polonês deu uma grande força moral a essa nação, a manteve viva, manteve seu ânimo, fez com que as pessoas acreditassem que tudo tinha sentido. E nisso nunca vacilou. Em janeiro de 1982, durante minha prisão, escrevi diretamente a ele. No campo de prisioneiros está uma reprodução do cartão que o papa me enviou. Ele diz: "Li sua carta várias vezes. Compartilho suas ideias". Eu havia escrito que não poderia haver nenhuma mudança significativa se o que a nação havia conseguido em 1980 não fosse restaurado. Cabe destacar que o papa, diferentemente de alguns bispos, não retirou seu apoio ao Solidariedade em nenhum momento. Sabíamos que podíamos confiar nele; era como uma rocha. Portanto, isso foi importante.

Sobre o presidente Reagan [1981-89], podemos dizer que ganhou a corrida tecnológica e que a União Soviética não podia acompanhar seu ritmo. Gorbachev foi muito importante. Foi uma época de grandes esperanças e grandes mudanças, o tempo da *Perestroika*. Já não era a etapa de Brezhnev. A *Perestroika* criou um clima novo. Algo mais que posso adicionar sobre o que aconteceu naquele momento são as impressões de minha primeira visita à União Soviética. Pude observar a resistência que havia à *Perestroika*. E nada teria sido possível sem o Solidariedade, que foi o movimento que apoiou essas mudanças e lutou por elas na Polônia. Por isso, digo que todos esses elementos tiveram efeito.

Assim, retomemos o tema da mudança. Tinha deixado claro à União Soviética que seríamos um país amigo, mas que as decisões seriam tomadas aqui. Continuamos sendo parte do Pacto de Varsóvia, mas nossa postura ficou clara no meu primeiro discurso: o Pacto de Varsóvia não podia ser utilizado para tratar nossos assuntos internos. O pacto ainda existe de certo modo. Acreditamos que a Europa mudaria, que os acontecimentos da Polônia também transformariam a Europa. Entretanto, também pensamos que era um processo gradual, por isso a ideia era que as relações com nosso vizinho do Leste não causariam problemas. Com o tempo, a política externa da Polônia deu lugar ao estabelecimento de relações diplomáticas, não apenas com Moscou, mas também com Vilna [Lituânia], Tallin [Estônia], Riga [Letônia] e Kiev [Ucrânia]. Pouco a pouco, estabelecemos relações com as repúblicas soviéticas, que posteriormente tornaram-se independentes.

Com relação ao Ocidente, naquele momento a Europa avançava para a consolidação, enquanto víamos uma possibilidade de expansão. Evidente que, naquele momento, nem sequer mencionava-se a incorporação à União Europeia. No entanto, existiam conceitos e ideias distintos sobre como dar forma à Europa. Nós nos limitamos a reconstruir nossas relações com os países democráticos do Ocidente e mostramos que nosso objetivo consistia em criar um sistema plenamente democrático.

A REFORMA ECONÔMICA

Se pensar sobre esse período, quais foram as decisões mais difíceis que o senhor teve que tomar? E por que foram tomadas?

Houve decisões difíceis, tanto de caráter muito geral, como muito concretas. No que se refere às decisões gerais, sem dúvida uma muito importante e complicada foi a de optar por uma economia de mercado, o que supôs uma mudança radical do sistema. Minhas convicções me empurravam para as soluções de tipo socialista humanista, mas tive que enfrentar o desafio de reinstaurar o capitalismo. Ninguém tinha dado um passo atrás assim no passado. No entanto, meus assessores me convenceram de que tínhamos que fazer uma mudança fundamental em direção ao sistema da economia de mercado. Enquanto a mudança era executada, me dei conta de que essas grandes criações do socialismo, esses grandes estabelecimentos industriais, quebrariam, já que não seriam competitivos. E, no entanto, constituíam a base sobre a qual se assentava o Solidariedade. Portanto, do ponto de vista moral, foi uma decisão muito dura para mim. Assumi que, à medida que a economia se desenvolvesse, e uma vez que estivesse reparada, poderíamos prestar mais atenção nas questões sociais, ainda que os custos da transição fossem inquestionáveis. Este é um exemplo de uma decisão de caráter geral que foi muito difícil para mim, do ponto de vista moral. Sem dúvida, houve outras decisões mais específicas. Em certo momento, eclodiram protestos e uma estrada internacional foi bloqueada. Tive que recorrer à polícia para liberá-la. Não aconteceu nada grave, mas foi difícil para mim tomar essa decisão.

Se tivesse que voltar a fazê-lo, mudaria alguma decisão ou critério?

Uma decisão muito difícil foi fechar as fazendas estatais. Não teriam sido capazes de sobreviver, já que estavam subvencionadas pelo orçamento do Estado e esses subsídios eram insustentáveis. Tivemos que fechá-las. Tínhamos a esperança de que os trabalhadores agrícolas estivessem dispostos a assumir a terra. No entanto, eles não queriam assumi-la, não a consideravam como própria, sentiam-se como trabalhadores diaristas. Não tinham mentalidade de produtores. O mesmo aconteceu na Tchecoslováquia. A consequência foi uma transição realmente dura para essas famílias, esses grupos de pessoas, sobretudo do norte e oeste da Polônia, onde existiam muitas fazendas desse tipo. Não há duvida de que eu teria gostado de saber, naquele momento, o que essa experiência me ensinaria. Creio que faltou um programa para motivar essas pessoas, mas tudo era muito complicado. Nesse sentido, ainda tenho certo remorso.

Que lições cabe tirar da experiência polonesa, no que se refere às mudanças econômicas?

Em matéria de assuntos econômicos e com a introdução de mudanças no sistema, as decisões devem ser tomadas rapidamente na fase inicial do governo. Quanto mais essas mudanças são postergadas, mais difícil será executá-las. São decisões difíceis, mas é preciso enfrentá-las com firmeza e desde o início.

PRINCÍPIOS FUNDAMENTAIS

São muitos os líderes que seguem os conselhos de seus assessores na maior parte das questões, já que eles contam com uma maior especialização. Outros não fazem consultas na hora de tomar decisões difíceis. Como o senhor abordava as decisões complexas?

Creio que, no meu caso, havia dois fatores complementares: minhas convicções e minha disposição para escutar opiniões distintas. Sobre a crença religiosa, digo que no ensino social católico existe o conceito de estado de graça; significa que, se alguém assume uma responsabilidade importante, recebe certo tipo de ajuda. Devo dizer que senti essa ajuda, também em um sentido estritamente físico. Nunca antes havia sido capaz de me desligar durante o dia, relaxar um momento e depois retomar o trabalho; sempre trabalhava até ficar esgotado. No entanto, enquanto fui primeiro-ministro, conseguia me desligar durante meia hora, descansar e voltar ao trabalho mais descontraído. Pode ser um exemplo trivial, mas é muito importante para mim.

Costumavam me criticar porque as reuniões de gabinete eram muito longas, prolongavam-se até o início da noite. Sempre programava as reuniões de gabinete para as segundas-feiras. Começavam à tarde e se iam até o início da noite. Era porque deixava os ministros manifestaram suas opiniões. Queria que fossem realmente conscientes da responsabilidade que lhes havia confiado. Contava com um pequeno grupo de assessores estratégicos: um assessor econômico, um político e outro para assuntos externos. Tinha um contato muito próximo com o vice-primeiro-ministro Balcerowicz e com Jacek Kuron, ministro do Trabalho, que foi muito relevante, porque se relacionava de forma fantástica com as pessoas. Eu acreditava que todo o governo devia ser consciente de sua responsabilidade. Para mim, era importante que as reuniões de gabinete não se limitassem a uma sessão informativa, mas que também gerassem consenso no governo. Isso era fundamental. Ainda que, obviamente, eu tivesse a última palavra como primeiro-ministro.

PARTIDOS POLÍTICOS

O Solidariedade cumpriu uma função muito importante como movimento de oposição, mas depois teve problemas para governar. No princípio, o senhor contou com o apoio de Walesa, mas logo houve a cisão, quando se apresentou como candidato à presidência. Qual é a diferença entre funcionar bem como movimento opositor e funcionar bem como governo? Por que o Solidariedade e Walesa não conseguiram transformar seu papel de movimento de oposição em um bom líder de coalizão que estabilizasse o governo?

Como já disse, o Solidariedade não era apenas um sindicato, era também um grande movimento de independência nacional. Nós nos demos conta de que no seio do Solidariedade existiam diferenças enormes de opinião. Contava tanto com facções de esquerda como de direita. Sabíamos que o espectro era muito amplo. Subvalorizei a necessidade de logo formar partidos políticos. Eu não criei nenhum partido político, mas começaram a surgir ao meu redor. Durante um tempo, acreditávamos que a divisão tradicional em partidos políticos não ocorreria de forma rápida, e que o Solidariedade continuaria existindo como um movimento coerente durante bastante tempo. No entanto, começaram a aparecer diferenças e a surgir movimentos políticos.

Para nós, as reformas implementadas eram para o bem de todo o país. Apresentamos o que era positivo para a Polônia. Nosso primeiro pensamento era o Estado, não o partido. O fato de que não criamos um sistema partidário foi tanto uma vantagem como um inconveniente para nós. Foi uma vantagem porque os interesses de Estado se sobrepuseram aos do partido. Como primeiro-ministro, estava consciente da debilidade do país e de que era necessário fortalecê-lo. Percebi que os interesses do Estado eram mais importantes que os de cada partido. Eu me sentia obrigado a seguir esse caminho. Nunca teria me apresentado nas eleições presidenciais contra Walesa se ele não tivesse atacado o programa político de governo, e tive inclusive muitas dúvidas, mas temia que o destruísse. Por isso decidi me apresentar à presidência, para defender o programa de governo, que era um programa para todo o país, não só para uma facção política. Além disso, acreditava que Walesa era um líder popular excelente, mas não necessariamente a melhor pessoa para ficar à frente do Estado. Embora não haja dúvidas de que o problema de Walesa era real. Ninguém nega a importância do papel que representou, mas encontrar o lugar adequado para ele nessa nova estrutura se tornou um grande problema.

O PAPEL DO LÍDER AUTORITÁRIO NA PROMOÇÃO DA TRANSIÇÃO

Como o senhor analisa as mudanças que ocorreram no Partido Comunista e o papel de Jaruzelski?

O general Jaruzelski como presidente foi um parceiro leal. Nunca estive de acordo com sua decisão de impor a lei marcial na Polônia. Quando nos reuníamos – eu na qualidade de primeiro-ministro e ele, de presidente –, costumava fazer referência a esse assunto. Dizia que queria falar sobre o tema, porque foi ele quem impôs a lei marcial, mas fui eu quem foi preso. Disse-lhe que nossas opiniões a respeito eram discrepantes, já que eu continuava pensando que ele poderia ter feito algo para evitar a instauração da lei marcial. No entanto, é óbvio que ele temia a intervenção soviética. E como presidente foi um parceiro leal a mim. Sem dúvida, percebeu que o poder recaía no governo e não no presidente. Transigiu e compreendeu o sentido dessas transições e foi muito leal. O partido desmoronou e alguns de seus antigos integrantes criaram um novo. As transições internas de maior alcance levaram muito tempo e nem sempre foram aplicadas nesse partido pós-comunista, mas, sem dúvida, compreenderam a importância da transição e desempenharam seu papel.

REFORMANDO AS FORÇAS DE SEGURANÇA

As forças de segurança cumpriram uma função importante durante o regime autoritário polonês. Mais tarde, o país experimentou uma transição em direção a um novo sistema político democrático e aberto, mas uma democracia também necessita dessas forças. Como o senhor tratou da reforma das forças de segurança?

A estrutura inicial do governo manteve o Ministério do Interior e o Ministério da Defesa Nacional [e seus ministros, que inicialmente permaneceram em seus postos até meados da década de 1990]. Mas eu também queria ter influência nesses ministérios. A ideia inicial consistia em criar uma comissão política formada por civis, mas logo percebi que isso era uma apenas um anteparo. Portanto, na primavera de 1990, designei vice-ministros para cada um desses ministérios: Krzysztof Kozlowski para o Ministério do Interior e Janusz Onyszkiewicz e Bronislaw Komorowski para o Ministério da Defesa. Foi algo completamente novo para eles, já que não tinham experiência nesse âmbito. A única ajuda que podia dar-lhes eram instruções gerais que deviam estabelecer por sua conta, averiguar o que estava acontecendo e introduzir mudanças de forma gradual.

Permita-me focar um momento nos serviços de segurança. As mudanças propostas pelo general Kiszczak [ministro do Interior, 1981-90] eram superficiais e não estávamos satisfeitos. O gabinete as recusou. Em meados de 1990, o general Kiszczak saiu e Krzysztof Kozlowski foi designado ministro do Interior, o que em si constituía uma mudança fundamental. Quando Koslowski assumiu o cargo, substituímos os serviços de segurança existentes pelo Escritório de Proteção do Estado (*Urząd Ochrony Państwa*, UOP) e fizemos uma seleção de agentes. Por volta de 16 mil agentes abandonaram o serviço, alguns se aposentaram e outros não passaram no processo de seleção. As fileiras da UOP se compunham de alguns membros do serviço da era comunista e outros eram novos, jovens sem experiência, o que foi rapidamente adquirido. E assim foi que iniciamos a transformação do ministério.

No que se refere ao Exército, eliminamos o grupo de oficiais políticos que era típico do sistema soviético. Recuperamos vários elementos tradicionais e, ao remetermos às tradições do Exército polonês, profundamente conectado com a nação, mudou progressivamente sua moral. Introduzimos gradualmente o controle civil do Exército; não queríamos nos limitar a mudar um militar por outro. Essa introdução foi um processo duro, porque era algo que nunca tinha sido feito antes. Entre as duas guerras mundiais não houve controle civil do Exército. Mas, naquele momento, eram os militares que se metiam em política, e não o contrário. Por isso o processo demorou mais tempo para se completar.

Em geral, optamos por revisar os serviços de segurança e remover as pessoas desacreditadas, sobretudo na luta contra a oposição e a Igreja. Preferimos contar com gente nova.

Teve medo de uma intervenção militar durante seu governo?

Não. O que dava medo naquele momento, como primeiro-ministro, era que houvesse algum tipo de provocação. Durante o sistema anterior foi cometido um crime atroz. O sacerdote Jerzy Popielusko tinha sido sequestrado e assassinado brutalmente por dois oficiais dos serviços de segurança. Temia esse tipo de provocações debitado em nossa conta, que podiam ser dirigidas a mim ou aos seus próprios líderes, os que tinham sentado à Mesa-Redonda conosco. Assim, **mantive o general Kiszczak na cabeça do Ministério do Interior, porque pensava que era um selo de garantia contra a provocação. É possível que você pense: "Bom, está bem, mas o Partido Comunista já tinha desmoronado". Sim, já tinha desmoronado, mas sua influência no Exército continuava muito forte e devíamos levá-lo em conta. Ele assumiu a responsabilidade dos acordos da Mesa-Redonda em nome do estamento militar. Entretanto, não esperava que reformasse seu Ministério. Sabia que isso tinha que ser feito pelos meus representantes, minhas pessoas.** E foi isso que ocorreu.

REFORMA CONSTITUCIONAL

Qual foi sua abordagem da reforma constitucional?

As reformas da Constituição foram introduzidas em 1989 e 1990. Todas as disposições próprias de um Estado totalitário foram eliminadas da Constituição. É preciso entender uma coisa. As Constituições dos países do bloco soviético eram muito boas e democráticas no papel, mas na prática era totalmente diferente, já que existiam muitas forças superiores: o Partido Comunista e, acima, o "irmão mais velho", a União Soviética. De forma que eliminamos todas as disposições antidemocráticas. No final de dezembro de 1989, já tínhamos eliminado todas as disposições características do satelitismo ou que representavam uma legislação antidemocrática. Reformamos a Constituição existente e, portanto, a reforma constitucional foi realizada de forma imediata. No entanto, não aprovamos uma nova Constituição, embora houvesse planos para fazê-lo. Além disso, não apressei a adoção da Constituição porque temia que se aquele Parlamento – que ainda não havia sido eleito de forma plenamente democrática – a aprovasse, sempre haveria reclamações porque não era uma Constituição adequada. Por isso considerei que devíamos postergar a elaboração e a aprovação de uma nova Carta fundamental, até que fossem realizadas eleições totalmente democráticas.

SISTEMA DE GOVERNO

Há dúvidas por ter optado por um sistema semipresidencialista, em vez de um sistema parlamentarista ou presidencialista?

Nosso sistema dá vantagem ao governo, embora exista um equilíbrio entre suas funções e as do presidente. Apesar de existirem críticas, creio que o sistema funciona, desde que haja disposição de cooperação. Se não é assim, não há legislação que possa substituí-lo. Quero assinalar que todos os sistemas presidencialistas introduzidos em países pós-comunistas não demoraram a degenerar facilmente em uma oligarquia. Nós conseguimos evitar. Aqui, nossas bases democráticas estão firmemente estabelecidas. Também conseguimos ter acesso de forma exitosa a estruturas democráticas ocidentais como a UE e a Otan. Contudo, isso ocorreu mais tarde, e na minha época, a ideia consistia em abrir-se para os estados democráticos do Ocidente e criar um sistema democrático. Ao mesmo tempo, os líderes ocidentais temiam que pudéssemos dificultar as transformações da União Soviética e a *Perestroika* de Gorbachev. Essa era uma das principais inquietações. Acolhemos de muito bom grado as reformas de Gorbachev. Não pretendíamos colocar obstáculos, mas acontece que as transições eram muitas para que ele as gerisse.

MOMENTOS-CHAVE NA TRANSIÇÃO DEMOCRÁTICA DA POLÔNIA

Dezembro de 1970: Os trabalhadores dos estaleiros protestam pela alta de preço dos produtos básicos. A polícia, seguindo ordens do governo do Partido Operário Unificado Polonês (PZPR), reprime violentamente as manifestações.

Junho de 1976: Os trabalhadores se manifestam contra as novas altas de preço dos alimentos. Os intelectuais de Varsóvia formam o Comitê para a Defesa dos Trabalhadores, destinado a ajudar aos ativistas presos e, posteriormente, editar publicações clandestinas.

Outubro de 1978: O cardeal polonês Karol Wojtyla se torna o papa João Paulo II, primeiro pontífice não italiano em 455 anos. O papa se manifesta contra a repressão tanto na Polônia como no restante do mundo.

Junho de 1979: João Paulo II faz sua primeira viagem à Polônia como papa, organizada pela Igreja local e seus partidários. Consegue atrair multidões de pessoas e telespectadores, o que gera confiança em muita gente sobre as suas próprias capacidades para organizar-se à margem do governo.

Agosto de 1980: O governo aumenta os preços, o que leva ao fechamento dos estaleiros Lenin em Gdansk, liderado pelo operário ativista Lech Walesa, ao qual se unem os trabalhadores das empresas próximas. Os grevistas e seus assessores reivindicam a queda dos preços, a melhora dos benefícios, o direito de greve, a constituição de um sindicato (Solidariedade) e maior liberdade dos meios de comunicação. O regime negocia os acordos de Gdansk, que cedem às demandas dos manifestantes. Entre os grevistas e seus assessores encontra-se o futuro primeiro-ministro Tadeusz Mazowiecki, intelectual católico e editor-chefe de uma publicação.

Setembro de 1980: Por toda a Polônia são criadas delegações do Solidariedade. A filiação ao sindicato aumenta rapidamente e chega a 10 milhões naquele outono. Nascem as publicações do Solidariedade e os meios de comunicação oficiais ampliam sua cobertura. Eclodem conflitos relativos à legalização dos sindicatos de estudantes e camponeses, que provocam greves e protestos convocados pelo Solidariedade. Edward Gierek, líder do PZPR, é derrubado.

Outubro de 1981: o general Wojciech Jaruzelski, primeiro-ministro e ex-comandante do Exército, é nomeado líder do PZPR em um contexto de contínuas greves e de pressão soviética para proibir o Solidariedade. Jaruzelski se reúne com os líderes do Solidariedade e da Igreja, mas as greves continuam.

Dezembro de 1981: Jaruzelski impõe a lei marcial devido às pressões soviéticas. O Solidariedade é proibido, seus líderes são presos e as comunicações internas e externas do país são cortadas. Em resposta, os Estados Unidos impõem sanções econômicas à Polônia.

Junho de 1983: O papa faz um apelo à calma durante sua visita à Polônia e reúne-se com os líderes do governo e com Walesa.

Julho de 1983: A lei marcial chega ao fim, embora muitos líderes da oposição permaneçam na prisão. O PZPR inicia várias reformas políticas e econômicas, dentre as quais se inclui a redução das restrições impostas à Igreja.

Março de 1985: Mikhail Gorbachev torna-se líder da União Soviética. Liberaliza o sistema político e econômico e torna menos rígido o controle soviético sobre a Europa Oriental e Central.

Setembro de 1986: Jaruzelski declara anistia total aos presos políticos. Reaparecem os líderes do Solidariedade, embora o sindicato continue ilegal. O governo introduz novas reformas econômicas orientadas para o mercado.

Maio de 1988: Começa a maior onda de protestos e greves desde 1981, que se prolonga durante o verão, com objetivos e líderes pouco definidos e insuficientes.

Agosto de 1988: O governo inicia diálogo com o Solidariedade e a Igreja atua como intermediária. Jaruzelski reúne-se com Walesa. O ministro do Interior Czeslaw Kiszczak mantém conversações sobre como realizar as negociações.

Janeiro de 1989: Jaruzelski, Kiszczak e outros ministros importantes do PZPR obrigam os líderes de seu partido a apoiar as negociações, com ameaça de renúncia.

Fevereiro de 1989: Iniciam-se as "negociações da Mesa-Redonda" entre os representantes das autoridades e o Solidariedade. Em sua primeira declaração, o governo anuncia a legalização do Solidariedade.

Abril de 1989: As negociações da Mesa-Redonda são concluídas com um acordo geral para incluir os representantes do Solidariedade, que permite que os candidatos não pertencentes à era comunista concorram por 35% das cadeiras do Sejm (Câmara Baixa) e reserva os 65% restantes aos membros do PZPR e seus partidos associados; estabelece a livre escolha para o Senado, aberta a todos os candidatos, e uma presidência não partidária, escolhida pelos membros de ambas as Câmaras. A maioria das questões econômicas e sociais que se discutem nas negociações da Mesa-Redonda fica nas mãos do Parlamento e do governo seguintes.

Junho de 1989: São realizadas eleições legislativas parcialmente livres na Polônia. Os candidatos apoiados pelo Solidariedade ganham de forma esmagadora e obtêm 99 das 100 cadeiras do Senado e os 35% das cadeiras do Sejm reservados aos candidatos que não tinham pertencido a partidos da era comunista.

Agosto de 1989: Os partidos associados do PZPR desertam para unirem-se ao Solidariedade. Depois que o PZPR fracassa na tentativa de organizar uma grande coalizão, Tadeusz Mazowiecki, pertencente ao Solidariedade, assessor de Walesa e do sindicato e líder da Mesa-Redonda, torna-se a primeira pessoa não comunista escolhida como primeiro-ministro no Pacto de Varsóvia. O Solidariedade mantém sua promessa inicial e permite que Jaruzelski chegue à presidência. Durante o mandato de Mazowiecki são introduzidas profundas reformas políticas e econômicas.

Novembro de 1989: Cai o Muro de Berlim; Michail Gorbachev deixa claro que a União Soviética não intervirá no apoio aos regimes comunistas aliados. O regime comunista chega ao fim em toda a Europa Oriental no final do ano.

Janeiro de 1990: Sob a direção do ministro da Economia Leszek Balcerowicz, começa o "tratamento de choque" (denominado plano Balcerowicz), um programa de liberalização orientado para o mercado a fim de estabilizar a economia e preparar a privatização, que dá lugar a uma desvalorização significativa da moeda polonesa e dos salários.

Janeiro de 1990: O PZPR é dissolvido. Muitos políticos reformistas do PZPR se unem posteriormente à Aliança da Esquerda Democrática (SLD) dirigida por Aleksander Kwasniewski, antigo líder de um dos subgrupos da Mesa-Redonda.

Maio de 1990: Os candidatos do Solidariedade ganham por uma esmagadora maioria as eleições locais livres. Começa a cisão na cúpula do Solidariedade, devido ao aumento das tensões entre Mazowiecki e Walesa.

Dezembro de 1990: Após a renúncia de Jaruzelski são realizadas eleições presidenciais diretas. O Solidariedade se divide; Walesa derrota com facilidade tanto Mazowiecki quanto o restante dos candidatos e fica com a presidência.

Outubro de 1991: São realizadas as primeiras eleições parlamentares livres. Vinte e nove partidos obtêm cadeiras; tanto os conservadores populistas quanto os pós-comunistas conseguem bons resultados.

Dezembro de 1991: Jan Olszewski é eleito primeiro-ministro após as eleições parlamentares. Walesa e Olszewski se enfrentam pela designação dos cargos militares e pela maneira de abordar os abusos do passado, até que Olszewski renuncia no ano seguinte. A Polônia e a União Europeia (UE) assinam acordo de associação, um importante passo para tornar-se membro.

Agosto de 1992: Após a saída de Olszewski, o Sejm aprova uma "Pequena Constituição", que define as competências do presidente e do primeiro-ministro e aumenta o patamar de votos para que os partidos ocupem cadeiras no Sejm.

Setembro de 1993: A SLD e o Partido Camponês Polonês (PSL), antigo partido filiado aos comunistas, ganham as eleições antecipadas do Parlamento, em parte devido à fragmentação da direita, derivada da cisão do Solidariedade. O líder do PSL, de menor envergadura (ainda que menos controverso), chega ao cargo de primeiro-ministro.

Novembro de 1995: A SLD de Kwasniewski derrota Walesa por margem estreita de votos nas eleições para a presidência.

Abril de 1997: A nova Constituição é aprovada. Nela está mantida a maioria das instituições políticas existentes, embora tenham sido eliminadas as cadeiras do Parlamento que previamente eram eleitas em escala nacional, e limita-se o poder do presidente.

Julho de 1997: A Polônia é convidada a incorporar-se à Organização do Tratado do Atlântico Norte (Otan), oferta que conta com o firme apoio de Kwasniewski. O país aceita e adere à organização após dois anos de conversações.

Outubro de 2000: Kwasniewski é reeleito após derrotar uma oposição muito fragmentada.

Maio de 2004: A Polônia se incorpora à UE após realizar um referendo; é a única economia da UE que cresce imediatamente após a crise econômica internacional de 2008.

Setembro de 2005: A SLD se desfaz, tomada por escândalos. Os partidos de centro-direita e centro-esquerda que surgem após o Solidariedade ganham apoios.

Outubro de 2005: Lech Kaczynski, ex-prefeito de Varsóvia, é eleito presidente. Kwasniewski não pôde apresentar-se à reeleição devido aos limites estabelecidos ao mandato presidencial.

Abril de 2010: Kaczynski, outros altos funcionários e 15 deputados morrem em um acidente de avião. Seus sucessores assumem os respectivos cargos sem problemas, e são convocadas eleições para a presidência.

Notas

[1] Wojciech Jaruzelski, 1989-90; Lech Walesa, 1990-95; Aleksander Kwasniewski, 1995-2005.

[2] Dudek, Antoni, *Historia Polityczna Polski 1989-2012* (Krakow: Wydawnictwo 'Znak', 2013), p. 75.

[3] Ibid., p. 77.

[4] Kowalik, Tadeusz, *From Solidarity to Sellout* [Da solidariedade à liquidação], (New York: Monthly Review Press, 2011).

Leituras recomendadas sobre a Polônia

ASH, Timothy Garton, *The Polish Revolution: Solidarity* [A revolução polonesa: o Solidariedade] (New Haven, Conn.: Yale University Press, 1983).

BERNHARD, Michael, *The Origins of Democratization in Poland* [As origens da democratização na Polônia] (Nova York: Columbia University Press, 1993).

BLEJER, Mario I.; CORICELLI, Fabrizio, *The Making of Economic Reform in Eastern Europe: Conversations with Leading Reformers in Poland, Hungary, and the Czech Republic* [A elaboração da reforma econômica no Leste Europeu: conversações com os principais reformadores da Polônia, Hungria e República Checa] (Brookfield, Vt.: Aldershot, 1995).

CASTLE, Marjorie, *Triggering Communism's Collapse: Perception and Power in Poland's Transition* [Acionando o colapso do comunismo: percepção e poder na transição polonesa] (Lanham, Md.: Rowman & Littlefield, 2003).

COUGHLAN, Elizabeth P., "Democratizing Civilian Control: The Polish Case" [Democratizando o controle civil: o caso da Polônia], *Armed Forces & Society*, 24/4 (1998), p. 519-33.

CURRY, Jane; JAFJER, Luba (eds.), *Poland's Permanent Revolution: People vs. Elites, 1956 to the Present* [A revolução permanente da Polônia: o povo contra as elites, de 1956 até a atualidade] (Washington D.C.: American University Press, 1996).

DOMBER, Gregory F., "International Pressures for a Negotiated Transition, 1981-1989" [Pressões internacionais para uma transição negociada, 1981-1989], in Kathryn Stoner e Michael McFaul (eds.), *Transitions to Democracy: A Comparative Perspective* [Transições para a democracia: uma perspectiva comparada] (Baltimore, Md.: Johns Hopkins University Press).

EKIERT, Grzegorz; KUBIK, Jan, *Rebellious Civil Society: Popular Protest and Democratic Consolidation in Poland, 1989-1993* [Sociedade civil rebelde: protestos populares e consolidação democrática na Polônia, 1989-1993] (Ann Arbor, Mich.: University of Michigan Press, 1999).

FITZMAURICE, John, "General Wojciech Jaruzelski: Hardline Patriot" [O general Wojciech Jaruzelski: um patriota de linha dura], em Martin Westlake (ed.), *Leaders of Transition* [Líderes da transição] (Nova York: St. Martin's Press, 2000).

GOODWYN, Lawrence, *Breaking the Barrier: The Rise of Solidarity in Poland* [Rompendo a barreira: o auge do Solidariedade na Polônia] (Nova York: Oxford University Press, 1991).

KUBIK, Jan, "Who Done it: Workers, Intellectuals, or Someone Else? Controversy over Solidarity's Origins and Social Composition" [Quem fez isso: os trabalhadores, os intelectuais ou outra pessoa? Controvérsia sobre as origens do Solidaridade e sua composição social], *Theory and Society*, 23/3 (1994), p. 441-66.

LEWIS, Paul G., "Political Institutionalisation and Party Development in Post-Communist Poland" [Institucionalização política e desenvolvimento dos partidos na Polônia pós-comunista], *Europe-Asia Studies*, 46/3 (1994), p. 779-99.

MICHNIK, Adam, *The Church and the Left* [A Igreja e a esquerda] (Chicago, Ill.: University of Chicago Press, 1993).

OST, David, *Solidarity and the Politics of Anti-Politics: Opposition and Reform in Poland since 1968* [O Solidariedade e a política da antipolítica: oposição e reforma na Polônia desde 1968] (Filadelfia, PA.: University of Pennsylvania Press, 1990).

SACHS, Jeffrey, *Poland's Jump to the Market Economy* [O salto da Polônia para a economia de mercado] (Cambridge, Mass.: Massachusetts Institute of Technology Press, 1994).

SZCZERBIAK, Aleks, "Dealing with the Communist Past or the Politics of the Present? Lustration in Post-Communist Poland" [Tratar o passado comunista ou a política do presente? Purificação na Polônia pós-comunista], *Europe-Asia Studies*, 54/4 (2002), p. 553-72.

TARAS, Raymond, *Consolidating Democracy in Poland* [Consolidando a democracia na Polônia] (Boulder, Colo.: Westview, 1995) [sobre os acontecimentos que ocorreram a partir da década de 1970].

WAŁĘSA, Lech, *The Struggle and Triumph: An Autobiography* [A luta e o triunfo: uma autobiografia] (Nova York: Arcade, 1994).

ÁFRICA DO SUL

A democracia como subproduto:

a transição negociada da África do Sul

Steven Friedman, Universidade de Johanesburgo

O trajeto percorrido pela África do Sul, da oligarquia racial ao sufrágio universal, difere marcadamente da maioria (se não de todas) as transições para a democracia: não se tratava de que um regime autoritário desse lugar a uma ordem democrática, mas que toda a população tivesse acesso aos benefícios da cidadania de que uma minoria racial já desfrutava.

Portanto, embora os dois lados insistissem em dizer que valorizavam a democracia, esse não era o objetivo principal de nenhum deles. Como os brancos de outras ex-colônias britânicas, a minoria racial sul-africana desfrutava de uma democracia multipartidária. O compromisso com a "democracia dos brancos" era um aspecto importante nas avaliações do último presidente branco, F. W. de Klerk, como fica evidente na entrevista a seguir. No entanto, o principal objetivo dos líderes brancos era proteger os direitos da população branca, não a democracia. A resistência liderada pelos negros buscava acabar com a dominação branca: a democracia não era uma condição irrenunciável. Muitos líderes do Congresso Nacional Africano (CNA), que esteve à frente na luta contra o *apartheid*, eram democratas convictos, mas no movimento havia leninistas e nacionalistas africanos mais interessados em derrotar o poder branco do que em alcançar a democracia. As negociações resultaram em uma Constituição democrática porque esse parecia ser o resultado mais tolerável para ambas as partes. Assim, a transição se ajustou à tese de Dankwart Rustow, segundo a qual a democracia surge a partir da negociação entre partidos que não a veem como sua primeira opção, mas que se conformam em considerá-la a melhor opção possível.[1]

A democracia nasceu de um compromisso entre organizações políticas que representavam grupos bem definidos: De Klerk dirigia o Partido Nacional (PN), que os brancos reelegiam rotineiramente, enquanto o CNA (Mbeki negociava em nome do grupo) era o mais antigo "movimento de liberação" do mundo, no qual a maioria dos negros sul-africanos confiava havia quase um século. Os dois lados concordaram que o CNA iria ganhar em eleições livres, e a transição lembrou um conflito sindical cujo resultado é determinado pelo poder de negociação das partes. Faltava o "véu da ignorância" de John Rawls, que explica que as partes de uma constituição desconhecem completamente quem será vitorioso e, portanto, protegem os "derrotados", caso sejam eles quem precise de proteção. Essa ausência dificultou a transição, embora também tenha dado origem à disposição dos diferentes grupos de chegar a algum acordo. Da mesma forma, impediu que a sociedade civil, que não era irrelevante, participasse diretamente das negociações formais que a democracia proporcionava.

O PROCESSO

A transição na África do Sul foi o resultado de uma luta prolongada entre os colonos brancos e a população nativa negra. O conflito começou com a chegada dos brancos em 1652. Em 1910, as elites brancas criaram o moderno Estado da África do Sul, ignorando as exigências dos negros. Em 1948, o PN venceu eleições nas quais somente os brancos votaram e introduziu o *apartheid*, um sistema que negava os direitos de cidadania à população negra em 87% do território do país reservado para brancos. O CNA, criado para lutar contra a desapropriação da população negra como resultado da fundação do Estado, liderou a resistência ao *apartheid*. O partido foi considerado ilegal em 1960 e condenado à clandestinidade e ao exílio. Uma década antes, o Partido

Comunista da África do Sul havia sido banido, aliando-se mais tarde ao CNA. Entre 1960 e 1990, o CNA trabalhou na clandestinidade, com seus líderes presos ou fora do país.

O Estado tinha poder militar suficiente para esmagar a resistência negra, mas o *apartheid* se tornou insustentável. O sistema começou a rachar no final da década de 1960, quando a escassez de trabalhadores brancos não deixava alternativa ao governo a não ser autorizar as empresas a contratar trabalhadores negros para postos mais qualificados. Dessa forma, não era mais possível tratar os negros como estrangeiros nas cidades, e os trabalhadores adquiriram poder de negociação, o que lhes concedeu um *status* superior. Em 1973, as greves levaram a uma série de reformas que culminaram no reconhecimento, em 1980, do direito de negociação dos sindicatos negros. Em 1976, os estudantes do distrito segregado de Soweto, nos arredores de Johanesburgo, rebelaram-se contra o ensino em africânder, a língua da maioria dos brancos. Assim, iniciou-se um processo de reforma por meio do qual o governo tentou abandonar certos aspectos periféricos do *apartheid*, com a esperança de preservar o predomínio político branco. Cada concessão, no entanto, era um recuo e, a longo prazo, a regra da maioria foi imposta. A intensificação da resistência na década de 1980 transformou os distritos segregados (onde a população negra era obrigada a viver) em campos de batalha e levou o governo a declarar dois estados de emergência com a intenção de sufocar a insurreição. A pressão internacional contra o *apartheid* isolou a sociedade branca, as empresas começaram a questionar a viabilidade do sistema e surgiram dúvidas na classe dominante africânder.

O presidente P. W. Botha, alarmado com a resistência cada vez maior, cedeu o poder do PN ao aparato de segurança, com o objetivo de resistir à pressão. No entanto, o reconhecimento por parte do governo de que a estabilidade exigia o consentimento da população negra mudou os parâmetros pelos quais se moviam os líderes brancos: tal consentimento seria impossível enquanto o *apartheid* existisse, e as tentativas de obter esse consentimento forçaram a novos recuos. Nenhum político negro com apoio iria negociar se o CNA e seu líder, Nelson Mandela, não pudessem participar. Assim, as reformas não serviram para assegurar o sistema, ao contrário, dividiram as elites e proporcionaram novas oportunidades de resistência. Em público, o CNA denunciava as reformas. Longe dos microfones, o aparato de segurança de Botha e os estrategistas do CNA fizeram seus primeiros contatos.

O FIM DO COMEÇO

Os contatos entre os funcionários de segurança do Estado e as delegações do CNA lideradas por Thabo Mbeki começaram em meados dos anos 1980 e duraram uma década. As conversas iniciais levaram a reuniões secretas facilitadas pela mineradora Consolidated Goldfields. A partir de 1985, quando uma delegação de empresários brancos viajou para a capital da Zâmbia, Lusaka, para se reunir com o CNA, tornou-se cada vez mais comum que as elites sul-africanas brancas se reunissem com o partido. Frederick van Zyl Slabbert, sociólogo africânder branco que virou líder da oposição branca no Parlamento, renunciou em 1986 para fundar um instituto dedicado a facilitar a comunicação entre figuras-chave da sociedade branca e do CNA. Dessa forma, aumentou a legitimidade para a negociação. O CNA fez uma declaração em 1987 em que aceitava negociar o fim do *apartheid*. Ao mesmo tempo, o PN começou a reconhecer que a população negra deveria gozar de direitos políticos, desde que os brancos mantivessem o direito de veto. As exigências pela libertação de Mandela, que se encontrava preso desde 1962, e outros presos políticos se intensificaram.

A possibilidade real de chegar a um acordo entrou em choque com Botha, cujo programa de reformas havia atingido seu limite. O bloqueio foi superado quando, em 1989, Botha sofreu um derrame e foi substituído por De Klerk. A mudança permitiu que a tomada de decisões deixasse de depender do aparato de segurança e retornasse ao PN, base do poder de De Klerk. A estratégia estava agora nas mãos dos pensadores políticos nacionalistas africânderes. Esse nacionalismo tinha se originado na luta contra o colonialismo britânico, por isso possuía uma certa veia igualitária a qual pressupunha que os membros de uma comunidade política deveriam ter os mesmos direitos. Por essa razão, os negros não tinham acesso à comunidade. Depois de estabelecido o princípio da interdependência racial, era aceitável, do ponto de vista teórico, que a população negra solicitasse a cidadania. De Klerk estava aberto a esse raciocínio porque seus valores eram muito mais enraizados do que os de seu antecessor na tradição política do nacionalismo africânder. E, apesar de sua fama de extremista, De Klerk era, em primeiro lugar, uma pessoa pragmática, que, em meados da década de 1980, tinha começado a manifestar em particular sua aversão às questões inegociáveis: aqueles temas que os brancos não estavam dispostos a discutir, segundo ele, seriam discutidos se as circunstâncias exigissem. Portanto, aceitava que seria necessário mudar a posição negociadora do governo branco.

Esses dois fatores fizeram com que, poucos meses após sua posse, De Klerk assumisse o protagonismo, junto com outras figuras-chave do nacionalismo africânder, no início das negociações que acabaram com o *apartheid*.

O COMEÇO DO FIM

O processo se iniciou em fevereiro de 1990, quando De Klerk anulou as restrições à atividade política. As "conversas sobre conversas" começaram algumas semanas após o anúncio dessa medida. O PN foi forçado a negociar pelas potências ocidentais, especialmente a Grã-Bretanha, cuja primeira-ministra, Margaret Thatcher, tentava evitar sanções contra o *apartheid*.*

O embaixador britânico na África do Sul, Robin Renwick, foi fundamental para convencer o PN a acelerar as mudanças com o objetivo de evitar novas sanções. O CNA recebeu o mesmo tipo de pressão da antiga União Soviética, que havia financiado seu movimento de guerrilha, mas não podia mais continuar com o apoio. A mudança de posição foi mais fácil para o CNA, que pôde se remeter à tradição negociadora sustentada por Mandela no discurso, tantas vezes citado, que fez do banco dos réus durante o julgamento no qual foi acusado do crime de traição.

Os diplomatas desempenharam um papel importante na transmissão de mensagens entre os dois lados, e a intervenção internacional derrubou o primeiro obstáculo que impedia a negociação: a insistente recusa do governo do PN de negociar com o CNA enquanto este não renunciasse à violência. Já o CNA se recusava a negociar enquanto o governo não se comprometesse "irreversivelmente" com a regra da maioria. Em 1990, De Klerk decidiu legalizar unilateralmente o CNA. Demonstrou, assim, vontade de conversar sem que houvesse uma renúncia prévia do CNA à violência. O CNA respondeu suspendendo unilateralmente a "luta armada". Em 1993, o CNA pediu a suspensão de todas as sanções internacionais contra o regime do apartheid. Àquela altura, já estava convicto de que o progresso rumo a um regime em que prevalecesse a regra da maioria era irreversível.

A queda do muro de Berlim influenciou muito De Klerk, pois o medo do comunismo havia marcado o pensamento do PN. Em 1990, foi convocado um fórum de negociação, a Convenção para uma África do Sul Democrática

* N. R. T.: Em 1976, entrou em vigor uma convenção das Nações Unidas contra o regime do *apartheid*. Na década seguinte, vários países europeus e os Estados Unidos adotaram sanções financeiras contra a África do Sul. Thatcher se opôs a essas sanções, mas pressionava o governo sul-africano a negociar com o CNA.

(Codesa). Nesse fórum participava um amplo conjunto de partidos políticos. O CNA, que previa uma vitória se fossem realizadas eleições, queria que uma nova Constituição fosse redigida por uma assembleia eleita. Já o PN, por antever a vitória do CNA numa eleição, sabia que aceitar uma assembleia eleita equivalia a aceitar de antemão a prevalência da regra da maioria no futuro regime. O PN insistia, por isso, em um fórum de negociação não eleito.

Para tentar diminuir a influência do CNA, o PN chamou outros partidos para se juntarem às negociações, partidos que eram parte das instituições políticas do *apartheid*. Entre eles, o mais importante era o Partido da Liberdade Inkatha (IFP), integrado nas estruturas tradicionais de poder da etnia zulu, com força suficiente para assegurar um lugar por direito próprio na mesa de negociações. Os únicos possíveis aliados do CNA eram outros "movimentos de liberação", mas estes se recusavam a participar das negociações. As organizações da sociedade civil não foram convidadas: foi realizada uma negociação entre blocos políticos, não uma tentativa aberta de desenvolver um novo contrato social.

Embora a Codesa permanecesse em funcionamento até 1992, os partidos por muito tempo se fixaram em uma série de pontos inegociáveis, o que fez um acordo parecer impossível: o CNA insistia na regra da maioria e o PN exigia que a minoria branca tivesse poder de veto sobre as mudanças. O IFP governava KwaZulu, a "pátria" étnica reservada aos zulus. Embora tenha contribuído para a realização das negociações, ao se opor a negociar uma constituição até que o CNA fosse legalizado e Mandela colocado em liberdade, o IFP travou um confronto violento com o CNA. Isso porque desejava um acordo que permitisse conservar sua base de poder regional, o que ia contra a regra da maioria. Os partidos tinham que atender às demandas de seus eleitores e, dessa forma, era difícil chegar a um acordo.

No início de 1992, o PN foi derrotado em eleições locais, consideradas um teste decisivo para medir o apoio dos brancos às negociações. Em reação, De Klerk convocou um referendo visando obter da população branca uma autorização ampla para chegar a um acordo. Os brancos, preocupados com o isolamento internacional e o crescente custo do *apartheid*, concordaram. O referendo, que permitiu a De Klerk e ao PN falar em nome da África do Sul branca, teve como efeito indireto a destruição da Codesa. O CNA e o PN se enredaram em uma luta pelo apoio dos Estados Unidos, do Reino Unido e da Europa Ocidental. Os estrategistas do PN acreditavam que o referendo mostrava ao Ocidente que as forças favoráveis à manutenção do *apartheid* eram uma ameaça real, pois, apesar de derrotadas, obtiveram mais de 30% dos votos. Só o PN poderia desativar essa ameaça, sustentavam os estrategistas do partido, para aumentar seu poder de barganha. O PN se entrincheirou nessa posição e, em meados de 1992, a Codesa entrou em estado de paralisia.

Os meses posteriores foram os mais decisivos do período de negociação. Após o fracasso da Codesa, a violência, que nunca chegou a desaparecer durante o processo, aumentou. Os partidos mediam força nas ruas. A batalha pelo apoio internacional também continuou. Um dos principais momentos dessa batalha se deu na Câmara de Deputados do Congresso americano, em julho de 1992, quando o subsecretário de Estado para Assuntos Africanos dos Estados Unidos, Herman Cohen, leu em sessão do Subcomitê para a África uma declaração crítica à posição do PN. Nela, Cohen defendia que os brancos deveriam buscar proteção em um federalismo sem discriminação racial, em vez de buscar a conquista do direito de veto.

Em setembro, o CNA e o PN concordaram que era necessário se sentar novamente para negociar e assinaram um Memorando de Entendimento que incluía concessões e permitia a retomada das negociações no início de 1993. O líder do IFP, Mangosuthu Buthelezi, não assinou o Memorando. A partir desse momento, Buthelezi se uniu à direita branca para tentar dificultar o processo. A violência continuava presente. O medo de que a transição fosse ameaçada pela resistência da direita pairou no ar durante todo o processo de negociação.

O ACORDO

As negociações recomeçaram no início de 1993. Em abril, um líder destacado do CNA e do Partido Comunista, Chris Hani, foi assassinado por direitistas brancos que esperavam que sua morte levasse a uma explosão de violência e, assim, truncasse as negociações. Teve o efeito oposto: o PN temia que uma espiral de violência sem controle fosse desencadeada se não transmitisse a mensagem inequívoca de que o processo era irreversível. Assim, os partidos concordaram em marcar uma data para as eleições – 27 de abril de 1994 –, o que os obrigaria a chegar a um acordo antes. As negociações adquiriram um sentido de determinação e um acordo foi alcançado em outubro. No entanto, o IFP e a direita branca se recusaram a participar da segunda rodada de negociações.

Embora as conversas continuassem a acontecer em um fórum multipartidário, o CNA e o PN eram os únicos partidos cujo consentimento era essencial. Não houve participação direta da sociedade civil, embora as organizações ligadas aos partidos políticos pudessem exercer alguma influência. O grupo de defesa das mulheres, que contava com ativistas do CNA, obteve triunfos substanciais. Por sua vez, os sindicatos ligados ao CNA conseguiram que a Constituição consagrasse o direito de greve e frustraram os esforços das empresas para que fosse reconhecido o direito de locaute. A química entre os principais negociadores – Cyril Ramaphosa, ex-sindicalista, pelo CNA, e Roelf Meyer, ministro reformista que mais tarde engrossaria as fileiras do CNA, pelo PN – deu grandes resultados. Embora seja verdade que o relacionamento pessoal deles influenciou positivamente as negociações, mais importante foi o reconhecimento por parte de todos da necessidade de se chegar a um acordo para garantir a estabilidade política do país, bem como o fato de se ter estabelecido uma data limite para concluir as negociações.

As posições opostas do CNA – que exigia a regra da maioria – e do PN – que exigia o veto da minoria – foram se aproximando nas negociações. A diferença sobre se a Constituição deveria ser elaborada por uma assembleia eleita ou por um fórum não eleito foi resolvida por meio de uma Constituição provisória. Um parlamento eleito redigiria a Constituição permanente, que se limitaria a uma série de princípios acordados entre todos, para restringir o alcance de possíveis mudanças. Assim, o CNA poderia dizer que o documento tinha sido elaborado por uma assembleia eleita, e o PN, que tinha conseguido limitar a regra da maioria. Os negociadores também concordaram que todos os partidos teriam direito a um cargo no ministério para cada 5% dos votos obtidos e um cargo de vice-ministro se obtivessem 20%. O CNA aceitou essa concessão, bem como outras salvaguardas temporárias dos interesses dos brancos. Joe Slovo, líder do Partido Comunista, se tornou o principal defensor das cláusulas com prazo de vigência determinado, as chamadas "*sunset clauses*", que ofereciam garantias à minoria branca durante os primeiros cinco anos. A questão principal era se as minorias representadas no ministério teriam direito a veto. No último momento, Meyer (com a aprovação de De Klerk) aceitou a ausência de tal direito e no dia seguinte a Constituição provisória foi aprovada. Embora alguns membros do PN tenham falado em traição, quando o partido aceitou a não inclusão do poder de veto, essa concessão refletiu a evolução contínua da posição do partido ao longo do processo de negociação. Diante das evidências de que não era possível chegar a um acordo sem aceitar a regra da maioria, os estrategistas do PN concluíram que, apesar de tudo, seu controle sobre as Forças Armadas, a polícia e a burocracia, além do conhecimento técnico e da propriedade sobre o capital, garantiriam a manutenção da influência dos brancos.

Buthelezi e seus aliados brancos decidiram não participar do acordo. No entanto, a direita branca apresentou candidatos na primeira eleição pós-*apartheid*. Buthelezi e o IFP acabaram por fazer o mesmo, uma semana antes da votação. O sonho de um enclave independente acalentado por Buthelezi e seus liderados estava condenado ao fracasso. Isso porque a estreita relação entre as empresas dos brancos, os trabalhadores negros de sua província e a economia sul-africana tornavam a divisão territorial inaceitável.

NOTAS SOBRE LIDERANÇA

As descrições do processo de negociação frequentemente enfatizam a importância que os líderes tiveram para afastar a África do Sul da oligarquia racial e guiá-la para a democracia constitucional. De Klerk e Mandela receberam o Prêmio Nobel em reconhecimento ao seu trabalho para convencer seus respectivos simpatizantes de que era necessário encontrar uma solução de compromisso. Por outro lado, a boa relação entre Ramaphosa e Meyer e o compromisso recíproco com o acordo costumam ser citados como fatores-chave (Mbeki, que foi fundamental na orientação estratégica do CNA, raramente recebe o reconhecimento que merece).

Sem dúvida, a liderança foi importante. É possível que o custo do *apartheid* fosse cada vez maior para os brancos, mas não existe nenhuma regra férrea determinando que De Klerk e seus aliados teriam de perceber isso: a elite branca da antiga Rodésia, agora Zimbábue, nunca percebeu os custos crescentes da sua dominação sobre a maioria negra. O CNA não poderia acabar com o *apartheid* senão por meio de um acordo. Mas se deve a Mandela e a Mbeki (junto com Slovo e outras figuras importantes) o fato de que o CNA tenha adotado uma postura mais inclusiva que a de seus pares no Zimbábue. Do outro lado, Meyer contribuiu muito para que o PN aceitasse, a contragosto, a regra da maioria, e a capacidade de negociação de Ramaphosa tornou possível um acordo aceitável para as bases do CNA.

Em todo caso, a importância da liderança não deve ser exagerada, embora isso aconteça com frequência. A África do Sul não foi resgatada de um banho de sangue sem fim por um simples grupo de líderes sábios. Uma combinação complexa de interdependência econômica e influências culturais e políticas tornou possível que o apoio a uma sociedade comum a todos fosse muito maior do que a maioria das análises previa. Uma série de atores sociais centrais, a exemplo do setor empresarial e do movimento sindical, e instituições como a Igreja também exerceram pressão em favor de uma solução de compromisso. A África do Sul, apesar das aparências, estava preparada para pôr fim ao *apartheid*, mas sem dúvida foi preciso destreza, assim como visão política, para transformar esse potencial em realidade. Sem essa destreza, é possível que ainda assim uma transição tivesse ocorrido, mas teria sido mais violenta e menos propícia à criação das condições necessárias para uma sociedade viável.

DEPOIS DO ACORDO

O acordo e as eleições gerais de abril de 1994 foram momentos fundamentais na transição do domínio da minoria branca para a democracia majoritária, que permanecerá incompleta por décadas. O PN recebeu 20% dos votos, o que lhe deu o direito a um vice-presidente – De Klerk – e quatro ministros no gabinete. O IFP obteve 10% dos votos e dois membros no gabinete. No entanto, o PN abandonou o governo de Unidade Nacional em 1995, frustrado com sua incapacidade para influenciar as decisões: os três setores do poder branco cujo consentimento o CNA necessitava – empresas, burocracia e militares – negociaram seus próprios acordos com o CNA. Eles já não precisavam do PN.

A ideia romântica de que o acordo poderia dar lugar à unidade nacional mostrou-se ilusória. Se por um lado todos os partidos têm em comum uma identidade sul-africana, por outro as identidades raciais nas quais se sustentava o *apartheid* não desapareceram. A Comissão de Verdade e Reconciliação, baseada parcialmente em sua precursora chilena, foi criada para investigar violações de direitos durante o *apartheid* e conceder anistia aos perpetradores que confessassem sem reservas o que tinham feito. A comissão ajudou a consolidar um processo de deslegitimação do *apartheid*, mas apenas no sentido de que defendê-lo abertamente tornou-se um tabu. Já manifestar preconceitos raciais de forma dissimulada, não. A África do Sul continua dividida por raça e o predomínio dos brancos na economia e na sociedade persiste.

Como todo projeto democrático, o da África do Sul ainda não está concluído. As divisões raciais ainda impedem a cooperação entre os líderes empresariais, na maioria brancos, e os profissionais e o governo, fundamentalmente negro. A pobreza e a desigualdade, determinadas pela raça em grande medida, continuam dividindo a sociedade. Embora todos reconheçam que as eleições são livres e justas, o fato de que a raça condicione de um modo tão evidente as preferências dos eleitores – e que os brancos continuem dominando os bairros ricos dos subúrbios, enquanto os negros vivem em distritos de baixa renda – limita muito a competição entre partidos: a maioria das áreas residenciais são feudos impenetráveis ou do partido no governo ou do partido da oposição. Além disso, embora agora todos os cidadãos votem, milhões de pessoas não têm voz numa sociedade em que cerca de um terço da população (brancos e negros) vive em uma democracia confusa e os outros dois terços (apenas negros) ainda são silenciados em grande medida pelas relações sociais de poder.

Não se trata de negar as conquistas da democracia. As liberdades têm sido protegidas e a Constituição continua intacta, graças a decisões judiciais que obrigam o governo a respeitá-la e as quais ele invariavelmente aceita. Os estrategistas do *apartheid* esperavam que a criação de uma classe média negra reduziria as demandas políticas pelo fim do regime de segregação. Hoje, a classe média negra existe, como resultado da democratização que supostamente ela deveria impedir. No entanto, os acordos que puseram fim ao *apartheid* não concluíram a democratização. Eles abriram novas possibilidades para que a democratização avance e gradualmente se institucionalize. Embora a democracia ainda enfrente desafios imensos na África do Sul, a democratização tem sido mais duradoura do que o esperado quando o processo começou.

Resenha biográfica de F. W. DE KLERK, presidente da África do Sul (1989-94)

F. W. de Klerk, filho de um proeminente político africânder, advogado e dirigente do Partido Nacional (PN), ocupou vários cargos no governo durante os anos 1980. Estava imbuído do compromisso africânder com o *apartheid* e o governo parlamentar dos brancos, um sistema que negava a representação política a quase 90% da população da África do Sul. Quando o presidente anterior, P. W. Botha, sofreu um derrame, De Klerk era o mais conservador dos possíveis candidatos a substituí-lo, apesar de ter se oposto às tímidas medidas de Botha para reformar e defender o *apartheid*, afirmando que elas não funcionariam. Quando se tornou presidente em 1989, De Klerk afastou o governo do aparato de segurança interna, no qual Botha tinha grande confiança, e o aproximou do PN. Mostrou-se partidário de reformas mais profundas para proteger os interesses de longo prazo da população africânder. Entendia que a transformação da economia, a crescente urbanização da sociedade e o novo contexto internacional tornavam o *apartheid* insustentável.

Em fevereiro de 1990, em um discurso que surpreendeu o país e o restante do mundo, De Klerk anunciou a legalização do Congresso Nacional Africano (CNA), a libertação de Nelson Mandela, bem como dos outros presos políticos, e o início das negociações com o CNA com vistas a uma nova Constituição e a plena participação da maioria negra. Embora a iniciativa parecesse súbita, ela havia sido preparada com muito cuidado durante anos de "conversas sobre conversas" entre funcionários do governo e Nelson Mandela – reuniões que muitos membros do gabinete desconheciam. Também contribuíram para as negociações, os encontros reservados que De Klerk promoveu com membros do seu gabinete, em lugares afastados da capital, com o objetivo de fomentar o consenso interno sobre a necessidade de negociar. De Klerk conseguiu manter sua base política, controlar os extremistas e as forças de segurança e fez concessões oportunas ao CNA. Ao mesmo tempo, projetou uma imagem de autoridade, mesmo quando as bases fundamentais de seu poder se enfraqueceram e a democracia não racial foi instaurada. Depois que o CNA venceu as eleições gerais em abril de 1994 e Mandela se tornou presidente, De Klerk foi, durante algum tempo, vice-presidente do Governo de Unidade Nacional liderado por Mandela, cargo ao qual renunciou mais tarde para dirigir o Novo Partido Nacional, na oposição.

ENTREVISTA COM O PRESIDENTE F. W. DE KLERK

PRINCÍPIOS FUNDAMENTAIS

Resumidamente, que aspectos práticos da transição para a democracia, entre aqueles que refletem seus princípios básicos, o senhor acha que devem ser entendidos e lembrados?

A experiência sul-africana oferece lições que podem ser relevantes em outros contextos. A primeira lição, fundamental, é que **um conflito não pode ser resolvido se as partes interessadas não conversarem entre si. A negociação é o único caminho para conseguir uma paz duradoura.**

Em segundo lugar, **as partes principais do conflito devem ser conscientes de que é necessária uma mudança, de que é necessário chegar a um acordo. A negociação deve ser sincera e completa, não devem existir jogos entre as partes. Para isso,** tivemos que chegar na África do Sul ao momento em que dissemos: "Precisamos mudar: não por pressão ou para satisfazer os outros, mas porque temos a convicção de que as coisas não podem continuar assim". Foi o que aconteceu no PN antes da minha presidência.

Sob o comando do meu antecessor, nos anos 1980, passamos por um período de profunda autoanálise e chegamos à conclusão de que precisávamos mudar. Nesse processo de autoanálise, nos perguntamos qual era o caminho correto e chegamos à conclusão de que não poderíamos construir um futuro para nosso povo baseado em um tratamento injusto para a maioria da população do país. Fomos obrigados a admitir que tínhamos fracassado em nossa tentativa de alcançar justiça e oferecer os mesmos direitos políticos plenos a todos os sul-africanos por meio dos Estados-nação.* Concluímos

* N. R. T.: Referência aos chamados bantustões, territórios criados pelo governo de maioria branca para congregar em certas áreas determinados grupos étnicos da maioria negra; os bantustões usufruíam de graus diversos, mas sempre restritos, de autonomia.

que, se nos aferrássemos a esse princípio, nunca haveria justiça para todos e, portanto, cresceu entre nós a convicção de que precisávamos fazer uma mudança fundamental.

No entanto, quando olhávamos para o restante da África, ficávamos preocupados com a possibilidade de que essa mudança levasse à anarquia, em vez de levar a uma democracia saudável. Assim, percebemos que precisávamos negociar um acordo que promovesse uma boa democracia, garantisse a segurança de todos, promovesse políticas econômicas equilibradas e garantisse a erradicação de toda discriminação baseada em raça, cor de pele ou qualquer outra razão.

Aprendemos também que, **para solucionar uma situação aparentemente insolúvel, são necessárias iniciativas abrangentes**. Percebi que se fôssemos passo a passo – se, por exemplo, só fizéssemos cinco concessões em cinco questões importantes, mas deixássemos outras sem resolver – o CNA contra-atacaria recusando-se a participar das negociações enquanto não fossem feitas concessões nos outros assuntos. Junto com meu gabinete e a liderança do partido, concluímos que era essencial preparar um pacote de medidas que obrigasse o CNA a aceitar o convite para a mesa de negociações.

Por exemplo, se eu tivesse me limitado a libertar Mandela e seis outras figuras destacadas, mas tivesse mantido os outros presos políticos, o CNA teria me dito: "Muito obrigado, mas não negociaremos com vocês até que libertem todos os presos políticos." Por essa razão, preparamos um pacote com o qual tentamos abordar todas as preocupações do CNA que poderíamos imaginar e que poderiam ser qualificadas como razoáveis.

Para que uma negociação prospere, é necessário colocar-se no lugar da outra parte. É preciso analisar os argumentos dela e definir quais são as exigências mínimas para ela participar de forma cooperativa e construtiva no processo de negociação. Foi o que fizemos e, no comunicado de 2 de fevereiro de 1990, esse pacote foi apresentado. Serviu naquele momento para demonstrar nossa autoridade moral. Após aquele anúncio, não teria sido razoável que o CNA recusasse o diálogo. A comunidade internacional teria se colocado totalmente contra ele. Tiveram que aceitar.

Depois de ler o meu discurso, que tinha sido distribuído antecipadamente, um jornalista sul-africano exclamou: "Meu Deus, ele fez tudo". E era verdade, o objetivo do pacote era fazer tudo. Assumimos um risco enorme.

Não impusemos condições *a priori*. Então, após uma primeira rodada de discussões muito amplas em Groot Schuur, em abril de 1990, o CNA tomou a iniciativa. Eles não tinham contado nada para nós, assim como não tínhamos conversado com eles sobre o pacote de medidas. Tomaram a iniciativa de suspender unilateralmente a luta armada. Aquelas duas iniciativas criaram as bases para a negociação e, no final, tudo correu bem.

ESTABELECER AS BASES PARA O DIÁLOGO E A NEGOCIAÇÃO

Antes de fazer seu discurso decisivo no início dos anos 1990, vocês tinham se reunido com o CNA. Como essas conversas ajudaram a criar uma estratégia e avançar? Por outro lado, para negociar e obter resultados, precisavam de uma contraparte e de pessoas de confiança. Como as encontraram?

Nem todos os membros do gabinete do meu antecessor sabiam o que estava acontecendo nos bastidores. O presidente Botha só comunicou a um pequeno círculo. Eu não sabia nada a respeito. Eu era o líder do PN na província de Transvaal, uma figura importante no partido e no gabinete, mas não fazia parte de seu círculo de confiança. Quando virei líder do partido, em 2 de fevereiro de 1989, Kobie Coetsee – que tinha uma pasta ministerial no gabinete, foi por um tempo ministro da Presidência e, mais tarde, ministro da Justiça – me contou o que acontecia. Ele estava no comando, era uma das quatro pessoas que estavam conversando com Mandela: Coetsee; Niel Barnard, do Serviço Nacional de Inteligência; o general Willemse, chefe dos Serviços Penitenciários; e Fanie van der Merwe, secretário (o que seria hoje o diretor-geral) do Departamento de Justiça. Mandela foi autorizado a escrever para a direção executiva nacional do CNA, para obter uma autorização que lhe permitisse examinar a possibilidade de iniciar conversações. Em qualquer caso, o substancial não era abordado. Eram "conversas sobre conversas", discussões sobre a possibilidade de entrar em negociações. Só fui informado completamente da situação quando assumi a liderança.

A postura oficial perante a opinião pública era de que não negociávamos com terroristas. Em retrospectiva, tudo aquilo preparou o terreno para as iniciativas que tomei mais tarde. Reforçou minha posição. O trabalho preliminar que foi realizado me convenceu de que eu poderia ser ousado.

Nos diferentes casos que estudamos, há atores que não se envolvem totalmente e tentam minar o processo de transição. O que o fez confiar, em fevereiro de 1990, que poderia realizar um programa tão corajoso de mudanças?

Fomos ajudados pelo fato de que, entre 1985 e 1987, foram aplicadas rigorosas medidas de segurança que levaram à detenção sem julgamento de milhares de pessoas, no contexto de uma luta efetiva do ponto de vista militar e de segurança. Essa situação fez com que o CNA percebesse que não poderia derrubar o governo e que a solução não passava pelas armas. Embora não justifique os elementos negativos dos nossos métodos, **o melhor ponto de partida para a resolução de um conflito é que seus principais lados percebam que a perpetuação do conflito só pode levar à devastação do país e que não há esperança real de vencer a "guerra"**. Essa era a nossa situação. Percebemos que precisávamos de uma solução política, que a solução não viria dos militares nem das leis de segurança. Acho que o CNA chegou à mesma conclusão. As medidas duras que tomamos, mas também aquelas "conversas sobre conversas" anteriores, conseguiram convencê-los.

Como envolvi minha equipe? Não quero parecer herói. Meu antecessor colocou o processo em movimento com o conceito dos "encontros secretos". Nessas reuniões, o presidente convocava os líderes partidários, o gabinete, o círculo executivo, longe da cidade, às vezes em lugares onde nem os telefones celulares funcionavam. Não havia desculpas para ninguém. Todos estavam isolados, obrigados a conversar um com o outro em um processo de autoanálise. Mantive essa prática desde o momento em que fui indicado como líder do PN, e até realizamos alguns desses encontros antes de me tornar presidente. Durante os primeiros meses do meu mandato, até o início de dezembro de 1989, tivemos vários encontros propostos nos seguintes termos: "Já demos o primeiro passo, aceitamos que uma mudança fundamental é necessária. Agora a pergunta é: Como fazemos isso? Qual plano de ação deveríamos adotar? Qual é o nosso objetivo?".

Mudar pelo simples fato de mudar não faz sentido, é necessário ter meta. E nossa meta era uma África do Sul unida com uma legislação livre de toda forma de discriminação, onde todos os votos tivessem o mesmo valor, com uma Constituição forte. A nova África do Sul deveria ter um Tribunal Constitucional sólido, com pesos e contrapesos que impossibilitassem os abusos de poder ou a predominância de qualquer grupo sobre os outros no futuro. Essa foi a meta que saiu daquelas discussões íntimas e abertas. Em qualquer grupo de executivos de alto nível, tanto no âmbito empresarial quanto no político, há opiniões diversas, mas o processo permitiu que chegássemos a um consenso interno.

Dediquei muito esforço à criação desse consenso interno, bem como a todas as outras questões que tratei como líder partidário e como presidente. Todo meu gabinete se identificou com o pacote que anunciamos. Nem todos os membros do gabinete participaram da formulação exata do texto em cada etapa. No entanto, era consensual que proporíamos uma mudança fundamental, que tomaríamos a iniciativa. Depois eu os convoquei, pouco antes de fazer o discurso, e perguntei: "É isso que vou anunciar. Todos estão de acordo?". Eles responderam que sim. Também fiz com que prometessem que não contariam nem para suas esposas. Nem eu contei para minha esposa o que ia anunciar. A única coisa que avisei foi: "A África do Sul nunca mais será a mesma". Assim o segredo foi mantido.

A partir daquele momento, segui um processo vertical, de cima para baixo. Quando consegui o apoio da liderança do meu partido – porque no gabinete estavam todos os líderes provinciais e as figuras destacadas do partido –, confiei a eles a tarefa de convencer o segundo nível na hierarquia. Por meio desse segundo nível, deveriam interagir constantemente com a base de afiliados para persuadi-los de que era preciso uma mudança fundamental se quiséssemos evitar uma catástrofe, e também porque era a coisa certa a fazer.

Tive que insistir constantemente sobre a importância de que se sentissem corresponsáveis pelo processo. Quando as negociações começaram, as divisões típicas em todos os grupos de executivos voltaram a surgir. Alguns diziam: "Não podemos ceder nisso". Outros respondiam: "Temos que fazer essa concessão". Havia também indecisos, então toda semana dedicávamos uma ou duas horas da sessão do gabinete para esclarecer os detalhes do processo de negociação, criar consenso, para que todos pudessem expressar livremente a opinião. Então eu, como líder, explicava o que achava que deveríamos fazer, e então eles aceitavam ou não. Se aceitassem, dava o próximo passo sabendo que havia consenso sobre aquilo.

Sem dúvida devem ter havido ocasiões em que era difícil para algumas pessoas subir a bordo. Teve que substituir alguém para ter certeza de ter o apoio do gabinete?

Durante minha presidência, fiz algumas mudanças no gabinete. Destituí um ministro porque fazia muitas coisas por conta própria, sem a aprovação do gabinete. Outros ministros, devido à violência permanente, tiveram de ser afastados de seus cargos na área de segurança, pois seria problemático mantê-los. Por isso desloquei o ministro da Polícia e o general Magnus Malan, o ministro da Defesa, para departamentos civis e designei seus substitutos. Imagino que o consenso que conseguimos não foi do gosto de todos, mas é assim que funciona um gabinete e acho que é um bom sistema. No final, cada membro deve decidir se está diante de uma questão de princípios; se a consciência não permite que ele continue porque é uma questão de princípios, então é preferível renunciar. Ou se, ao contrário, está disposto a fazer concessões.

É assim que as partes de um conflito chegam a acordos. Mas também nas deliberações dentro dos partidos, quando uma negociação é preparada, concessões são feitas continuamente. Muitas pessoas não se sentiam confortáveis com tudo que estávamos fazendo, mas cederam.

O senhor afirma que a preparação para transformar a África do Sul foi um processo, não uma mudança repentina. Mas Botha não era um homem disposto a dar os passos que o senhor deu. O que sabia sobre as conversas com Mandela e Mbeki? A seu ver, como aquele processo se desenvolvia?

Botha era um líder de tipo mais ditatorial. Enquanto ele foi presidente, as conversas de Mbeki, até onde sei, ocorreram principalmente com pessoas de fora do círculo do PN e do governo. Eram líderes culturais e religiosos. Mbeki havia estabelecido um relacionamento com Willie Esterhuyse, o professor de Stellenbosch que liderou uma delegação à Inglaterra para se reunir com ele. Meu irmão participou daquela delegação. Eu não tinha sido informado e critiquei meu irmão por ter ido. Na minha opinião, o **que se mostrou útil foram os mecanismos internos que estabelecemos** no início dos anos 1980**, que nos prepararam para aceitar a necessidade de mudanças substanciais de grande alcance**. Um desses mecanismos foi o Conselho Presidencial, um órgão público cujas sessões foram realizadas em um edifício adjacente ao Parlamento. Nele havia pessoas de todas as raças. Sua tarefa era deliberar sobre a necessidade de uma reforma constitucional e seu possível conteúdo. Também tinha membros da oposição, por isso era um órgão bastante representativo, embora, se não me engano, a participação dos negros fosse muito pequena.

Outro mecanismo foi a Comissão Constitucional do Gabinete, da qual fui parte. Era presidida por Chris Heunis, ministro de Assuntos Constitucionais. Se bem me lembro, todos os advogados do gabinete estavam naquela comissão. A tarefa daquela comissão era deliberar sobre a mudança constitucional e informar o gabinete. Não era pública, não foi um processo transparente. O Conselho Presidencial, ao contrário, era transparente. A Comissão do Gabinete foi muito importante para moldar o processo de autoanálise e a visão do futuro.

Fui acusado de colocar obstáculos à Comissão porque adotei o papel de advogado do diabo. O falecido senhor Heunis, por cuja capacidade intelectual sentia o mais profundo respeito, era a favor de fazer as coisas passo a passo. Às vezes entrávamos em choque. Por exemplo, ele dizia: "Deveríamos recomendar ao gabinete que opte pela opção A". E eu respondia: "Posso aceitar a opção A, mas então temos que apontar para o gabinete que depois de A virão B e C e D, e temos que explicar o que B, C e D representam. Devemos prever as consequências lógicas e expô-las". Esse processo me deu a reputação de criador de problemas na Comissão.

Portanto, minha inclinação para preparar um pacote integral de medidas estava no meu coração e na minha mente muito antes de assumir a presidência.

Estava convencido naquele momento de que o CNA tinha força suficiente para liderar a negociação do outro lado? Tinha informações sobre as possíveis reações ao pacote?

Não nas primeiras etapas. É claro que deveríamos permanecer no poder se quiséssemos fazer alguma coisa, então tínhamos que levar em conta a todo momento o que o eleitorado branco estava disposto a aceitar e o que iria rejeitar. A oposição de direita, que tinha se separado do PN no início dos anos 1980 para formar o Partido Conservador, era muito ativa e estava crescendo eleitoralmente. Seu líder era o dr. Andries Treurnicht. Em 1987, foram realizadas eleições apenas para brancos, apesar de já existir um Parlamento tricameral. Na campanha, o PN apresentou um manifesto em que nos posicionamos a favor de uma mudança fundamental. Ganhamos a eleição, mas o Partido Conservador teve um grande crescimento. Portanto, não poderíamos nos esquecer de que precisávamos atrair a maioria do eleitorado branco.

O senhor teve que se colocar no lugar dos outros, como diz, e entender que a oposição também deveria satisfazer seus simpatizantes.

Sabíamos da importância do CNA, mas **sempre acreditamos que a negociação deveria ser inclusiva.** Na primeira reunião, convocada no final de 1990, estavam todos os partidos. Mesmo os pequenos foram convidados. **Todas as entidades políticas foram convidadas. A inclusão é extremamente importante. De qualquer forma, não poderíamos permitir que partidos muito pequenos tivessem direito a veto, e é por isso que desenvolvemos o conceito de "consenso suficiente".**

O que significou a ideia de consenso suficiente para o processo?

O consenso suficiente exigia um consenso entre os principais atores do processo de negociação: o governo, o PN, o CNA e o Partido da Liberdade Inkatha (IFP). O CNA defendia esquecer o IFP. Eram inimigos, eles se matavam entre si. O consenso suficiente, do ponto de vista deles, era um acordo entre o governo e o CNA. Quando o IFP se retirou do processo de negociação, em setembro de 1992, o consenso suficiente passou a ser um acordo entre o PN, o governo e o CNA.

CONTROLE CIVIL DAS FORÇAS DE SEGURANÇA

Em sua autobiografia, o senhor esclarece que as medidas que adotou para controlar o aparato de segurança não foram totalmente eficazes porque não sabia de algumas atividades que estavam sendo realizadas. Tem algum conselho sobre como lidar com forças de segurança recalcitrantes?

Desconhecia algumas ações e, às vezes, certos elementos do aparato de segurança não cumpriam as instruções do governo e minhas políticas e princípios.

Meu antecessor – antes de ser primeiro-ministro e depois presidente – foi ministro de Defesa. Assim, durante seus anos como primeiro-ministro e presidente, sempre deu aos militares uma posição privilegiada. Desenvolveu uma "segurocracia" sob os auspícios do Conselho de Segurança do Estado, ao qual me incorporou por causa da minha posição de liderança política, não por meu cargo. Também confiou a esse órgão uma série de planos que afetavam outros departamentos, de modo que o Conselho de Segurança do Estado quase se tornou um gabinete dentro do gabinete.

As Forças de Defesa propunham um plano de ação relacionado à mudança socioeconômica e este grande organismo, a Secretaria do Conselho de Segurança do Estado, administrava a execução dos programas socioeconômicos. A situação gerou grande ressentimento nos departamentos de Saúde, Habitação, Assuntos Locais etc., pois os "segurocratas" interferiam no trabalho deles.

Quando assumi a presidência, reduzi as atribuições do Conselho de Segurança para transformá-lo em outra comissão do gabinete. Esse organismo retornou ao seu tamanho habitual, tornando-se uma secretaria normal para uma comissão normal de gabinete. Também terminei com a posição vantajosa que os militares (não tanto a polícia) tinham sob o comando de P. W. Botha. Então, se o Conselho de Segurança do Estado quisesse realizar algo, teria que ir ao gabinete, não vir a mim, evitando assim que as questões passassem secretamente pelo Conselho e se apresentassem ao gabinete como fatos consumados. **Enfatizei que deveríamos governar com o gabinete. Eu o consultei em todas as decisões importantes. Propostas poderiam ser feitas por meio do Conselho de Segurança, mas a decisão final era do gabinete.**

Por que se preocupou tanto em submeter os militares e o Conselho de Segurança ao controle do gabinete e ao processo ordinário de tomada de decisões?

Nos anos em que passei no gabinete (fui nomeado ministro em 1978, P. W. Botha não demorou nem um ano para ser primeiro-ministro e, mais tarde, presidente), aquela situação me irritava. Eu era muito crítico com a preeminência que ele dava aos militares. Digamos que eu liderava a oposição a essa tendência. Fui contra ela mesmo nos meus primeiros anos como ministro. Muito antes de assumir a presidência, prometi a mim mesmo que, se algum dia fosse presidente, normalizaria a situação e devolveria o poder ao gabinete.

Voltando às forças de segurança, a África do Sul não tem histórico de golpes militares. Em nossa história, as Forças de Defesa e a Polícia se ocuparam de cumprir certas tarefas: as Forças de Defesa de defender as fronteiras do país e sua segurança no plano internacional; a Polícia, de manter a ordem pública no território. Nunca temi que o alto-comando das duas instituições encabeçasse um golpe.

Nos anos de P. W. Botha, para as forças de segurança a tarefa dos políticos era encontrar uma solução política, enquanto a deles era criar um ambiente e uma situação favorável para apresentar e impulsionar tais soluções. Então, convoquei duas reuniões. Na primeira, participaram os 400 oficiais com postos mais altos da Polícia, a segunda foi com as Forças de Defesa. Disse-lhes: "No passado estiveram envolvidos em certas questões que não correspondem a vocês. Retornarão ao seu trabalho principal. Eu me disponho a eximi-los de todos os assuntos com implicações políticas. As operações secretas acabaram, exceto as necessárias para o Estado". Nomeei um Comitê Assessor sobre Projetos Secretos Especiais, dirigido pelo professor Kahn. Todos os programas secretos foram informados ao Comitê, cabendo a este recomendar ao gabinete quais deveriam ser mantidos e quais deveriam ser interrompidos. Fiz o mesmo com as Forças de Defesa. Quando existiam provas de que certos elementos ainda estavam agindo contra essa política e essas ordens, criei a Comissão Harms [para investigar as atividades de contrainsurgência nas Forças de Defesa e na Polícia da África do Sul]. No entanto, as Forças de Defesa enganaram a Comissão Harms, razão pela qual criei a Comissão Goldstone [oficialmente, a Comissão de Investigação para a Prevenção de Atos de Violência e Intimidação]. Quando Goldstone revelou certos fatos, agi com firmeza – suspendi oficiais superiores, investiguei outros, ordenei a aposentadoria antecipada de alguns – para dissolver o grupo culpado dos fatos descobertos por Goldstone.

No entanto, o perigo real de desestabilização foi colocado por um ex-chefe das Forças de Defesa, o general Constand Viljoen, quando criou um novo partido, a Frente pela Liberdade, porque ele tinha a lealdade dos oficiais médios do Exército. Em última instância, Mandela desativou a ameaça ao chegar a um acordo com Viljoen, a quem prometeu que avaliaria a possibilidade de criar um Estado-nação branco após as primeiras eleições. De fato, na Constituição de 1993, que teve caráter provisório, foram incluídas cláusulas que estabeleciam a possibilidade de estudar a questão. Viljoen participou das eleições e suas ameaças de desestabilizar o processo eleitoral criando zonas de acesso proibido – onde o governo não seria capaz de manter a ordem pública – se dissiparam. Bato palmas a Mandela por isso. Eu não era muito popular entre os comandantes do Exército e ainda não sou entre a maioria dos antigos chefes das Forças de Defesa.

A população negra também considerava a polícia uma força repressiva. Como o senhor encaminhou a reforma da força policial e a melhoria de seu relacionamento com os cidadãos?

Uma iniciativa eclesiástica, o Acordo Nacional de Paz, que era uma negociação independente, foi muito útil nesse assunto. Mandela, Buthelezi, eu e outras figuras destacadas participamos da reunião em que a iniciativa foi lançada. Não estava controlada pelo Estado, estava nas mãos da sociedade civil. Foram criados comitês em comunidades locais nos quais a polícia interagia com os líderes comunitários. Em muitos lugares, a iniciativa serviu para aliviar a animosidade e levou a maior cooperação e entendimento, por isso desempenhou um papel muito positivo. O bispo Tutu também teve um papel destacado nesse processo.

Em tais situações, é importante envolver as Forças de Defesa e a Polícia. **As forças de segurança devem ser despolitizadas e impedidas de ser usadas para fins políticos**, por exemplo, para subjugar o CNA.

JUSTIÇA E RECONCILIAÇÃO

Como levantou a questão da anistia para os perpetradores de atos de violência?

Eu era a favor dos princípios de Norgaard,* que distinguem os crimes extremamente violentos ou premeditados, deixando fora da anistia crimes como assassinato ou estupro. Rejeito esses métodos porque são contrários às leis da guerra. No entanto, tive que fazer concessões ao meu partido, pois os ministros da Polícia e da Defesa estavam muito preocupados com fatos que eu não conhecia, com atos de alguns de seus membros em anos anteriores.** Concordei relutantemente em aplicar uma ampla anistia sem levar em conta os princípios de Norgaard. Foi doloroso libertar Barend Strydom, que havia atirado em várias pessoas na Strijdom Square, em Pretória, só por serem negras. Doeu libertar um homem que tinha jogado uma bomba em um bar no qual os apoiadores do CNA bebiam sem incomodar ninguém.

Havia dois requisitos para a possível obtenção de uma anistia sem ressalvas: que o crime fosse de amplo conhecimento público e que tivesse sido perpetrado com clara motivação política. No final, na minha presidência, a

* N. R. T.: Carl Aage Norgaard, jurista dinamarquês, presidente da Comissão de Direitos Humanos da Comissão Europeia, que no final dos anos 1980 fixou princípios para distinção entre crimes comuns e crimes políticos, quando esta questão se colocou na Namíbia.

** N. R. T.: Ainda sob o regime do *apartheid*, o Parlamento conferiu poderes a De Klerk para conceder anistia ou imunidade a autoridades governamentais e militantes da oposição.

anistia funcionou, embora não tenha sido concluída. Depois foi aplicada a anistia de acordo com a Comissão de Verdade e Reconciliação. Foi uma das suas medidas positivas. Critiquei outras ações da Comissão, mas o trabalho deles no processamento e aprovação dos pedidos de anistia foi muito bom, tudo foi executado com integridade e sucesso.

Que aspectos da Comissão da Verdade e Reconciliação o senhor criticou?

A Comissão não foi imparcial. No centro de suas investigações nunca esteve a violência entre os negros. Seus membros nunca trataram dos crimes políticos do CNA. Dedicaram a maior parte de seus esforços aos erros cometidos pelas forças de segurança. Essa foi a única vez em que não consegui chegar a um consenso com Mandela. Naquela época eu era vice-presidente. Ele teve que me consultar quando negociamos pela primeira vez a criação de uma Comissão de Verdade e Reconciliação no Governo de Unidade Nacional. A princípio, seria apenas uma comissão da verdade, e o falecido Dullah Omar, que era ministro da Justiça, propôs um escrutínio mais permissivo para as facções de liberação e outro mais rigoroso para os membros das forças de segurança. Concordamos que um único critério seria aplicado a todos e que não seria só uma comissão da verdade, mas uma comissão da verdade e também da reconciliação.

No entanto, quando chegou a hora de nomear os membros da Comissão, após um processo de consulta, na lista de candidatos que me entregaram não havia um único apoiador do PN. Havia apenas uma pessoa que havia saído do PN, todos os outros eram apoiadores do CNA. Convoquei uma pequena equipe, estudamos o assunto e fui ver Mandela para explicar que a lista de possíveis membros da Comissão era tendenciosa. Sugeri alguns nomes adequados e pedi que considerasse a possibilidade de incluí-los. Ele se recusou terminantemente e me avisou que, se eu insistisse nesse assunto, ele insistiria em outras questões. Por isso falei: "Pode proclamá-la. Não pretendo impedir que anuncie a Comissão, mas farei uma declaração pública para explicar que não gosto da sua composição e que é impossível chegar a um consenso. Então será sua Comissão, não uma comissão totalmente apoiada por todos os membros do Governo de Unidade Nacional". Foi o que aconteceu. Portanto, o viés esteve aí desde o começo.

Costumo usar o Chile como exemplo de um país que enfrentou a mesma questão com uma Comissão da Verdade e Reconciliação muito mais representativa das partes que estiveram em conflito. Puderam conhecer o que aconteceu em ambos os lados porque aplicaram um método melhor que o nosso.

As violações dos direitos humanos e a corrupção são heranças das ditaduras e governos autoritários que devem ser enfrentadas, caso contrário, os cidadãos não considerarão o sistema democrático posterior como legítimo. Que lições podem ser tiradas da sua experiência?

Teria sido preferível chegar, antes das eleições de 1994, a acordos menos ambíguos sobre como lidar com os crimes políticos. Essa foi a única questão em torno da qual houve constantes adiamentos e tensões entre mim e Mandela em meio às negociações que desembocaram na Constituição provisória de 1993. Não conseguimos chegar a uma conclusão satisfatória a respeito. A Constituição deixou em aberto o problema dos crimes políticos, que deveriam ser enfrentados após as primeiras eleições de 1994. **Acordos definitivos sobre os crimes políticos e a anistia devem ser feitos antes de se estabelecer um novo regime.**

No entanto, em algumas situações, a ambiguidade criativa pode ser preferível à clareza prematura, o senhor não acha?

Talvez devesse moderar minhas palavras. Por isso falei de "conclusão satisfatória". Toda a Constituição de transição se enquadra no conceito de ambiguidade criativa. Não era um acordo fechado e incluía 34 princípios que a Constituição definitiva deveria respeitar. Incluía a condição de que o novo Tribunal Constitucional deveria assegurar que a Constituição definitiva cumpriria esses 34 princípios. Não tentamos definir todos os aspectos claramente.

REFORMA CONSTITUCIONAL

A Constituição é a joia da coroa de toda a transição. O problema é sempre como reformá-la. O CNA queria criar uma Assembleia Constituinte; o senhor, uma comissão. Que lições a África do Sul oferece sobre a redação do texto constitucional?

A postura inicial do CNA era que deveríamos suspender o regime vigente, formar um Governo de Unidade Nacional e dar a este a incumbência de organizar eleições para uma Assembleia Constituinte, à qual caberia, sem restrições de qualquer espécie, redigir a nova Constituição. Nós defendíamos que a nova Constituição deveria ser negociada antes da realização de eleições. Já na primeira grande reunião com a participação de todos, meu governo e eu fizemos a proposta de elaborar uma Constituição de transição, à qual se seguiriam eleições para o novo Parlamento com a participação de todos os cidadãos. Esse novo Parlamento seria encarregado de redigir a Constituição definitiva. E foi o que fizemos, entre 1994 e 1996.*

Essa sequência me pareceu de suma importância, e tenho muito orgulho de que nossa proposta tenha prevalecido. Insisti em que não deveria haver um vácuo constitucional em nenhum momento. O governo da África do Sul, com todas as falhas do regime antigo, era, do ponto de vista constitucional, um governo legítimo reconhecido pelo restante do mundo.

Também insisti em que a Constituição de transição deveria obter a aprovação do Parlamento existente naquele momento, e conseguimos. Assim, **se existe um governo legítimo, não se deve criar um vácuo constitucional suspendendo a Constituição vigente, ao contrário, ela deve ser substituída por um novo texto constitucional por consenso.**

A Assembleia Constituinte não atendia a esses requisitos?

Uma Assembleia Constituinte pode fazer sentido, mas me parece que nossa experiência mais uma vez fornece uma conclusão positiva: é necessário estabelecer limites, e esses limites foram incluídos nos 34 princípios imutáveis que negociamos entre todos. A partir daí, a Assembleia Constituinte pode dar forma ao esquema geral que é definido na Carta. **O objetivo dos 34 princípios era ser um acordo solene sobre os parâmetros de qualquer nova Constituição.**

O PAPEL DO SETOR SOCIAL E PRIVADO

Qual o papel das empresas na transição sul-africana? Fale sobre o Fórum Econômico Nacional.

---

* N. R. T.: O PN defendia também que uma Constituição definitiva só pudesse ser aprovada se obtivesse 75% dos votos do parlamento; nisso consistia o "poder de veto", do qual abriu mão para fechar o acordo que permitiu a aprovação da Constituição provisória em 1993.

Não poderíamos conceder uma função formal às empresas nas negociações porque surgiria o problema de identificar quem você inclui ou exclui do processo. Por que não conceder uma função formal à Igreja? Por que não às organizações beneficentes? Por que apenas às empresas? Por isso, limitamos o processo de negociação aos partidos políticos. **No entanto, cada partido precisou encontrar uma maneira de interagir com os grupos de interesse presentes na sociedade, entre eles as empresas.** Elas participaram do processo de negociação ao propiciar o funcionamento de uma secretaria executiva para a Convenção para uma África do Sul Democrática (Codesa), cujo custo assumiram. Também ajudaram gerenciando todos os aspectos logísticos.

Incorporei o setor empresarial, nomeando um destacado industrial, Derek Keys, como ministro da Fazenda. Ele foi encarregado de elaborar um orçamento a ser aprovado pelo Parlamento constituído seis semanas depois das eleições de abril de 1994, com maioria do CNA. Keys tinha que convencer o CNA de antemão que o orçamento e os princípios econômicos nele incorporados estavam corretos.

Apenas um dia depois de apresentar a proposta de orçamento ao gabinete, Keys se reuniu com Trevor Manuel [membro do CNA e, na época, chefe do Departamento de Planejamento Econômico] e outras pessoas em uma antiga residência privada na Cidade do Cabo, pertencente ao Grupo Rembrandt. Foi um encontro fora dos canais estruturados de negociação. Encontros como esse foram fundamentais para que o CNA passasse de convicções estatistas para a aceitação da privatização, para o reconhecimento da importância do livre mercado e dos problemas de uma economia centralizada.

Portanto, de uma maneira informal (embora não desorganizada), minha política era envolver o mundo empresarial.

A sociedade civil sul-africana era muito ativa. Exemplo disso é o bispo Tutu, que o senhor já mencionou. A Igreja ou o setor religioso também foram importantes?

Em relação ao Acordo Nacional de Paz, sem dúvida. A Igreja desempenhou um papel muito importante na proteção das boas relações raciais e na promoção da boa vontade, mas as empresas e outras organizações – por exemplo, as associações da magistratura – foram ainda mais importantes, uma vez que se moviam em esferas que seriam objeto da negociação sobre uma nova

Constituição. Eu incluo o setor empresarial na sociedade civil. Por meio do CNA, os sindicatos (que também podem ser considerados parte da sociedade civil) também tiveram importância nas negociações.

APOIO INTERNACIONAL

Quando o senhor assumiu a presidência, o muro de Berlim tinha caído. Como o novo contexto e atores internacionais influenciaram seu projeto e as medidas que o senhor tomou?

A queda do muro de Berlim e a dissolução da União Soviética, uma potência mundial expansionista que tentava controlar o sul da África, nos deram uma oportunidade genuína. Não acho que poderia ter incluído tudo o que incluí no pacote de 2 de fevereiro de 1990 se o muro de Berlim não tivesse caído.

Foi um evento de tremenda importância, porque a ameaça comunista na África do Sul era real. Havia milhares de soldados cubanos nas nossas fronteiras. Lutávamos contra eles. Soviéticos e cubanos davam armas e instrução militar aos movimentos de liberação. Quando perderam força, aproveitamos a oportunidade para elaborar um pacote de reformas.

Ao me tornar líder do partido, eu já era de alguma forma e de acordo com a tradição da África do Sul, o presidente eleito. Sendo já presidente, viajei por todo o mundo. Encontrei-me com Margaret Thatcher, François Mitterrand e Helmut Kohl. Também com o primeiro-ministro português, Cavaco Silva, de quem me tornei um bom amigo. No início das negociações, também tive um bom relacionamento com George H. W. Bush. O CNA insistia em que as sanções deveriam ser mantidas até que eles assumissem o poder. Eu fui contra: "Demonstramos nossa integridade. Estamos fazendo tudo o que pode ser razoavelmente solicitado. As sanções precisam ser levantadas agora".

A comunidade internacional me apoiou nesse assunto e suspendeu as sanções, aceitou nossa boa-fé e apoiou o processo, algo muito importante para nós.

Não consideramos em nenhum momento, nem nós nem o CNA, a possibilidade de que árbitros internacionais supervisionassem o processo de negociação. **Concordamos desde o início que negociaríamos entre sul-africanos. No entanto, o trabalho de fundo de outros governos foi importante.** Do meu ponto de vista, os governos europeus e norte-americano nos ofereceram todo tipo de apoio. Alguns de seus embaixadores realizaram um trabalho notável nos bastidores, por exemplo, ajudaram a desbloquear a Codesa em certos momentos e estabeleceram pontes no fórum de negociação posterior. Algumas pessoas reivindicam mais mérito do que merecem nesse sentido, mas reconheço que tiveram sua relevância. Foi, em todo caso, uma função à margem da vida pública, a portas fechadas, não uma função estruturada.

PRINCÍPIOS FUNDAMENTAIS

O senhor comenta em sua biografia que Mandela nunca duvidou de si mesmo. Entrevistamos vários líderes políticos e, sem dúvida, uma das qualidades observadas com frequência é que, para assumir a tarefa de transformação histórica que os líderes políticos de alto nível – entre eles o senhor – desempenharam, é essencial ter a capacidade de tomar decisões sem revisá-las continuamente. Trata-se de uma qualidade inata? Ou é aprendida ao longo do processo político?

Acho que todos os elementos que vocês mencionam têm algo a ver com isso. No meu caso, acho que minha formação jurídica foi importante, especialmente a universidade que frequentei. Estudei na Universidade de Potchefstroom para o Ensino Superior Cristão. Na Faculdade de Direito, enfatizavam que, para resolver um problema, o primeiro passo é se perguntar quais princípios são aplicáveis. Quando um cliente apresenta um problema, não corra para a biblioteca consultar as resoluções que o tribunal adotou sobre isso no passado. Antes de verificar, pergunte a si mesmo, como advogado, quais são os princípios, o que a lei diz sobre o assunto. Foi assim que aprendi a aplicar a lógica. Nunca tomei decisões de alcance sem sopesá-las com cuidado. Nunca me precipitava para tomar decisões de fundo. Estudava cada caso cuidadosamente e, depois de fazer as devidas consultas e ponderar a questão, de me perguntar quais eram os prós e contras, e quais princípios eram aplicáveis, tomava uma decisão e nunca voltava a me questionar sobre ela.

DISTRIBUIÇÃO DE PODER

Como aplicou esses critérios quando decidiu deixar o Governo de Unidade Nacional? Qual foi a sua abordagem naquele momento e como achava que sua decisão influenciaria o futuro do país?

O Governo de Unidade Nacional funcionou bem durante os primeiros 18 meses. O CNA percebeu que não tinha experiência no governo e se apoiou muito em mim e em pessoas como Pik Botha e outros que estavam comigo no gabinete do Governo de Unidade Nacional. No entanto, chegou um momento em que concluíram o processo de aprendizado e tiveram a impressão de que não precisavam mais da nossa experiência na mesma medida.

Eu desempenhava duas funções. Era vice-presidente e membro do Governo de Unidade Nacional e também era o líder do principal partido da oposição. Queriam me silenciar. Do ponto de vista deles, eu poderia criticar as propostas no gabinete, mas, depois que uma decisão era tomada, minha condição de vice-presidente me impedia de criticá-la publicamente, mesmo que eu fosse contra. Não achava que esse era o espírito com o qual o Governo de Unidade Nacional deveria funcionar.

Em segundo lugar, nas eleições de 1994, prometi aos eleitores que, ao negociar o texto constitucional definitivo, continuaríamos defendendo um sistema que prolongasse o princípio da busca de consenso além dos primeiros cinco anos. Embora concordássemos que um Governo de Unidade Nacional seria instituído por cinco anos, assegurei aos eleitores que a versão final da Constituição incluiria um modelo de busca por consenso aplicável depois de 1999.

Em duas ocasiões, avisei Mandela que, se ele não cedesse nessas questões, eu seria forçado a abandonar o Governo de Unidade Nacional. Roelf Meyer, nosso principal negociador, assegura que cumpriu minhas instruções e que, em numerosas ocasiões, falou nesses mesmos termos com Cyril Ramaphosa [diretor da equipe de negociação do CNA e presidente da Assembleia Constituinte]. Nossa proposta final era muito moderada. Estabelecia que, depois de concluído o mandato inicial de cinco anos do Governo de Unidade Nacional, normalizaríamos a situação. Não haveria mais Governo de Unidade Nacional. Se um partido recebesse 50% dos votos, formaria governo como em qualquer democracia normal. No entanto, propusemos a criação de um conselho consultivo nacional que trabalharia em conjunto com o gabinete. Dessa forma, todo governo teria o dever constitucional de encaminhar os assuntos de relevância nacional ao conselho consultivo, no qual os principais partidos teriam representação, a fim de buscar consenso.

Também propusemos que, se um consenso fosse alcançado no conselho consultivo sobre determinada política, o partido no governo seria obrigado a adotar oficialmente essa política. Se não se formasse consenso no conselho consultivo, o governo iria proceder como em qualquer outra democracia. O conselho consultivo não teria direito a veto. Anunciei que, se o CNA rejeitasse a proposta, seria forçado a considerar a possibilidade de deixar o Governo de Unidade Nacional. Eles a rejeitaram. Para mim era uma questão de consciência. Tinha prometido aos eleitores estabelecer um modelo de governo baseado no consenso, e não consegui. Por isso renunciei.

O senhor se arrepende de sua saída do Governo da Unidade Nacional?

É a única questão em relação à qual mesmo nossos partidários nos recriminam. Muitos deles acreditam que deveríamos ter continuado. Mas deixe-me contar uma história. Quando o CNA rejeitou nossa proposta, convoquei o Comitê Executivo do meu partido. Expliquei que deveríamos decidir se ficávamos no governo ou nos retirávamos. Havia duas posições a respeito. Uma corrente, liderada por Pik Botha e Roelf Meyer, defendia a permanência no governo. A outra era a favor de abandoná-lo. Eu me ofereci para sair do Governo de Unidade Nacional e liderar a oposição, o PN, do Parlamento. Outra figura destacada do partido ocuparia o cargo de vice-presidente. Assim, o partido continuaria a participar do Governo de Unidade Nacional, mesmo sem minha presença. Mas Pik Botha recusou.

LIÇÕES PARA OUTROS PAÍSES

A principal responsabilidade e influência sempre é dos atores nacionais. Tendo isso em mente, o senhor tem algum conselho que possa ajudar os atores internacionais a serem úteis e evitar que seu apoio aos processos de transição democrática em diferentes contextos seja contraproducente?

Essa é uma pergunta sobre a qual devo refletir um pouco mais. Acredito **que qualquer país consolidado e próspero deve evitar a tentação de impor seu modelo a outros países atingidos por conflitos. É necessário permitir que os cidadãos de países em conflito encontrem soluções de acordo com a sua tradição e a sua religião, onde esta for um fator importante. Os países prósperos não devem considerar seus modelos constitucionais como produtos exportáveis que podem ser impostos a outros países**. Nesse sentido, me parece que os Estados Unidos às vezes estão errados.

Em segundo lugar, e por outro lado, **a comunidade internacional, concretamente os países que têm uma relação prolongada com outros países**

devastados por conflitos, deve desempenhar um papel. Temos um bom exemplo em Israel e na Palestina. Os países árabes deveriam se esforçar mais para que os palestinos adotassem uma posição mais aceitável sobre o direito de existência do Estado de Israel e sobre os parâmetros do retorno de todos os palestinos. Por outro lado, os Estados Unidos e os países europeus, especialmente os Estados Unidos por causa de sua estreita relação com Israel, deveriam fazer mais para que os israelenses tomassem iniciativas. São eles, os israelenses, que têm o poder. A situação deles, como a minha na época, permite que tomem a iniciativa, e os Estados Unidos deveriam pressionar mais o governo israelense para, por exemplo, impedir a expansão dos assentamentos. Chegará o momento em que poderão oferecer aos palestinos um país do qual se orgulhar, e não apenas algumas cidades conectadas por estradas asfaltadas. Na minha opinião, os governos que mantêm vínculos com o governo de Israel têm o dever de exercer sua influência nesse sentido.

O mesmo modelo poderia ser aplicado a países como a Síria. Os países vizinhos, que estão muito interessados no que acontece em um país turbulento com o qual possuem fronteiras, devem encontrar uma maneira de fazer uma contribuição construtiva, nunca prescritiva.

Resenha biográfica de THABO MBEKI, presidente da África do Sul (1999-2008)

Thabo Mbeki é filho de um destacado líder do Partido Comunista da África do Sul e do Congresso Nacional Africano (CNA). Recebeu formação política e treinamento militar em Moscou e continuou seus estudos na London School of Economics e na Universidade de Manchester. Posteriormente, desenvolveu sua atividade política no exílio por 28 anos, em Londres e em vários países africanos, onde trabalhou como primeiro assistente de Oliver Tambo, presidente do CNA. Mbeki foi o principal estrategista da bem-sucedida campanha do CNA em favor das sanções internacionais contra o *apartheid* e assumiu a responsabilidade de facilitar as negociações que o CNA e os líderes brancos sul-africanos mantiveram fora da África do Sul.

Quando retornou ao seu país, pouco depois de Mandela deixar a prisão, Mbeki foi uma figura essencial no processo posterior de negociação que levou à realização de eleições em 1994, as quais resultaram na eleição de Mandela. Mbeki assumiu o cargo de primeiro vice-presidente – na verdade, atuou como diretor executivo de operações – do novo governo sul-africano. Para ajudar a administrar a transição, foram valiosas, além de ter sentido estratégico, a sua posição no CNA e as relações que tinha criado com as elites brancas sul-africanas – nas reuniões confidenciais havidas antes das reformas de De Klerk e, posteriormente, no processo de negociação. Não sem dificuldades, Mbeki conseguiu angariar confiança entre os investidores nacionais e internacionais, o que possibilitou a reforma e o fortalecimento da economia sul-africana. Presidente eleito em 1999 e reeleito em 2004, Mbeki perdeu parte de seu *status* nacional e internacional devido à maneira pela qual enfrentou a epidemia de HIV/aids. Em 2008, perdeu a liderança do partido e teve de deixar o cargo de presidente. Desde então, tornou-se um destacado porta-voz da África Subsaariana e um renomado mediador nos conflitos da região.

ENTREVISTA COM O PRESIDENTE THABO MBEKI

Qual foi sua estratégia, no início dos anos 80, para erradicar o apartheid*? Como foi criada uma rede internacional de apoio ao* CNA*?*

O CNA foi banido em 1960. Pouco tempo depois, alguns líderes foram enviados para o exterior, **porque a direção sabia que, para terminar com o *apartheid*, era necessário reunir apoio na arena internacional e, portanto, era preciso desenvolver um movimento internacional contrário ao sistema**. A partir de 1960, a contribuição da comunidade internacional para a luta contra o *apartheid* ganhou maior notoriedade.

Nossa intenção era que o mundo todo – governos, cidadãos, pessoas religiosas, sindicatos, partidos políticos etc. – rejeitassem o *apartheid*. O apoio direto, de diferentes maneiras, de países como a União Soviética e Cuba, permitiu que organizássemos essa luta, inclusive em termos militares. A causa também recebeu o apoio de países como a Suécia, especialmente com Olaf Palme como primeiro-ministro, que apoiou outros grupos de oposição no país.

Aparte o apoio direto ao CNA, o segundo elemento importante foi o boicote à África do Sul, devido ao *apartheid*, e a imposição de sanções. O cidadão comum se recusou a comprar produtos sul-africanos, os governos impuseram sanções e as empresas declararam que não estavam mais dispostas a investir na África do Sul.

O terceiro elemento foi o apoio humanitário. As organizações internacionais forneceram assistência humanitária aos refugiados. O apoio internacional foi importante para a nossa luta.

A luta sul-africana tinha quatro pilares como base. Um deles era a mobilização popular no país. O segundo pilar era a luta militar, no nosso caso, com a ala militar do CNA, *Umkhonto we Sizwe*, que realizava operações armadas. O terceiro pilar era a reconstituição do CNA – um partido ilegal –, a criação de delegações e a organização específica da entidade, além da luta política de massas. Muitos militantes participaram dessas várias frentes de luta, em especial a máquina clandestina do CNA. O quarto pilar era a solidariedade internacional, que se manifestou de diferentes maneiras, como já assinalei. A ativação desses quatro pilares levou à derrota do sistema do *apartheid*.

INFLUÊNCIA INTERNACIONAL

Como as mudanças que ocorreram na União Soviética e nos Estados Unidos durante a década de 1980 influenciaram sua estratégia de obter apoio internacional?

Os anos 1980 revelaram a crise do *apartheid*. Todos, incluindo o próprio regime, perceberam que a mudança era inevitável. Por exemplo, o Chase Manhattan Bank emprestou dinheiro ao governo sul-africano, um crédito que deveria ser pago em 1985. O normal é que os empréstimos sejam refinanciados e o prazo estendido, mas o banco insistiu em recuperar o dinheiro. O problema era que o governo estava falido, não tinha esse dinheiro, por isso precisou pedir à maior sociedade anônima da África do Sul na época, a Anglo American Corporation, para que lhe emprestasse os recursos para pagar a dívida.

Foi um momento importante. O Chase Manhattan Bank exigiu o pagamento porque sua leitura da situação política na África do Sul naquele momento era de que o governo não iria durar. Como homens de negócio, a impressão dos dirigentes do banco era que corriam o risco de perder o dinheiro que tinham emprestado à África do Sul.

Os Estados Unidos aplicaram um sistema que chamaram de "participação construtiva", que consistia basicamente em isolar o CNA e tentar convencer o governo sul-africano de que deveria reformar progressivamente o sistema do *apartheid*. No entanto, assim que um grande banco dos EUA prognosticou o colapso do regime do *apartheid*, o governo mudou de posição. Mais tarde, em 1987, o secretário de Estado, George Shultz, convidou o presidente do CNA, Oliver Tambo, para viajar a Washington para dialogar sobre a relação entre o governo dos EUA e o CNA.

No mesmo período, após o fim da guerra em Angola, a posição da Namíbia mudou também. O exército sul-africano tinha estado em Angola, lutando fundamentalmente contra os cubanos, até que o governo percebeu que não era possível vencer essa guerra e que não tinha realmente dinheiro para apoiá-la. A mediação dos Estados Unidos facilitou as negociações entre cubanos, angolanos e sul-africanos com o objetivo de terminar com a guerra. Assim surgiu a possibilidade da independência da Namíbia. A retirada das tropas sul-africanas e cubanas e a restauração da paz em Angola criaram grandes oportunidades para que a SWAPO (Organização Popular do Sudoeste Africano), que liderava a luta pela libertação da Namíbia, mas também estava presente em Angola, intensificasse suas ações. Para evitar que a paz em Angola levasse a uma intensificação na luta militar na Namíbia, a comunidade internacional decidiu resolver as duas questões ao mesmo tempo. O processo seguiu seu curso até que a Namíbia alcançou a independência em 1990. Quando a Namíbia embarcou no caminho da independência, ficou claro que o fim do *apartheid* naquele país afetaria o *apartheid* na África do Sul. As duas questões estavam relacionadas.

APOIO INTERNACIONAL

A União Soviética nos dava um apoio importante. Todos os anos, uma delegação do CNA viajava para Moscou e se reunia com os líderes soviéticos. Fomos para a União Soviética em 1989 em uma delegação encabeçada por Oliver Tambo, que se reuniu com Gorbachev. Ele nos explicou o que estava acontecendo na União Soviética em relação à *Perestroika* e à *Glasnost*, por que elas eram necessárias, o que significavam e qual era seu propósito. Nesse contexto, levantou a questão de resolver os conflitos regionais, indicando que seria uma das questões que trataria com os norte-americanos. Explicou que a África do Sul era um conflito regional porque, embora a luta estivesse se desenvolvendo no país, também afetava Angola, Botsuana, Suazilândia e outros países da região. A única maneira de resolver o conflito na região era acabar com o sistema do *apartheid*. Os soviéticos e os norte-americanos se puseram de acordo sobre a necessidade de erradicar o sistema do *apartheid*. Cada país deveria fazer tudo que estivesse ao seu alcance para produzir esse resultado. Assim, Gorbachev declarou que a União Soviética continuaria apoiando o CNA como havia feito até então. Os Estados Unidos (depois da reunião entre George Shultz e Oliver Tambo) se comprometeram com o fim do regime do *apartheid*, fazendo o que considerassem possível em cada momento.

A posição da União Soviética não mudou durante os anos do mandato de Gorbachev. A diferença foi que os Estados Unidos mudaram. Os Estados Unidos conversavam diretamente com o CNA e buscavam seu próprio caminho para contribuir para o fim do *apartheid*. Entre 1985 e 1990, o movimento global contra o *apartheid* ganhou grande apoio. Por exemplo, o Congresso dos EUA propôs e aprovou uma lei geral contra o *apartheid*, que impunha sanções à África do Sul. Reagan vetou a lei. O Congresso, porém, anulou o veto de Reagan e a lei entrou em vigor. A campanha para anular o veto de Reagan foi liderada por senadores republicanos, concretamente, Richard Lugar e Nancy Kassebaum, que apontaram o erro do presidente e mobilizaram o Senado. Que tenham sido senadores republicanos a liderar a campanha pela anulação do veto, foi o mais importante. Nem mesmo o presidente dos EUA poderia se opor ao Congresso nessa questão.

A imposição de sanções ganhou força em escala global e agravou a crise do *apartheid*. Houve também nesse período grandes lutas de massas. Várias ações militares foram realizadas no país. Muitas das estruturas do CNA na África do Sul tinham se recuperado. Embora ainda fosse ilegal, o CNA podia operar na África do Sul e liderar a luta.

Naquela época, dentro do movimento de liberação sul-africano, os principais grupos contrários ao *apartheid* aceitavam a liderança do CNA. Não importava se você pertencia a um sindicato, à Igreja ou à comunidade islâmica, ao movimento estudantil, ao movimento de jovens, se era mulher, chefe tradicional, empresário etc. Qualquer um que se opusesse ao sistema do *apartheid* aceitava a liderança do CNA. Dessa forma, o partido podia agir tanto por meio de suas estruturas no país como de sua autoridade no exterior.

O movimento global contra o *apartheid* também aceitou a nossa liderança. Se, por exemplo, o CNA afirmasse que era necessário intensificar a campanha a favor da libertação dos presos políticos, lançava-se uma campanha internacional para libertar Mandela. Alguns governos, como os da Suécia e da Noruega, há muito tempo consideravam o CNA o protagonista da luta contra o *apartheid*. Os Estados Unidos e o Reino Unido acabaram por aceitar mais tarde que precisavam negociar com o CNA.

Embora liderássemos a campanha mundial, não havia tantos membros do partido fora da África do Sul. A mobilização de solidariedade em outros países passou a ser responsabilidade dos cidadãos dos respectivos países. Para isso não era necessário, por exemplo, criar estruturas do CNA na Suécia e no Reino Unido.

Os poucos membros do CNA fora do país exerciam um papel chave na luta armada, embora a maioria deles não tivesse participado de nenhuma ação militar. A instrução e a aquisição de armas tinham que ocorrer fora do país. A presença dessa estrutura no exterior transmitia a mensagem de que o CNA tinha capacidade de intensificar a luta armada se fosse necessário.

ESTABELECER AS BASES PARA O DIÁLOGO E A NEGOCIAÇÃO

Como começou o diálogo entre o CNA e alguns elementos da sociedade branca sul-africana, entre eles alguns membros do Partido Nacional (PN)?

Estava claro que o CNA deveria buscar apoio entre a população sul-africana. Ilegal desde 1960, o partido tinha dificuldades para explicar sua posição à população. Era tratado como inimigo pelo regime do *apartheid*. Diziam que éramos uma organização terrorista, um instrumento da União Soviética para impor o comunismo no país, esse tipo de coisa. Essa era a imagem do CNA, especialmente entre a população branca do país.

Para avançar na resolução do conflito, tínhamos de conseguir que a camada superior da sociedade compreendesse a natureza do conflito sul-africano, que não se tratava de um conflito entre um governo pró-ocidental, democrático e anticomunista sul-africano e uma organização terrorista ou comunista.

Houve uma mudança relevante quando as camadas superiores da sociedade sul-africana – os brancos, empresários, intelectuais, líderes religiosos e jornalistas – também entenderam que a mudança estava próxima e que a África do Sul não podia sustentar o regime do *apartheid*. Depois que o banco Chase Manhattan se recusou a refinanciar aquele empréstimo, os brancos sul-africanos, incluindo empresários e intelectuais, começaram a se reunir com o CNA fora do país. Um grupo significativo de setores influentes da África do Sul afastou-se das posições do *regime* do *apartheid*. Até os africânderes desobedeceram P. W. Botha e começaram a visitar o CNA. Botha viu que mesmo os partidários do PN percebiam que a política de isolamento e destruição do CNA não iria funcionar, e que deveria haver diálogo. Para os africânderes da África do Sul, o rúgbi é um esporte muito importante. Representantes do rúgbi branco também vieram falar com o CNA.

Foi uma grande surpresa para pessoas como P. W. Botha. Chegou um momento em que se tornou inevitável que o próprio PN dissesse a si mesmo: "Ou subimos neste trem ou ele parte sem nós". Então decidiram conversar com o CNA.

Havia uma importante organização africânder chamada Broederbond. Eu me reuni com seu presidente, o dr. Pieter de Lange. Conversamos durante dois dias em Nova York, em 1987. A Broederbond é o centro do poder do PN e ninguém menos que seu presidente me explicou o que estava acontecendo no seio da sociedade africânder. Em 1987, ele me disse com honestidade que tinham chegado à conclusão de que, se um processo de mudança não começasse na África do Sul antes de 1990, seria inevitável que o país sofresse uma devastadora guerra civil na qual muitas pessoas morreriam. Se quiséssemos evitar isso, teríamos que fazer algo para acabar com o *apartheid*.

Representantes da empresa de mineração Gold Fields, então britânica, se reuniram com Oliver Tambo em Londres para falar sobre a África do Sul. Eles expressaram seu desejo de que houvesse uma mudança e de que o CNA e o governo dialogassem. Oliver Tambo respondeu que esse também era o nosso desejo. Então, os dirigentes da Gold Fields perguntaram se poderiam organizar um primeiro contato entre os africânderes e o CNA, e Tambo consentiu. A Gold Fields organizou uma reunião com os africânderes que, embora não representassem o governo, pertenciam às fileiras do PN.

Teve início então uma série de reuniões no exterior com uma delegação liderada pelo professor Willie Esterhuyse, da Universidade de Stellenbosch. Na época, Esterhuyse era membro da Broederbond e muito próximo a P. W. Botha. Ele encabeçava a delegação africânder. Eu, a do CNA. Entre 1987 e 1990, realizamos várias reuniões organizadas pela Gold Fields. Em nosso segundo ou terceiro encontro, Esterhuyse me revelou que as reuniões tinham a aprovação de P. W. Botha. O presidente havia pedido ao Serviço Nacional de Inteligência que mantivessem contato com o professor. Assim, antes de deixar a África do Sul para participar de nossas reuniões, Esterhuyse se encontrava com o pessoal do Serviço Nacional de Inteligência, que sugeria várias perguntas, temas a esclarecer. Depois ele fazia as perguntas como se fossem ideia dele. Em seu retorno à África do Sul, informava o Serviço de Inteligência: "Muito bem, conversamos sobre o que vocês me pediram para perguntar. Isso foi o que me responderam".

Até 1989, o PN tentou entender o CNA o máximo possível. Eram conscientes de que, durante mais de 20 anos, haviam descrito o CNA de uma maneira muito negativa, criaram uma imagem que não se ajustava à realidade. Queriam saber o que representávamos e o que pensávamos sobre o futuro da África do Sul. Também queriam saber qual era a nossa resposta ao que estava acontecendo, por exemplo, em Angola e na

Namíbia. Dessa forma, eles se prepararam para o contato oficial direto entre o PN, o governo e o CNA. Na realidade, já estavam conversando com Nelson Mandela.

As relações humanas são muito importantes nesse tipo de processo. Qual foi sua experiência no estabelecimento desses contatos com os líderes do PN e do governo da África do Sul?

A partir de 1985, iniciou-se um processo de interação entre os líderes do CNA no exílio e as camadas superiores da sociedade branca sul-africana. Na verdade, não só a branca, mas agora me refiro somente à sociedade branca. Mantivemos uma interação regular com empresários brancos, líderes religiosos brancos, acadêmicos brancos, profissionais brancos – advogados e outros – e até atletas brancos. Em Lusaka, no exílio, não tínhamos mais a impressão de estar longe da África do Sul,* porque nos reuníamos todos os dias com sul-africanos. Por exemplo, com o professor Esterhuyse, com quem discutimos vários assuntos. Em determinado momento, um membro de sua delegação poderia intervir: "Deixe-me falar sobre o ministro das Finanças, é uma pessoa muito interessante. Bem, veja você, Barend du Plessis é desse jeito, é de outro jeito". Portanto, quando o conheci pessoalmente, já havia sido criado um clima favorável, graças a essa intensa interação.

Havia sido criado um clima tão bom que todos tínhamos a sensação de já nos conhecermos, mesmo que nunca tivéssemos nos visto. Em alguns casos, conversamos por telefone com líderes brancos. Não tínhamos a impressão de estar longe uns dos outros. Nós nos reunimos pela primeira vez na África do Sul na Cidade do Cabo em 1990. Eles sabiam nossos nomes, e nós os deles, e todos conhecíamos detalhes pessoais de cada um. Portanto, não foi difícil interagir e se comunicar. Tivemos que negociar a lista de presos políticos a ser libertados e outras questões com pessoas do Serviço Nacional de Inteligência. Na conclusão do debate, jantamos juntos e conversamos sobre o tipo de homem que era De Klerk etc. Por isso, quando nos encontramos com ele, não foi difícil estabelecer um relacionamento pessoal.

* N. R. T.: A partir de 1971, Mbeki passou a viver na capital da Zâmbia.

O que sabia sobre as conversas que estavam ocorrendo na África do Sul?

Nelson Mandela e Oliver Tambo mantinham contato, então tínhamos uma ideia do que Mandela discutia com o regime. Mas todos sabíamos que qualquer acordo formal com o governo seria fechado em Lusaka, pois uma decisão de tal magnitude deveria ser aprovada por toda a direção do CNA.

Em 1989, o professor Esterhuyse nos informou que o Serviço Nacional de Inteligência já estava disposto a se reunir diretamente com o CNA. Então, realizamos um encontro com uma delegação do Serviço na Suíça.

Passamos a discutir uma demanda que o CNA vinha fazendo havia muitos anos: a liberação de presos políticos. Para que começássemos as negociações, primeiro o governo teria de fazer um gesto que criasse um clima favorável. Surgiam perguntas sobre as listas de presos políticos. Para nós, era necessário que nossos líderes fossem libertados e pudessem participar das negociações. Discutimos a libertação dos presos políticos e a legalização de todas as organizações políticas, incluindo o CNA e o Partido Comunista. Elas deviam ser legalizadas para que os cidadãos participassem da vida política. Essas foram as questões que discutimos em 1989: a libertação dos presos políticos e a legalização das organizações para poder iniciar negociações. Botha não era mais presidente. De Klerk havia ocupado seu lugar.

No final de 1989, o CNA e o regime chegaram a um acordo sobre a legalização das organizações políticas até então ilegais, sobre a libertação dos presos políticos – incluindo Mandela – e sobre o início das negociações diretas em território sul-africano.

Nesse contexto, decidimos que seria importante informar e orientar a comunidade internacional sobre o processo de negociação, que víamos como uma nova forma de luta. Em 1989, produzimos um documento político sobre as negociações na África do Sul, conseguimos que os países da África Meridional e a Organização da Unidade Africana (OUA) o aprovassem e, finalmente, apresentamos o documento à Assembleia Geral da Organização das Nações Unidas (ONU) em dezembro de 1989. Como consequência, a Assembleia Geral se posicionou em relação às negociações na África do Sul.

Uma das decisões mais importantes sobre as negociações foi a de deixá-las nas mãos dos sul-africanos. Concretamente, queríamos evitar o que havia acontecido na Namíbia. O Conselho de Segurança tinha estabelecido, na Resolução 435, que a ONU assumiria a responsabilidade pela resolução do conflito na Namíbia. Não queríamos viver uma situação parecida. Dado o número de atores internacionais envolvidos com a luta pela libertação da África do Sul, temíamos que, se todos quisessem participar das negociações, nos distanciaríamos do resultado almejado.

É por isso que pedimos que o processo fosse administrado pelos sul-africanos e que o resto do mundo apenas o apoiasse. O processo de negociação a partir de 1990, quando começaram os contatos diretos com o governo, baseou-se fundamentalmente nessa premissa. Isso nos deu a possibilidade de que o resultado das negociações fosse produto da ação dos sul-africanos, e não uma imposição do exterior. Os sul-africanos sentaram-se à mesa, sem intervenção externa. O mundo aceitou a liderança do CNA, assim como havia seguido a nossa orientação quando propusemos que sanções fossem impostas à África do Sul.

MOBILIZAÇÃO SOCIAL

O CNA fez um ótimo trabalho na criação de uma organização que aglutinou movimentos sociais, estudantes, trabalhadores, mulheres e grupos políticos. Que lições o CNA e a África do Sul nos oferecem sobre a construção de uma grande coalizão de grupos políticos e sociais?

Após a proibição do CNA, em 1960, houve uma intensa e rigorosa campanha de repressão que envolveu prisões e o assassinato de alguns detidos. Nelson Mandela foi preso, assim como meu pai e outras pessoas que foram julgadas em Rivonia como parte daquela campanha de repressão.

Uma das consequências foi o enorme enfraquecimento do CNA no país. A campanha privou o CNA de praticamente toda a sua estrutura na África do Sul, embora a estrutura partidária tenha sobrevivido no exterior. Assim, houve um período, aproximadamente entre 1962 e 1973, em que o CNA não tinha força na África do Sul. Suas estruturas tinham sido destruídas, seus membros estavam na prisão, no exílio etc. Foi um período sombrio para a nossa luta, porque naqueles anos ocorreu uma desmobilização generalizada. Não houve greves de estudantes ou de trabalhadores, não havia nenhuma atividade. A luta política parecia ter acabado.

Então, por volta de 1973, a luta popular no país ressurgiu das cinzas.

Qual foi a relação entre a política e os movimentos sociais?

O movimento estudantil foi reorganizado no final da década de 1960 e reapareceu na esfera pública no início dos anos 1970 como força ativista contra o *apartheid*, de caráter progressista, a favor da libertação etc. Muitos daqueles estudantes tinham ligações com a seção juvenil do CNA, mas naquele período não podiam pôr a cabeça para fora. De qualquer forma, foram muito importantes para mobilizar novamente os estudantes. Apesar de as estruturas do CNA terem sido destruídas, ainda havia pessoas no país que faziam parte do partido e estavam envolvidas no processo de mobilização dos cidadãos: primeiro, os estudantes e os trabalhadores; depois, os religiosos, e assim por diante.

A partir de 1973, aproximadamente, a mobilização popular recuperou o ímpeto, coincidindo com o processo de reconstrução das estruturas do CNA no país. Nos anos de 1980, embora o CNA ainda fosse ilegal, já havia mais de uma década que o partido vinha se restabelecendo com sucesso no país. Desse modo, quando se colocaram as questões de se e como negociar com o regime e o que fazer com o movimento democrático de massas, o CNA já havia fortalecido laços ou construído canais de contato com sindicatos, religiosos, atletas, acadêmicos, intelectuais, meios de comunicação e o próprio governo.

No Zimbábue, em 1989, elaboramos a Declaração de Harare, um documento sobre as negociações, que divulgamos em toda África Meridional. Nós nos dirigimos a todos os chefes de Estado e de governo para dizer: "Temos que planejar a negociação porque ela está próxima, é isso que propomos". Levamos o documento a uma sessão da OUA para que o continente africano nos apoiasse. Garantimos que representantes de sindicatos, das confissões religiosas, dos movimentos de mulheres e dos movimentos juvenis sul-africanos participassem daquela sessão realizada em Harare. Formaram uma delegação que se juntou ao nosso grupo. Naquela reunião com a OUA em Harare aprovamos o programa e o plano para as negociações. Os movimentos de massas sul-africanos fizeram parte da decisão. Assim, quando a delegação voltou para casa, todos puderam dizer que tinham juntado forças para sustentar a postura do CNA frente à perspectiva de negociação. Tratava-se de uma postura de todo o movimento, não apenas do partido.

CRIAR UMA COALIZÃO

Em 1990, quando as negociações começaram, o CNA tinha força política suficiente para fazer com que todos os setores se sentissem representados? Alguns movimentos da população negra, não apenas o Partido da Liberdade Inkatha, não compartilhavam os postulados do CNA. Que estratégia o CNA seguiu para incorporar todos os grupos?

Não teria sido bom que o CNA tomasse sozinho uma decisão estratégica tão relevante como a de iniciar negociações com o regime. Era importante que todo o movimento democrático participasse dessa decisão. É por isso que fomos a Harare com a declaração. No processo de negociação, tivemos que garantir que todo o movimento manteria sua participação na luta. Isso em primeiro lugar. Em segundo, não queríamos ignorar outras organizações negras, além do CNA, que não faziam parte desse amplo movimento. Embora fossem pequenas, queríamos que participassem da decisão de negociar, pois era estratégica para chegarmos a uma nova África do Sul, que fosse aceita como sua pelo maior número possível de cidadãos sul-africanos. Para isso, era necessário assegurar um processo de participação o mais amplo possível. Sabíamos como lidar com os membros do nosso partido e do movimento democrático, mas devíamos levar em conta outras organizações, como o Congresso PAN-Africanista, a Organização Popular Azaniana e os bantustões. No decorrer da luta, tínhamos criado vínculos com alguns líderes dos bantustões, que conseguimos distanciar do regime do *apartheid* para aproximá-los do nosso movimento. Precisávamos do apoio de todos os grupos.

Organizamos uma conferência com todos eles para criar uma frente unida. Quando começou a negociação propriamente dita, insistimos que não poderia se limitar ao CNA e ao PN, ou ao CNA e ao governo. Tinha que ser uma negociação inclusiva. No final, acho que éramos cerca de 19 organizações políticas.

PROCESSOS E MECANISMOS PARA A NEGOCIAÇÃO

Ao começar a negociação, quais foram os principais temas debatidos em relação à Constituição provisória e quais procedimentos foram seguidos? Que lições sobre a redação constitucional podem ser extraídas para os países que estão realizando processos de transição agora ou o realizarão no futuro?

Quando preparamos a Declaração de Harare, primeiramente consultamos os chefes de Estado e de governo da África Meridional, antes de apresentá-la à OUA. Uma das pessoas que consultamos na região foi Julius Nyerere [presidente da Tanzânia, 1964-85]. Nossa proposta naquele momento era deixar a redação da Constituição nas mãos de uma Assembleia Constituinte eleita. Falamos sobre isso com Julius Nyerere. Ele ressaltou que não tínhamos derrotado o PN, nem eles tinham nos derrotado. Argumentou que, com a nossa proposta de uma Assembleia Constituinte eleita para redigir a nova Constituição, estávamos tentando impor uma solução à outra parte como se a tivéssemos vencido. Da nossa perspectiva, estávamos dizendo ao PN: "Convoquem eleições, mostrem que são democratas." Mas, na prática, estávamos nos arrogando o poder exclusivo de decidir a Constituição da África do Sul, já que sabíamos que a vitória do CNA nas eleições seria inevitável. Julius Nyerere nos perguntou por que achávamos que a outra parte estaria disposta a aceitar isso. Partiu dele a proposta de que o CNA e seus partidários e o PN e seus partidários se reunissem para elaborar um conjunto de princípios constitucionais. Teríamos que negociar, porque nenhum dos lados tinha vencido o outro. Mais tarde, haveria tempo para eleger uma Assembleia Constituinte que redigiria o texto constitucional com base nesses princípios acordados. Dessa forma, o PN teria a certeza de que a nova Constituição, elaborada por uma maioria escolhida pelos eleitores do CNA, seria feita de acordo com os princípios negociados.

MECANISMOS PARA A REFORMA CONSTITUCIONAL

A primeira coisa que fizemos na negociação sobre a Constituição foi concordar com um conjunto de princípios que deveriam ser respeitados na hora de redigir a carta provisória. Depois viriam as eleições de 1994. Concordamos que o Parlamento democraticamente eleito em 1994 iria desempenhar a função de uma Assembleia Constituinte. Ela redigiria a Constituição definitiva respeitando os princípios inicialmente acordados, aqueles que foram negociados para orientar a redação da Constituição provisória. Assim, os princípios e a essência da democracia – política multipartidária, separação de poderes, carta de direitos inalteráveis, independência do Judiciário – não poderiam ser alterados por uma Assembleia Constituinte eleita.

Para Julius Nyerere, embora a sociedade sul-africana estivesse profundamente dividida sob muitos aspectos – divisões raciais, desigualdade na distribuição de riqueza etc. –, a Constituição seria criada para um país inteiro. **Portanto, era importante que todo o povo da África do Sul apoiasse a Constituição e, por isso, o processo de redação constitucional deveria ser inclusivo.**

Obviamente, em todas as eleições há um partido vencedor e outro derrotado, mas **não se pode escrever uma Constituição baseada em maiorias e minorias. Mesmo os grupos minoritários devem se identificar de alguma forma com ela.** Por isso, os princípios que governam sua redação devem ser negociados. Todos devem participar na redação desses princípios, inclusive os representantes das minorias.

Assim, não há diferenças significativas entre a Constituição provisória e a definitiva, com a exceção de que a primeira é o resultado de uma negociação entre pessoas não eleitas, mas que representavam os partidos. A Constituição definitiva foi negociada por um órgão eleito. Até hoje, não houve discrepâncias entre os sul-africanos em torno da Constituição definitiva. É aceita por todos.

Num dado momento, houve uma interrupção crítica das negociações. Quais foram as principais diferenças? Houve divergências sobre a regra da maioria?

Ocorreram episódios violentos no país que causaram a interrupção das negociações. O CNA declarou que não poderia continuar negociando nessas condições, enquanto tantas pessoas estavam morrendo. Ao retomar a negociação, uma das questões levantadas foi a necessidade de encontrar uma maneira de acelerar o processo sem alterar sua essência.

Além de redigir uma nova Constituição, decidiram criar um Tribunal Constitucional para supervisionar a aplicação dos princípios constitucionais. Por que consideraram isso uma prioridade?

A Assembleia Constituinte, a ser democraticamente eleita, teria todo o direito de elaborar o texto constitucional. Apesar disso, decidimos que a Constituição definitiva teria que passar pelo Tribunal Constitucional. Ele determinaria se suas disposições estavam de acordo com os princípios constitucionais. Se alguma das disposições não aderisse aos princípios negociados, a Assembleia

Constituinte realizaria uma nova sessão para corrigi-la, já que era fundamental respeitar aqueles princípios. O fato de o CNA ter maioria na assembleia não significava que poderia usar seu poder para impor algo contrário ao que tinha sido pactuado com a minoria.

JUSTIÇA E RECONCILIAÇÃO

Como esses princípios acordados foram aplicados a questões relacionadas com a anistia e os direitos humanos? Quais lições podem ser úteis?

Na África do Sul, nenhum dos lados derrotou o outro, ninguém conseguiu impor a justiça do vencedor. No entanto, o problema da justiça continuava vigente. Não poderíamos ignorar todo o mal que havia sido feito durante o conflito. Era preciso negociar.

Em uma sociedade racialmente dividida como a nossa, entre uma minoria branca e uma maioria negra, queríamos construir uma África do Sul não racial. Para conseguir isso, era necessária uma reconciliação entre negros e brancos. O CNA poderia ter denunciado F. W. de Klerk e outros por crimes cometidos e os levado aos tribunais. Mas toda uma comunidade que essas pessoas representavam teria se sentido excluída da nova democracia quando nos visse prender seus líderes.

De um ponto de vista ainda mais pragmático, havia que considerar que as Forças de Defesa da África do Sul eram dirigidas por generais brancos nomeados pelo regime do *apartheid*. O mesmo acontecia com a Polícia e com os altos cargos da administração pública. As empresas estavam nas mãos dos brancos. Assim, embora o CNA representasse a maioria da população, muitos centros de poder estavam fora de sua área de influência. Se quiséssemos que a transição democrática prosseguisse, precisaríamos envolver esses grupos no processo. **Não daria para defender que a minoria branca se unisse à nossa causa e, ao mesmo tempo, prender os seus líderes. Tínhamos que encontrar uma solução para estabelecer uma democracia para todos.**

A solução sul-africana, que tomamos emprestada do Chile, foi a Comissão da Verdade e Reconciliação. Todos que dissessem a verdade e nada além da verdade poderiam optar pela anistia. Aqueles que não o fizessem, poderiam ser julgados. Assim, as vítimas puderam saber o que havia acontecido com seus parentes, onde foram enterrados, para exumá-los e dar-lhes um enterro decente, além de receber um pedido de desculpas. Dissemos aos criminosos: "Já que disseram a verdade, pediram desculpas e se arrependeram, comprometam-se a não cometer esses crimes novamente". Então concedíamos a anistia.

Há brancos que estão cumprindo pena por seus crimes, pessoas que não receberam anistia e, portanto, foram processadas. Alguns nem sequer pediram anistia porque sabiam que era impossível que a recebessem. De qualquer forma, tivemos que encontrar um equilíbrio entre, de um lado, a busca por justiça e, de outro, a viabilidade de uma transição pacífica para uma África do Sul democrática. Para que a transição democrática se desenvolvesse de forma pacífica, deveríamos ter certeza de incorporar ao processo pessoas que poderiam ter cometido crimes contra a humanidade. Se tivéssemos recusado, se tivéssemos ameaçado levá-las a julgamento, não teríamos outra alternativa senão preparar-nos para continuar a guerra. Fomos forçados a tomar uma decisão.

RECONCILIAÇÃO NACIONAL

O senhor mencionou duas iniciativas importantes: a Constituição definitiva e a Comissão de Verdade e Reconciliação. Que outras medidas contribuíram para consolidar a democracia após a vitória do CNA nas eleições nacionais de 1994?

No decorrer das negociações descobrimos que havia algumas coisas mais complicadas de resolver do que prevíamos. Durante os anos do governo do PN, desde 1948, a minoria se acostumou a exercer o poder de forma exclusiva e abusar de sua posição de condição de opressor. Chegamos à conclusão de que a minoria branca estava com medo. Um sistema democrático estava em vias de ser estabelecido e era evidente que o CNA venceria as primeiras eleições pós-*apartheid*. Como a minoria branca poderia ter certeza de que não pagaríamos na mesma moeda, que não faríamos a mesma coisa que ela tinha feito conosco?

Quando nos colocamos no lugar deles, entendemos que teríamos sentido o mesmo medo. A única maneira de lidar com o problema era reconhecer que a democracia não deveria implicar para eles uma renúncia total ao poder. Independentemente do resultado das primeiras eleições, eles permaneceriam no governo. Por isso, fizemos a proposta de um Governo de Unidade Nacional. Mesmo se o CNA recebesse 98% dos votos, nós concordaríamos que o PN estaria representado no governo. A iniciativa de propor a formação de um governo de unidade nacional os surpreendeu muito.

Foi uma medida importante que influenciou todas as questões relacionadas à reconciliação e à unidade nacional. A iniciativa surgiu da necessidade de reinventar a África do Sul e construir uma nação nova a partir de uma sociedade profundamente dividida e fraturada, que estava nessa situação havia 350 anos. A reconciliação nacional era essencial. Essa é a razão, por exemplo, para a existência de uma cláusula muito polêmica na Constituição: a "cláusula de propriedade", que não pode ser alterada. Ela estabelece que o Estado não tem o direito de confiscar propriedades sem justificativa e compensação adequadas. A minoria branca sabia que suas terras haviam sido tomadas das populações originárias e, portanto, temia que o governo as confiscasse, junto com suas fábricas. Como parte do processo de construção dessa nova África do Sul unificada, tivemos que transmitir uma mensagem que apaziguasse os chamados "temores brancos".

A busca pela reconciliação nacional e a unidade da nação foi uma das prioridades de Nelson Mandela em seu único mandato. Ele raramente participava das sessões do gabinete, pois considerava que, enquanto nós lidávamos com os aspectos práticos do governo do país, ele deveria continuar a espalhar a mensagem de reconciliação e unidade da nação. A Comissão da Verdade e Reconciliação foi um elemento importante do processo, mas não o único.

GESTÃO ECONÔMICA PARA O DESENVOLVIMENTO

A segunda questão relevante relacionada com a divisão da sociedade era a pobreza. Era evidente que devíamos enfrentar a pobreza com urgência e estava muito claro que a única maneira de encaminhar a questão e obter resultados imediatos era por meio do Estado. É verdade que reduzir a pobreza significava criar postos de trabalho, emprego etc. Mas não era suficiente dizer que iríamos desenvolver a economia, gerar postos de trabalho para enfrentar o problema da pobreza, isso não funcionaria. Precisávamos criar uma rede de proteção que nos permitisse ajudar as pessoas mais pobres para que tivessem a sensação de que sua vida estava melhorando.

Havia um problema orçamentário para enfrentar a pobreza quando chegamos ao poder. Com o agravamento da crise de legitimidade do *apartheid*, o regime – que gastava muito dinheiro com a repressão militar e policial, para se manter no poder – decidiu também comprar apoios. Desse modo, por exemplo, deu dinheiro para os bantustões, contratou mais funcionários públicos, entre outras coisas. Dessa maneira, o déficit orçamentário superou os 10% em 1994. Decidimos que era impossível sustentar um déficit orçamentário tão alto. Se permitíssemos que o déficit continuasse crescendo, a longo prazo teríamos que devolver aos bancos o dinheiro necessário para produzir água limpa e construir escolas e centros de saúde. Portanto, devíamos reduzi-lo e administrá-lo adequadamente. Foi uma das medidas difíceis que tivemos que adotar, porque, claro, a opinião pública preferia a emissão de títulos, mas tínhamos a impressão de que esse caminho afundaria a economia.

A questão foi polêmica. Agora dizem que estávamos errados, mas acho que tomamos a decisão certa. Conseguimos reduzir o déficit orçamentário e gerar mais recursos para a rede de proteção. O governo foi capaz de introduzir um programa de moradia pública muito ambicioso, especialmente nas áreas urbanas, embora também tenha sido aplicado em áreas rurais. Melhoramos o acesso à água potável, o sistema de eletrificação e o acesso aos serviços de saúde e educação. Não aumentamos os impostos para pagar uma dívida pública alta. Foi uma intervenção significativa, porque a pobreza e a desigualdade na África do Sul são definidas em termos raciais. A desigualdade está relacionada com a raça e, portanto, com o conflito, de modo que tem uma influência direta na possibilidade de alcançar certa reconciliação nacional. O problema não ia ser resolvido só porque os políticos diziam: "Muito bem, somos uma nação e vamos esquecer o passado". **Era necessário proporcionar uma mudança perceptível na vida das pessoas desfavorecidas e insatisfeitas com o *apartheid*.**

A terceira questão que exigiu nossa atenção foi a reconstrução da economia sul-africana, um problema complicado na época e agora. Historicamente, a economia do país dependeu demais dos minerais. Além disso, há a questão da terra, porque os sistemas de propriedade continuam apresentando hoje as características que desenvolveram no período colonial. Tratar o problema da redistribuição da terra sem prejudicar a produção agrícola é um desafio contínuo. Foi uma das questões que tivemos que enfrentar assim que chegamos ao poder.

DEFINIR A AGENDA DE REFORMAS

Não tivemos uma revolução, mas uma transição negociada, de modo que herdamos as estruturas do Estado: funcionários, leis e regulamentos, tradições etc. Nossa intenção era transformar essas instituições para colocá-las a serviço do Estado democrático. Não era fácil, mas foi necessário. Recebemos uma máquina estatal em operação, começando pelo gabinete. Quando chegamos ao poder, as sessões do gabinete aconteciam da mesma forma que nos anos do *apartheid*. O secretário que preparava as atas das sessões era o mesmo daqueles anos. Herdamos, então, um sistema que foi sendo adaptado pouco a pouco.

Finalmente, em relação às nossas relações internacionais, encontramos um país que havia sido repudiado, isolado do restante do mundo. Ao tomar as rédeas da nação, tivemos que criar um novo sistema de relações internacionais com o restante do continente africano e com o restante do mundo.

As negociações formais entre o CNA e o governo começaram em 1990 e terminaram em 1994. Esse período deu ao CNA a oportunidade de pensar em como o país deveria ser governado quando a democracia fosse estabelecida e que tipo de programas queríamos implementar. A questão não foi colocada simplesmente porque tínhamos de redigir um programa para as eleições de 1994. Houve um intenso debate, e não apenas dentro do CNA, mas no conjunto do movimento democrático. Dois documentos foram aprovados: um intitulado "Prontos para governar" e o outro, "Programa para a Reconstrução e o Desenvolvimento".

Quando chegou a hora de assumir o comando, tínhamos uma ideia bem precisa do que queríamos fazer. Se não tivéssemos realizado esse trabalho anterior, acho que teríamos dificuldades para lidar de forma coerente com problemas como a pobreza, a reconciliação e a reconstrução do Estado. Felizmente, tivemos tempo para nos preparar. Enquanto estávamos negociando, também elaborávamos programas e políticas para a África do Sul pós-*apartheid*.

REFORMA DAS FORÇAS DE SEGURANÇA

A reforma do setor de segurança é uma questão fundamental nas transições. Havia naquele momento o risco de um golpe militar? De Klerk explica que, quando ocupou o cargo de Botha, tomou a decisão de desmantelar o poder do Conselho de Segurança do Estado. Como o senhor conseguiu criar uma força policial e um sistema de inteligência mais próximos dos cidadãos e a serviço da democracia?

Herdamos uma administração estatal que foi concebida para servir ao *apartheid*, mas que funcionava bem em nível institucional. Durante o regime, o Exército e a Polícia da África do Sul foram instruídos para serem leais à Constituição e ao governo de turno, de modo que sua lealdade continuou quando chegou um novo governo e uma nova Constituição. É por isso que não acredito que tenha existido o perigo de um golpe militar em nenhum momento.

Embora alguns comandantes militares e policiais se opusessem à mudança, não tinham capacidade para mobilizar toda a Força de Defesa ou a Polícia do país. Esses elementos opostos à mudança agiram fora do Exército e da Polícia em sua tentativa de desestabilizar o processo com bombas e execuções. Agiram por conta própria e se posicionaram como uma direita africânder.

De Klerk está certo quando afirma que desmantelou a infraestrutura de segurança do Estado. O Conselho de Segurança do Estado havia se tornado o órgão mais importante do governo. Ele representava uma ameaça à legalidade do Estado. Era o Conselho de Segurança do Estado que dirigia tudo, na verdade. De Klerk o dissolveu e devolveu a autoridade política ao gabinete. No entanto, havia o risco de que membros das forças de segurança formassem grupos de direita armados com a intenção de desestabilizar o país.

Quando concordamos em estabelecer a democracia na África do Sul e mudar a Polícia e o Exército, os grupos militares do CNA se reuniram com as forças militares do *apartheid* para chegar a um acordo sobre um programa. Alguns dos nossos militares se integraram ao novo Exército. Nosso pessoal também se incorporou à força policial e ao centro de inteligência. Administramos essa transição de forma inclusiva. Mantivemos os chefes das Forças de Defesa e da Polícia, bem como o governador do Banco Central em seus cargos. Quem substituímos imediatamente foi o chefe do Serviço de Inteligência. Respeitamos cargos importantes por três ou quatro anos antes de renová-los.

DIVISÃO DE PODER

Por que De Klerk renunciou ao cargo de vice-presidente do Governo de Unidade Nacional? O senhor ficou surpreso com essa decisão? Teve consequências durante o período restante do governo de transição?

Não esperávamos e fomos contra que De Klerk deixasse o Governo de Unidade Nacional. Naquela época, o PN tinha adotado a denominação de Novo Partido Nacional e fazia parte do governo. O Programa para a Reconstrução e Desenvolvimento, que o CNA e todo o movimento democrático tinham aprovado antes das eleições, tornou-se nosso programa eleitoral. Quando vencemos as eleições, apresentamos esse Programa para o gabinete, para o governo como um todo – incluindo o PN –, com a intenção de, como partido majoritário, transformá-lo em um programa de governo. Isso foi discutido no gabinete. Produzimos, então, um documento que foi debatido e aprovado no Parlamento, e devolvido ao gabinete para sua aplicação. De Klerk e outros participaram desse processo, como parte do governo.

Ocorre que, nesse momento, um pequeno partido, o Partido Democrático, passou a assumir o papel desempenhado no passado pelo PN. Para melhorar o nível de vida da população negra, queríamos aprovar medidas de discriminação positiva para acelerar o processo. O Partido Democrático, ainda um partido branco modesto, reagiu como o PN reagiria no passado, apesar de terem aplicado políticas de discriminação positiva para melhorar a situação dos africânderes. Existe até um termo africânder para se referir à discriminação positiva, é um conceito que eles conheciam bem, mas que não lhes interessava mais. De qualquer forma, ao se incorporar ao governo, o PN se comprometeu com a política de discriminação positiva a favor da maioria negra.

O Partido Democrático passou, então, a acusar o PN de haver traído os seus eleitores e a se apresentar como os únicos defensores dos direitos da minoria branca. O PN estava no Governo de Unidade Nacional e tinha que defender os direitos de todos os sul-africanos. Já o Partido Democrático estava na oposição e podia levantar a voz em defesa exclusiva dos direitos dos brancos. A razão pela qual o PN abandonou o governo foi o temor de perder eleitores para o Partido Democrático.

Um banquete do Estado foi realizado para comemorar a aprovação da Constituição em 1996. Naquele dia um jornalista me disse que o PN se reuniria à noite para discutir uma possível saída do governo. Fiz contato com De Klerk e perguntei se o que tinham me dito era verdade. Reconheceu que estavam planejando se reunir, mas que o assunto não seria uma eventual saída do governo. Disse-lhe que o CNA queria que permanecessem no governo. Quando chegassem as eleições de 1999 teríamos progredido em várias questões, como habitação, água potável, saúde e educação. O PN poderia falar aos seus apoiadores durante a campanha: "Veja o que conseguimos sendo parte do governo, Mandela nunca teria conseguido isso sem a nossa experiência". Pedi para que ficassem, mas ele me ignorou.

DEFINIR PRIORIDADES POLÍTICAS

Durante seu mandato como presidente, a partir de 1999, quais questões considerou essenciais para consolidar o progresso da Constituição e da democracia?

O mais importante era enfrentar a pobreza e a desigualdade, porque sem isso não poderíamos garantir a estabilidade política ou a aceitação da nova ordem constitucional. Era essencial que os cidadãos sentissem que havia benefícios derivados do fim do *apartheid*, isto é, que não apenas era permitido votar, mas que também havia mudanças materiais em sua vida.

Naturalmente, também era importante a questão da estabilidade do sistema democrático. Concretamente, devíamos enfrentar de forma clara a violência política. Durante todo o período de negociação houve muita violência, muitas pessoas morreram. Mesmo depois das eleições de 1994, as pessoas continuaram morrendo. Alguns grupos de direita, pessoas do Exército, da Polícia etc., se organizavam e colocavam bombas. Era um problema sério que exigia nossa atenção. Devíamos demonstrar aos cidadãos que vivíamos em um sistema democrático e que, portanto, eles não precisavam recorrer à força para propor as mudanças que quisessem. Poderiam propor essas mudanças por meios pacíficos e democráticos.

PARTICIPAÇÃO POLÍTICA E PROMOÇÃO DA MULHER

Como o governo propôs a participação das mulheres no novo contexto democrático?

Em primeiro lugar, decidimos incorporar um número determinado de mulheres ao governo. Embora a seleção deva ser baseada no mérito, as mulheres são discriminadas porque a própria sociedade as discrimina. Assim, é muito provável que haja um número maior de homens mais qualificados, dado que a sociedade os favorece em certa medida. De qualquer forma, nossa primeira decisão foi estabelecer que um terço dos parlamentares devia ser composto de mulheres, obrigatoriamente. Após cinco anos, conseguiríamos alcançar a paridade.

No caso do CNA, há muito tempo defendíamos o sistema de listas partidárias para as eleições e a representação proporcional. Houve um debate intenso na África do Sul, ainda em vigor, sobre os distritos eleitorais que elegem um único representante. Um dos nossos argumentos é que quando um homem e uma mulher se enfrentam, é mais provável que o homem seja escolhido. Sim, é "democrático", mas no final é um sistema que discrimina as mulheres. O sistema de listas partidárias, desde que a inclusão de uma porcentagem mínima de mulheres seja estabelecida, garante a representação das mulheres.

Em segundo lugar, devemos entender a natureza do processo de discriminação contra as mulheres. Na África do Sul há muita pobreza, especialmente nas áreas rurais, entre a população negra. A maioria da população rural é constituída por mulheres e crianças, enquanto os homens vão trabalhar nas áreas urbanas. Assim, ao nos comprometermos a erradicar a pobreza, nos concentramos em primeiro lugar nas áreas rurais, como benefícios para as mulheres. Uma das dificuldades que elas enfrentam é que lhes cabe ir ao rio buscar água, pegar lenha para fazer fogo, cozinhar, cuidar das crianças. Essas obrigações são um dado da sociologia rural na África do Sul e um sinal da falta de autonomia das mulheres nessas áreas. Conhecer essa realidade sociológica permite entender que, para aliviar a carga que essas mulheres suportam, é necessário, por exemplo, fornecer água corrente limpa às comunidades rurais. Dessa forma, elas não terão mais que caminhar até o rio, que muitas vezes fica a 10 quilômetros de distância. Mesmo que a água não chegue às casas, basta instalar algumas torneiras na aldeia para aliviar um peso enorme que recai sobre as mulheres. Também é importante fornecer eletricidade às áreas rurais. Mas e se a população, por falta de dinheiro para pagar a conta de luz, não puder usar a eletricidade para cozinhar, mas só para iluminação? Por isso, as tarifas têm de ser subsidiadas para essas comunidades rurais, isentando as famílias de pagamento até um certo nível de consumo. Com tais medidas, mais mulheres passaram a ter mais tempo para estudar. Agora podem ir à escola e aproveitar algum tempo para si mesmas, em lugar de buscar água no rio ou pegar lenha na floresta.

Conhecer os aspectos sociológicos que estão relacionados com o desenvolvimento e empoderamento das mulheres é fundamental para entender quais intervenções devem ser realizadas. Não é suficiente que

haja um certo número de mulheres no Parlamento ou no gabinete. Isso é importante e necessário, mas precisamos ir além para produzir resultados benéficos para as mulheres comuns. Para isso, acredito ser preciso uma discriminação positiva sistemática, além de uma atuação no nível da cultura, para valorizar e fortalecer a autonomia da mulher, um aspecto sempre ressaltado pela Aliança Feminina do CNA. As dirigentes da Aliança reclamam que seus membros levantem suas vozes, expressem suas opiniões e não permitam que os homens monopolizem o debate.

Para isso, é necessária uma intervenção firme. A representação das mulheres no Parlamento deve ser assegurada. Precisamos promover uma mudança nas condições de vida das mulheres. Devemos encontrar uma maneira de criar o espaço necessário para que as mulheres frequentem a escola. Na África do Sul, temos uma vantagem, a existência de um movimento feminista ativo desde 1913, ou seja, há mais de 100 anos. Portanto, o movimento de mulheres sempre fez parte do processo democrático.

PRINCÍPIOS FUNDAMENTAIS

Como acha que as instituições e os governos podem contribuir para a democracia neste momento? Vivemos em um mundo multipolar com novas tecnologias e novas formas de comunicação. Trata-se de um novo mundo para a democracia e as transições. Quais são as suas ideias sobre o futuro da democracia, especialmente nos países africanos?

A luta interna pela liberação da África do Sul mobilizou milhões de pessoas. Foi uma luta popular – como as do Egito e da Tunísia, entre outras –, uma mobilização do povo pela mudança. É possível que os cidadãos não tenham clareza sobre o que acontecerá amanhã, apenas tenham claro que querem mudanças. Na África do Sul, milhões de pessoas participaram e esse foi, sem dúvida, o motor da mudança. Não ignoro o papel desempenhado pelos partidos, líderes políticos etc., mas, na minha opinião, **os cidadãos comuns que participaram ativamente na luta pela democracia foram os verdadeiros agentes da mudança**. A democracia chegou e o entusiasmo tomou os cidadãos. Tinham escolhido seu próprio governo e seu próprio presidente, Nelson Mandela. Uma das consequências dessa conquista, porém, foi a desmobilização de milhões de pessoas. Vale a pena mencionar uma instituição muito importante no curso de nossa luta, o Conselho Sul-Africano de

Igrejas. A maioria da população da África do Sul é cristã, o Conselho uniu todos os credos e desenvolveu uma atividade muito intensa. O bispo Tutu, por exemplo, vinha dessa organização, que hoje está praticamente morta. A mudança desmobilizou a cidadania.

Agora a responsabilidade recai sobre o governo que escolhemos, o que leva a outro problema. Muitos dos líderes daquela mobilização popular se integraram no Parlamento e no governo. Não mobilizam mais os cidadãos. Alguns se incorporaram à administração pública, se tornaram burocratas. A perda de grande parte dessa liderança enfraqueceu as organizações populares, sem as quais o sistema democrático não pode funcionar adequadamente. **Quando as massas se desmobilizam e os líderes se afastam cada vez mais do povo, todas as coisas começam a ficar distorcidas. Para que o sistema democrático seja mantido, é necessário que os grupos políticos estejam bem organizados, mantenham contato com o cidadão comum e tenham uma ideia clara para onde estão indo.** É preciso que sindicatos fortes e organizações da sociedade civil participem desses processos. Também importa que haja meios de comunicação esclarecidos, que não se limitem à busca de histórias sensacionalistas e mantenham o interesse da população no processo de mudança.

Quando os cidadãos se desmobilizam, o governo deixa de sentir a pressão popular. Nesse momento, alguns de seus membros passam a colocar seus interesses à frente das necessidades dos eleitores. É um problema de importância capital e, sem dúvida, aconteceu na África do Sul.

MOMENTOS-CHAVE NA TRANSIÇÃO DEMOCRÁTICA DA ÁFRICA DO SUL

Janeiro de 1912: É fundado o Congresso Nacional Nativo da África do Sul, mais tarde chamado Congresso Nacional Africano (CNA), para combater a discriminação contra os negros.

Maio de 1948: O Partido Nacional (PN) toma o poder com uma plataforma de segregação em favor dos brancos africânderes de língua holandesa. O governo confina os negros a áreas remotas, segrega escolas e locais públicos, elimina os direitos limitados de voto da população não branca e amplia seus poderes para colocar seus adversários na ilegalidade.

Junho de 1955: O CNA, o Partido Comunista da África do Sul (PCSA) e seus aliados aprovam a Carta da Liberdade, que exige uma democracia não racial e uma mudança econômica radical.

Abril de 1960: O governo coloca o CNA na ilegalidade, alegando que é um partido comunista. Os líderes do CNA que não fogem são presos. É defendida a criação de um braço armado – Umkhonto we Sizwe (MK) –, fundado no ano seguinte com o líder da juventude Nelson Mandela à frente.

Agosto de 1962: Mandela é preso. Sua prisão e a de outros líderes do CNA no ano seguinte incapacitam o partido por uma década.

Janeiro de 1973: Uma greve geral dos operários fabris em Durban demonstra o crescente poder do movimento sindical não racial.

Junho de 1976: Acontecem fortes protestos de jovens no distrito negro segregado de Soweto, perto de Johanesburgo. A polícia mata centenas de manifestantes. O MK lança uma ofensiva a partir dos países vizinhos de maioria negra.

Outubro de 1978: P. W. Botha assume o cargo de primeiro-ministro. Promove uma "estratégia total" que combina reforma gradual e repressão violenta. Desloca o poder para o Conselho de Segurança do Estado.

Março de 1982: Opositores das reformas de Botha, liderados por Andries Treurnicht, se separam do PN para fundar o Partido Conservador (PC) de direita.

Agosto de 1983: Um grupo de ativistas religiosos, sindicais e da sociedade civil em favor da democracia não racial (muitos deles ligados ao CNA) cria a Frente Democrática Unida (UDF, na sigla em inglês).

Novembro de 1983: Os eleitores brancos aprovam uma nova Constituição, que estabelece um sistema presidencial e uma representação limitada dos eleitores asiáticos e de raça mista ("mestiços") em um Parlamento tricameral. O PC e a UDF rejeitam a nova Constituição.

Setembro de 1984: As eleições tricamerais e a situação econômica difícil provocam protestos que se estendem ao ano seguinte, coordenados pela UDF. São inspirados pelo chamado do CNA para tornar o país "ingovernável".

Novembro de 1985: O ministro da Justiça, Kobie Coetsee, começa a se reunir secretamente com Mandela. Essas reuniões e as conversas com o chefe de assuntos internacionais do CNA, Thabo Mbeki, em Lusaka, servem para sondar as condições de uma possível legalização do CNA.

Dezembro de 1985: Sindicatos contrários ao *apartheid* fundam o Congresso Sindical Sul-Africano.

Maio de 1986: A África do Sul bombardeia vários acampamentos do CNA nos países vizinhos. Em resposta, o Grupo de Personalidades da Commonwealth (EPG) solicita novas sanções internacionais.

Junho de 1986: Em face do crescente mal-estar da população, o governo declara estado de emergência e ordena a prisão dos líderes da UDF, que é desativada. As greves e a insurreição continuam e o Movimento Democrático de Massas ocupa o lugar da UDF.

Outubro de 1986: Depois do estado de emergência e do fracasso das gestões do EPG, o Congresso dos Estados Unidos aprova novas sanções contra a África do Sul.

Fevereiro de 1989: Botha renuncia à direção de seu partido depois de sofrer um derrame cerebral. O grupo parlamentar do PN elege F. W. de Klerk, ministro de Educação, como o novo líder do partido.

Agosto de 1989: A violência persiste e De Klerk e o gabinete obrigam Botha a renunciar à presidência. De Klerk assume o cargo de presidente.

Dezembro de 1989: Uma série de derrotas militares e os esforços diplomáticos liderados pelos Estados Unidos empurram a África do Sul a aceitar a independência da Namíbia, cujo controle é recuperado pela população negra.

Fevereiro de 1990: Em seu primeiro discurso no Parlamento, De Klerk defende negociar uma nova Constituição, a legalização do CNA e do Partido Comunista, além da libertação de Mandela e dos demais presos políticos.

Maio de 1990: O CNA e o governo se comprometem a acabar com os enfrentamentos e libertar os prisioneiros. A violência é intensificada por causa de uma ineficiente manutenção da ordem e pelo conflito armado entre o CNA e o Partido da Liberdade Inkatha (IFP) de Mangosuthu Buthulezi, defensor do nacionalismo zulu.

Dezembro de 1991: A Convenção para uma África do Sul Democrática (Codesa) é lançada para negociar um novo sistema político. As negociações, nas quais participam o PN, o CNA, o IFP e outros partidos, duram mais de um ano, mas nenhum consenso é alcançado.

Março de 1992: Após a derrota do PN para o Partido Conservador em uma eleição parcial, De Klerk chama um referendo apenas para brancos sobre a conveniência de continuar a negociação. Os observadores preveem um resultado apertado, mas 68% apoiam a negociação e, portanto, reafirmam o mandato de De Klerk.

Junho de 1992: Apoiadores do IFP massacram 45 pessoas próximas ao CNA no distrito de Boipatong. Mandela acusa o governo de apoiar o IFP e de não manter a ordem nos distritos.

Junho de 1992: Mandela anuncia que o CNA vai se retirar da Codesa, paralisada por impasses em torno de várias questões constitucionais.

Setembro de 1992: O CNA e o governo assinam um Ato de Entendimento e retomam as negociações. O CNA aceita uma distribuição temporária de poder e uma anistia com limites. O PN promete que a Polícia prestará contas.

Março de 1993: O Fórum de Negociação Multipartidária (MPNF), sucessor da Codesa, é lançado. O CNA e o PN buscam um "consenso suficiente" entre os dois partidos, excluindo o IFP.

Abril de 1993: Chris Hani, líder do CNA, é assassinado por um membro da direita branca. O CNA continua as negociações e pede calma apesar da indignação popular. O assassinato encoraja os partidos a definir a realização das eleições para abril de 1994 e a existência de um prazo acelera as negociações.

Junho de 1993: Ativistas da direita branca invadem o MPNF, mas o líder de direita e ex-general Constand Viljoen os convence a ir embora.

Novembro de 1993: Os partidos concordam com uma Constituição provisória que estabelece o bicameralismo, a representação proporcional e uma série de "princípios constitucionais" vinculantes. É formado o Conselho Executivo Multipartidário para o Período de Transição.

Março de 1994: Os militares repelem um ataque de paramilitares de extrema direita em Bofutatsuana. A derrota dos paramilitares faz com que os líderes do bantustão e a direita branca abandonem suas posições intransigentes e que Viljoen possa se apresentar nas eleições.

Abril de 1994: O IFP permanece fora das eleições e coloca em risco o acordo, mas finalmente o partido aceita participar das eleições uma semana antes. São realizadas eleições abertas. O CNA recebe 62% dos votos; o PN, 20%; e o IFP, 10%. É criada uma coalizão de governo com Mandela como presidente, Mbeki e De Klerk como vice-presidentes e Buthulezi como ministro do Interior.

Julho de 1995: O poder legislativo cria a Comissão da Verdade e Reconciliação, presidida pelo arcebispo anglicano Desmond Tutu. A Comissão investiga os crimes da etapa do *apartheid*, realiza audiências transmitidas pela televisão e concede anistia aos que revelam seus crimes.

Junho de 1996: O PN abandona o governo em protesto pela sua influência limitada. Mbeki vira o único vice-presidente e assume o controle diário do governo. O Executivo introduz uma política econômica orientada a promover o crescimento com base no mercado, a igualdade e a redistribuição. Essa política resulta em crescimento e estabilidade econômica, mas não resolve os problemas de desemprego e desigualdade.

Dezembro de 1996: É aprovada uma Constituição permanente que mantém a maioria das instituições políticas provisórias e respeita os princípios constitucionais previamente acordados.

Setembro de 1997: De Klerk abandona a liderança do PN e a vida pública.

Outubro de 1998: A Comissão de Verdade e Reconciliação apresenta um relatório em que acusa todas as partes de abusos. Concede a anistia em menos de 20% dos casos.

Junho de 1999: Eleições gerais são realizadas no marco da nova Constituição. O CNA obtém 66% dos votos e o Partido Democrático, de inclinação liberal, torna-se a principal força da oposição. Mbeki assume a presidência e impulsiona a liderança da África do Sul na região.

Setembro de 1999: A União Africana assume o lugar da Organização da Unidade Africana (OUA) com ampla participação de Mbeki e da África do Sul.

Agosto de 2003: A pressão da sociedade civil e as decisões judiciais forçam Mbeki a retificar sua decisão de não fornecer medicamentos antirretrovirais para os hospitais públicos.

Junho de 2005: Mbeki demite o vice-presidente Jacob Zuma e justifica sua decisão com base em denúncias de corrupção. A decisão irrita os partidários de Zuma.

Dezembro de 2007: Zuma ganha de Mbeki na votação para eleger o líder do CNA e se torna o favorito para assumir a presidência do país.

Setembro de 2008: Mbeki renuncia à presidência por causa das pressões dos líderes do CNA. Um presidente interino ocupa o cargo até 2009, quando Zuma é eleito.

Dezembro de 2017: Sob várias acusações de corrupção, Zuma deixa a presidência do partido. Cyril Ramaphosa o substitui.

Fevereiro de 2018: Ramaphosa se torna presidente da África do Sul.

Nota

1 Rustow, Dankwart A., "Transitions to Democracy: Toward a Dynamic Model" [Transições para a democracia: rumo a um modelo dinâmico], *Comparative Politics*, 2/3 (1970), 337-63.

Leituras recomendadas sobre a África do Sul

ADLER, Glenn; WEBSTER, Edward (eds.), *Trade Unions and Democratization in South Africa, 1985-1997* [Os sindicatos e a democratização da África do Sul, 1985-1997] (Nova York: Palgrave Macmillan, 2000).

DE KLERK, F. W., *The Last Trek – A New Beginning: The Autobiography* [A última marcha – um novo começo: a autobiografia] (Nova York: St. Martin's Press, 1999).

DLAMINI, Jacob, *Native Nostalgia* [Nostalgia nativa] (Auckland Park, África do Sul: Jacana Media, 2009) [sobre os distritos segregados durante o *apartheid* e a transição].

FRIEDMAN, Steven (ed.), *The Long Journey: South Africa's Quest for a Negotiated Settlement* [A longa viagem: a busca por um acordo negociado na África do Sul] (Johanesburgo: Ravan Press, 1993).

FRIEDMAN, Steven; ATKINSON, Doreen (eds.), *The Small Miracle: South Africa's Negotiated Settlement* [O pequeno milagre: o acordo negociado da África do Sul] (Johanesburgo: Ravan Press, 1994).

GEVISSER, Mark, *A Legacy of Liberation: Thabo Mbeki and the Future of the South African Dream* [Um legado de liberação: Thabo Mbeki e o futuro do sonho sul-africano] (Nova York: Palgrave Macmillan, 2010).

GILLIOMEE, Hermann, "Democratization in South Africa" [A democratização na África do Sul], *Political Science Quarterly*, 110/1 (1995), p. 83-104.

HABIB, Adam, PILLAY, Devan; DESAI, Ashwin, "South Africa and the Global Order: The Structural Conditioning of a Transition to Democracy" [África do Sul e a ordem mundial: condicionamento estrutural de uma transição para a democracia], *Journal of Contemporary African Studies*, 16/1 (1998), p. 95-115.

JUNG, Courtney; SHAPIRO, Ian, "South Africa's Negotiated Transition: Democracy, Opposition, and the New Constitutional Order" [A transição negociada da África do Sul: democracia, oposição e a nova ordem constitucional], *Politics & Society*, 23/3 (1995), p. 269-308.

LODGE, Tom, *Politics in South Africa: From Mandela to Mbeki* [Política na África do Sul: de Mandela a Mbeki] (Oxford: James Curry Press, 2003).

LYMAN, Princeton, *Partner to History: The U.S. Role in South Africa's Transition to Democracy.* [Sócio da história: o papel dos EUA na transição democrática da África do Sul] (Washington D.C.: Instituto da Paz dos Estados Unidos, 2002).

MANDELA, Nelson, *Long Walk to Freedom: The Autobiography of Nelson Mandela* [O longo caminho para a liberdade; a autobiografia de Nelson Mandela] (Nova York: Little, Brown and Company, 1995).

MARAIS, Hein, *South Africa: Limits to Change: The Political Economy of Transition* [Limites para a mudança na África do Sul: a economia política da transição] (Kenwyn, África do Sul: University of Cape Town Press, 1998).

MASSIE, Robert, *Loosing the Bonds: The United States and South Africa in the Apartheid Years* [Soltar as correntes: Estados Unidos e África do Sul nos anos do *apartheid*] (Nova York: Nan A. Talese/Doubleday, 1997).

SPARKS, Allister, *Tomorrow is Another Country: The Inside Story of South Africa's Road to Change* [Amanhã é outro país: a história oculta do caminho para a mudança na África do Sul] (Chicago: University of Chicago Press, 1996) [sinopse jornalística].

WELSH, David e Spence, Jack, "F. W. de Klerk: Enlightened Conservative" [F. W. de Klerk: um conservador ilustrado], em Martin Westlake (ed.), *Leaders of Transition* [Líderes da transição] (Nova York: St. Martin's Press, 2000).

WILSON, Richard A., *The Politics of Truth and Reconciliation in South Africa: Legitimizing the Post-Apartheid State* [A política da verdade e reconciliação na África do Sul: legitimização do Estado depois do *apartheid*] (Cambridge: Cambridge University Press, 2001).

WOOD, Elisabeth Jean, *Forging Democracy from Below: Insurgent Transitions in South Africa and El Salvador* [Criar a democracia pela base: transições insurgentes na África do Sul e em El Salvador] (Cambridge: Cambridge University Press, 2000).

ESPANHA

Espanha: transição por transação

Charles Powell, Real Instituto Elcano

Devido à história política acidentada da Espanha, criou-se o conceito do "excepcionalismo espanhol", frequentemente associado a uma incapacidade supostamente estrutural de desenvolvimento de instituições democráticas estáveis. O conceito, porém, obscurece o fato de que o desenvolvimento político do país foi semelhante ao de muitos outros Estados europeus. O século XIX e o início do XX foram caracterizados por uma importante agitação, com sérias disputas dinásticas, frequentes levantes militares e uma extrema polarização social e política. Durante a monarquia parlamentar estabelecida em 1874 houve várias décadas de estabilidade e prosperidade e alguns avanços de democratização interrompidos em 1923 por um golpe militar sem derramamento de sangue. A ditadura de Primo de Rivera foi incapaz de resolver os problemas profundos do país e caiu sem oferecer resistência. Foi seguida pela Segunda República (1931-36), a primeira tentativa de democracia na Espanha, que sofreu com a instabilidade crônica do governo, a fragmentação do regime partidário e a polarização ideológica. Além disso, prometeu reformas socioeconômicas de amplo alcance que não conseguiu realizar. A Segunda República não afundou sozinha; foi violentamente derrubada por um golpe de Estado militar liderado pelo general Francisco Franco, que mergulhou a Espanha em uma sangrenta guerra civil que durou três anos (1936-39) e custou a vida de cerca de 400 mil pessoas.

O REGIME FRANQUISTA

Depois de derrotar os exércitos republicanos em abril de 1939, Franco estabeleceu um regime político autoritário, extremamente confessional, semicorporativista, profundamente conservador e nacionalista. Exerceu a autoridade suprema como chefe de Estado, comandante em chefe ("Generalíssimo") das Forças Armadas e líder do partido único que ele havia criado artificialmente por decreto em 1937. Essa organização, que mais tarde ficou conhecida como "o Movimento", perdeu gradualmente boa parte de sua influência inicial, ao ponto de o sistema político de Franco ser descrito como um Estado sem partidos. Inicialmente, a Igreja Católica, cujos líderes viram na guerra civil uma "cruzada" contra os marxistas e os ateus, foi um dos mais fiéis aliados de Franco, e seu apoio foi recompensado em 1953 com uma generosa Concordata. No entanto, depois do Concílio Vaticano II, a Igreja se distanciou gradualmente do regime. Principal aliado de Franco no exterior, os Estados Unidos ofereceram considerável ajuda militar e econômica como contrapartida pelo acesso às bases espanholas depois de 1953. Por causa da sua associação com as potências do Eixo durante a Segunda Guerra Mundial e seu autoritarismo, o regime franquista foi inicialmente excluído do processo de integração europeu, mas a Comunidade Europeia acabou concedendo um acordo comercial preferencial em 1970.

O regime franquista constituiu uma mistura estranha de institucionalização limitada e constitucionalização relativamente elaborada. Embora suas instituições realmente não tivessem vida própria, seus dispositivos constitucionais eram amplamente respeitados e alguns desempenhariam um papel essencial durante a transição. O mais importante, a Lei de Sucessão de 1947, estabelecia que a Espanha era um reino e atribuía a Franco a posição de regente vitalício com o poder de designar seu sucessor (esse dispositivo permitiu que propusesse Juan Carlos como seu sucessor em 1969). Da mesma forma, embora a Lei dos Princípios Fundamentais de 1958 estabelecesse que os princípios eram "permanentes e imutáveis", a Lei de Sucessão estipulava que todas as leis fundamentais poderiam ser reformadas, desde que contassem com a aprovação de dois terços das Cortes* e fossem submetidas posteriormente a um referendo, um dispositivo que foi bem aproveitado durante a transição.

Apesar de seu conservadorismo, o regime demonstrou ser compatível com significativa mudança social e econômica. Grande parte da mudança ocorreu após a aprovação do Plano de Estabilização (1959), em resposta ao fracasso da política econômica anterior, de caráter autárquico. Durante os 15 anos seguintes, a Espanha experimentou um crescimento econômico sem precedentes (entre 1960 e 1973, uma média anual de 7,3%), período em que o Produto Interno Bruto (PIB) *per capita* passou de 300 a 3.260 dólares. Entre 1950 e 1975, a porcentagem da população ativa dedicada à agricultura diminuiu de 48% para 22%, enquanto o setor industrial e o setor de serviços passaram a representar 38% e 40%, respectivamente. Essas mudanças implicaram uma expansão significativa da classe média, que aumentou de 14% para 43% da população. O nível educacional dos espanhóis também melhorou: a taxa de analfabetismo entre adultos, que era de 44% em 1930, caiu para 5% em 1975.

Nos anos de 1970, a Espanha era uma sociedade moderna, urbanizada e relativamente próspera, com uma cultura política muito diferente da que existia nos anos 1930. Essa transformação fez com que a demanda por democracia se tornasse cada vez maior. Entre 1966 e 1976, o apoio às instituições democráticas passou de 35% para 78%. As disposições favoráveis à democracia eram especialmente fortes entre a maioria da classe trabalhadora, que não mais apoiava as ideologias revolucionárias. No entanto, a modernização não garantiu o estabelecimento da democracia. Na verdade, é possível que o crescimento econômico tenha atrasado sua chegada, aumentando a aceitação do regime entre uma população cada vez mais próspera.

Essas mudanças também tiveram um impacto significativo na função e na natureza do Estado e em sua relação com o regime. Com o avanço da modernização econômica, a administração pública tornou-se cada vez mais profissional e meritocrática – além de predominantemente apolítica –, o que explica em grande parte por que ela não se opôs posteriormente à democratização. Além disso, embora em um primeiro momento os militares tivessem ocupado cargos de destaque dentro do aparato burocrático do Estado, no início da década de 1970 só tinham presença no Ministério da Defesa. Por causa dessas tendências,

* N.T.: As Cortes franquistas, ou espanholas, eram uma instituição da ditadura de Franco. Funcionavam como um pseudoparlamento subordinado ao próprio Franco e sua função principal era elaborar e aprovar leis.

durante a transição não foi necessário depurar a burocracia nem afastar os militares da esfera política.

A modernização econômica e social deu origem a consequências políticas complexas, a maioria delas imprevistas para o próprio regime. A rápida expansão da educação universitária levou ao surgimento de um novo movimento estudantil no qual prevalecia o sentimento de hostilidade em relação a Franco. A acelerada industrialização favoreceu o surgimento de um novo movimento operário, cada vez mais seguro de si, liderado pelas Comissões Operárias, sindicato banido em 1967. Embora em teoria fossem ilegais, o número de greves aumentou rapidamente e passou de 500 em 1969 para 3.156 em 1975, algumas acompanhadas de grande brutalidade policial, o que causou 11 mortes entre 1969 e 1974. Na Catalunha e no País Basco, a chegada de centenas de milhares de imigrantes das áreas mais pobres da Espanha levou a uma prosperidade econômica sem precedentes. Isso contribuiu para o crescente interesse por suas línguas e culturas autóctones, que costumavam ter o apoio ativo do clero local. O ressurgimento dos nacionalismos explica em parte a radicalização dos estudantes universitários que fundaram a ETA (*Euskadi Ta Askatasuna*, Pátria Basca e Liberdade) no final da década de 1950. A ETA logo se transformaria em uma sofisticada organização terrorista urbana que fez 45 vítimas entre 1960 e 1975.

Durante os últimos anos do regime ocorreu também um aumento significativo na atividade da oposição. O grupo maior e mais bem organizado era o Partido Comunista (PCE), especialmente presente nos movimentos de trabalhadores e estudantes e também nas novas associações de bairro surgidas na década de 1960. O PCE defendia desde 1956 uma política de reconciliação nacional e, em 1970, estabeleceu como objetivo construir um "pacto pela liberdade" entre distintas classes sociais. No entanto, quando em 1974 o pacto se cristalizou na Junta Democrática, o resultado estava longe do objetivo inicial de unir toda a oposição democrática.

O Partido Socialista Operário Espanhol (PSOE), pouco importante até então na oposição ao franquismo, rapidamente ganhou terreno após a eleição de Felipe González como líder do partido em outubro de 1974. De início, o PSOE mostrou um profundo ressentimento pelos esforços do PCE para dominar a esquerda espanhola, e o partido, assim como a central sindical a ele ligada, a União Geral dos Trabalhadores (UGT), desconfiava da influência comunista nas Comissões Operárias. González não compartilhava a crença do PCE em uma "ruptura democrática", um processo no qual as mobilizações populares de massa culminariam de alguma forma na derrubada pacífica do regime e em sua substituição por um governo provisório representativo que chamaria eleições para uma assembleia constituinte. Pelo contrário, o líder socialista apoiava uma abordagem gradual que levaria à conquista de "parcelas de liberdade". A recusa de González de se unir à Junta Democrática e sua decisão de apoiar uma Plataforma de Convergência Democrática alternativa em meados de 1975 foram decisivas na hora de garantir a autonomia do PSOE durante a transição.

A crise do regime franquista aconteceu por um conjunto de fatores. O *boom* econômico da década de 1960 terminou com a crise do petróleo de 1973, que provocou a "estagflação" e o aumento da agitação social. O assassinato, em dezembro de 1973, do *alter ego* de Franco, o almirante Luis Carrero Blanco, apenas seis meses após sua nomeação como presidente do governo, levantou novas dúvidas sobre a continuidade do regime. Carlos Arias Navarro sucedeu a Carrero Blanco em janeiro de 1974. Seu modesto plano de abertura só intensificou a distância crescente entre os membros da "linha dura", que acreditavam que a continuidade do regime deveria ser garantida por meio de uma monarquia autoritária, sob o rei Juan Carlos, e os membros da "linha branda", para os quais o futuro monarca deveria alinhar o sistema político espanhol com o de seus vizinhos europeus. Apesar de Franco ter evitado as guerras coloniais – ao contrário de Salazar –, a queda da ditadura portuguesa em abril de 1974, em grande parte provocada pela insatisfação com as "guerras em África", levou muitos espanhóis a interpretá-la como um sinal do que poderia acontecer se reformas substanciais não fossem realizadas imediatamente no regime franquista. Finalmente, em setembro de 1975, a execução de cinco antifranquistas (consequência da draconiana legislação antiterrorista aprovada após o assassinato de Carrero Blanco) provocou um protesto internacional sem precedentes. No entanto, a morte de Franco em 20 de novembro de 1975 foi o que finalmente desencadeou, em última instância, o processo de transição.

TRANSIÇÃO PARA A DEMOCRACIA

O processo de democratização na Espanha é um caso paradigmático de "transição por transação", caracterizado pelos seguintes aspectos: o uso (paradoxal) das instituições e dos procedimentos constitucionais do regime anterior para iniciar o processo de democratização; negociações entre os membros da "linha branda" do regime autoritário e os representantes dos principais grupos da oposição; a inclusão de representantes das principais forças políticas no processo de tomada de decisões e as deliberações a portas fechadas, entre poucos líderes, realizadas durante as fases principais do processo. Vários argumentam que as transições por transação são caracterizadas por níveis bastante baixos de mobilização popular. No entanto, a experiência espanhola mostra que a escassa mobilização popular é compatível com níveis relativamente altos de pressão exercida "de baixo para cima", desde que os atores políticos queiram e sejam capazes de modular a pressão popular para ampliar as concessões feitas "de cima para baixo". Outros também argumentam que as transições por transação só podem ser bem-sucedidas quando não há violência política, mas entre 1975 e 1980, a Espanha contou 460 mortes por violência política. Na verdade, foi o medo de que tal violência arruinasse o processo de transição que, em parte, levou as elites políticas a decidir negociar e seguir negociando.

A relativamente breve transição para a democracia na Espanha partiu do poder constituído, mas foi acelerada em resposta à crescente pressão exercida pelo povo. Nesse processo, os atores nacionais desempenharam os papéis principais, embora a Comunidade Europeia tenha apoiado ativamente a democratização. Também o fizeram vários de seus Estados-membros, em especial a Alemanha, por meio de seus partidos, sindicatos e fundações políticas.

Na sua origem, a transição espanhola refletiu claramente os dilemas políticos que o rei Juan Carlos precisou enfrentar ao assumir a chefia do Estado depois da morte de Franco. Ele tinha de obter uma nova legitimidade para a monarquia, uma legitimidade compatível com a democracia, a fim de assegurar tanto sua permanência como chefe de Estado quanto a continuidade de sua dinastia (o destino de seu cunhado Constantino, que havia perdido o trono grego em 1967, serviu-lhe como aviso oportuno). A monarquia que Juan Carlos herdou em 1975 não era a instituição que seu avô Alfonso XIII representou até 1931, mas uma monarquia absolutamente artificial criada para perpetuar o autoritarismo do regime franquista. Na verdade, Juan Carlos não recebeu os poderes reais de Franco: a Lei Orgânica do Estado de 1967 concebeu uma monarquia na qual o papel do rei era severamente limitado pela autoridade conjunta do presidente do Governo e do presidente do Parlamento. Estes, sim, compartilhavam o controle efetivo sobre o sistema político. Paradoxalmente, isso significava que, desde o início, Juan Carlos estava especialmente interessado na introdução de uma reforma constitucional que o libertasse da tutela de autoridades não eleitas.

Na primeira fase da transição, o presidente Arias Navarro, cada vez mais identificado com os defensores da linha dura do regime, apresentou um plano de reforma limitado que teria conduzido à eleição de um Parlamento semidemocrático e à legalização de alguns partidos (por exemplo, o PSOE), mas não de outros (especialmente o PCE). Uma oposição cada vez mais ativa, capaz de promover mobilizações gigantescas, que terminaram com pessoas mortas, rejeitou imediatamente o plano de Arias Navarro. Também o fizeram os novos meios de comunicação e o Parlamento Europeu. No mesmo momento, González começou a aparecer em público regularmente e a UGT pôde realizar em abril de 1976 sua primeira reunião pública desde a guerra civil.

A decisão do rei em julho de 1976 de substituir Arias Navarro por Adolfo Suárez, um burocrata de 44 anos ligado ao regime anterior, conhecido por sua ambição e audácia, representou um ponto de virada fundamental. Suárez rapidamente elaborou uma lei de Reforma Política que convocava a eleição por sufrágio universal de uma Câmara de Deputados a ser eleita de acordo com os princípios da representação proporcional e um Senado a ser eleito em disputas majoritárias. Cumprindo o procedimento previsto nas leis fundamentais franquistas, o projeto foi aprovado em novembro pelas Cortes, com 425 votos a favor e 59 contra. Em dezembro, foi ratificado por um referendo que teve 77% de participação (com 94% dos votos a favor). Embora a oposição tenha decidido se abster de chamar seus eleitores a votar no referendo, por ter sido excluída de todo o processo de deliberação sobre a lei de Reforma Política, Suárez e González entabularam negociações secretas em paralelo. Assim, o PSOE pôde realizar seu congresso logo após o referendo, o que abriu caminho para sua legalização em fevereiro de 1977.

O referendo fortaleceu consideravelmente a posição de Suárez. Só depois da sua realização ele concordou em manter conversações formais com a "Comissão dos Nove", que agrupava a oposição, incluindo González. As negociações se concentraram nas sete condições que a oposição exigia que fossem cumpridas para participar nas futuras eleições, entre elas a legalização de todos os partidos políticos e sindicatos, a neutralidade do governo no processo eleitoral, uma generosa anistia, a negociação de uma lei eleitoral e o reconhecimento das identidades políticas regionais. Como González reconheceu posteriormente, não foram negociações formais. Suárez ouviu as demandas da oposição e com habilidade fez com que fossem expressas em leis. As negociações levaram à legalização do Partido Comunista em abril de 1977, um ponto muito importante, pois a exclusão dos comunistas teria feito com que muitos espanhóis vissem todo o processo como ilegítimo. Assim, preparou-se o terreno para que em junho de 1977 se realizassem as primeiras eleições democráticas, as quais produziram o resultado ideal: a alta participação (79%) confirmou a legitimidade do processo eleitoral e os bons resultados da União de Centro Democrático (UCD), com 34% dos votos e 165 dos 350 deputados eleitos, permitiram que Suárez continuasse no cargo. Ao mesmo tempo, o PSOE se revelou o principal partido da oposição, com 29% dos votos e 118 deputados, muito à frente do PCE, que conquistou apenas 9% dos votos e 20 deputados.

A última etapa da transição consistiu em uma série de acordos que contou com a participação dos principais atores políticos. Os primeiros foram os Pactos de Moncloa, assinados em outubro de 1977, que visavam restaurar o crescimento de uma economia enfraquecida e conter a inflação por meio de profundas reformas estruturais e uma moderação negociada dos salários. Em compensação por esta última, os Pactos estabeleceram um novo sistema de imposto de renda direto que financiaria em grande parte o crescimento extraordinário dos sistemas de saúde e educação do país nos anos 1980. Outra iniciativa significativa que exigiu amplo consenso político foi a Lei de Anistia, que beneficiou pessoas julgadas por crimes políticos cometidos contra o regime franquista antes das eleições de 1977, incluindo os terroristas da ETA que tinham sido condenados por assassinato. A lei também garantia que os ex-funcionários do regime não seriam investigados ou acusados pelas violações dos direitos humanos que tivessem cometido no passado, descartando assim a possibilidade de se realizar um expurgo nas Forças Armadas, na Polícia ou no Poder Judiciário. Nos últimos anos aumentaram as críticas a essa lei, mas naquele momento os principais partidos de esquerda foram os que a defenderam com mais entusiasmo.

Sem dúvida, o resultado mais importante desse consenso foi a nova Constituição democrática, produto de 16 meses de negociações entre os representantes de todos os partidos parlamentares. Em um referendo em dezembro de 1978, o povo espanhol a aprovou.

Os debates que dominaram o processo constituinte concentraram-se nos mesmos problemas que tinham afetado a Segunda República (1931-36), mas dessa vez foram abordados de maneira muito mais pragmática. Inicialmente, os socialistas apresentaram uma emenda que teria transformado a Espanha em uma república, mas, quando foi rejeitada por outros partidos importantes (incluindo o PCE, que concordou em reconhecer o rei Juan Carlos em troca de sua legalização), rapidamente apoiaram a nova monarquia parlamentar.

A Constituição separou a Igreja Católica do Estado, mas, ao mesmo tempo, reconheceu o direito de todas as crianças a receber instrução religiosa nas escolas públicas e a obrigação do Estado de auxiliar as escolas religiosas. Na parte dedicada às questões econômicas, o novo texto deu tratamento equilibrado às preferências da direita e da esquerda. Reconheceu explicitamente a economia de mercado, protegeu a propriedade privada e os direitos de herança para blindar a sucessão contra confiscos ilegais. Por outro lado, incluiu garantias como o direito de greve e compromissos para fornecer uma ampla variedade de serviços sociais (incluindo seguridade social, saúde e educação pública, e benefícios por incapacidade ou desemprego), além da promessa de uma distribuição de renda mais equitativa. Da mesma forma, a Constituição incorporou dispositivos que regulam a transferência de competências do governo central para as comunidades autônomas, o que facilitou o desenvolvimento do futuro Estado semifederal das autonomias. Embora tais esforços fossem suficientes para satisfazer os nacionalistas catalães, não foram suficientes para os nacionalistas bascos.

A CONSOLIDAÇÃO DE UMA NOVA DEMOCRACIA: O PAPEL DE FELIPE GONZÁLEZ

Felipe González contribuiu mais para a consolidação da democracia do que para o processo de transição em si, especialmente ao preparar seu partido para ocupar o governo. Depois de perder por pouco para Suárez nas segundas eleições parlamentares, realizadas em março de 1979, o PSOE ganhou o controle de várias cidades importantes nas eleições municipais em abril daquele ano. Contra todos os prognósticos, em maio, a autoridade de González como líder do partido foi diretamente questionada após sua decisão de eliminar as referências explícitas ao marxismo do programa do PSOE, o que o levou a apresentar sua renúncia como protesto. No entanto, em setembro, reelegeu-se secretário-geral, com liberdade para liderar o partido de uma maneira que expandisse seu apoio eleitoral.

Pode ser que algumas das iniciativas de González para minar o governo da UCD tenham tido impacto negativo na estabilidade política da Espanha. No início de 1980, por exemplo, o PSOE pressionou Suárez ao exigir que a Andaluzia pudesse ter o mesmo nível de autonomia que havia sido concedido recentemente à Catalunha e ao País Basco, o que na prática favoreceu a ampliação da transferência de competências para todas as comunidades. González também foi implacável em suas críticas à resposta de Suárez à recessão causada pela crise mundial do petróleo de 1979 e à sua incapacidade de deter o terrorismo da ETA. Chegou a apresentar uma moção de censura no Parlamento em maio de 1980, apesar de saber que não iria prosperar.

Após a renúncia de Suárez e a tentativa de golpe de Estado em fevereiro de 1981, González concordou em apoiar seu sucessor, Leopoldo Calvo Sotelo, em uma tentativa de restaurar a estabilidade. Deve-se destacar que, em julho de 1982, o PSOE apoiou uma lei orgânica que procurava impor limites ao processo de transferência de poderes para as comunidades, embora mais tarde várias seções importantes da lei tenham sido declaradas inconstitucionais. González, porém, se opôs fortemente a apoiar o ingresso da Espanha na Organização do Tratado do Atlântico Norte (Otan), aprovado pelo Parlamento em outubro de 1981, em meio a muita controvérsia. Além disso, os socialistas aceleraram a desintegração do partido no poder ao oferecer cargos em um futuro governo do PSOE a alguns dos líderes mais progressistas da UCD.

González realmente brilhou com luz própria quando se tornou presidente do Governo depois da esmagadora vitória do PSOE nas eleições parlamentares de outubro de 1982. Quando chegou ao cargo, sua prioridade foi a consolidação democrática, embora também tenha tentado aplicar seu programa de reformas de natureza social-democrata. De imediato, defrontou-se com o desafio de submeter as Forças Armadas ao controle civil. A lei de Defesa Nacional de 1984 lhe concedeu maiores poderes sobre os militares. Já o Código Militar aprovado em 1985 limitou as Forças Armadas à esfera militar. González também conseguiu um sucesso razoável em suas relações com a Igreja Católica, apesar da controvérsia gerada por suas reformas educacionais e pela legalização do aborto em 1985. Mas, acima de tudo, seu governo realizou um ajuste considerável da economia espanhola, o qual forçou a redução (e depois a privatização) de boa parte de sua ineficiente indústria pesada e levou à liberalização do setor bancário. O ingresso na Comunidade Europeia exigia essas reformas, ao mesmo tempo que a perspectiva de ser parte da CE facilitava a realização delas. O ingresso finalmente se concretizou em janeiro de 1986 e, com toda certeza, constitui a maior conquista de González. As reformas econômicas criaram um período de crescimento sem precedentes (1986-91), facilitando a rápida expansão do incipiente Estado de bem-estar social espanhol, apesar das dúvidas sobre sua viabilidade surgidas em meio à recessão ocorrida entre 1992 e 1994.

Outros aspectos do legado de González não são tão positivos. Ele desistiu inesperadamente de retirar a Espanha da Otan. Para mantê-la na organização, convocou e venceu um referendo em março de 1986, numa decisão que traumatizou desnecessariamente a sociedade. Além disso, apesar de ter condenado a atividade antiterrorista ilegal durante o governo da UCD, entre 1983 e 1987 seu governo consentiu em que se travasse uma "guerra suja" contra o ETA que não conseguiu deter a organização e enfraqueceu severamente o Estado de direito. No que diz respeito à esfera institucional, a maioria absoluta que o PSOE teve no Parlamento durante uma década (1982-93) proporcionou uma estabilidade muito importante. No entanto, isso também significou a politização do Judiciário e dos meios de comunicação públicos, o que levou a consequências negativas a longo prazo para a democracia espanhola. Na verdade, a falta de controles e equilíbrios adequados explica em grande parte os inúmeros escândalos de corrupção que, combinados com a crise econômica de 1992-94, terminaram com a derrota de González nas eleições de 1996.

Nos últimos anos, a transição espanhola para a democracia foi submetida a um escrutínio cada vez mais crítico e é frequentemente vista como causa de muitos dos males (reais ou imaginários) da Espanha, incluindo suas dificuldades para lidar com o passado, o fracasso do seu sistema semifederal e um crescente distanciamento do povo em relação ao seu sistema político. No entanto, muitas dessas críticas são injustas e enganosas, já que assumem que o acordo da transição era irremovível e que as próximas gerações de espanhóis permaneceriam congeladas no tempo.

Resenha biográfica de FELIPE GONZÁLEZ, presidente do Governo da Espanha (1982-96)

Felipe González estudou Direito na Universidade de Sevilha e depois em Lovaina (Bélgica). Atuou como advogado trabalhista e em 1964 ingressou no então ilegal Partido Socialista Operário Espanhol (PSOE). Depois de conseguir visibilidade tanto na Espanha quanto na Internacional Socialista com pouco menos de 30 anos, González questionou a liderança estabelecida do PSOE no congresso de 1970, o que causou uma divisão no partido. A Internacional Socialista acabou reconhecendo o setor de González. Em 1974, foi eleito líder do partido e em 1975 foi detido por um breve período pela Polícia espanhola. Naquele ano, fundou a estrutura partidária do PSOE em Madri com a ajuda da Fundação Friedrich Ebert da Alemanha e o assessoramento de Olaf Palme e Willy Brandt. Não quis se unir à Junta Democrática promovida pelos comunistas e, em lugar disso, criou a alternativa Plataforma de Convergência Democrática. A relação que estabeleceu com o presidente Adolfo Suárez após a morte de Franco abriu o caminho para que o PSOE pudesse realizar seu primeiro congresso público na Espanha desde a guerra civil da década de 1930. González foi um dos membros da Comissão dos Nove que negociou as regras para as primeiras eleições livres nacionais em 1977. Desempenhou um papel crucial nas negociações com Suárez, propiciadas pelo rei Juan Carlos, as quais permitiram a transição pactuada na Espanha. Conseguiu que o PSOE obtivesse resultados eleitorais impressionantes em 1977 e 1979, e depois a esmagadora vitória de 1982, com a qual chegou à presidência do Governo espanhol.

Como presidente do Governo, entre 1982 e 1996, González consolidou o controle civil das Forças Armadas, negociou um complexo sistema semifederal de transferência de competências para acalmar as exigências de autonomia da Catalunha e do País Basco e supervisionou um ambicioso programa de modernização que incluiu reformas de liberalização econômica e sociais como um novo sistema de saúde, educação e pensões. Também foi responsável pela entrada da Espanha na Comunidade Europeia e sua permanência na Otan, sendo esta última uma decisão mais polêmica que a primeira. González conseguiu renovar a maioria do PSOE nas eleições de 1986, 1989 e 1993, mas seu partido foi derrotado em 1996, vítima de uma grave crise econômica e uma sucessão de escândalos de corrupção. Desde que deixou o cargo, foi consultado com frequência por vários países sobre questões relacionadas à governança internacional e à transição.

ENTREVISTA COM O PRESIDENTE FELIPE GONZÁLEZ

Que lições podem ser tiradas da experiência espanhola para as transições contemporâneas?

Um fator importante é conhecer a ergonomia de cada país, porque os processos não serão miméticos. O que acontece em cada país vai depender de como as forças políticas, sociais e econômicas, que são diferentes em cada caso, respondam aos problemas que surgem em todos eles, como por exemplo controlar as Forças Armadas.

O PAPEL DO REI

As monarquias do Golfo Pérsico me perguntaram sobre o papel da monarquia na Espanha e eu contei algo que não é estudado nos livros: o rei herdou da ditadura de Franco todos os poderes da monarquia absoluta. Não só tinha os poderes de uma monarquia absoluta, como os poderes de uma ditadura pessoal.

No entanto, seu papel ainda não era formal, pois não havia sido consolidado na Constituição. Aparecia como rei-soldado, chefe das Forças Armadas e chefe do Governo. Nesse contexto, no momento da morte de Franco e da proclamação da monarquia, em um prazo de poucos meses, o rei teve a oportunidade de nomear Adolfo Suárez como presidente do Governo [nomeado em 1976, Suárez foi posteriormente eleito para o período 1977-81]. Há um passo na transição espanhola que não costuma ser estudado: quando o rei recebe o poder e toma a decisão de não exercê-lo de maneira absoluta, mas o delega a Adolfo Suárez, como se a Constituição estivesse em vigor. Suárez foi nomeado em 1976, embora as eleições só tenham sido realizadas em 1977. Naquele momento, **o rei exercia o poder como monarca constitucional, sem Constituição ainda. O rei teve a magnífica intuição de escolher não exercer todos os poderes que lhe haviam sido conferidos.** Adolfo Suárez também iniciou seu mandato como se fosse um presidente constitucional do ponto de vista do exercício da responsabilidade. Isso fez de Suárez o protagonista de todo o processo de diálogo do que poderíamos chamar de transição espanhola. O rei ganhou prestígio e espaço como poder moderador, e desempenhou um papel de referência muito importante para as Forças Armadas.

A TRANSFERÊNCIA DE PODER DO REGIME AUTORITÁRIO

Como todos os regimes políticos de longa duração, quando há 30 ou 40 anos de ditadura pessoal, como foi o caso na Espanha, com 35 anos de exercício de um poder autoritário controlado por Franco, embora diferentes grupos coexistam no interior desse processo, ele acaba se esgotando, inclusive por razões biológicas. Depois, há uma tomada de posição pelo que poderíamos chamar de "reformadores" dentro do sistema que, na realidade, não fazem nada mais que responder a um impulso biológico: seu horizonte de vida está muito além do que o horizonte de vida dos representantes da ditadura. Portanto, eles têm que apostar no que acontecerá quando a ditadura desaparecer. Daí nascem os reformadores, as pessoas que poderiam negociar com a oposição e nasce o que poderia ser considerado um processo de transição para a democracia. Na Espanha, esse grupo incluiu Adolfo Suárez, Rodolfo Martín Villa [ministro do Trabalho em 1975-76, ministro do Interior em 1976-79 e vice-presidente em 1981-82], pessoas de 45 anos em um regime como o de Franco, um ditador que tinha 75 anos e estava doente. Eles questionavam: "Qual é o nosso horizonte de vida e qual é o deles?".

São os componentes positivos das forças que existem em todos os países. É um elemento comum em todos. Se examinamos qualquer regime autoritário, por exemplo, Cuba, verifica-se que há uma geração de líderes políticos, com 50 anos, até chegando aos 60, que foram afastados do poder. Esses dirigentes veem seu horizonte vital além do dos irmãos Castro, por exemplo. Por isso, tentam tomar posições, mais ou menos prudentes, para responder à pergunta do que vai acontecer depois, qual será o papel deles e como evitar sua liquidação pessoal no possível fim do regime. Isso cria uma dinâmica positiva de resistência que deve ser analisada de acordo com a ergonomia de cada país.

Ao pensar no papel das Forças Armadas, faço distinção entre privilégio e *status*. Se observarmos países árabes como o Marrocos ou o Egito, existe uma oligarquia que, além de *status*, goza de privilégios gigantescos que estão ligados à sobrevivência do regime e do poder. Mas há pessoas que não querem lutar não tanto porque temem perder seus privilégios, mas porque temem perder algo muito mais modesto, apesar de também importante: seu status.

Vamos imaginar a Guarda Civil [polícia federal com status militar] no caso da Espanha ou das Forças Armadas no Egito. Não estou me referindo aos chefes das Forças Armadas, mas às Forças Armadas como tais, que têm suas cooperativas e seu acesso preferencial à moradia. Isso também acontecia no Chile: as Forças Armadas tinham e ainda conservam, apesar de tudo, um *status*. Não é um privilégio, porque do ponto de vista do que consideramos privilégios na Espanha, as Forças Armadas hoje têm um nível de vida melhor – mais possibilidades de fazer carreira profissional, de abertura para o mundo – do que tinham antes. No entanto, o medo de perder seu *status* era muito maior do que o medo de outras possíveis perdas como resultado da mudança democrática. Portanto, devemos entender a ergonomia de cada país, quais são os elementos de resistência à mudança, que às vezes se retroalimentam.

Na Espanha, havia dois elementos principais de resistência à mudança, alguns por cima e outros por baixo da mesa. Em cima da mesa estava fundamentalmente a visão das Forças Armadas, voltada para o passado, e, por baixo, uma ameaça terrorista que questionava a unidade da Espanha. Esses eram fenômenos que se retroalimentavam: quanto mais ataques terroristas ocorriam, mais forte nas Forças Armadas era a vontade de dar marcha a ré.

Na campanha eleitoral de 1982, que ganhei, ainda diziam sobre mim, ou sobre meu projeto de governo, que estava disposto a estatizar até a terra dos vasos. Havia resistência por parte dos grandes proprietários e dos setores industriais, que temiam uma mudança que gerasse incerteza. **Isso é o que eu acho que precisamos ver em cada país: quais são as forças que podem ser incluídas em uma dinâmica de mudança, mais ou menos organizada, como essas forças se combinam e quais resistências podem ser encontradas.**

A NECESSIDADE DE RECORRER À INTELIGÊNCIA NAS TRANSIÇÕES DEMOCRÁTICAS

Quando comparecemos ao Congresso chileno em 1990, algumas horas depois de Pinochet ter colocado a faixa presidencial em Aylwin – ato que não queria ver, por isso chegamos algumas horas depois –, todos os chefes de Estado presentes se reuniram com o recém-nomeado presidente da República. Um por um, tivemos uma entrevista cordial com ele. Nesse momento, Aylwin já era um patriarca e eu disse: "Presidente, não quero ser impertinente, mas gostaria de apresentar uma questão que me preocupa desde o início do governo, porque vivi isso na Espanha com angústia, com Adolfo Suárez e como presidente do Governo". Continuei: "Tenho dificuldade em me colocar no papel de Pinochet, mas é preciso fazer o esforço. Se eu fosse Pinochet e tivesse perdido o referendo e agora fosse obrigado a colocar a faixa presidencial em um democrata terminando com meu regime – ou pelo menos a parte política do meu regime, porque ainda sou o chefe do Exército –, teria tomado as medidas necessárias para saber o que o senhor vai fazer minuto a minuto e o que faz seu ministro do Interior, além do que acontece no conjunto do aparato do Estado. Se eu fosse Pinochet, teria intervindo e controlado tudo, e ficaria surpreso se ele, se é quem acho que é, não tenha feito isso".

Ele me disse que eu estava colocando um problema muito sério e perguntou se realmente acreditava que essa situação era possível, ao que respondi que sim, achava que sim. E ele pediu minha ajuda, porque eu já tinha passado por essa situação. O presidente Aylwin, de boa-fé, realmente acreditava que isso não aconteceria. No entanto, eu fiz a oferta. Ele agradeceu, conversamos sobre outras questões e novamente ofereci minha ajuda, pois é necessário saber se o terreno em que você pisa é seguro ou está minado e, em caso afirmativo, remover o máximo de minas possível.

Por exemplo, no dia anterior às eleições que ganhei, em 27 de outubro de 1982, aconteceu o último movimento golpista na Espanha. Naquele dia houve uma tentativa de golpe que foi abortada imediatamente, com Calvo Sotelo como presidente do Governo [1981-82]. Ganhei as eleições em 28 de outubro, com maioria absoluta, mas ainda houve uma tentativa de interromper esse processo um dia antes. Portanto, eu tinha razões suficientes para ser cauteloso.

Um ano após a chegada de Aylwin à presidência, ocorreu o assassinato do senador Jaime Guzmán [legislador chileno e assessor de Pinochet].

O presidente Aylwin tinha planejado uma viagem à Europa para visitar a Espanha e Bruxelas, mas devido ao assassinato e à situação resultante, ficou em dúvida se deveria manter ou não a viagem. Finalmente decidiu que não ia suspendê-la, porque seria dar muita importância ao que tinha acontecido, como se o processo democrático pudesse ser interrompido, e me ligou para confirmar que estava vindo. Lembrou-me do que tínhamos conversado no dia de sua posse e comentou que gostaria de conversar sobre o assunto novamente, levando em conta o que estava acontecendo. Nós nos reunimos e ele me confessou sua perplexidade sobre a origem dos golpes. Não tinha certeza do que estava acontecendo e me perguntou se eu poderia ajudá-lo. Entre outras coisas, ele me disse que as pessoas que estavam saindo do governo provavelmente tinham sistemas de vigilância e escuta dentro do aparato de segurança do Estado, incluindo a presidência. Indiquei que também devia ter uma estrutura de inteligência a serviço do presidente e um aparato de segurança para um presidente democrático. Indiquei três pessoas de minha confiança que se encarregaram de investigar se as conversas que tinha em seu escritório eram seguras ou estavam sendo interceptadas. Quinze dias depois, ele recebeu um relatório do que estava errado, com fotografias de todos os sistemas pelos quais ele era observado ou escutado. É um problema muito frequente nos processos de transição.

Se García Márquez [Prêmio Nobel de Literatura colombiano] está certo, nenhum livro é instrutivo para as pessoas se não contar histórias através das quais os seres humanos possam entender as categorias por trás delas. Por exemplo, Raúl Alfonsín [presidente da Argentina, 1983-89] era um político clássico da velha escola, para quem a inflação ou o déficit eram problemas de tecnocratas e não de políticos reais. Portanto, opinava que só os tecnocratas deviam se ocupar dessas coisas. Foi uma época de abertura democrática e, como havíamos passado por momentos muito complicados, houve uma grande vontade de cooperar, fortalecer a democracia em áreas fundamentais como a inteligência, para entender as práticas adquiridas e compartilhá-las. Nunca consegui com Raúl, mesmo que ele afirmasse que sim. Nós advertimos que a tentativa de golpe de Estado de La Tablada iria acontecer.

Também informamos Carlos Andrés Pérez [presidente da Venezuela 1974-79 e 1989-93]. Em novembro de 1991, enviei uma mensagem dizendo que tínhamos informações importantes. Sabíamos que um projeto de golpe estava sendo elaborado para ser posto em marcha em semanas, não em anos. Em resposta, ele enviou uma pessoa que nos disse que estava ciente e que não precisávamos nos preocupar. Isso foi cinco ou seis semanas antes de que Hugo Chávez e companhia entrassem a tiros no palácio, e ele insistiu que não precisávamos nos preocupar. A informação foi obtida através de cinco pessoas que estavam seguindo membros do ETA [grupo nacionalista e separatista basco armado]. Eles tinham sido expulsos [da Espanha] e estavam vivendo na Venezuela. Eu disse a Carlos Andrés, mas ele não prestou atenção. Cada presidente tem seu jeito característico de ser. Por outro lado, Carlos Menem [presidente da Argentina 1989-99] quis controlar as atividades nacionais de inteligência desde o primeiro dia de seu mandato.

Outra história que reflete as diferenças dos processos de transição democrática aconteceu comigo e com Vaclav Havel [último presidente da Tchecoslováquia, 1989-92, e primeiro presidente da República Checa, 1993-2003]. Enquanto checos e eslovacos ainda eram um casamento legal – a separação ainda não havia ocorrido –, tínhamos uma relação de grande confiança e afeto, porque ele era uma pessoa que vinha do mundo da cultura, do teatro. Fui visitá-lo quando estava sendo discutida uma questão essencial. Na Câmara, presidida por Alexander Dubček [primeiro-secretário do Partido Comunista da Tchecoslováquia, 1968-69, e presidente do Parlamento em 1989-92], que tinha sido o chefe do Governo derrubado pelos tanques soviéticos em 1968, estava sendo discutida a lei de investigação de autoridades que serviram aos governos comunistas. Quando uma lei como essa é discutida, acontece uma espécie de disputa, para ver quem pede mais, porque, quanto mais se exige, mais democrático se aparenta ser; então os menos democráticos eram os mais exigentes. Aqueles que tinham algo a perder eram aqueles que pediam mais furiosamente a investigação de responsabilidades, a ponto de pedirem a investigação do próprio Dubček como chefe de Governo em 1968. Ele era o homem que presidia o Parlamento e, portanto, teria de assinar a lei em questão.

Reuni-me com Vaclav Havel na parte eslovaca do país. Ele sabia que eu tinha conversado com Dubček. Contei a Vaclav uma história reveladora das características da transição na Espanha. Cheguei ao governo em 2 de dezembro de 1982 e em 5 de janeiro de 1983 faleceu o pai da minha esposa, então fui de Madri para Sevilha em um avião presidencial para comparecer ao funeral. Quando cheguei ao aeroporto de Sevilha, estava à minha espera um delegado de Polícia, que se colocou à minha disposição como responsável pela minha segurança durante a estadia. Dei a mão a ele e cumprimentei-o pelo nome, ao que ele respondeu com surpresa, perguntando-me se eu o conhecia. Eu disse que sim, ele tinha me prendido em 1974. Um ano antes da morte de Franco, aquele homem tinha me prendido quando cheguei a Sevilha, vindo de Portugal. Atravessei a fronteira clandestinamente e cheguei a Sevilha, onde estavam esperando para me prender por um assunto pendente havia tempo. E, naquele momento, o delegado não sabia o que dizer; isto é, era o chefe de segurança da pessoa que ele havia prendido sete anos antes. Vaclav Havel me disse: "Agora entendo muito melhor o que aconteceu na Espanha". A pessoa que estava me protegendo não era da polícia regular, era da polícia política.

Não se pode estabelecer que "qualquer colaborador, em qualquer fase do regime anterior, é desqualificado para sempre". Se for assim, cria-se um obstáculo quase intransponível para se chegar a um grande acordo nacional que permita realizar uma transição democrática ordenada. É necessário entender quais forças são capazes de criar uma dinâmica positiva para a transição, dentro e fora do regime autoritário.

A POSSÍVEL TRANSIÇÃO DE CUBA

O senhor se referiu à diferença no calendário vital entre aqueles que governam em Cuba e uma geração mais jovem que pensa no futuro. Os irmãos Castro nunca demonstraram interesse em construir uma ponte para o futuro. Como o senhor vê as condições para uma transição em Cuba?

Em Cuba, houve uma circunstância especial, que foi a chegada de Gorbachev ao poder na União Soviética com todos os seus sucessos mundiais e fracassos internos. Esses fracassos custaram tanto a ele que apenas 1% da opinião pública em seu país o aprovava, enquanto 80% da opinião pública mundial tinham uma avaliação positiva a seu respeito, pois ele conseguiu fazer uma mudança histórica. Em Cuba, assim como na União Soviética e depois na Rússia, apenas 1% da população o apreciava. Com o colapso da União Soviética, em 1991, Cuba ficou sem um apoio que era vital para ela. O próprio Fidel começou a procurar saídas à sua maneira e promoveu a chegada ao poder de uma geração com uma visão diferente, mas comprometida em manter o discurso revolucionário. Entre 1991 e 1992, houve várias tentativas de abertura, mas foram de ida e volta. Quando alguns dos ministros do meu governo, como Carlos Solchaga [ministro da Indústria e Energia em 1982-85 e ministro da Economia e Finanças em 1985-93], intimamente relacionado com o campo econômico, falavam com Fidel sobre [a conveniência de criar] certo grau de abertura econômica, ele tinha um ataque de raiva, porque via na iniciativa privada uma fonte de "corrupção capitalista".

Em 1995, meu último ano no cargo, assumi a presidência rotativa da União Europeia (UE) e fui responsável por tentar chegar a um acordo bilateral entre a UE e Cuba, com forte resistência dos Estados Unidos. Baseava-se num modelo de acordos que já existiam, como o acordo bilateral entre a UE e o Vietnã. Já era possível observar o fascínio de Raúl Castro pelo modelo vietnamita. A China parecia algo distante, mas ele entendia a importância do sucesso do Vietnã, muito desenvolvido no aspecto econômico, com acordos de cooperação com a UE, com acesso a bancos e investimentos europeus, mas com um regime de partido único.

Tive uma última conversa com Fidel Castro sobre esse possível acordo em Bariloche (Argentina), na Cúpula Ibero-Americana em outubro de 1995. Em dezembro, eu presidiria pela última vez uma sessão do Conselho Europeu. Na conversa com Fidel, entre outras coisas, falamos sobre a derradeira oportunidade que tinham para assinar um acordo bilateral com a UE, apesar da enorme resistência dos países do Leste Europeu, que rejeitavam a relação com Cuba. Havia dois pontos principais pendentes no acordo. No primeiro, os cubanos se comprometeriam a abrir a economia pela base, como no modelo vietnamita, que parte de uma economia capitalista estatizada e cria uma dinâmica de crescimento com muito mais bem-estar para o povo. No segundo ponto, deveriam realizar uma reforma do Código Penal, algo que os vietnamitas tinham aceitado de bom grado. Desapareceria a definição de "crime contra a revolução". Com isso, pretendia-se garantir a liberdade de expressão individual. O acordo não exigia pluralismo de partidos políticos, assim como no Vietnã. Simplesmente estabelecia que as pessoas que criticassem o regime não iriam para a cadeia. Era liberdade de expressão e, portanto, de crítica. Tanto progresso havia sido feito na negociação do acordo que o Conselho de Estado francês estava encarregado de redigir o parecer da reforma. Naquela conversa em outubro de 1995 em Bariloche – que também foi dura por outras razões –, as condições do acordo foram especificadas.

Em dezembro, informei ao Conselho Europeu sobre o acordo em negociação com Cuba. Em fevereiro, Fidel decidiu derrubar, em Havana, dois pequenos aviões vindos de Miami que lançavam folhetos de propaganda. Ao fazer isso, todas as possibilidades de acordo ou negociação desapareceram. Foi assim que Fidel rompeu um compromisso que não queria levar até o fim. Para ele, em Cuba as pessoas desfrutam das liberdades individuais mesmo sem tê-las. Na visão dele, ao contrário do que acontece na China e no Vietnã, uma sociedade completamente hierárquica na qual o coletivo tem precedência sobre o indivíduo e as manifestações a favor das liberdades são totalmente minoritárias.

TRANSIÇÕES CONTEMPORÂNEAS

De que maneira a experiência da Espanha é relevante para as transições contemporâneas?

Não pode ser generalizada, cada caso é único. Acompanhei de perto a evolução política na Tunísia (a partir de 2010). Ela foi completamente diferente da do Marrocos. Na Tunísia, como no Chile, a elite mais representativa era a da comunidade de exilados. Uma parte da burguesia tunisiana não apoiava o regime, mas este não estava interessado em liquidar essa parte da burguesia, já que não a considerava uma ameaça a sua estabilidade, a seus negócios ou a suas práticas de corrupção. O governo se concentrava mais em liquidar os movimentos de oposição, que eram rotulados de terroristas, e realmente foram eliminados. O Ocidente nunca cobrou o regime por isso. Mostrou-se muito relutante após a experiência argelina.

Em 1995, após a primeira Guerra do Golfo, participei, ainda como presidente do Governo espanhol, dos acordos para uma nova política europeia de cooperação com o Mediterrâneo, que servisse de acompanhamento ao plano de paz. Concebemos uma política europeia de acordos bilaterais com todos os países envolvidos, do Marrocos à Síria. Esses acordos tinham três componentes: um era de cooperação econômica, abertura e liberalização, outro era de segurança e o terceiro condicionava os dois primeiros ao respeito aos direitos humanos e às liberdades. Esse último componente ficou de fora da versão final da política de cooperação, porque na segunda metade dos anos 1990 o que realmente preocupava o Ocidente era a ameaça do terrorismo internacional. Assim, se os chefes de Estado e os ditadores garantissem a segurança, o Ocidente olhava para o outro lado quando não havia respeito pelas liberdades democráticas. Eu dialoguei com os setores da elite dos países do norte da África e do Oriente Médio que queriam liberdades e democracia. Eles se exasperaram com a falta das condicionalidades democráticas. Mas eles eram muito minoritários.

Em anos mais recentes, como disse, acompanhei de perto a situação política na Tunísia. No momento em que a revolta contra o governo de Ben Ali começou, no final de 2010, o embaixador francês não podia ir a lugar nenhum, ao passo que o embaixador espanhol não tinha restrições. Para a França, a Tunísia era seu próprio território, parte de sua cultura, e a maioria dos tunisianos passou a rejeitar isso. Na época, consegui falar com os jovens que tinham realizado a revolta, os que "libertaram o gênio da garrafa". Na verdade, não foram eles que lideraram, foram os islâmicos, que tinham uma estrutura territorial e, até certo ponto, os partidos políticos tradicionais, que muitas vezes não entravam em acordo. Estive muito envolvido nesse processo com a certeza absoluta de que os protagonistas que conhecia antes não seriam os protagonistas da mudança. Falei com os islâmicos, que fizeram um esforço para serem moderados e democráticos ao garantir, por exemplo, que não alterariam os direitos das mulheres já adquiridos na Tunísia, que eram os mais avançados em todo o mundo árabe. Mas os protagonistas da revolução (os jovens que "libertaram o gênio da garrafa") desapareceram, como aconteceu no Egito.

No Marrocos, meus interlocutores eram os social-democratas marroquinos. Quando Hassan II morreu, em 1999, eles passaram da oposição ao governo, cogovernando com o partido nacionalista e com outras forças políticas de certa tradição democrática. Minha discussão com eles partia sempre do mesmo ponto: vocês são elites tão bem formadas, dizia, que me parecem *trop Sorbonne* para o país, e a realidade do Marrocos tinha pouco a ver com a realidade francesa.

Eles se surpreendiam comigo porque, quando ia ao Marrocos, eu visitava bairros e povoados rurais para ver como as pessoas viviam, como eram suas vidas, ao passo que eles nunca entravam nesses lugares, nem durante as campanhas eleitorais. A consequência é que, em 2011, quando houve eleições livres, um primeiro-ministro islâmico foi eleito, porque os líderes islâmicos vão aos lugares nos quais os líderes de terno e gravata não vão.

JUSTIÇA E RECONCILIAÇÃO

Quais lições podem ser extraídas da experiência espanhola e utilizadas em outros lugares sobre como lidar com as questões de justiça, reconciliação e anistia?

Em relação à anistia dada na Espanha, atualmente submetida a críticas, todos sabíamos que também beneficiaria os presos do ETA. Queríamos tirar da cadeia quem aguardava julgamento. Eu, por exemplo, enfrentava uma acusação da promotoria que, se julgada procedente, me condenaria a uma pena de 8 anos de prisão, que poderia chegar a 20.

Manuel Fraga foi quem, sendo ministro do Interior do governo de Suárez, ordenou a revisão do caso e o cancelamento das acusações depois de uma conversa comigo. A primeira vez que vi Fraga foi em um jantar. Naquela época não havia partidos políticos. A eleição não tinha sido convocada. Nós nos reunimos em 30 de abril de 1976. Foi um momento muito tenso, no qual ele realmente me ameaçou. Eu lhe disse que se estivesse disposto a fazer aquilo não seria difícil cumprir sua ameaça. Eu ainda estava em liberdade provisória, com uma sentença de oito anos de prisão que poderia ser ativada no dia seguinte. Falei para ele: “Não continue me ameaçando. Apenas lembre-se do que vou lhe dizer: daqui a oito anos o senhor dependerá mais de mim do que o contrário”.

Portanto, a visão que temos hoje é que estávamos oferecendo anistia pelos crimes do franquismo, incluindo aqueles que Fraga poderia ter cometido, mas a realidade é que queríamos tirar das prisões os que haviam lutado pela democracia e acabar com os processos jurídicos contra eles. Os comunistas estavam falando sobre reconciliação nacional desde os anos 1960, sobre um pacto. Foi a proposta deles, foram os pioneiros. Naquela época, ninguém pensava que estávamos em condições de exigir responsabilidades pelos crimes e delitos da ditadura, era algo inimaginável.

Obviamente, quando se faz a anistia, não podemos distinguir se é anistia ou se é um indulto, e é evidente que foi um erro tirar os presos do ETA das prisões pensando que isso levaria à desativação do grupo terrorista e sua luta contra o Estado. Durante o governo de Adolfo Suárez, entre 1979 e

1980, houve o maior número de crimes cometidos pelo ETA, entre 90 e 100 por ano. No meu governo, houve uma ligeira queda, mais pronunciada no final do mandato.

As mesmas críticas à anistia se observam na América do Sul. Os críticos não analisam os fatos em perspectiva, as decisões não são compreendidas no contexto em que ocorreram, há 25 anos ou mais.

Por exemplo, no Uruguai, foram realizados dois referendos para aprovar a Lei da Caducidade, que determinou a prescrição dos crimes cometidos durante a ditadura militar. O presidente da República José Mujica foi um guerrilheiro. Entende que a responsabilidade pelos crimes cometidos deve ser compartilhada. Ele admite responsabilidade por ter disparado sua arma e ter saído da legalidade, e até mesmo de ter provocado a emergência de forças reacionárias. Na Espanha, não havia a menor intenção de fazer uma investigação e responsabilizar indivíduos pelos crimes do franquismo.*

DESCENTRALIZAÇÃO

Além do movimento separatista basco, são várias as regiões que tentaram obter diferentes graus de autonomia em relação ao governo central. Como o governo lidou com essas demandas?

A dupla transformação consistia na democratização e descentralização do Estado. Na verdade, a descentralização, que afetou a questão da autonomia, foi exigida apenas por duas comunidades e meia: Catalunha e o País Basco e, em menor escala, a Galícia. Eu me refiro a comunidades com língua própria. A Galícia teve um esboço de estatuto de autonomia durante a Segunda República (1931-39) e é considerada uma das chamadas comunidades históricas, embora ali não houvesse uma demanda social forte pela autonomia. No restante, simplesmente essa demanda não existia.

Havia uma dinâmica muito positiva de descentralização política. A Constituição prevê dois níveis de autonomia: um para as comunidades históricas e outro para as demais. O segundo nível tem caráter mais administrativo

* N. R. T.: A rigor, o referendo que aprovou a lei se deu em 1989. Em 2009, em plebiscito, o povo uruguaio rejeitou uma emenda constitucional que visava permitir a investigação e punição das violações de direitos humanos durante a ditadura. Em 2011, o Congresso uruguaio aprovou a derrogação de parte da Lei de Caducidade, mas a Suprema Corte acabou por declarar inconstitucional a iniciativa dos parlamentares.

do que político, mas não veda o acesso às autonomias que poderíamos chamar de "categoria um". A preferência pela autonomia com caráter mais político se mostrou uma tendência em várias regiões. Como resultado, se criou uma dinâmica de emulação que levou à descentralização política. Isso foi muito positivo para a Espanha por muitos anos. Chega porém um momento em que os poderes descentralizados assumem características de pequenos reinos, e os elementos de coesão nacional se enfraquecem. Essa é a situação a que chegamos hoje.

Quais foram as principais dificuldades que tiveram que ser abordadas para que a transição democrática fosse bem-sucedida?

Desde o século XIX, arrastávamos quatro questões básicas, sem resolvê-las. A primeira, a questão militar: como podemos submeter o poder militar às autoridades civis, levando em conta o desprezo que os generais sempre sentiram pelos políticos? Era inexorável enfrentar essa questão. A segunda questão era a social [as divisões de classe que contribuíram para a guerra civil espanhola], que foi o drama da República. A terceira questão era a territorial, o problema não resolvido da Catalunha e do País Basco. Mesmo na Primeira República, no século XIX (1873-1874), a ideia era que a Espanha fosse uma federação. Isso durou dois anos. A última questão era a religiosa: o clericalismo e o anticlericalismo, o papel da Igreja.

Quando a transição chegou, a questão social era a mais fácil de resolver, porque a sociedade avançara muito nesse terreno. Por isso na Espanha, mesmo em situações de crise, as tensões sociais não foram maiores. A questão social foi a menos importante na Espanha.

CONTROLE CIVIL DAS FORÇAS ARMADAS

A questão militar era muito complicada, no entanto foi a mais bem resolvida na Constituição. E consolidada em meu governo, com a reforma implementada por Narcís Serra como ministro da Defesa (1982-91). **Pela primeira vez na história contemporânea do Estado espanhol, o poder militar se tornou uma instituição e a política militar e de defesa passou a ser uma responsabilidade dos políticos.** Minha experiência com os militares foi muito boa, melhor do que a que tive com o Judiciário.

O senhor nunca teve medo de uma intervenção militar durante seu governo, algo que já havia acontecido antes, em 1981 e 1982?

Houve uma tentativa em 1981 e outra em outubro de 1982, e outra imediatamente antes da assinatura do tratado de adesão às Comunidades Europeias, no Dia das Forças Armadas, que conseguimos frustrar muito rapidamente, recorrendo à inteligência. Essa última tentativa se deu em 1985. Setores de ultradireita planejaram cometer um atentado semelhante ao perpetrado pelo ETA em dezembro de 1973, que levou à morte de Carrero Blanco, então chefe do Governo de Franco. Pretendiam fazer explodir a tribuna onde autoridades civis e militares do Estado, incluindo a família real, assistiriam a um desfile militar em La Coruña.

A relação entre o governo de Adolfo Suárez e os militares foi muito tensa, de maneira constante. Não digo que não houvesse tensões no meu governo, mas o método para resolvê-las era a paciente implementação de reformas para as quais tínhamos bastante apoio parlamentar. Isso nos permitiu aprovar várias reformas militares: o Código Militar, a jurisdição militar, as reformas educacionais e a participação em missões internacionais, que transformaram completamente as Forças Armadas.

Adolfo (Suárez) vinha do aparato estatal, era secretário-geral do Movimento Nacional – o partido único – quando o rei o nomeou presidente do Governo. Toda vez que havia um pronunciamento impertinente de um chefe militar, ele tinha a tendência a entrar em debate. As discussões no Parlamento foram acaloradas. A mesma coisa aconteceu comigo no começo.

A propósito, lembro-me de estar no Chile, quando começaram a falar sobre a candidatura de Ricardo Lagos. Eu havia ido a Santiago para participar de um seminário, não para apoiar uma eventual candidatura de Lagos. Naqueles dias, Pinochet disse uma impertinência no Lions Clube: "Se há um candidato socialista, pode haver um 11 de setembro de novo" [data de 1973 em que Pinochet liderou um golpe militar que derrubou o governo eleito do presidente Salvador Allende], um comentário arrogante típico dele. Obviamente, a imprensa me indagou a respeito. Respondi que não era minha intenção responder a Pinochet, a menos que ele renunciasse às armas. Enquanto fosse comandante em chefe do Exército, não havia possibilidade de diálogo, porque ele estava em uma posição vantajosa. Houve um escândalo.

No meu país, não discuti com os militares nem uma única vez. Certa vez, Antonio Asensio, o dono da revista da *Interviú*, me enviou a declaração de um oficial que seria publicada na segunda-feira seguinte. Estava assustado. Queria que eu pedisse ao militar entrevistado que, por favor, retirasse sua declaração. Respondi que não o faria, que não censurava. Devia publicá-la e não lhe dei mais explicações. Mas liguei para o ministro de Defesa e para o vice-presidente e disse que tinham que assinar o decreto de passagem daquele oficial para a reserva e já nomear o novo capitão geral de Valladolid. Quando a revista chegasse às bancas, as pessoas leriam as declarações de um homem que já estaria na reserva, por decreto do governo.

Os chefes do Estado-Maior, alguns franquistas duros ainda, me agradeceram por não fazer um tumulto público em torno do assunto. Ainda em relação aos militares, me lembro de que levei membros da alta oficialidade à posse de Sanguinetti no Uruguai [presidente 1985-90 e 1995-2000], e no avião eles me perguntaram o que eu queria que fizessem ao se reunir com suas contrapartes uruguaias, que estavam entregando o poder após a ditadura. Não lhes dei nenhuma instrução, simplesmente pedi que sugerissem a eles que visitassem a Espanha para ver como as coisas estavam andando.

Adolfo sofreu tentativas de golpe todas as semanas ou todos os meses. Uma vez ele me chamou a seu escritório para me dizer que decidira enviar parte do Exército para a fronteira basco-navarra com a França. Eu disse que achava um erro, mas ele me respondeu que não era para travar combate com o ETA. Havia pressão militar para reforçar a segurança na fronteira. Comentei que não tínhamos conseguido blindar essa parte da fronteira nem durante a Segunda Guerra Mundial, que tentar bloquear naquele momento a passagem de terroristas da França para a Espanha e vice-versa seria um esforço inútil, um erro. Eu o avisei: "Você vai legitimar o ETA, que afirma lutar contra os militares, então eu não concordo". E ele me disse que também não concordava, mas que não tinha margem de manobra com os militares. Ele faria o que eles queriam para que percebessem que aquela medida não resolveria a situação. Sabia que era inútil e que o ETA poderia até matar alguns soldados. Era um erro estratégico, mas não havia margem política e tinha que ser feito. Não me chamou a seu escritório para que eu concordasse com a medida, mas para que não o criticasse por tomá-la. Disse a ele: "Você terá o meu silêncio".

Então concordamos até no que não estávamos de acordo. Isso é essencial para entender como funcionava a transição. Resolvemos bem o problema militar, mas nunca conseguimos uma resolução satisfatória para a questão religiosa.

O PAPEL DAS FORÇAS DE SEGURANÇA

Como o rei contribuiu para a transição democrática e para garantir a monarquia constitucional? Por que houve tentativas de golpe de Estado quando o rei era chefe de Estado?

Entre os militares havia uma geração completamente ligada a Franco, que considerava que o rei traíra a herança recebida do franquismo. Sentiam-se contrariados porque o rei facilitava a transição. Juan Carlos exerceu um poder moderador como chefe das Forças Armadas. Havia resistência à mudança e é provável que sem sua figura golpes contra a democracia tivessem sido bem-sucedidos.

Por um bom tempo durante a transição, todos os serviços de inteligência estiveram sob o controle dos militares. Mais tarde, civis foram sendo incorporados aos serviços de inteligência. Em países como a Espanha, ao contrário do mundo anglo-saxão, a maioria dos democratas civis não queria sujar as mãos com os problemas de inteligência. A história da Grã-Bretanha está repleta de grandes intelectuais que prestaram serviços no campo da inteligência de seu país, por puro patriotismo, com plenas convicções democráticas. Quando me criticavam dizendo que os serviços de inteligência eram fundamentalmente militares, eu respondia que era assim porque pessoas como as que me criticavam não queriam sujar as mãos trabalhando em inteligência para defender os interesses do Estado democrático.

Quando Franco morreu, os serviços de inteligência, que eram muito complexos, se dividiram em dois grupos com perspectivas diferentes. O primeiro pensava que a função dos serviços de inteligência era defender o regime franquista. E o segundo, bastante notável, se aproximou de mim quando Franco ainda estava vivo, porque acreditavam que serviam ao Estado espanhol, não ao regime de Franco, e, portanto, sua tarefa era facilitar a nova etapa democrática com o menor custo possível para o Estado. Essa divisão, caracterizada por fortes tensões, foi vital para o avanço das propostas democráticas.

O PAPEL DAS FORÇAS SOCIAIS

Qual foi o papel da Igreja Católica?

Na primeira fase da transição, a Igreja não foi um grande problema, embora houvesse uma grande tensão por causa do caráter católico do Estado. Na Constituição, a Igreja Católica é reconhecida como religião majoritária. Na época da transição democrática, a Igreja tinha deixado de dar apoio ideológico e religioso em bloco ao regime de Franco. Passou a existir uma elite eclesiástica a favor da democratização, que desempenhou um papel importante para facilitar da transição, a ponto de provocar a ira da extrema-direita. "Tarancón ao paredão" [o cardeal Tarancón foi arcebispo de Madri, 1971-83, e serviu como mediador durante a transição para a democracia]. Esse era um dos gritos de guerra da extrema-direita.

Com a escolha do papa João Paulo II, a Igreja espanhola se tornou ainda mais militante na luta contra a admissão do divórcio e a despenalização do aborto.*

Por que foi difícil administrar o relacionamento com a Igreja Católica?

A Igreja historicamente se sentiu mais poderosa na Espanha do que em qualquer outro país do mundo. A guerra civil foi chamada de cruzada, uma guerra contra os infiéis, um tom de ataque ao Estado laico muito mais forte que na Itália fascista. A relação entre a Igreja e o Estado, mesmo durante o meu governo, foi muito mais benéfica do ponto de vista econômico para a Igreja espanhola do que para a italiana, a belga ou a de qualquer outro país católico. Atualmente, há uma pequena controvérsia devido à crise econômica, porque a Igreja não paga impostos sobre suas propriedades, seja um apartamento, uma escola ou mesmo uma empresa.

Eu estava no governo quando recebi a visita de Agostino Casaroli, um homem do Concílio Vaticano II que, entre 1979 e 1990, continuou atuando como secretário de Estado do Vaticano após a eleição do papa João Paulo II. Era um homem muito sofisticado, muito inteligente. Um

* N. R. T.: A lei permitindo o divórcio foi aprovada em 1981, ainda no governo de Adolfo Suárez, com o apoio dos partidos de esquerda e contra a dura oposição da Igreja, que convocou os católicos a não votar em partidos que buscavam "desestabilizar a família". A despenalização do aborto veio em 1983, já no governo de Felipe González. Houve recurso ao Tribunal Constitucional, que suspendeu a lei até 1985, quando então entrou em vigor, permitindo o aborto em três situações: estupro, má formação do feto ou risco à saúde da mulher.

dia ele veio fazer reivindicações econômicas, as mesmas que o núncio na Espanha, Mario Tagliaferri, havia reunido em um documento. Disse a Casaroli: "Sei que está preocupado com o tema do financiamento da Igreja. Está sendo enganado por aqueles que lhe fornecem os dados". Ele sabia que eram precisamente as pessoas que estavam sentadas ao lado dele. "Primeiro, peça que deem informações sobre quanto cresceu o financiamento do Estado para a Igreja desde que os socialistas, incrédulos como eu, chegaram ao governo". Também perguntei a ele quantos Estados mantinham relações diplomáticas formais com o Vaticano. "São 104", respondeu. "Então me diga qual é o modelo que mais favorece o Vaticano nessas relações. Prometo mudar os acordos da Espanha com a Santa Sé para adequá-los ao modelo que o senhor me indicar." O problema nunca mais foi colocado. Isso foi em 1986, resolvi o assunto em uma única conversa e para sempre.

MOBILIZAÇÃO SOCIAL

Qual foi a importância da mobilização social na transição? Qual o papel das mulheres e de suas organizações?

Parte do sucesso da transição na Espanha deve-se à existência de uma grande maioria social preparada para enfrentar o desafio. A mobilização era muito intensa, com a presença ativa de sindicatos, estudantes, associações de bairros e de moradores. Por exemplo, durante anos, antes mesmo de iniciada a transição, foram estabelecidos acordos entre trabalhadores e patrões à margem da estrutura oficial de representação sindical, sob controle da ditadura. Como advogado dediquei-me profissionalmente a defender os trabalhadores em várias partes do país. Trabalhava num escritório e atuava fora da estrutura sindical dependente do regime. Ajudava as Comissões Operárias e a União Geral dos Trabalhadores, os dois sindicatos ilegais mais importantes da época. Os representantes dos empresários sabiam, quando se sentavam para negociar, que não estavam falando com o sindicato oficial, mas sim com os verdadeiros representantes dos trabalhadores.

A transição foi bastante pacífica, exceto por alguns atos de terror da extrema direita. As maiorias sociais estavam muito preparadas e prontas para realizar um diálogo que facilitasse a vida democrática. Saíam às ruas, pois os bairros estavam muito organizados; as associações de bairro, incluindo as associações de mulheres, protagonizaram muitos desses movimentos populares.

As mulheres também participavam dos sindicatos, além do movimento feminista. **Houve uma participação considerável das mulheres, a tal ponto que durante o processo democrático a Espanha foi o país que mais rapidamente se aproximou da paridade de representação política das mulheres no Parlamento, comparável à dos países nórdicos como a Suécia e a Noruega. As mulheres foram favorecidas diretamente pelas mudanças democráticas porque deixaram de ser pessoas consideradas "incapazes" e recuperaram direitos.** Durante o franquismo, a mulher não podia comprar um apartamento, nem um carro, nem pedir um empréstimo. Devia ter a tutela do marido ou do pai. Isso foi resolvido na Espanha com a transição democrática.

RESPOSTA À CRISE ECONÔMICA

Como a situação econômica afetou a transição e que importância tiveram os Pactos de Moncloa?

O acordo de Moncloa aplainou o caminho para um grande pacto constitucional. Tratou-se de um pacto nacional para lidar com uma situação de grave crise econômica, com fatores políticos que representavam o perigo do avanço das forças retrógradas. O mais significativo foi seu aspecto econômico. O pacto, feito para acabar com o processo de inflação galopante que estava destruindo a economia espanhola, foi aceito por parte da esquerda e dos sindicatos. Estabelecia que a negociação salarial deveria estar ajustada à inflação esperada e não à inflação passada. Um elemento decisivo foi que, pela primeira vez, os governantes procedentes do regime franquista se sentaram com os líderes da oposição. As conversas se iniciaram em outubro, imediatamente após as primeiras eleições para o parlamento, realizadas em junho de 1977. O governo não tinha a força ou a legitimidade para impor uma política econômica que não fosse baseada num acordo com a oposição.

Havia um risco considerável decorrente da deterioração da economia, agravado pelos ataques terroristas. Juntos, esses fatores criavam um risco de retrocesso. Para Adolfo Suárez, presidente do Governo, a prioridade era fundamentalmente política. Consistia em transpor os obstáculos políticos para consolidar a transição: redigir e aplicar a Constituição. A prioridade econômica era de segundo nível. Ele não queria ter, junto com os problemas políticos, problemas sociais, incluindo grandes greves e conflitos, em uma situação econômica muito difícil de administrar. Dessa forma, como não poderia fazer isso sozinho, fez um apelo à oposição para chegar a acordos.

Os Pactos de Moncloa produziram um grande ativo para a transição. Sinalizaram que a oposição, dos comunistas aos socialistas, passando pelos democrata-cristãos, havia definido com os reformistas do regime franquista os espaços de consenso de que o país precisava para sair da crise. Isso diminuiu extraordinariamente o conflito social, num contexto em que a inflação estava em 26% ou 27% ao ano e subindo, e com um enorme desequilíbrio nas contas públicas. Devemos lembrar que Franco morreu imediatamente após a primeira crise do petróleo. Sem fazer as reformas que Holanda e Alemanha, por exemplo, fizeram para absorver o choque da crise energética. Na Espanha, o súbito aumento do preço internacional do petróleo (decorrente da reação dos países árabes à guerra do Yom Kippur, em setembro de 1973) provocou uma enorme elevação do custo da energia e grandes danos econômicos, desencadeando uma crise que agravou as dificuldades políticas no início da transição.

Os Pactos de Moncloa nos prepararam para a negociação em torno da nova Constituição. Significaram, acima de tudo, uma clara manifestação de vontade para os cidadãos, de parte de todas as forças políticas, independentemente de sua origem, de que eram capazes de definir um espaço de consenso para fortalecer o país. Fizemos o que faz um bom chefe de família, definimos o que são as coisas de comer e decidimos as coisas com as quais não brincaríamos. Todos os países que fizeram isso, embora não necessariamente por meio de um pacto formal, são democracias consolidadas. Há certos temas que vão além do interesse partidário, que se transformam em parte do interesse nacional, que não são questionados. É isso que quero dizer com "coisas de comer", aquilo que deve ser preservado. No caso da Espanha, esses temas diziam respeito à política externa (integração à Comunidade Europeia), com a correção dos enormes desequilíbrios econômicos, com a necessidade de um acordo para a descentralização do Estado (autonomia das regiões, em particular das "comunidades históricas").

GESTÃO ECONÔMICA PARA O DESENVOLVIMENTO

Na Espanha, sempre houve uma discussão sobre quanto tempo durou a transição. Acho que durou até termos uma nova Constituição (1978) e se dar uma alternância democrática no poder (1982). Quando chegamos ao governo, a transição e as regras do jogo já estavam estabelecidas. O que fizemos durante nossa etapa não foi continuar a transição. Ela já estava feita. O protagonista foi Adolfo Suárez e nós [o PSOE] ajudamos como pudemos: com os Pactos de Moncloa, a Constituição negociada etc.

Se há uma maneira de resumir a etapa de governo que presidi, destacaria os seguintes pontos: reforma militar e aprofundamento da democracia; abertura para o exterior, incorporação à UE e abertura para a América Latina e o Mediterrâneo, que eram nossos principais eixos de atuação externas; e modernização do aparelho produtivo espanhol, que implicou a reestruturação do setor industrial.

Leopoldo Calvo Sotelo [presidente do Governo, 1981-82], meu antecessor, me alertava às vésperas de minha posse: "Não se engane. A Espanha, por razões estruturais, nunca terá uma inflação inferior a dois dígitos, como na Alemanha ou na França". Pelo menos, enquanto persistissem problemas estruturais e culturais que, ele insistia, deviam ser enfrentados. Quando fui eleito, a inflação havia baixado de 26% em 1977 para 14%, graças aos Pactos de Moncloa. Quando deixei o governo, a inflação se encontrava abaixo de 5%.

O DESAFIO DOS INTERESSES INTRÍNSECOS

Os interesses empresariais ligados ao regime de Franco significaram uma ameaça para a transição?

Durante a campanha eleitoral de 1982, foram muito combativos. Na verdade, o golpe militar de 1981, no qual participaram civis, foi interpretado como uma tentativa de impedir a chegada da esquerda ao governo nas eleições do ano seguinte, algo que parecia muito provável para os empresários, pois a União de Centro Democrático (UCD), o partido de Adolfo Suárez, havia afundado. Uma das coisas que diziam durante a campanha de 1982 era "vão nacionalizar até a terra dos vasos". A campanha foi feroz, muito negativa, com anúncios na imprensa mostrando uma maçã apodrecida com um verme. Essas coisas nunca serviram para nada e nunca levei isso em conta.

É verdade que, quando cheguei ao governo, fiz algumas coisas com as quais as pessoas não estavam acostumadas. Desde o século XIX, os vários governos nunca tiveram um ministro de Economia e Finanças que não tivesse sido indicado pelos bancos. Da mesma forma, nunca tinha sido indicado um ministro da Indústria que não tivesse apoio das empresas de eletricidade. Quebramos essa tradição. Tive total autonomia na hora de fazer as nomeações para esses cargos. Claro que houve tensões, mas os empresários só começariam a ficar fartos com o governo no final do segundo mandato.

Foi mais complicado estabelecer a autonomia do governo em relação aos sindicatos, por causa de um conflito com os sindicatos irmãos liderados por Nicolás Redondo [secretário-geral da UGT, 1971-94]. Os sindicatos queriam manter a tradição de decidir quem deveria ser ministro do Trabalho e Assuntos Sociais. Disse que não havia cotas para ninguém, eu decidiria quem faria parte da equipe do governo. A Constituição me obrigava a isso.

Ricardo Lagos ainda se lembra quando foi comparado comigo pelas relações com o setor empresarial. Em uma reunião ele disse: "Se Felipe González foi um bom modelo de referência, como dizem vocês, os empresários, não se esqueçam de que a carga tributária subiu 1 ponto percentual do PIB a cada ano em que esteve no governo". Isso é absolutamente verdade. Passei 14 anos no governo e, quando saí, a carga tributária tinha aumentado 14 pontos percentuais em relação ao nível existente quando assumi o poder. E, se não fosse assim, como teríamos estabelecido a educação pública universal ou um sistema de saúde pública? Em 1988, o setor empresarial já queria uma mudança de governo, tanto que antes das eleições os sindicatos convocaram uma greve geral que foi muito bem-sucedida e feita em comum acordo com os patrões. Os patrões facilitaram a greve e o país parou completamente. Até a Televisão Espanhola parou. Em 1989, houve eleições e novamente obtive a maioria no Parlamento.

DIFERENÇAS COM A OPOSIÇÃO

Em relação aos partidos políticos, por que a União de Centro Democrático (UCD, coalizão liderada por Adolfo Suárez, que existiu entre 1977 e 1983) entrou em colapso e surgiu um partido de direita, o Partido Popular, herdeiro da Aliança Popular de Fraga? Como o senhor tratou o relacionamento com o Partido Comunista?

Eu não confiava nos comunistas, mas não era anticomunista. Abri a relação com eles. Fui o primeiro, depois de 30 anos, a estabelecer na França contato com Santiago Carrillo, secretário-geral dos comunistas, o que me custou centenas e centenas de cartas de companheiros socialistas no exílio e alguns na Espanha rejeitando esse contato.

Naquele momento, não aceitei a teoria de Mitterrand sobre a unidade da esquerda. Mário Soares [primeiro-ministro socialista de Portugal, 1976-78, 1983-85 e presidente 1986-96] a aceitou porque foi forçado. Ele queria que a plataforma fosse a unidade da esquerda em Portugal e em todo o sul da Europa, o que o levou à Presidência. Mitterrand não acreditava que os comunistas conseguiram 9% e nós, o PSOE, 30% nas primeiras eleições. Acreditava que íamos conseguir 12% ou 14% e que os comunistas conseguiriam 24% ou 25%. Por mais que explicasse a Mitterrand que a Espanha não era a França, que para cada voto que os comunistas ganhassem, teríamos três, ele não acreditava. Até as eleições de 15 de julho de 1977. Foi então que ele viu as coisas de uma maneira completamente diferente e me convidou ao congresso de seu partido, realizado quatro dias depois.

Mitterrand era muito inteligente e, ao mesmo tempo, malvado. Fez uma unidade com os comunistas para usá-los. Eles o levaram ao poder e depois ele acabou com o partido. Estatizou o que faltava estatizar do sistema bancário, as empresas de ponta da França e as grandes empresas de tecnologia. Estatizou especialmente as empresas que não o ajudaram na campanha eleitoral, com algumas exceções.

Em julho de 1982, recebi Kissinger em Madri, uma visita que ele menciona em suas memórias. Em uma longa conversa, ele me disse: "Você vai fazer como Mitterrand, vai estatizar os bancos". Os Estados Unidos temiam o modelo de Mitterrand, estavam assustados com o triunfo dele na França e temiam também que Portugal, Grécia, o sul da Europa em geral, acabasse nas mãos dos comunistas, em governos de unidade da esquerda, uma estratégia que também estava sendo construída na Itália. Kissinger tinha sido enviado pelo Departamento de Estado dos Estados Unidos para ver o que estava acontecendo na Espanha. Eles me conheciam pouco e queriam saber para onde ia o governo, o que eu ia fazer. Terminou com um comentário engraçado, porque me disse: "Se você não estatizar o sistema bancário e outras coisas, então não é socialista". Respondi que o problema dele era identificar um socialista com um tolo e que as duas coisas nem sempre coincidiam. O que eu ia fazer era dar autonomia ao Banco Central, colocar os bancos para competir entre si, com regulação e controle, mas não iria estatizá-los. Não iria encarecer o crédito ou burocratizá-lo. Também tinha um plano para desestatizar as indústrias que o regime de Franco havia estatizado. Achava absurdo que o Estado estivesse fabricando carros na SEAT, que era uma empresa estatal, e que as empresas privadas construíssem as estradas. Preferia que fosse o contrário. Kissinger foi embora muito impactado.

A mudança na Espanha foi geracional, além de política. Depois de tantos anos de ditadura, a votação na primeira eleição, em 1977, da centro-esquerda até a centro-direita, se distribuiu de modo semelhante ao de um país europeu que votava havia muito tempo. O comportamento eleitoral foi o mesmo. Adolfo Suárez obteve 34,4% dos votos e eu, 29,3%. Era uma opção geracional. Adolfo Suárez e eu, que pertencíamos claramente a uma geração do pós-guerra, obtivemos dois terços da representação parlamentar entre os dois. Carrillo, que representava o recalcitrante Partido Comunista, teve 9% dos votos, e Fraga, 8%. Em outras palavras, os rostos que as pessoas identificavam com o passado não receberam votos e os rostos que se identificavam com o futuro da Espanha como democracia conquistaram a maioria dos votos. Foi uma mudança geracional: as pessoas não votaram pelo passado, votaram pelo futuro, e Carrillo e Fraga eram o passado.

A lei eleitoral deu o poder a Adolfo Suárez, mas ele não obteve a maioria dos votos.

Todas as contas feitas, a votação concedeu às forças ligadas ao regime franquista entre 43% e 44% de todos os votos e às forças contrárias, mais de 50%. Nessa época ainda existia o Partido Socialista Popular de Tierno Galván, partido social e moderado, que obteve 4,5%. Portanto, os social-democratas receberam apenas 1% menos de votos do que a UCD, com Adolfo Suárez. Os comunistas receberam mais votos do que a Aliança Popular, de Manuel Fraga, que se tornou o Partido Popular. No entanto, o Partido Comunista continuou sendo um partido minoritário, assim como os nacionalistas catalães.

HABILIDADES DE LIDERANÇA

O senhor considera que as habilidades de liderança política e intelectual são algo inato ou aprendido? E, se são aprendidas, como o senhor as aprendeu?

Não há escola para isso. Quando se exerce o poder político, tenha ou não poder institucional, não se propõe uma teoria da liderança. John F. Kennedy [1961-63], que foi um dos poucos [presidentes norte-americanos] com formação em ciências políticas, teve uma conversa com seu secretário de Defesa que vale a pena lembrar. Quando [Robert] McNamara se recusou a assumir o cargo de secretário de Defesa e disse a Kennedy para colocá-lo no Comércio, porque não tinha nenhuma ideia sobre defesa, Kennedy respondeu: "Você diz que não está preparado para ser secretário de Defesa, nem eu para ser presidente dos Estados Unidos". **Ninguém está preparado para isso. Exceto por uma ou duas exceções, ninguém que vem das ciências políticas se tornou líder de um país. Não há escola de liderança.**

Um líder político deve ter um forte compromisso com o que propõe e acreditar nisso, e o compromisso deve ser o menos mercenário possível. E deve ser não apenas um líder político, mas também um líder social, como a Madre Teresa de Calcutá, que deu toda sua vida em troca de nada, sem um caráter mercenário. Assim, a credibilidade de um líder político, social ou empresarial baseia-se fundamentalmente num compromisso sério com o que ele propõe, em acreditar nisso sem outros interesses.

A segunda característica de um líder político é que deve se encarregar do estado de ânimo dos outros. Por exemplo, qual foi o erro de Zapatero? Quando o país inteiro estava ciente de que atravessávamos uma crise terrível, ele aparecia várias vezes dizendo que não era muito grave e que não havia crise. Ele não assumiu o estado de ânimo das pessoas. Assim que assume, a obrigação do líder político é mudar o estado de ânimo. Se for negativo, coloque-o em positivo, algo que nunca é feito se alguém não levar em conta o estado de ânimo dos outros. Os grandes erros políticos são sempre os mesmos. Portanto, se um líder leva em conta o ânimo de seu povo e está disposto a oferecer uma solução, na qual se joga com tudo em troca de nada, será capaz de mudar esse estado de ânimo de negativo para positivo. É aí que reside a magia da política porque, no final, o poder nada mais é do que a administração das expectativas.

A terceira condição é selecionar equipes e coordená-las com autoridade moral e persuasão, não com ameaças, porque ter o poder de decidir quem será ministro ou quem deixará de ser é um poder muito forte. **Mas coordenar pessoas talentosas exige não apenas o poder político**

para nomeá-las, mas também autoridade moral para ser respeitado. Foi o que Adolfo Suárez perdeu, e então a UCD entrou em colapso. Ele perdeu a autoridade moral sobre sua equipe. Eles não o apreciavam e não o respeitavam como autoridade moral. Eu tinha na minha equipe, cujos membros eram todos mais brilhantes do que eu em seu campo, pessoas como Miguel Boyer [ministro da Economia, Finanças e Comércio, 1982-85], Alfonso Guerra [vice-presidente, 1982-91] e José María Maravall [ministro da Educação e Ciência, 1982-88], pessoas de primeira classe. **Alguém me disse uma vez: "Temos que escolher os melhores, até mesmo os geniais, para acompanhá-lo para governar, mas você tem que saber que os gênios têm seu temperamento e é muito difícil aguentá-los. É preciso ter muita paciência". É um conselho fantástico.** Se você tem alguém com uma cabeça de primeira, como o Boyer, como coloco limites à arrogância de uma pessoa excepcional se não tiver autoridade moral para decidir não aceitar seus conselhos e seguir outro plano ou agir de outra forma?

O erro de alguns líderes políticos é que não querem ter um único colaborador que os ofusque, querem ser sempre mais inteligentes, porque não se sentem com autoridade moral para governar sobre eles. E deveria ser exatamente o contrário. O exemplo oposto é o do presidente Reagan, que era um homem de uma ignorância enciclopédica. Mas havia um campo em que sua inteligência era superior. Tinha prioridades claras e escolhia as melhores pessoas para realizá-las, começando pela pessoa que o acompanhava na política de imagem. Nunca vi ninguém melhor. Também escolhia pessoas de primeira como secretário de Estado e secretário de Defesa. Poderia não saber onde ficava o Paraguai em relação à Argentina, mas tinha uma equipe muito bem preparada. Era uma pessoa muito ignorante, mas consciente de seu defeito, e esse é o princípio da sabedoria extraído de "só sei que nada sei".

Na sociedade de hoje, que está sendo transformada pela globalização e pela revolução da informação, pela primeira vez na história dos seres humanos e do poder político, a ideia de que "a informação é poder" mudou. A informação hoje é um bem como o ar, está disponível para todos. Tudo o que acontece, até mesmo o mais secreto, é conhecido. O escândalo do Wikileaks não é pelo que revela, mas porque revela tudo em um só pacote. Se for esmiuçado, tudo o que está ali já era conhecido no campo de especialidade correspondente. A informação é como a água, um ativo sem dono e disponível, tudo de uma vez.

O problema é: como você processa essa informação para obter um resultado? A inteligência da liderança significa coordenar informações excessivamente abundantes para dar um sentido operativo que sirva ao seu propósito.

Por exemplo, havia muita informação apontando para a possibilidade de ocorrência de um ataque como o que sobreveio em 11 de setembro. Essa é a grande descoberta da comissão de inquérito do Congresso. Nos Estados Unidos eles fazem um bom trabalho de obtenção de informações. Tinham muitos dados, mas as equipes dos órgãos de inteligência não conseguiram discernir quais eram relevantes para antecipar e evitar o ataque. Portanto, o problema é que a informação não é poder. Poder é a coordenação das informações relevantes para o propósito que você tem como governante. Essa é a grande revolução que ocorreu e é uma das principais razões pelas quais a liderança está sendo perdida.

Isso faz parte da crise de liderança. Os líderes têm o mesmo *poder* de 30 anos atrás, mas têm menos *autoridade* na sociedade do que há 30 anos. Existem as mesmas *potestas* [poder por coação] e há uma crise de *auctoritas* [autoridade, prestígio]. A liderança sem *auctoritas*, apenas com *potestas*, é uma liderança muito frágil. Há líderes políticos que exercem as *potestas* com *auctoritas*, e chega um momento em que deixam de ser líderes com poder, são "ex", mas mantêm as *auctoritas*, ainda que não tenham as *potestas*. No entanto, há líderes políticos que tiveram todas as *potestas* e quando deixam o cargo não têm *potestas* nem *auctoritas*. E o mundo está cheio deste último tipo de líderes políticos.

Liderança é questão de treino, isso está claro. Podem existir pessoas mais ou menos bem talhadas devido às suas qualificações, mas liderança não se aprende em livros, treina-se exercitando. Podemos explicar perfeitamente em livros como se deve correr 100 metros em 10 segundos, mas se não colocarmos os rapazes para correr ninguém vai conseguir terminar a corrida nesse tempo.

INFLUÊNCIA INTERNACIONAL

O senhor teve muitos contatos internacionais durante a transição, inclusive com Willy Brandt [chanceler social-democrata da Alemanha, 1969-74, e vice-chanceler, 1966-69], Mário Soares, Olaf Palme [primeiro-ministro social-democrata da Suécia, 1969-76, 1982-86], François Mitterrand [presidente socialista da França, 1981-95], e também com pessoas da Otan e da UE. Qual foi o impacto que tiveram esses atores externos na Espanha? E quais conclusões o senhor tira para as transições de hoje?

Os espanhóis queriam ser como o restante da Europa e isso ia além da economia. O 1,5 milhão de espanhóis que foram forçados à emigração na década de 1960 [devido às reformas econômicas e à perda de emprego] viveram uma experiência europeia de liberdades sindicais, partidárias e de expressão. Arrastaram atrás de si 10 milhões de espanhóis que eram seus parentes. Isso explica porque o tratado de adesão à Comunidade Europeia foi aprovado por unanimidade no parlamento, apesar de condições pesadas e sérias. Pessoas que não acreditavam na Europa se dobraram à influência de Ortega y Gasset [filósofo espanhol], que dizia: "A Espanha é o problema, a Europa a solução". Foi algo lindo. Ainda assim, a influência externa pode ter significado 15% do que estava acontecendo, enquanto os fatores internos representaram 85%.

Para a Espanha, a influência internacional era a Europa, mas como isso se traduz no contexto atual? A Europa perdeu sua relevância drasticamente, como os Estados Unidos, embora em menor grau. Lembremos a frase que disse Lula [presidente do Brasil, 2003-11] em outubro de 2011: "Vocês construíram um modelo democrático e social europeu que consideramos um patrimônio da humanidade, não têm o direito de estragá-lo" e nós o estamos estragando. Em outras palavras, a Europa está falhando e está se tornando esse canto pequeno do sudoeste da "Eurásia", cada vez menos importante. E isso vale para a social-democracia e para a democracia cristã. Vale para as forças políticas que articularam a sociedade, o bem-estar e o sucesso europeu após a Segunda Guerra Mundial.

A Europa está fracassando. E no momento atual continua fracassando porque há incoerências na construção do espaço público compartilhado (a União Europeia e a zona do euro) e elas foram dramaticamente reveladas quando estourou a crise financeira global. A crise mostra que o Ocidente, isto é, os Estados Unidos e a Europa, o que chamamos de Ocidente desenvolvido – porque a América Latina é o Ocidente em desenvolvimento, com potencial de crescimento –, gastou o que terá que pagar nos próximos 25 anos. Por outro lado, o Oriente e o Ocidente emergente economizaram o que poderão comprar nos próximos 25 anos. Essa é a grande mudança na cena mundial.

Essa mudança faz com que a Europa perca peso. Portanto, os tunisianos aspiram a ser, mantendo sua própria identidade, o que os europeus eram quando eles, tunisianos, emigraram para a Europa. Mas agora eles a veem enfraquecida e pouco relevante. O mesmo vale para os egípcios e para os marroquinos, que ainda querem se unir à UE. É o único país do mundo árabe que quer fazer parte da Europa. Porque os turcos não são árabes e fazem parte do continente europeu, mas a Turquia, por causa dos erros europeus, está cada vez menos interessada em aderir à UE, já que o país cresce enquanto a UE está em recessão. Portanto, a integração na Europa, que era o objetivo da Turquia, deixou de ser.

É especialmente lamentável que a Europa, enquanto conceito, tenha perdido a capacidade de influenciar seriamente os processos de transição para a democracia que podemos ver hoje. Os Estados Unidos também perderam muito dessa capacidade. Durante os preparativos para a visita de Obama à China, quando os jornalistas perguntaram à Hillary Clinton se iria falar da questão dos direitos humanos no país, sua resposta foi: "Você colocaria o dedo no olho do seu banqueiro?".

A Espanha foi uma referência, não só pela sua transição, mas pelo seu sucesso nos últimos 30 anos. Quando cheguei ao governo, nossa renda *per capita* era de 4.500 dólares, quando saí, era de 15 mil dólares e antes da crise atual havíamos chegado a 30 mil dólares *per capita*. Caímos para 25 mil dólares como resultado da crise. Ainda assim, um aumento de 4.500 para 25 mil dólares é uma mudança radical. O sucesso se expressou no capital físico, na evolução do capital humano, e esse sucesso se tornou uma referência na América Latina e no norte da África. No entanto, a relevância da Espanha como modelo está absolutamente em crise.

Toda a Europa perde relevância. A Itália tem um crescimento inferior a 1% há mais de 15 anos. A Espanha ultrapassou a Itália no PIB *per capita*. O Reino Unido é um país industrialmente destruído. Portanto, o patrimônio da humanidade que era o modelo socioeconômico e democrático europeu, como dizia Lula, está imerso em uma profunda crise, e os líderes europeus não sabem como sair dela. No âmbito do Conselho Europeu, por dez anos, participei na gestão estratégica dos temas europeus com Mitterrand, com Helmut Kohl [chanceler da República Federal da Alemanha, 1982-90, e chanceler da Alemanha unificada, 1990-98] e com Jacques Delors [presidente da Comissão Europeia, 1985-95]. As decisões eram processadas com rigor e eficiência. Essas circunstâncias desapareceram completamente.

A voz dos países europeus não existe no Egito. Existe na Tunísia. Estamos em uma situação muito complicada para ajudar os processos democráticos e os Estados Unidos também. Após 30 anos de serviços incondicionais prestados por Mubarak, os Estados Unidos o deixaram cair como um sapato velho. Diante disso, os árabes percebem que precisam se virar sozinhos. E estão se virando, fazendo acordos com a China, entre outras coisas. Eles têm um acordo de segurança que inclui petróleo e intercâmbio de armas com os chineses. É uma mudança muito séria no mundo. As revoluções árabes, em sua maioria pacíficas – exceto no caso da Líbia e da República Árabe Síria, devido à saturação de uma liderança autoritária cheia de corrupção, que nega as expectativas de 80% dos cidadãos com menos de 35 anos de idade –, deram um impulso democratizante na região, mas não contam apoio firme, direção ou referência.

MOMENTOS-CHAVE NA TRANSIÇÃO DEMOCRÁTICA DA ESPANHA

Abril de 1939: A Guerra Civil Espanhola termina com a vitória do lado nacionalista, liderado por Francisco Franco.

Junho de 1968: O grupo separatista Pátria Basca e Liberdade (ETA) inicia seus violentos ataques contra o regime franquista com o assassinato de um policial.

Julho de 1969: Aos 76 anos, Franco nomeia o príncipe Juan Carlos como seu sucessor à frente do Estado, mas planeja conceder outros poderes ao presidente do Governo.

Dezembro de 1970: O julgamento de 16 membros do ETA é realizado em Burgos, incluindo dois padres acusados do assassinato de três policiais. Finalmente, diante da pressão da Igreja e de vários governos estrangeiros, suas sentenças de morte são comutadas.

Dezembro de 1973: O ETA assassina o presidente do governo Luis Carrero Blanco, braço direito de Franco. O ministro do Interior Carlos Arias Navarro assume o governo.

Fevereiro de 1974: Dadas a deterioração da saúde de Franco e a dificuldade da situação econômica, Arias Navarro tenta lançar uma modesta (e fracassada) liberalização do regime.

Abril de 1974: Militares de esquerda derrubam o regime de direita de Portugal e começa a democratização do país.

Julho de 1974: O Partido Comunista da Espanha (PCE) constitui uma nova plataforma de oposição antifranquista chamada Junta Democrática.

Setembro de 1974: Uma bomba do ETA colocada nas proximidades de uma delegacia de polícia mata 11 pessoas. O ataque divide o ETA e provoca a posterior cisão entre o ETA-M (militar) e o mais moderado ETA-PM (político-militar).

Outubro de 1974: O Partido Socialista Operário Espanhol (PSOE) elege como seu novo líder o jovem advogado trabalhista e político Felipe González.

Setembro de 1975: Cinco antifranquistas (dois deles do ETA) são condenados à morte e executados, o que provoca um grande protesto internacional.

Novembro de 1975: Franco morre e Juan Carlos é proclamado rei. Arias Navarro se mostra empenhado em preservar o legado de Franco, mas também em realizar reformas.

Julho de 1976: O rei Juan Carlos obriga à renúncia o impopular Arias Navarro e nomeia Adolfo Suárez como presidente do Governo. Suárez, um burocrata do regime, promete reformas de grande alcance, anistia política e eleições livres.

Novembro de 1976: O Parlamento franquista aprova a lei para a Reforma Política, chave para preparar o caminho para eleições democráticas.

Dezembro de 1976: A lei para a Reforma Política é aprovada em um referendo. O PSOE, apesar de ainda ser tecnicamente ilegal, realiza seu primeiro congresso na Espanha desde a guerra civil.

Janeiro de 1977: Terroristas fascistas assassinam cinco advogados trabalhistas do PCE em seu escritório.

Fevereiro de 1977: O governo legaliza o PSOE e outros partidos políticos.

Março de 1977: O governo legaliza o direito de greve, promulga uma nova lei eleitoral e aprova uma anistia parcial, com o objetivo de encorajar os partidos bascos a participarem nas eleições.

Abril de 1977: Suárez legaliza o PCE em troca de que este aceite as eleições e a monarquia. Os militares criticam a decisão pacificamente.

Junho de 1977: São realizadas as primeiras eleições gerais livres desde 1936. Suárez e os reformistas franquistas da União de Centro Democrático (UCD) obtêm maioria simples. O PSOE se torna o principal partido da oposição. O PCE e o partido de direita Aliança Popular (AP) conseguem menos de 10% dos votos.

Julho de 1977: Um novo Ministério de Defesa é criado sob o comando do vice-presidente Manuel Gutiérrez Mellado.

Julho de 1977: A Espanha solicita a entrada na Comunidade Europeia.

Setembro de 1977: Suárez aceita um plano de autonomia para Catalunha em troca de os líderes catalães reconhecerem o Estado espanhol e a monarquia.

Outubro de 1977: Para reativar a estagnada economia espanhola, o governo e a oposição negociam os Pactos de Moncloa, que limitam os aumentos salariais, cortam gastos e aumentam impostos em troca de novos benefícios sociais.

Outubro de 1977: O Parlamento democraticamente eleito aprova uma lei de anistia.

Novembro de 1978: O governo descobre uma conspiração militar, chamada operação Galáxia. Para evitar conflitos com os militares, condena os líderes do golpe a sentenças menores e não persegue os cúmplices.

Dezembro de 1978: A nova Constituição democrática, redigida pelo Parlamento, é aprovada em referendo.

Março de 1979: A UCD consegue uma maioria simples nas eleições e o PSOE se consolida como o principal partido da oposição. O PCE e a AP obtêm resultados ruins.

Abril de 1979: As primeiras eleições municipais são realizadas. A UCD vence em escala nacional, mas o pacto PSOE-PCE permite que os socialistas governem nas principais cidades.

Maio de 1979: Felipe González renuncia ao cargo de líder após perder uma votação para confirmar que o PSOE abdicava de sua identidade marxista, giro ideológico impulsionado por González e que tinha sido aprovado em uma conferência anterior do partido. Em setembro é reeleito, impondo sua visão.

Outubro de 1979: Os eleitores bascos e catalães aprovam por referendo os estatutos de autonomia do País Basco e da Catalunha, com o apoio de seus respectivos partidos nacionalistas majoritários.

Março de 1980: São realizadas as primeiras eleições autônomas no País Basco e na Catalunha. Nas duas regiões, as principais correntes nacionalistas formam o governo.

Maio de 1980: Por causa da queda da popularidade da UCD, Suárez renova seu gabinete e favorece as facções conservadoras contra os social-democratas. O PSOE apresenta uma moção de censura no Parlamento. Suárez derrota a moção por uma margem estreita.

Janeiro de 1981: Suárez renuncia em um contexto de disputas internas e deserções na UCD.

Fevereiro de 1981: Em 23 de fevereiro (23-F), um grupo de militares de Valência e guardas civis liderados pelo tenente-coronel Antonio Tejero tenta dar um golpe de Estado. Aparentemente confiando no apoio do rei, invadem o Parlamento espanhol durante uma de suas sessões. O rei Juan Carlos faz manobras para deter o golpe de Estado, dissuadindo alguns oficiais de se juntarem aos golpistas e preservando a Constituição. Leopoldo Calvo Sotelo, ex-ministro da UCD, substitui Suárez como presidente do Governo.

Outubro de 1981: O Parlamento vota a favor da adesão à Organização do Tratado do Atlântico Norte (Otan), apesar da oposição do PSOE e do PCE, ampliando assim a cooperação militar espanhola com os militares ocidentais.

Fevereiro de 1982: Começa o julgamento contra os golpistas do 23-F. Os líderes acabam sendo condenados a 30 anos de prisão, mas os outros réus recebem penas menores.

Outubro de 1982: O PSOE consegue uma vitória esmagadora nas eleições e González é eleito presidente do governo. O PCE e a UCD sofrem fortes derrotas e a AP, após ter moderado o discurso, permanece como segundo partido. Como presidente, González promove a liberalização econômica e o bem-estar social, com os quais consegue um crescimento econômico sustentado.

Janeiro de 1986: Espanha e Portugal se incorporam à Comunidade Europeia, o que estimula o crescimento econômico e reafirma o compromisso com a democracia nos dois países.

Março de 1986: Os eleitores apoiam por referendo a permanência na Otan. Depois de mudar sua posição inicial, o PSOE faz campanha a favor do *sim*.

Junho de 1986: O PSOE consegue sua segunda maioria absoluta nas eleições gerais.

Dezembro de 1988: A Espanha para durante uma greve geral contra a política econômica do governo socialista.

Outubro de 1989: O PSOE ganha suas terceiras eleições gerais, mas perde por pouco a maioria absoluta no Parlamento.

Junho de 1993: Contra todos os prognósticos, o PSOE ganha sua quarta eleição geral consecutiva, mas sua maioria é significativamente reduzida.

Março de 1996: O PSOE perde a eleição para o Partido Popular, sucessor da AP, de José María Aznar. Felipe González deixa a secretaria-geral do partido um ano depois.

Leituras recomendadas sobre a Espanha

AGUILAR, Paloma, *Memory and Amnesia: The Role of the Civil War in the Transition to Democracy* [Memória e amnésia: o papel da Guerra Civil na transição para democracia] (Nova York: Berghahn Books, 2002).

BERMEO, Nancy, "Sacrifice, Sequence, and Strength in Successful Dual Transitions: Lessons from Spain" [Sacrifício, sequência e força no sucesso das transições duais: lições extraídas do caso da Espanha], *Journal of Politics*, 56/3 (1994), p. 601-27.

ENCARNACIÓN, Omar G., "Social Concertation in Democratic and Market Transitions: Comparative Lessons from Spain" [Acordo social nas transições democráticas e de mercado: lições comparativas extraídas do caso da Espanha], *Comparative Political Studies*, 30/4 (1997), p. 387-419.

FISHMAN, Robert, *Working-Class Organization and the Return to Democracy in Spain* [Organização da classe trabalhadora e a volta da democracia na Espanha] (Ithaca: Cornell University Press, 1990).

GUNTHER, Richard, MONTERO, José Ramón; BOTELLA, Joan, *Democracy in Modern Spain* [A democracia na Espanha moderna] (New Haven Yale University Press, 2004).

GUNTHER, Richard, MONTERO, José Ramón; Wert, José Ignacio, "The Media and Politics in Spain: From Dictatorship to Democracy" [Os meios de comunicação e a política na Espanha: da ditadura para a democracia], em Richard Gunther e Anthony Mughan (eds.), *Democracy and the Media: A Comparative Perspective* [Democracia e meios de comunicação: uma perspectiva comparada] (Cambridge: Cambridge University Press, 2000).

HARRISON, Joseph, "Economic Crisis and Democratic Consolidation in Spain, 1973–1982" [Crise econômica e consolidação democrática na Espanha, 1973-1982], *Working Papers in Economic History* (Madri: Universidad Carlos III de Madrid, 2006).

LINZ, Juan J., "Innovative Leadership In the Transition to Democracy and a New Democracy: The Case of Spain" [Liderança inovadora na transição para a democracia e uma democracia nova: o caso da Espanha], em Gabriel Scheffer (ed.), *Innovative Leaders in International Politics* [Líderes inovadores na política internacional] (Albany: State University of New York Press, 1993).

LINZ, Juan J.; STEPAN, Alfred, "The Paradigmatic Case of Reforma Pactada-Ruptura Pactada: Spain" [O caso paradigmático da reforma pactuada-ruptura pactuada: Espanha], em Juan Linz e Alfred Stepan (eds.), *Problems of Democratic Transition and Consolidation: Southern Europe, South America, and Post-Communist Europe* [Problemas da transição e consolidação democráticas: Europa meridional, América do Sul e Europa pós-comunista] (Baltimore: Johns Hopkins University Press, 1996).

MCDONOUGH, Peter, BARNES, Samuel H.; LÓPEZ PINA, Antonio, *The Cultural Dynamics of Democratization in Spain* [A dinâmica cultural da democratização na Espanha] (Ithaca: Cornell University Press, 1998).

MURO, Diego; ALONSO, Gregorio (eds.), *The Politics and Memory of Democratic Transition: The Spanish Model* [A política e a memória da transição democrática: o modelo espanhol] (Nova York: Routledge, 2010).

PÉREZ-DÍAZ, Victor, *The Return of Civil Society: The Emergence of Democratic Spain* [O regresso da sociedade civil: o surgimento da Espanha democrática] (Cambridge: Harvard University Press, 1993).

PRESTON, Paul, *The Triumph of Democracy in Spain* [O triunfo da democracia na Espanha] (Londres: Methuen & Company, 1986).

POWELL, Charles, *Juan Carlos of Spain: Self-Made Monarch* [Juan Carlos I: monarca autodidata] (Nova York: Palgrave MacMillan, 1996).

POWELL, Charles, "International Aspects of Democratization: The Case of Spain" [Aspectos internacionais da democratização: o caso da Espanha], em Laurence Whitehead (ed.), *The International Dimensions of Democratization: Europe and the Americas* [As dimensões internacionais da democratização: Europa e as Américas] (Oxford: Oxford University Press, 2001).

SERRA, Narcis, *The Military Transition: Democratic Reform of the Armed Forces* [A transição militar: reforma democrática das Forças Armadas] (Cambridge: Cambridge University Press, 2010) [ex-ministro de Defesa].

TEZANOS, José Félix, Cotarelo, Ramón e de Blas, Andrés (eds.), *La Transición Democrática Española* [A transição democrática espanhola] (Madri: Sistema, 1989).

Mulheres ativistas nas transições democráticas

Georgina Waylen, Universidade de Manchester

Siglas

ACP – Assembleia Consultiva Popular (Indonésia)
CNA – Congresso Nacional Africano (África do Sul)
NETRIGHT – Rede pelos Direitos das Mulheres de Gana (Gana)
ONG – Organização Não Governamental
PSOE – Partido Socialista Operário Espanhol (Espanha)
SERNAM – Serviço Nacional da Mulher (Chile)
UDF – Frente Democrática Unida (África do Sul)

INTRODUÇÃO

Este capítulo analisa a contribuição dos movimentos de mulheres e uma série de figuras femininas para a transição de um governo autoritário para uma governança mais democrática. Estuda como elas apoiaram e melhoraram a participação política através de vários grupos de mulheres e como promoveram medidas destinadas a consolidar os direitos das mulheres e a igualdade de gênero. **Em geral, considera-se que as transições analisadas no projeto *Lições Apren-***

didas **tiveram um resultado "satisfatório", embora apresentem consideráveis divergências em termos de seus resultados de gênero, uma dimensão que foi amplamente ignorada nas análises convencionais. O sucesso global de cada transição poderia ser avaliado de forma diferente se as dimensões de gênero fossem levadas em conta.**[1] Todos os líderes entrevistados no projeto da International IDEA são homens, principalmente porque os cargos de autoridade mais importantes nas transições dos últimos 30 anos foram ocupados quase inteiramente por homens. No período imediatamente após as transições, poucas mulheres assumiram cargos de direção executiva, e as poucas que assumiram – por exemplo, Cory Aquino, nas Filipinas (já falecida), e Megawati Sukarnoputri, na Indonésia – não foram escolhidas apenas por suas plataformas políticas ou afiliações partidárias (relacionadas ou não com a questão de gênero), mas também por seus estreitos laços familiares com ex-dirigentes.

No entanto, como qualquer outro processo político, as transições têm uma dimensão de gênero: homens e mulheres desempenham papéis diferentes nos processos e são afetados de maneira diferente por eles.[2] As mulheres tiveram uma participação significativa em numerosas transições e garantiram que seus resultados fossem favoráveis, embora com sucesso desigual. Diversos fatores explicam as divergências: a importância das organizações de mulheres; a capacidade das ativistas de criar amplas coalizões com aliados na burocracia, nos partidos políticos, no Poder Legislativo e na sociedade civil; e a capacidade das ativistas de apresentarem seus problemas de forma eficaz. **Muitas das mulheres que trabalharam ativamente para alcançar resultados positivos de gênero nas transições estavam integradas nos movimentos sociais, no setor burocrático ou na esfera acadêmica, e não apenas nos partidos políticos ou nos círculos de confiança dos homens que assumiram a presidência após a realização de eleições democráticas,** espaços que permaneceram relativamente inacessíveis para as mulheres. Este estudo baseia-se na literatura geral sobre o assunto e incorpora entrevistas com algumas das mais importantes ativistas, para determinar quais estratégias usaram e como valorizam sua eficácia.

Após a Primavera Árabe e o que aconteceu em Mianmar, existe hoje um interesse renovado pelas transições. À primeira vista, muitos dos casos recentes parecem seguir as antigas pautas do ativismo das mulheres e sua posterior exclusão. Por exemplo, as mulheres participaram em muitas das manifestações que levaram à queda dos regimes autoritários do Egito e da Tunísia (algo que também fizeram nas transições anteriores), mas poucas foram eleitas nas "eleições fundacionais" ou incorporadas aos gabinetes e às comissões constitucionais. No Egito, durante o período entre as primeiras eleições parlamentares e presidenciais de 2012 e a derrubada por ação do Exército do presidente da Irmandade Muçulmana em julho de 2013, houve uma intensa polarização entre os setores laico e religioso. Além disso, o aumento da violência sexual e a aprovação de uma Constituição que não promove a igualdade de gênero indicam que as políticas de importância fundamental para as mulheres – entre elas, o estabelecimento de uma idade mínima para o casamento – podem estar em perigo e que as tentativas de impor a *sharia** representam uma ameaça mais séria para as mulheres do que as ameaças enfrentadas pelas ativistas no passado.

Este estudo analisa as experiências das mulheres ativistas nas transições que são abordadas neste projeto,** com a intenção de determinar por que algumas conseguiram resultados favoráveis para a igualdade das mulheres (entre outros, mudanças constitucionais, políticas e programáticas), mas outras não. Para explicar resultados complexos, são necessárias análises extensas que não se limitem a observar os movimentos das mulheres e sua interação com as instituições. Este foi o principal interesse de grande parte dos primeiros estudos sobre gênero e transições. Devemos avaliar as oportunidades e os limites que derivam da natureza do regime autoritário anterior (e do momento e da dinâmica da transição em si), e observar a repercussão das mudanças nos vários grupos de mulheres, que apresentam variações de acordo com a classe social, raça, origem étnica e sexualidade.

Neste capítulo, uma terceira onda de transições que aconteceu entre as décadas de 1970 e 1990 é analisada. Algumas foram rápidas, outras se dilataram no tempo, algumas foram estabelecidas por acordo, outras não. Algumas se desenvolveram em países com tradição democrática, outras em lugares onde quase não tinham experiências democráticas para inspirá-las. Algumas dessas transições ocorreram em um contexto que enfatizou os direitos humanos e a participação dos grupos marginalizados, incluindo as mulheres. A intensidade da mobilização social das mulheres variou em cada caso, assim como a visibilidade das ativistas contra os governos autoritários. Em um conjunto reduzido de casos, um governo eleito favorável às reformas de gênero desempenhou um papel essencial nesse sentido após a transição. Às vezes, as transições geraram benefícios imediatos, em outros casos, levaram algum tempo para avaliar seu progresso.

---

* N. R. T.: A *sharia* é um conjunto de leis islâmicas, cuja interpretação e penalidades variam entre os países que a adotam. Dentre os temas regidos pela *sharia* estão o casamento e o divórcio.

** N. R. T.: As versões em espanhol e em inglês contemplam capítulos relativos a outros países, além dos que se encontram nesta versão. São eles: Indonésia (presidente B. J. Habibie), Filipinas (presidente Fidel V. Ramos) e Gana (presidentes John Agyekum Kufuor e Jerry John Rawlings).

Também não era incomum que o progresso inicial fosse revertido. Em vários momentos, muitas feministas se sentiram desapontadas com os resultados do processo de transição, que não trouxe os benefícios desejados para as mulheres. Por essa razão, há quem acredite que as transições para a democracia traíram as mulheres em geral e certos grupos de mulheres em particular e que, portanto, a promessa da democracia não foi cumprida.

O caso chileno é um bom exemplo tanto de benefícios quanto de limites. Os grupos organizados de mulheres desempenharam um papel importante no amplo movimento de oposição a Pinochet na década de 1980. Um grande número de mulheres também integrava as organizações populares e de defesa dos direitos humanos, embora nem todas fossem feministas ou de esquerda.[3] As ativistas se organizaram antes das eleições de 1989 para que suas demandas fossem incluídas no programa da coalizão vencedora de centro-esquerda. As expectativas eram altas com a chegada do novo governo e a criação de um ministério dedicado exclusivamente à questão (o Serviço Nacional da Mulher, SERNAM). No entanto, ao contrário de outros casos, não foi convocada uma assembleia constituinte e, na primeira década após a transição, muitas reformas acabaram sendo consideravelmente mais complicadas do que o previsto. Por exemplo, embora o divórcio fosse legal no restante da região, no Chile só foi legalizado em 2004.[4] A experiência chilena contrasta com a da África do Sul, onde as ativistas conseguiram muitos de seus objetivos no período imediatamente após a transição. Entre eles, os mecanismos para a promoção da igualdade de gênero e a reforma das políticas relacionadas com os direitos reprodutivos das mulheres[5]. Na África do Sul, um número significativo de mulheres foi eleito para o Parlamento, e cláusulas sobre igualdade de gênero foram incluídas na Constituição. No entanto, as mulheres que participaram nas transições enfrentaram diferentes oportunidades e desafios, bem como vários limites institucionais e estruturais em cada processo. Daí, algumas reformas foram possíveis e outras não. Este capítulo analisa as estratégias das ativistas para abordar esses desafios e os contextos em que operavam e ressalta a importância de um trabalho mais amplo no plano internacional, com vistas a promover a democracia e a igualdade de gênero.

Os desafios das décadas de 1980 e 1990 diferem em vários aspectos importantes dos atuais. As mudanças que ocorreram no contexto geopolítico após o fim da Guerra Fria e o colapso do socialismo de Estado alteraram a divisão ideológica entre a esquerda e a direita. A globalização teve um impacto no grau de desigualdade e as reformas neoliberais diminuíram as atribuições do Estado, com consequências diferenciais para as mulheres. O âmbito da segurança mudou por causa da "guerra contra o terror", que levou à proliferação de medidas de segurança e presença militar. No passado, muitos ativistas recorreram a suas ligações com as ideologias, os partidos e as práticas políticas de esquerda e social-democratas. Além disso, algumas figuras femininas importantes voltaram do exílio com novas ideias e abordagens feministas. Por exemplo, a socialista espanhola Carlota Bustelo conheceu o trabalho de Simone de Beauvoir quando viveu na França nos anos 1960, e a ativista e deputada socialista chilena Adriana Muñoz descreveu sua "transformação política" no exílio austríaco. Muñoz vinha de "uma corrente marxista-leninista do Partido Socialista". Depois de se juntar aos grupos feministas e ecologistas da Europa, percebeu "que era possível fazer política de outra maneira" e abandonou o marxismo-leninismo. Quando voltou ao Chile, começou a se organizar com "outras mulheres que também traziam do exílio essa nova visão da política e da situação, do *status* e do papel das mulheres no processo político".

A Conferência sobre a Mulher das Nações Unidas (ONU), realizada em Pequim em 1995, marca o auge do movimento internacional das mulheres.[6] No início dos anos 1990, esse movimento tinha conseguido que os direitos das mulheres fossem incluídos nos direitos humanos e que a violência contra as mulheres fosse considerada uma violação desses direitos, de modo que muitas ativistas que participavam nas transições achavam mais fácil enfatizar que suas demandas sobre a questão de gênero melhoravam a democracia e os direitos humanos. Em certos regimes autoritários, as feministas faziam parte da oposição democrática que fez campanha para acabar com a violência do Estado. **Vincular os direitos das mulheres aos direitos humanos serviu para incorporar as questões de gênero na agenda política de muitas democracias após a transição**.[7] Em contraste, as transições da Europa Central e do Leste rejeitaram muitas políticas dos Estados socialistas que consagravam a "igualdade", eliminaram as cotas das mulheres no Parlamento e restringiram muito o acesso ao aborto. As mulheres também perderam empregos e acesso a creches e educação infantil públicas.[8]

Atualmente, as ativistas enfrentam novos obstáculos. O discurso em torno aos direitos humanos universais não goza de tanta aceitação como antes, e a oposição às medidas progressistas relacionadas com o gênero (por exemplo, a melhoria dos direitos reprodutivos) aumentou, especialmente por parte da direita e de um conjunto de grupos religiosos. Na verdade, questões como a maneira de se vestir, os movimentos e a autonomia física das mulheres são cada vez mais questionados em muitos lugares do mundo contemporâneo, especialmente onde as crenças religiosas fundamentalistas têm um peso significativo.

Uma grande parte das diferenças nos resultados de gênero das transições anteriores pode ser explicada por padrões causais. Analisar os vários atores relevantes em cada caso, a estrutura da oportunidade política das diferentes transições e as estratégias aplicadas pelos ativistas ajuda a explicar a variedade de resultados de gênero nas esferas constitucional, eleitoral, burocrática e política. Esses padrões servirão para avaliar as implicações que as experiências relacionadas aos direitos e à participação das mulheres nas transições passadas têm nas transições atuais e futuras.

ORGANIZAÇÃO DAS MULHERES NAS TRANSIÇÕES

Na maioria dos casos tratados nesta obra, as mulheres foram um elemento ativo e visível da oposição pública aos regimes autoritários e participaram ao lado dos homens em manifestações de massa (por exemplo, as do Poder Popular nas Filipinas) que contribuíram para a queda dos governos antidemocráticos.[9] No entanto, o número de mulheres organizadas como tal era menor e variou nas diferentes fases de cada transição. O mesmo aconteceu em grande medida com o tipo de organização de mulheres, de grupos religiosos e comunitários que se organizavam em torno de questões locais e de sobrevivência econômica, até organizações de direitos humanos e outras mais abertamente feministas. **Na América Latina, a supressão da esfera política facilitou o crescimento das organizações de mulheres, numa época em que os movimentos sociais e a sociedade civil levantavam a bandeira da resistência e da oposição.**[10] O ativismo das mulheres nas organizações de direitos humanos exigindo o retorno de seus familiares desaparecidos e a luta feminista – por exemplo, através das manifestações do Dia Internacional da Mulher que reivindicavam "democracia no país e no lar" – foram exemplos importantes da incipiente oposição pública à ditadura no Chile.[11] Em alguns casos, como o das Mães da Praça de Maio,* na Argentina, o ativismo das mulheres teve um impacto político importante, mas nem sempre conseguiu que as posições feministas ocupassem um lugar preponderante.

No Brasil, Chile, Filipinas e África do Sul, as organizações de mulheres incorporaram questões feministas nos programas antes da transição em si.[12] De acordo com a sul-africana Sheila Meintjes, que participou na Organização de Mulheres Unidas da Cidade do Cabo no final dos anos 1980:

---

* N. R. T.: Trata-se de um movimento criado em 1977 durante a ditadura militar na Argentina em que as mães e avós protestavam e buscavam informações sobre seus parentes presos ou desaparecidos.

> Na etapa da transição, as mulheres estavam muito bem organizadas em grupos antiapartheid, tanto as feministas quanto as organizações cívicas da Frente Democrática Unida (UDF). Foi muito significativo que, dentro da UDF, as mulheres apresentassem exigências sobre a igualdade de gênero e a transformação pessoal. Não se falava apenas da igualdade de gênero, mas também do fato de que as mulheres deveriam receber tratamento adequado, em público e em privado.

Jacqueline Pitanguy, feminista brasileira desde os anos 1970, argumenta que "o movimento de mulheres que surgiu no Brasil foi um dos primeiros movimentos sociais que conseguiu integrar ao debate sobre justiça social e democracia questões como a desigualdade das mulheres na legislação, especificamente o problema da violência contra as mulheres e a questão dos direitos reprodutivos, e no marco da desigualdade".

Em algumas transições, portanto, foi possível formular questões de gênero estrategicamente, de modo que ecoassem em potentes discursos sobre os direitos humanos e a igualdade. Na Europa Central e do Leste, aconteceu o contrário: muitas mulheres ativistas rejeitaram o feminismo como outro "ismo" e reagiram contra a imposição de cima de uma "igualdade da mulher" que associaram aos Estados socialistas do pós-guerra.[13]

Nos lugares onde as organizações de mulheres não eram tão antigas nem desfrutavam de tanta popularidade, nos períodos de liberalização imediatamente anteriores ou coincidentes com a transição, ocorreu um enorme crescimento de tais organizações – incluindo as feministas –, mesmo quando anteriormente seu número era pequeno, como aconteceu em Gana. Carlota Bustelo descreve a situação na Espanha duas semanas após a morte de Franco:

> As primeiras Jornadas Nacionais pela Liberação da Mulher foram realizadas clandestinamente em Madri. Aproximadamente 500 mulheres vieram de todo o país. No final, dois manifestos foram aprovados – um feminista sobre a igualdade (igualdade com os homens) e outro feminista sobre a diferença –, embora ambos concordassem em uma série de reivindicações concretas. Os documentos foram apresentados aos partidos políticos, que na época estavam sendo formados ou renovados, com a intenção de que vissem que o feminismo também existia na Espanha e que, consequentemente, as mulheres levantavam demandas que precisavam ser levadas em conta.[14]

Na Indonésia, o primeiro Congresso das Mulheres foi realizado em 1998, em pleno processo de transição. Participaram mulheres de 25 províncias e ele terminou com a criação da Coalizão de Mulheres Indonésias por Justiça e Democracia.[15] Sua fundadora, Nursyahbani Katjasungkana, lembra aquele momento:

> As manifestações começaram a acontecer praticamente todos os dias e os estudantes começaram a se unir, o que foi ganhando força até que finalmente, em maio de 1998, conseguimos que Soeharto renunciasse. Foi quando tivemos a ideia de formar uma organização de massa. Comentei com outras ativistas e criamos um comitê – acho que éramos 12 mulheres de Jacarta – para organizar o primeiro grande Congresso da Organização de Mulheres, que se concentraria em promover a participação e a representação das mulheres na arena política. Mais tarde, em dezembro, chegou o dia histórico para nosso movimento: abrimos um congresso que recebeu quase 600 mulheres de toda a Indonésia.

Em Gana, o catalisador das organizações de mulheres foi o assassinato em grande escala de mulheres no final da década de 1990.[16] Isso levou à formação de grandes alianças, como a Rede pelos Direitos das Mulheres de Gana (NETRIGHT), no período que antecedeu as eleições de 2000, nas quais o sucessor nomeado por Jerry Rawlings acabou sendo derrotado pelo candidato da oposição, John Kufuor.[17] Dzodzi Tsikata, uma das fundadoras da NETRIGHT, sugere que, na realidade, houve duas transições em Gana: a primeira em 1992, na qual as mulheres tiveram pouco protagonismo; e a segunda em 2000, quando as mulheres foram mais ativas:

> A ordem constitucional provocou a lenta abertura da base e começaram a aparecer muitas organizações pequenas. Os cidadãos questionavam cada vez mais as políticas e foram ganhando coragem porque havia uma ordem constitucional. Experimentavam espaços, se abriam um pouco mais, e acho que essa situação beneficiou as mulheres. Assim, junto com outros movimentos, as organizações femininas lançaram um ataque para reivindicar uma maior promoção dos direitos das mulheres e mais atenção às questões concretas que as interessavam. A violência contra as mulheres foi tema de debates acalorados. Todas as organizações tomaram conhecimento de seus limites: eram pequenas, não possuíam uma ampla base de

membros e não tinham capacidade de influenciar muito o Estado. Por essa razão, começou a ser considerada a formação de coalizões que tivessem um peso maior.

Os casos anteriores parecem indicar que, mesmo quando as organizações de mulheres não contribuíram significativamente para a pressão da sociedade civil em favor das transições, o próprio processo de transição frequentemente contribuiu para o surgimento de organizações de mulheres, que em geral se integravam em grandes alianças e organizações de coordenação.

Em muitos casos, no entanto, depois de concluída a transição, a atividade dos grandes movimentos sociais se reduzia, incluindo a dos movimentos de mulheres. A "política de sempre" (que coloca os partidos antes dos movimentos sociais) se impôs em muitos lugares onde as organizações de mulheres tiveram um peso notável. No Brasil, no Chile e na África do Sul, essas organizações perderam grande parte de seus líderes quando as mulheres ativistas ingressaram na função pública (por exemplo, nos recém-criados ministérios dos Assuntos da Mulher) e nas assembleias legislativas nacionais.[18] Teresa Valdés, feminista chilena, comenta o seguinte:

> Muitas mulheres passaram do movimento de mulheres para o governo central, os ministérios e o governo local. Portanto, a investidura do governo democrático prejudicou o movimento de mulheres, pois muitas organizações ficaram sem líderes. Além disso, as organizações internacionais destinaram ao Estado os recursos que antes eram destinados à sociedade civil.

Pregs Govender explica que na África do Sul "foi algo que aconteceu a todas as organizações quando as eleições foram realizadas: o povo assumiu o poder pela primeira vez em 1994 e, com ele, alguns movimentos políticos, organizações políticas e movimentos comunitários entraram no governo e no Parlamento. Houve um saque de liderança dessas organizações. E não acho que existiu nenhum plano adequado para tratar o problema. Não era possível prevê-lo".

A profissionalização ou "ONG-ização" de muitas das organizações de mulheres que continuaram (e sua dependência do financiamento público ou internacional) também mudou sua natureza, distanciando-as ainda mais das bases. Algumas foram cooptadas pelo Estado para prestar serviços e todas tiveram que competir pelas fontes cada vez menores de apoio internacional.[19] Segundo Valdés, "a relação entre o governo e a sociedade civil, especialmente com as organizações de mulheres, foi estabelecida sob a condição de que fôssemos especialistas, técnicas em um determinado assunto, e devíamos eliminar todo o conteúdo político de nossas propostas". Todos esses fatores reduziram a capacidade reivindicativa das organizações de mulheres.

De qualquer forma, a mobilização da mulher, por si só, não garante maior participação política das mulheres ou a adoção de medidas progressistas relacionadas a gênero. A organização estratégica dos atores centrais e um contexto institucional apropriado são fundamentais para alcançar resultados positivos e evitar retrocessos. Em alguns casos, as organizações de mulheres formaram coalizões antes das primeiras eleições. A coisa mais comum é que formassem grandes alianças para fazer campanha a favor de novas políticas em questões como a violência doméstica. Os ativistas em questões de gênero também fizeram alianças com as mulheres (e homens que simpatizavam com a causa) de diversos âmbitos, como assembleias legislativas, governos, partidos, organizações de mulheres e grupos de coordenação. Com exceções, essas mulheres vinham da elite política e econômica, o que lhes dava acesso aos líderes do sexo masculino, mas também gerava divisões entre as líderes femininas e suas bases. As grandes organizações que conseguiram levar as mulheres para as ruas durante as transições não puderam se reproduzir facilmente, depois de concluídos esses processos, para pressionar em favor de novas leis sobre questões de gênero ou responder às reações contrárias à abertura, que assumiram várias formas. Os movimentos das mulheres que participaram das transições – ou que surgiram delas – eram muito heterogêneos: incluíam mulheres de diferentes identidades de classe, raciais, sexuais e religiosas. Entre as ativistas da Indonésia, havia mulheres laicas e religiosas, e na África do Sul a raça e a classe eram questões destacadas.[20] Thenjiwe Mtintso lembra às ativistas que "o problema racial surgia inclusive entre nós [...] as mulheres brancas e as negras, mas mesmo entre as mulheres negras havia diferenças de classe".

Em parte por causa dos diferentes ambientes, crenças e experiências, as discrepâncias sobre os objetivos, táticas e estratégia muitas vezes surgiam entre os atores e setores dos movimentos de mulheres. Nem todas as mulheres que participaram das mobilizações da transição apoiavam os objetivos feministas (o significado do conceito gerava controvérsia), especialmente no que diz respeito aos direitos reprodutivos. Em alguns casos, o feminismo era considerado um conceito ocidental que dizia respeito apenas às mulheres das elites. Sheila Meintjes observa que "nas organizações de mulheres contra o *apartheid*, sentia-se que o feminismo era algo importado do Ocidente que não tinha muito a ver com as mulheres africanas, que não sofriam com seus homens os problemas que as mulheres ocidentais pareciam querer resolver". Em outras ocasiões, surgiram conflitos entre as mulheres que queriam "autonomia" em relação ao sistema político, que consideravam inexoravelmente patriarcal e submetido à dominação masculina, e aquelas que queriam uma participação mais plena, que se consideravam tanto feministas quanto ativistas partidárias.

No Brasil e no Chile (e, até certo ponto, na Espanha), as diferenças entre os partidos políticos também dividiram as mulheres ativistas. Assim lembra Teresa Valdés sobre a experiência no Chile:

> Foi um momento muito complicado para Mulheres Pela Vida (o grupo em que eu participava) quando o Partido Comunista e outros partidos de esquerda rejeitaram o plebiscito de 1988 [no qual deviam votar a favor ou contra Pinochet]. Ou, para ser mais preciso, não queriam aceitar a saída institucional da ditadura que havia sido proposta na Constituição de 1980 [aprovada durante o governo militar]. Assim, no grupo fomos forçadas a tomar medidas muito tristes e difíceis do ponto de vista político: tivemos que apostar na coalizão que havíamos formado, seja pela unidade do grupo, seja pela defesa das causas políticas, o que significava excluir o Partido Radical e o Movimento da Esquerda Revolucionária.

O alcance e a forma do ativismo feminino também foram afetados por outros fatores nos casos analisados. O legado institucional dos regimes antidemocráticos (e o regime de gênero que cada um deles representava) apresentava variações consideráveis. Por exemplo, as ditaduras do Chile e da Espanha (e, em menor medida, a do Brasil) tinham ideias muito conservadoras sobre as relações de gênero, enquanto outros regimes não democráticos (os socialistas, concretamente) tinham realizado reformas jurídicas que beneficiavam as mulheres.[21] Essas diferenças também deram origem a diversos níveis de organização entre as mulheres. Nos regimes socialistas havia poucas oportunidades para que as mulheres criassem organizações autônomas.[22] Por exemplo, na Polônia, as únicas organizações de mulheres autorizadas, como a Liga das Mulheres, eram aprovadas pelo Estado e integradas ao aparato do Partido Comunista. Embora alguns regimes autoritários tenham deixado espaço, involuntariamente, para as organizações autônomas, outros cooptaram com sucesso as organizações de mulheres mais importantes, o que reduziu a capacidade de desenvolvimento de organizações autônomas.[23] Nursyahbani Katjasungkana explica que na Indonésia "Kowani, a organização de mulheres mais progressista desde antes da independência, foi cooptada por Soeharto. Ele patrocinou um novo movimento, chamado Dharma Wanita, que promoveu o 'ibuísmo' (uma ideologia estatal segundo a qual 'a mulher deve ser, acima de tudo, esposa, depois mãe, depois educadora de seus filhos, depois trabalhadora social e, por último, cidadã')".

O mesmo aconteceu em Gana, onde o movimento 31 de Dezembro – com patrocínio estatal – predominou por vários anos, mesmo após o início da transição.[24] Tsikata afirma que em Gana:

> ...as organizações que apoiavam mais diretamente o regime estavam melhores do que aquelas um pouco mais distantes ou um pouco mais independentes. Em 1984 ou 1985, a única organização de mulheres sobrevivente era o Movimento Feminino 31 de Dezembro, cuja presidente era a primeira-dama. Tinha capacidade de acesso a autoridades, apoio estatal e todos os tipos de privilégios, de maneira que dominou a cena. Também contava com doadores que forneciam recursos e não demorou para ser a única organização que era comentada na mídia. Assim, em certo sentido, ocupou todo o espaço de maneira que muitas organizações acharam difícil apresentar suas demandas ou divulgar suas atividades. Por muito tempo, o 31 de Dezembro parecia ser a única organização no país. Seu maior acesso às esferas de poder foi fundamental, sem dúvida, em seu predomínio entre os movimentos de mulheres.

A margem para manifestar as preocupações de gênero da oposição ao governo antidemocrático também era muito desigual. Alguns partidos e movimentos da oposição – por exemplo, os da esquerda e os organizados ao redor das violações dos direitos humanos – estavam mais dispostos a abordar as questões das mulheres, que consideravam parte de seu programa geral sobre igualdade, direitos e justiça. As ativistas de certos partidos políticos, tais como os socialistas espanhóis e chilenos e outros partidos de esquerda como o Partido da Social Democracia Brasileira, o Partido dos Trabalhadores do Brasil e o Congresso Nacional Africano da África do Sul (CNA), costumavam se organizar conscientemente em órgãos femininos independentes, além dos próprios partidos.[25] Carlota Bustelo descreve seu retorno à Espanha:

> Entrei em contato com o Partido Socialista Operário Espanhol (PSOE), onde organizamos a conferência "Mulheres e Socialismo", com a qual procuramos influenciar as políticas do partido em relação às mulheres. À medida que debatíamos e atuávamos, nos tornávamos mais feministas e beligerantes. O secretário de Educação do partido, Luis Gómez Llorente, da ala esquerda do PSOE, nos entregou uma parte de seu orçamento e nos encorajou a participar na formação dos grupos que estavam sendo criados. Se conseguimos fazer aquilo foi em parte graças às palestras ou conferências clandestinas que realizávamos nos bairros de Madri e outras cidades. Também tínhamos algum dinheiro para produzir panfletos e fitas cassetes, que serviam para difundir nossa mensagem feminista e para que outras mulheres que compartilhassem nossas ideias pudessem aumentar sua divulgação.

Thenjiwe Mtintso (na época uma ativista no exílio do CNA e de seu braço armado, Umkhonto we Sizwe) assegura que na década de 1980 a existência de uma seção feminina ativa dentro do CNA foi "um passo crítico nas reivindicações de gênero e inclusão, porque mobilizou as mulheres que tinham participado do próprio movimento de liberação, e aumentou a consciência de todo o movimento de liberação em relação ao lugar, à função e à situação das mulheres, bem como a necessidade de evitar que a liberação feminina e a igualdade de gênero fossem consideradas subprodutos".

Adriana Muñoz conta que no Chile:

> algumas feministas se integraram aos partidos políticos, outras ficaram à margem. Aquelas que formavam parte de um partido acreditavam que devíamos estar lá onde as negociações aconteciam porque, se deixássemos que os homens definissem o programa da transição chilena para a democracia, era mais provável que a agenda das mulheres não estivesse presente. É por isso que lutamos por ter representação em todos os níveis de poder dos partidos, no meu caso no Partido Socialista e no Partido pela Democracia. Junto com outras mulheres, participei de todas as comissões programáticas para promover a agenda e os direitos das mulheres.

Alguns grupos tradicionais e religiosos, por exemplo, a Igreja Católica Romana, se opunham ao autoritarismo, mas não estavam muito abertas às demandas de gênero (e estavam mais propensos a se mobilizar contra elas), como aconteceu no Brasil e no Chile.

O ritmo dos processos de transição também foi um fator a ser levado em conta. Com exceção da Indonésia e talvez das Filipinas, onde o regime anterior caiu com certa rapidez, a maioria das transições analisadas neste livro foi relativamente lenta, negociada, pactuada ou "guiada". Isso aconteceu na África do Sul, Espanha, Brasil, Chile e Gana. Nas transições pactuadas, as negociações foram realizadas por uma elite relativamente reduzida, embora alguns estivessem mais inclinados a incorporar as demandas dos movimentos sociais. Na Espanha, Chile, Polônia e Gana, os regimes que estavam saindo e seus aliados exerceram um considerável controle sobre a transição. As negociações foram fechadas (e até secretas) e, portanto, poucas mulheres participaram delas. No Brasil e na África do Sul, os processos de negociação foram, até certo ponto, mais abertos e participativos, e as mulheres, organizadas como tais, tinham maior probabilidade de acessá-los. Essas diferenças explicam por que houve ocasiões em que os movimentos de mulheres conseguiram incorporar à agenda os problemas das mulheres e promover mudanças políticas e reformas institucionais que levaram em conta a questão de gênero, enquanto em outros contextos essas reformas foram bloqueadas ou adiadas.

RESULTADOS

O marco constitucional

O projeto institucional foi um elemento de interesse em muitas das conversas que ocorreram nas transições negociadas e pactuadas. Em alguns casos, os parlamentos recém-eleitos desempenharam a função de assembleias constituintes e escreveram novas constituições com vistas a cumprir os objetivos gerais da transição. Em outros casos, versões anteriores ou modificadas do texto constitucional vigente foram preservadas, ou não houve reformas constitucionais significativas. No Chile, por exemplo, foi mantido o sistema eleitoral estabelecido na Constituição que os militares tinham imposto em 1980.

O grau de intervenção das organizações de mulheres nesses processos foi muito diversificado. No Brasil e na África do Sul, as organizações de mulheres participaram dos processos formais e nos parlamentos que funcionaram como assembleias constituintes. E ajudaram a elaborar constituições que respeitam a perspectiva de gênero. Na Espanha e nas Filipinas, embora as organizações de mulheres e os movimentos feministas tenham exercido pressão externa, poucas mulheres participaram diretamente dos processos de elaboração constitucional. Não houve praticamente nenhuma participação feminina organizada na limitada renegociação constitucional que ocorreu no Chile após o plebiscito (apesar da existência de um movimento ativo de mulheres), tampouco houve participação das mulheres na redação da nova Constituição ganense. Além disso, embora as constituições da Polônia, Indonésia, Filipinas e Espanha contenham algum tipo de cláusula relativa à igualdade de gênero, o fato é que as organizações de mulheres exerceram pouca influência.

Tanto no Brasil como na África do Sul, a Constituição foi redigida no marco de uma transição pactuada progressivamente. Na África do Sul, a redação da Constituição provisória foi fundamental nas negociações multipartidárias ocorridas entre 1992 e 1994, com a predominância do CNA e do governo do *apartheid*. **Após a escassa presença de mulheres nas negociações iniciais da Convenção para uma África do Sul Democrática, as mulheres (principalmente as do CNA) lutaram para ser incluídas em todas as equipes de negociação que protagonizaram os diálogos multipartidários posteriores.** Foi criada naquele momento a Coalizão Nacional das Mulheres, uma ampla aliança independente de organizações femininas.[26] Pregs Govender, coordenadora da Coalizão entre 1992 e 1994, afirma:

> A Coalizão Nacional das Mulheres teve sua origem em uma reunião que a Liga das Mulheres do CNA organizou com mulheres de outros partidos políticos e organizações sociais de diversas origens. Seu objetivo era analisar o fato de que as mulheres estavam ficando à margem do processo de negociação e o medo de que, apesar do papel ativo que tinham desempenhado na luta contra o *apartheid*, os problemas que as afetavam diretamente e tinham repercutido em suas vidas [...] não foram colocados na mesa de negociações, então questões como o não sexismo, a igualdade de gênero, [...] a substancial igualdade de gênero, os direitos socioeconômicos, a integridade física e os direitos reprodutivos não tiveram espaço na Constituição [...]. Pessoas com habilidades de negociação, juristas, pessoas com capacidade de investigação e pessoas que eram boas em mobilizar e construir os movimentos de mulheres se aliaram de forma muito eficaz.

A Coalizão Nacional de Mulheres foi essencial nas negociações sobre a relação entre o direito consuetudinário* e a cláusula de igualdade, que contaram com a participação dos líderes tradicionais.[27] Sheila Meintjes fazia parte do grupo supervisor de pesquisa da Coalizão. Ela afirma que "foi um momento muito importante para a Coalizão e realizamos uma tarefa muito importante para que o direito consuetudinário não alterasse a Constituição, como queriam os chefes tradicionais. Queriam preservar o direito consuetudinário, mas isso limitava a capacidade de agir de todas as mulheres [africanas]". A Constituição provisória passou posteriormente para o Parlamento recém-eleito, que desempenhou a função de Assembleia Constituinte. As parlamentares, especialmente as do CNA, pressionaram com sucesso para incluir cláusulas específicas – por exemplo, sobre a violência doméstica – além dos compromissos gerais com a igualdade de gênero.

Após a eleição de um presidente civil em 1985, o novo Parlamento do Brasil assumiu a função de Assembleia Constituinte entre 1987 e 1988. As afiliadas dos partidos políticos se uniram e receberam as pressões (e o apoio) das mulheres da sociedade civil. **O novo órgão federal de mulheres (o Conselho Nacional dos Direitos da Mulher), no qual havia representantes do Estado e da sociedade civil, atuou como grupo de pressão. Nele, coordenavam-se as organizações de mulheres e feministas para pressionar o Congresso em sua função de Assembleia Constituinte.**[28] Jacqueline Pitanguy, presidenta do Conselho, explica que "foi criado um departamento específico para trabalhar na Constituição. Começamos nos estados, elaborando mapas dos grupos de mulheres que havia em cada um para organizar e iniciar uma campanha em todos eles. Apesar de ter sido uma campanha do Conselho, os estados também assumiram como própria". Entre suas iniciativas, vale lembrar a "Carta das Mulheres", um conjunto de reivindicações das organizações de mulheres que foi apresentada na Assembleia Nacional (e em cada um dos estados). Além disso, foi exercida uma pressão estratégica sobre os membros das assembleias nos níveis distrital, regional e federal. Pitanguy fala de um "trabalho face a face no Congresso":

> Todos os dias íamos ao Congresso Nacional e conversávamos com os líderes dos partidos [...]. Lembro-me de percorrer esses corredores. Sem descanso. Também recebíamos telegramas dos estados. Sempre estávamos em contato com grupos de mulheres

* N. R. T.: Direito consuetudinário é o sistema de leis formado a partir dos costumes de uma sociedade.

locais. A campanha não foi realizada apenas em nível federal, era uma campanha nacional. Então, nos reuníamos com um representante e verificávamos sua posição sobre um determinado assunto. Imediatamente depois entrávamos em contato com os grupos de mulheres do estado correspondente.

As legisladoras de vários partidos (o chamado "*lobby* do batom") também colaboraram entre si na Assembleia e trabalharam com o Conselho. O resultado foi, diz Pitanguy, que 80% de suas demandas foram incluídas na Constituição de 1988 e que as tentativas de consagrar o "direito à vida" não tiveram sucesso. No entanto, a Constituição resultante foi um documento pouco flexível que exigia uma base legislativa para ser eficaz.

Na transição negociada espanhola, a nova Constituição foi concebida por um Parlamento eleito que atuou como Assembleia Constituinte entre 1977 e 1978. Poucas mulheres participaram de um processo relativamente fechado e liderado pelas elites, com Adolfo Suárez, líder da União de Centro Democrático (UCD) e primeiro-ministro, à frente.[29] A Constituição foi elaborada por uma equipe totalmente masculina eleita entre os membros do Congresso Constituinte (o Parlamento espanhol em sua função de Assembleia Constituinte). Três de seus sete membros vinham da UCD, o partido de centro-direita no governo, e o PSOE tinha um representante. O texto foi posteriormente discutido em uma Comissão Constitucional parlamentar de 35 membros, com a participação de apenas uma mulher, e foi aprovado nas duas Câmaras, onde havia apenas 27 mulheres. As organizações feministas exerceram pressão externa durante as deliberações, e algumas deputadas também fizeram isso internamente. Bustelo destaca que colaborou "com um dos informes na redação dos artigos 9 e 14, que falam de igualdade". Portanto, na Constituição foram incluídas cláusulas sobre a igualdade e o divórcio, mas não houve tanto sucesso nos direitos reprodutivos e nas leis de primogenitura.*[30]

Nas Filipinas, após a sua eleição, Corazón Aquino encomendou a uma Comissão Constitucional de 50 membros (dos quais menos de 15% eram mulheres, embora fosse presidida por uma) a elaboração de uma nova Constituição. Para influenciar o processo, foi formada uma grande aliança de organizações de mulheres, incluindo o grupo feminista Gabriela, mas com resultados desiguais.

* N. R. T.: Na sucessão ao trono espanhol e na herança de títulos de nobreza, os primogênitos masculinos continuaram a ter preferência na linha de sucessão.

Embora tenha sido incluída uma cláusula sobre igualdade, ela não tem um alcance tão amplo quanto queriam as organizações de mulheres. Uma cláusula pró-vida também foi aprovada, com o apoio do poderoso grupo de pressão eclesiástico e das organizações de mulheres pró-vida. No entanto, como concessão às organizações de mulheres, não apenas o direito à vida do feto foi defendido desde sua concepção, mas também o da mãe.[31]

Na Indonésia, a reforma constitucional se desenvolveu gradualmente. Algumas representantes de ONGs e grupos de mulheres foram nomeadas para a Assembleia Consultiva Popular (ACP), que iniciou as mudanças entre 1999 e 2002. As feministas trabalharam para tornar a discriminação positiva parte das reformas constitucionais, mas pouco progresso significativo foi feito. Nursyahbani Katjasungkana, que representou os colégios de advogados na Assembleia, recorda que, com base na experiência sul-africana, conseguiram "incluir um capítulo especial na Constituição sobre os direitos humanos, que incluía os princípios da não discriminação e da discriminação positiva".

No extremo oposto, no Chile, as mulheres não participaram da redação da Constituição chilena feita pelos militares em 1980, portanto, não foi um documento com perspectiva de gênero. Tampouco desempenharam qualquer papel na mínima renegociação constitucional (fechada) que ocorreu após o plebiscito entre os principais partidos políticos e o governo militar, antes das eleições presidenciais e parlamentares de 1989. As mulheres foram marginalizadas apesar do papel ativo de um grande número de suas organizações, incluindo coordenadoras relativamente antigas como Mulheres pela Vida ou a Coalizão das Mulheres, que nasceu em resposta ao pequeno número de mulheres selecionadas para competir nas eleições, a fim de assegurar a manutenção da igualdade de gênero na agenda da Coalizão.[32]

Em Gana, a nova Constituição foi redigida em 1991 em uma Assembleia Consultiva que o regime de Rawlings criou em uma fase relativamente inicial do processo de transição vertical. Poucas organizações de mulheres tentaram influenciar o processo e as questões de gênero não foram levadas em conta no documento resultante. Dzodzi Tsikata admite: "Muitas dessas questões não foram incluídas na Constituição. Não tivemos um papel muito ativo no processo constitucional. Faltaram mulheres ativistas e não me lembro de termos realizado debates sobre a Constituição".

Na Polônia, em um contexto um pouco diferente da transição do socialismo de Estado, as organizações de mulheres também não influenciaram significativamente o projeto da Constituição de 1997, embora algumas ONGs de mulheres –

por exemplo, o Centro para os Direitos das Mulheres – tenham apresentado propostas.[33] **O documento definitivo continha cláusulas em defesa da igualdade entre homens e mulheres que eram difíceis de serem cumpridas, pois não eram apoiadas por leis ou códigos civis concretos. Em algumas áreas, por exemplo, no direito do trabalho, a legislação contradizia frontalmente a Constituição.** Como em outros países do Leste Europeu, na nova Constituição foi incluída uma cláusula sobre o direito à vida, após muitos debates e controvérsias. A Igreja Católica conseguiu introduzir disposições sobre a proteção do feto, que o Tribunal Constitucional aceitou mais tarde.[34]

O campo eleitoral

Nos períodos após a transição, a representação das mulheres nas Assembleias Legislativas, em termos numéricos, foi muito discrepante. Sua representação foi limitada inicialmente no Chile, Gana, Espanha, Brasil, Polônia e Indonésia (cerca de 10% ou menos). A África do Sul foi uma exceção notável, com 27,7%. Em muitas transições da terceira onda, o número de mulheres eleitas para as Assembleias Legislativas nacionais foi crescendo, especialmente onde um sistema de cotas foi aplicado. Na África do Sul, por exemplo, o CNA introduziu uma cota de 33% para as eleições de 1994. Em outros casos, foram aprovadas cotas eleitorais que implicaram uma reforma institucional significativa em si mesma. No Brasil, no entanto, a concepção e a aplicação deficiente das cotas impediram que tivessem impacto na representação das mulheres, que era maior no Senado (onde as cotas não eram aplicadas) do que na Câmara dos Deputados.*[35] O nível de representação das mulheres também está relacionado à natureza do sistema eleitoral e ao grau de institucionalização dos partidos políticos.[36] Os partidos de esquerda costumam propor e eleger mais mulheres do que os de direita, porque sua ideologia relativamente mais igualitária faz com que sejam mais propensos a adotar medidas que favoreçam a seleção e a representação dos grupos excluídos e a promover um ambiente mais receptivo às reivindicações feministas.

No entanto, não deveríamos ficar apenas com os números de representação. Também é importante analisar em que medida as legisladoras femininas agem

* N. R. T.: No Brasil, as primeiras cotas para mulheres ocorreram no legislativo municipal em 1995, reservando 20% das vagas nas listas dos partidos e coligações para candidaturas de mulheres. Em 1997, as cotas se estenderam para as eleições legislativas estaduais e federais e foram ampliadas inicialmente para 25% e posteriormente para 30%.

em favor das mulheres (uma representação substantiva) em cada transição. Esse apoio pode assumir diferentes formas. As mulheres legisladoras podem apresentar projetos de lei para promover os direitos das mulheres e a igualdade de gênero ou tentar evitar a aplicação de medidas retrógradas. Também podem participar em grupos de partidos no seio do Poder Legislativo ou criar alianças com as organizações de mulheres da sociedade civil. A representação substantiva foi desigual nos casos aqui analisados. Em Gana, por exemplo, poucas mulheres foram eleitas, poucas tinham convicções feministas e poucas tinham ligações com organizações de mulheres fora da Assembleia Legislativa, de modo que a atividade relacionada com as questões de gênero foi escassa. Dzodzi Tsikata reclama dessa falta de ligações, porque "foi um processo unidirecional [...]. Algumas ativistas tentaram se aproximar das parlamentares, mas estas não fizeram o mesmo".

Na Indonésia, Chile, Brasil e Espanha, poucas mulheres foram eleitas, mas algumas figuras feministas importantes pressionaram pela aprovação de leis de gênero progressistas. Seu sucesso dependeu em grande parte de saber se havia um governo receptivo no poder.[37] Nursyahbani Katjasungkana explica que em sua participação no Parlamento indonésio, entre 2004 e 2009, um pequeno grupo progressista de mulheres do seu partido e de outros (alguns com passado ativista) conseguiu promulgar pelo menos 14 leis. No Brasil e na África do Sul, os coletivos de mulheres nos parlamentos desempenharam um papel significativo em determinados momentos, por exemplo, quando o "*lobby* do batom" participou da formulação da Constituição brasileira. No primeiro Parlamento multirracial da África do Sul, as parlamentares – muitas das quais tinham sido parte de organizações feministas e da sociedade civil (e que já se conheciam, em muitos casos, de grupos anteriores, como a Coalizão Nacional de Mulheres) – criaram um grupo multipartidário que foi inicialmente ativo em várias questões de gênero, incluindo a violência.[38] Thenjiwe Mtintso, parlamentar do CNA nesse primeiro Parlamento, confirma a influência duradoura da Coalizão Nacional de Mulheres:

> Formamos um grupo parlamentar no qual mulheres de diferentes partidos pudessem se encontrar. Depois criamos o Comitê para a Melhoria da Situação e da Qualidade de Vida das Mulheres. Não era um comitê típico, mas insistimos nisso. Aquelas iniciativas parlamentares foram facilitadas pelo trabalho que havíamos desenvolvido anteriormente: a negociação, a Coalizão de Mulheres e a Carta da Mulher.

No geral, as parlamentares feministas tinham uma rede mais ampla de contatos nas organizações de mulheres fora da Assembleia Legislativa e frequentemente estavam filiadas aos partidos de esquerda. A rigidez da disciplina partidária e o funcionamento do sistema de partidos também podem influenciar: a organização entre diferentes partidos é mais fácil quando os sistemas partidários estão fraturados e a disciplina é fraca. Por exemplo, foi relativamente simples estabelecer um bloco feminino multipartidário no Brasil, uma tarefa que era mais difícil de sustentar na África do Sul, sobretudo depois dos primeiros anos, uma vez que a disciplina e a lealdade nos partidos se tornaram mais férreas. Tampouco existem muitos exemplos de coletivos eficazes de mulheres dentro dos próprios partidos, com exceção do CNA sul-africano. O comitê parlamentar oficial – o Comitê Misto de Supervisão da Qualidade de Vida e da Situação da Mulher – também se beneficiou da liderança de proeminentes figuras feministas como Pregs Govender no primeiro Parlamento não racial. Graças a isso, de acordo com Govender, em 1999, 80% da legislação de gênero de seu programa foi aprovada.

Além disso, a colaboração entre partidos foi mais fácil em questões como a violência doméstica. Todo o contrário aconteceu com os direitos reprodutivos, uma questão que suscitou divisões entre as mulheres (e entre os homens). Por exemplo, no Chile, as mulheres de direita e de esquerda puderam se aliar para apoiar medidas sobre a manutenção das crianças, embora tivessem posições muito distantes em relação aos direitos reprodutivos. Na Indonésia, as parlamentares se uniram em torno de muitas questões, o que não aconteceu em relação a um projeto de lei contra a pornografia, que causou uma divisão entre as políticas laicas e as islâmicas moderadas, por um lado, e as mais conservadoras, por outro.[39] O projeto de lei provocou divisões no próprio partido de Nursyahbani Katjasungkana, que pessoalmente era contra: "O debate sobre essa lei foi o meu pior momento no Parlamento".

A esfera burocrática

Quando a transição foi concluída, o alcance e o tipo de mudanças em matéria de gênero na esfera burocrática também foram muito diversos. Em alguns casos, os regimes anteriores já tinham criado agências governamentais dedicadas à mulher em resposta à influência que a ONU exerceu nessa área durante a década de 1970. Isso aconteceu em Gana e também nas Filipinas, cuja agência da mulher tinha sido criada por Imelda Marcos. **Com o tempo,**

esse tipo de organismo foi criado, redesenhado ou substituído em todos os países, contribuindo para um clima internacional cada vez mais favorável, especialmente após a conferência da ONU em Pequim, em 1995. No entanto, a criação de agências estatais para a mulher respondeu a motivações muito diferentes e tinha estruturas, atribuições e recursos diversos, portanto, uma capacidade desigual para defender os interesses das mulheres no processo de formulação de políticas públicas. No Leste Europeu, por exemplo, alguns governos criaram órgãos para a mulher em parte para atender aos requisitos de entrada na União Europeia (UE). Para avaliar sua utilidade e eficácia, devemos analisar como (e por quê) eles foram criados, quais recursos foram repassados, até que ponto prestaram contas e se havia a participação de grupos independentes do Estado, bem como o contexto político geral no qual desenvolveram seu trabalho.

No Brasil, no Chile e na África do Sul, essas organizações foram a consequência direta das atividades das organizações de mulheres durante e antes do processo de transição. O organismo espanhol, pelo contrário, foi estabelecido em 1983 (sob a direção de Carlota Bustelo), depois do triunfo eleitoral dos socialistas. Governos recém-eleitos e receptivos implementaram esses mecanismos seguindo as demandas das feministas nos partidos políticos, parlamentos e organizações de mulheres. No Chile, a Coalizão de Mulheres solicitou a criação de um Ministério da Mulher antes das primeiras eleições.[40] Teresa Valdés, feminista e pesquisadora, lembra que uma das comissões encarregadas da elaboração do programa sobre a mulher na Coalizão de Mulheres "formulou uma proposta para a criação de um marco institucional a favor das mulheres, entendido como um ministério ou serviço. Aprendemos com as experiências do Instituto da Mulher na Espanha, o Conselho da Mulher do Brasil e outras companheiras que retornaram do exílio. Essa aprendizagem foi fundamental." Na África do Sul, a experiência de outros países foi cuidadosamente examinada antes de criar um pacote de centros de coordenação nos organismos públicos e no Parlamento.

Em Gana, o presidente Kufuor lançou um novo Ministério de Assuntos da Mulher e da Infância, contra os desejos das organizações de mulheres.[41] Tsikata observa o seguinte sobre as mobilizações das mulheres contra o governo antes das eleições de 2000:

> O novo governo disse que o ministério era um prêmio para as mulheres. Nossa reação marcou o tom do conflito. Os grupos de mulheres, com base nas experiências de outros ministérios no conti-

nente, responderam que o que precisávamos não era um ministério, que costumavam ser fracos e não tinham orçamento. Apresentamos todos esses argumentos, mas acho que a pessoa que foi designada não apreciou nossos esforços e os rejeitou antes mesmo de começar a funcionar o ministério. Então começamos com o pé errado e a situação ficou muito ruim por muito tempo.

O Ministério, liderado por uma antifeminista, entrou em confronto com as organizações de mulheres ao longo de todo seu mandato de 2001 a 2005. De qualquer forma, até as agências públicas que contavam com o apoio das feministas passaram por dificuldades. **Com recursos e poderes limitados, os ministérios ou serviços para a mulher eram frequentemente vítimas das grandes expectativas e das relações conflituosas com vários grupos independentes do Estado. Além disso, o controle dos recursos também contribuiu para a ONG-*ização* das organizações de mulheres, que passaram a depender mais dos recursos estatais e internacionais do que da mobilização de suas bases.** O contexto político em que essas organizações operavam também era relevante. Nos sistemas políticos menos institucionalizados, as mudanças de governo e de correntes ideológicas gerais poderiam prejudicá-las. A chegada de um novo governo, menos próximo, poderia levar ao fechamento, à retirada de fundos ou à perda de categoria das agências dedicadas à mulher. O mecanismo sul-africano de gênero foi enfraquecido (na opinião de Thenjiwe Mtintso, primeira presidenta da Comissão para a Igualdade de Gênero) por cortes orçamentários, negligência e marginalização. O mesmo aconteceu no Brasil no final da década de 1980, o que levou à renúncia em bloco de Pitanguy e suas companheiras do Conselho Nacional dos Direitos da Mulher. E ocorreu várias vezes na Polônia, devido às frequentes mudanças de governo, especialmente quando o Solidariedade, de direita, derrotou a Aliança da Esquerda Democrática em 1997.[42] Assim, é mais provável que uma agência de políticas para a mulher seja eficaz quando integrada a um governo que seja receptivo às medidas em favor da igualdade de gênero, como na Espanha, no Chile e na África do Sul, embora isso não as exima de enfrentar problemas significativos.

REFORMA DAS POLÍTICAS DE GÊNERO

Os direitos de gênero não são uma categoria única e homogênea. Reformar as políticas é mais simples em uma série de áreas menos polê-

micas.[43] **A violência por razão de gênero, o divórcio, as cotas eleitorais e os direitos de propriedade são geralmente mais fáceis de abordar do que os direitos reprodutivos.** Alguns direitos de gênero enfrentam uma feroz oposição, especialmente de pessoas que se identificam com a direita ou com organizações religiosas, que, por exemplo, consideram essas reformas uma ameaça à santidade da família. A reforma do aborto gerou grandes divisões nos sistemas de governo pós-transição e não foi possível levá-la adiante apesar das mobilizações e pressões. Dos países analisados neste capítulo, ela foi realizada apenas na África do Sul, no período imediatamente posterior à transição, e na Espanha, uma década depois (após a chegada ao poder de um governo socialista). Houve também retrocessos. Na Europa do Leste, como já foi observado, as mulheres perderam muitos dos direitos que tinham desfrutado, pelo menos no papel, na etapa socialista. Na Polônia, o acesso ao aborto – que tinha sido relativamente generalizado – foi severamente restringido em 1993.[44] E, apesar de certa abertura em 1996, o número de abortos continua baixo. Na Indonésia, o programa de descentralização levou a um aumento nas restrições impostas às mulheres em alguns municípios onde as políticas locais, geralmente mais próximas do islamismo, foram aplicadas.[45] Nursyahbani Katjasungkana, fundadora da Organização de Assistência Jurídica às Mulheres (APIK), afirma que "de acordo com a Comissão Nacional sobre Violência contra a Mulher, existem cerca de 250 decretos inflexíveis que discriminam pessoas, 78 dos quais discriminam as mulheres. Por exemplo, os relacionados com as roupas, o véu, a proibição de que as mulheres saiam de casa sem estarem acompanhadas por um parente do sexo masculino ou a impossibilidade de solicitar as escrituras de um terreno ou o documento de identidade se não estiver usando o véu". Em alguns casos, mesmo a modificação dos direitos de propriedade e as medidas contra a violência doméstica foram objeto de considerável oposição.

Quando as reformas foram realizadas, as iniciativas das principais figuras femininas para criar alianças nas esferas burocrática, legislativa e da sociedade civil, bem como um contexto político favorável – especialmente a receptividade do governo – foram fatores decisivos.[46] Um exemplo disso é a legislação sobre violência doméstica. É um problema com o qual as feministas estão muito familiarizadas e que tem amplo apoio entre as mulheres de todas as classes sociais e ideologias. Desde o início da Década da Mulher da ONU (1976-85), o consenso internacional vem crescendo em relação à necessidade de abordar esse problema e os mecanismos necessários para isso. No entanto, existem diferenças na velocidade de aplicação e no alcance que os governos posteriores às transições deram às leis contra a violência doméstica e às medidas de prevenção e mitigação. Praticamente em todos os casos, foram criadas coalizões de ativistas, algumas mais eficazes que outras. Em Gana, várias organizações formaram em 2002 uma coalizão de ativistas contra a violência doméstica. No entanto, apesar de contar com o apoio do procurador-geral, a campanha fracassou, sendo um de seus principais opositores a polêmica diretora do Ministério de Assuntos da Mulher e da Infância. A legislação pertinente só foi aprovada em 2007, depois que o cargo passou para uma ministra mais jovem e progressista.[47] Aqui estão os comentários de Tsikata sobre a evolução de seu relacionamento com o Ministério:

> A situação piorou como resultado das reivindicações da lei de Violência Doméstica. Era chocante que fosse a ministra que chamasse a atenção para os aspectos da lei que eram prejudiciais para os homens. A coalizão levou sete anos para aprovar a lei. Todos os grupos insistiam nisso, não pararam de pressionar, mas o governo ignorou a força da coalizão e suas demandas e demorou para aprovar a lei.

No Chile, uma aliança às vezes turbulenta de feministas – tanto dentro como fora do Parlamento – e o Serviço Nacional da Mulher (SERNAM) conseguiram aprovar a lei de Violência Doméstica em 1994.[48] No entanto, as organizações de mulheres e as legisladoras feministas tiveram a sensação de que o projeto de lei definitivo tinha sido moderado pelo SERNAM, que naquele momento estava integrado em um contexto político conservador e recebia a influência dos democrata-cristãos da Coalizão, que por sua vez recebiam pressões da Igreja Católica. Adriana Muñoz, a deputada do PPD que propôs o projeto de lei original, ressalta que:

> O maior problema era a nossa posição como aliança de centro-esquerda. Aprovamos uma lei sobre violência "intrafamiliar". A lei que eu tinha apresentado, no entanto, proibia a violência contra as mulheres (isto é, a violência que é infligida às mulheres por causa de seu gênero). Aquilo não ia a lugar nenhum, porque as mulheres da Democracia Cristã achavam necessário enfatizar a natureza doméstica do problema. Tivemos que ceder. Cedemos, sim, porque não podíamos avançar. Simplesmente, não tínhamos

os votos suficientes no Parlamento. A direita era um obstáculo, uma oposição contínua, e as mulheres feministas e de esquerda estavam interessadas em atrair os votos dos democrata-cristãos para chegar o mais longe possível.

Nursyahbani Katjasungkana explica o trabalho que aconteceu na Indonésia:

> Felizmente, a lei de Violência Doméstica foi redigida pela APIK. Outras pessoas e eu (é claro que consultamos outros grupos e pesquisadores) recorremos a um "triângulo de empoderamento": pesquisadoras, ativistas e "femocratas" trabalharam juntas para a mudança. Conseguimos criar uma coalizão para promover a lei de Violência Doméstica. Desde o primeiro momento o principal obstáculo foram os grupos religiosos que reclamavam que a lei acabaria com a harmonia familiar e o conceito de família. Sete anos se passaram desde que redigimos a lei, em 1997, até que foi promulgada em 2004.

A África do Sul e o Brasil não tiveram tantas dificuldades para aprovar medidas contra a violência doméstica no período pós-transição. Nos dois casos, as ativistas colocaram a violência doméstica na agenda antes e durante a transição. Na África do Sul, a questão foi abordada pela Coalizão Nacional de Mulheres, pelas ativistas do CNA e pela Liga de Mulheres daquele partido. O CNA tinha apresentado um documento sobre o assunto na negociação constitucional. Além disso, no marco dos preparativos para a Conferência sobre a Mulher de Pequim em 1995, o governo do CNA se comprometeu a tomar medidas, em colaboração com uma rede nacional. A comissão parlamentar sobre a mulher argumentou que era necessário aprovar uma medida no primeiro Parlamento, por isso o coletivo de mulheres do CNA acelerou a sua aprovação.[49] No Brasil, uma cláusula contra a violência doméstica foi incluída na Constituição* e várias iniciativas foram lançadas em nível federal e estadual – por exemplo, as delegacias da mulher em São Paulo –, graças às demandas feministas dentro e fora dos partidos políticos e do Estado. As feministas brasileiras também foram fundamentais para levantar a questão no plano internacional.[50] No entanto,

---

* N. R. T.: A Constituição Federal de 1988 (Art. 226, § 8º) marca uma inovação em relação às anteriores ao responsabilizar o Estado pela assistência em casos de violência no âmbito familiar. Esse marco permitiu a criação posterior, em 2006, da Lei Maria da Penha para tipificar e combater a violência contra a mulher.

o enfraquecimento do Conselho da Mulher no final da década de 1980 diminuiu a eficácia de muitas dessas medidas. **Assim como outras leis e medidas constitucionais, aquelas relacionadas aos direitos das mulheres dependem de uma aplicação efetiva, um aspecto que apresenta divergências notáveis nos casos aqui analisados.**

CONCLUSÕES: QUE LIÇÕES PODEM SER EXTRAÍDAS?

Todos os casos destacam a importância fundamental das organizações de mulheres. Valdés argumenta que no Chile "se essa exibição de força não tivesse ocorrido nas ruas e em várias situações, não teria sido possível alcançar o que conseguimos na transição [...]. A articulação das esferas social e política criou o poder e a possibilidade de que as propostas democráticas das mulheres fossem incorporadas ao programa de governo de Patricio Aylwin". Pitanguy também enfatiza a importância dos movimentos femininos de massa na sociedade civil brasileira. Um grande número de mulheres entrevistadas alerta para o perigo de perder contato com as bases desses movimentos e perder força e compromisso quando as líderes assumem funções no governo. **Manter a mobilização das mulheres é um dos desafios mais complicados e provou ser muito importante para alcançar resultados positivos a longo prazo em termos de gênero.**

A formação de amplas coalizões que acomodem diferentes atores – acadêmicas, ativistas e políticas (o que na África do Sul foi chamado de "a tríplice aliança") – também foi decisiva para reunir o conhecimento diversificado (mesmo quando o processo gera tensões, como na África do Sul e na Indonésia). Nursyahbani Katjasungkana enfatiza que, apesar das diferenças, as feministas laicas e islâmicas colaboraram muito. Pregs Govender destaca a força da Coalizão Nacional de Mulheres e enfatiza a importância da "capacidade dos membros da coalizão de complementar as habilidades, experiências e conhecimentos uma da outra, bem como valorizar as várias contribuições e colaborar apesar das divergências". Muitas das entrevistadas (por exemplo, as da África do Sul) afirmam que ter trabalhado juntas antes da transição facilitou a cooperação, mesmo entre mulheres de origens e opiniões muito diferentes.

Também foi significativo para as grandes alianças o desenvolvimento de um programa comum atraente e capaz de mobilizar um amplo conjunto de mulheres. O ideal é que nas coalizões de base ampla e organizações coordenadoras haja feministas e não feministas, mulheres de diferentes ideias políticas e crenças religiosas. Nessa premissa basearam-se as eficientes campanhas com objetivos concretos que foram realizadas no Chile, na Indonésia e na África do Sul. Meintjes observa o seguinte sobre a Coalizão Nacional de Mulheres: "Reconhecemos que a igualdade de gênero era o que nos unia. Havia diferenças que todas poderíamos e deveríamos suportar, porque a política é assim. Mas, se não incorporássemos a igualdade de gênero na Constituição, estaríamos perdidas". Muñoz destaca que havia diferentes opiniões políticas até na Coalizão de Mulheres do Chile:

> Claro que as feministas socialistas queriam medidas mais radicais, como o aborto e o divórcio. No entanto, fazíamos parte de uma aliança de centro-esquerda e as democrata-cristãs tinham uma perspectiva diferente, por isso criamos uma plataforma comum. O importante naquele momento era formar uma coalizão de partidos para a democracia e uma Coalizão de Mulheres pela Democracia, com o objetivo de acumular poder e promover a democracia para as mulheres em cada um dos partidos. Desse ponto de vista, **fomos pragmáticas, e dissemos: "O importante é estarmos unidas, formar uma plataforma unida na qual nada do que nos divide tenha espaço.**" Por isso deixamos de lado muitas questões, incluindo o divórcio, os direitos sexuais e reprodutivos, o aborto. Deixamos de lado todas as questões que geravam polêmica na Coalizão entre os grupos de centro e de esquerda e mais feministas, a fim de propor um programa coeso que nos desse poder suficiente para que, na negociação do programa de transição, cada partido político apoiasse nossos objetivos.

O caso chileno, em particular, demonstra que levantar questões como a violência e os direitos da infância em relação ao fortalecimento da família pode ajudar a obter apoio de todas as orientações políticas, mesmo quando isso fez com que muitas feministas considerassem que questões como a mudança socioeconômica, a redistribuição e uma transformação mais profunda das relações de gênero (incluindo o empoderamento das mulheres *e* dos homens) tivessem sido negligenciadas.

As organizações de mulheres também obtiveram melhores resultados quando desenvolveram suas plataformas, propostas e demandas antes de intervirem nos processos políticos. Pitanguy enfatiza que **as organizações de mulheres:**

> Tiveram que estabelecer alianças entre si e propor na negociação constitucional um conjunto de propostas e demandas irrenunciáveis, e outro conjunto de propostas negociáveis [...]. Nos países imersos em uma transição democrática, a primeira coisa que todo movimento de mulheres deve fazer é ter uma abordagem de base consensual. Não podemos perder tempo, energia e impulso resolvendo conflitos internos. É preciso se apresentar na cena política como um grupo coeso.

Pitanguy enfatiza que as mulheres "devem participar no processo constitucional". Participar ativamente na oposição e nos processos de transição e etapas posteriores foi uma condição imprescindível para defender com sucesso as reivindicações de gênero. Quando essa participação foi fraca, como em Gana e na Polônia, os piores resultados foram obtidos. Apesar das apreensões em torno da cooptação, alguns atores consideram que as mulheres deveriam intervir desde o início da transição. Mtintso afirma que a transformação das relações de poder na sociedade a partir de uma perspectiva de gênero deve ser levada em conta desde o primeiro momento nas abordagens teóricas, práticas e organizacionais, porque "se não for abordada nas fases de preparação, depois é muito difícil incorporá-la na etapa da transformação [...], da mudança. Temos de nos preparar, como fizemos no CNA. Não da melhor maneira, mas fizemos, e isso influenciou muito o resultado: a Constituição, a legislação e as instituições". Pitanguy também acredita que "**é muito importante não deixar passar o momento. A política tem seu próprio ritmo e é preciso se adaptar a ela, devemos começar a nos organizar antes de chegar o momento".**

Para realizar uma intervenção geral bem-sucedida, várias condições devem ser cumpridas. Primeiro, estratégias e táticas apropriadas devem ser criadas. Por exemplo, as pessoas que participaram do processo acreditam que o trabalho para dar forma às Constituições do Brasil e da África do Sul foi relativamente frutífero graças à pressão e vigilância específicas, bem como ao estabelecimento de alianças com outros atores-chave. Pitanguy resume assim: "Chegamos com uma missão e sabíamos negociar. Sabíamos criar alianças. Éramos, em certo sentido, políticas. **Estávamos fazendo política. Trabalhávamos com os instrumentos da política**, não com os instrumentos do autoritarismo ou do radicalismo, éramos contra isso. **Soubemos negociar e forjar alianças com o governo".**

Também são necessárias estratégias para formar alianças e intervenções para evitar retrocessos e a introdução de medidas que signifiquem uma

ameaça aos direitos das mulheres, tais como as cláusulas relativas ao direito à vida. Em países como a Indonésia – mas também na Europa Central e do Leste e na América Latina, onde a Igreja Católica tem atuado na oposição –, os conservadores religiosos contaram com um amplo apoio, o que dificultou evitar o retrocesso. Por essa razão, encontrar aliados em outras áreas – partidos políticos influentes, parlamentos, burocracias ou ministros centrais – foi muito importante. Acabou sendo essencial que os atores em matéria de gênero se envolvessem nos partidos políticos e fizessem campanha para mudá-los a partir de dentro em todos os níveis. Promover a mudança política é mais fácil quando os governos e os partidos no poder veem as medidas progressistas de gênero com relativos bons olhos. Assim, houve transições mais abertas do que outras, nas quais era mais provável que as organizações de mulheres exercessem uma influência positiva. Os partidos políticos foram fundamentais no processo. Seu grau de abertura para as ativistas feministas e as questões de gênero tem variado muito em cada país. Alguns partidos criaram ambientes mais favoráveis, permitindo que as mulheres se organizassem de forma mais eficaz para promover a mudança dentro e fora dos partidos. E, em alguns casos, conseguiram resultados significativos.

Finalmente, o peso de um contexto internacional favorável é evidente. Muitas ativistas feministas afirmam ter aprendido com as experiências de outros lugares, por exemplo, para criar agências públicas dedicadas a mulheres que fossem eficazes. Enfatizam que a **interação com ativistas de outros países em fóruns regionais e internacionais lhes deu força e permitiu compartilhar estratégias e desenvolver objetivos viáveis e adequados à sua situação política e cultural.** Pitanguy enfatiza a importância das alianças transnacionais que "se reforçam mutuamente [...] mesmo no caso dos grupos nacionais que trabalham na Constituição de seu país". As organizações de mulheres em Gana mantinham estreitas ligações com outros grupos africanos e procuraram modelos apropriados em Botsuana, África do Sul e Nigéria. Tsikata destaca o exemplo de Botsuana, que serviu de inspiração para um manifesto de mulheres que foi apresentado aos partidos políticos. Segundo Nursyahbani Katjasungkana, as ativistas indonésias foram muito influenciadas pelas conferências da Década da Mulher, pelo Comitê para a Eliminação da Discriminação contra a Mulher e pela Plataforma de Ação de Pequim, bem como pelo feminismo e pelas ideias procedentes da Índia. As feministas chilenas, por sua vez, voltaram sua atenção para as experiências brasileira e espanhola. Na verdade, a maioria enfatiza que o apoio internacional não deve se limitar ao econômico, mas também facilitar a troca de conhecimento. Tanto a Coalizão de Mulheres do Chile quanto a Coalizão

Nacional de Mulheres da África do Sul receberam uma quantia significativa de fundos e assistência técnica internacionais. As entrevistadas de Gana, África do Sul e Indonésia apontam que a redução no financiamento internacional para as ONGs, depois que a transição foi completada, afetou muitas organizações de mulheres. Tal redução ocorre com frequência, seja porque esses países deixam de ser prioritários para os doadores internacionais, que voltam sua atenção para outras regiões, seja porque são considerados ricos demais para que a ajuda continue. É possível que o contexto internacional tenha sido mais propício para abordar os problemas das mulheres entre 1975 e 1995, quando ocorreram as primeiras transições. Desde então, fatores como a postura conservadora da Igreja Católica diante dos problemas sociais e a crescente proeminência da política de identidade de caráter religioso ou étnico tornam provável que o contexto internacional esteja menos disposto a prestar assistência àqueles que se esforçam por defender a igualdade de gênero neste momento.

Os principais atores envolvidos nas transições desde seus estágios iniciais podem facilitar a obtenção de resultados positivos no tema de gênero. As organizações de mulheres precisam de programas mais claros, que devem ser desenvolvidos por um conjunto de atores e que devem ser apoiados pelas grandes coalizões da sociedade civil. Essas organizações devem se esforçar para colaborar com aliados estratégicos – por exemplo, partidos políticos, governos e burocracias relacionadas – e, se possível, formular os problemas de uma maneira que esteja de acordo com as ideias dominantes na transição. As transições de regimes não democráticos oferecem grandes oportunidades para os movimentos sociais que tentam reformular as regras do jogo. Apesar dos reveses e das frustrações, há lições estratégicas que provavelmente funcionarão. As transições atuais representam desafios novos e diferentes, mas também oferecem oportunidades significativas para a intervenção e a ação estratégicas.

OPÇÕES PARA A AÇÃO

Ativistas e defensores

- *Organizar-se o mais rápido possível nos processos de transição.* Quanto mais cedo as mulheres se organizarem, maior a probabilidade de terem uma influência positiva no processo de transição. O ideal é que as mulheres comecem a se organizar antes que o processo "oficial" se inicie, a fim de estarem preparadas para fazer contribuições ou participar da fase da negociação (as "conversas sobre conversas"). Dessa forma, conseguem tempo para desenvolver uma infraestrutura organizativa, estabelecer alianças, gerar confiança e segurança e determinar um programa e uma estratégia comuns.

- *Estabelecer um conjunto de alianças*. Os movimentos que estabelecem alianças com um grande conjunto de atores têm acesso a redes maiores, que por sua vez mobilizam um número maior de pessoas, exercem pressão sobre as instituições e os indivíduos centrais e usam múltiplos talentos e recursos. As alianças de grande alcance acomodam diversos grupos de mulheres e ativistas (em uma seleção o mais ampla possível da sociedade civil, incluindo aqueles grupos que oferecem assistência estratégica em áreas como justiça social ou grupos ecologistas); políticas, acadêmicas e advogadas; pessoas afins dentro dos partidos políticos e membros do Executivo, como ministros e burocratas.
- *Intervir em todo o leque de processos políticos*. Participar de todas as etapas do processo de transição – redação da Constituição, projeto institucional e execução – como membros dos comitês de revisão constitucional, dos comitês técnicos e de redação, da Assembleia Constituinte e do Parlamento, dos grupos de pressão e de defesa. O ativismo dentro dos partidos políticos que são receptivos aos problemas de gênero pode impulsionar a seleção de mulheres para candidaturas e nomeações. No entanto, muitas negociações decisivas ocorrem à margem das estruturas e dos procedimentos formais. O acesso das mulheres a esses espaços informais de tomada de decisão dependerá, em certa medida, das alianças que tinham sido forjadas.
- *Desenvolver uma plataforma que reúna os diferentes grupos de mulheres*. As posições que podem ser adotadas em relação às questões políticas, sociais e econômicas são muito diversas, por isso é impossível concordar com todos os objetivos. No entanto, a fim de manter uma grande aliança – e realizar intervenções estratégicas ao longo do processo de transição –, é útil determinar uma plataforma comum de posições e objetivos em torno dos quais se aglutinem os vários atores e ao qual esteja dirigido o trabalho de promoção.
- *Manter o ímpeto nas fases de execução e consolidação*. À medida que as líderes da sociedade civil e as acadêmicas assumam funções de governo, é essencial realizar um bom trabalho de sucessão nos cargos e transmissão intergeracional dentro das organizações para evitar a "decapitação" dos movimentos e a perda do ímpeto na fase pós-transição. Apesar da profissionalização das organizações, elas devem manter os vínculos com os movimentos de base, de modo que continuem sendo úteis para as necessidades das mulheres em todos os níveis.

Líderes e partidos políticos

- *Garantir que os processos de transição sejam tão abertos quanto possível para as mulheres.* Concretamente, os líderes e partidos políticos devem garantir que as mulheres tenham um lugar nos partidos, nas negociações e nos governos, e participem em pé de igualdade com os homens em todos os níveis. Quando tal objetivo parecer improvável, deve-se considerar a possibilidade de introduzir cotas obrigatórias e sanções efetivas – por exemplo, nas equipes de negociação – para garantir a presença das mulheres como interlocutoras.
- *Garantir que o projeto da Constituição, as políticas e as instituições posteriores à transição reflitam a perspectiva de gênero.* As questões de gênero devem ser devidamente redigidas e formalmente consagradas de forma duradoura, inequívoca e executável.

Atores internacionais

- *Apoiar aos ativistas que trabalham para garantir que as questões de gênero sejam levadas em conta nas transições.* Entre as medidas de apoio devem ser incluídas a assistência econômica, facilitar o intercâmbio de conhecimentos (tanto em nível regional como internacional), bem como as iniciativas de desenvolvimento de capacidades.
- *Dissociar o apoio às ativistas de gênero do apoio geral ao país.* O apoio às ativistas de gênero não deve depender de o país ser elegível para ajudas internacionais (por exemplo, devido ao seu PIB). Isso atenuaria a vulnerabilidade das ativistas de gênero às mudanças nas preferências dos doadores e contribuiria para consolidar o progresso e evitar retrocessos.
- *Exercer pressão sobre outros atores.* Os atores internacionais podem pressionar os políticos para que as questões de gênero e de mulheres façam parte dos processos e resultados da transição.

RESENHAS BIOGRÁFICAS DAS ENTREVISTADAS

Carlota Bustelo

Política e ativista espanhola a favor dos direitos das mulheres. É figura destacada do movimento feminista de esquerda na Espanha desde a década de 1970 e participou da criação da Frente de Liberação da Mulher. Em 1974, entrou no Partido

Socialista Operário Espanhol (PSOE). Entre 1977 e 1979, Bustelo foi deputada no Parlamento Constituinte, a assembleia que redigiu a nova Constituição da Espanha, e contribuiu para o debate sobre os direitos sexuais e reprodutivos das mulheres. No Congresso, defendeu com firmeza as cotas de gênero e a paridade nos partidos políticos, e desempenhou um papel fundamental na aprovação da Lei de Divórcio de 1981. Entre 1983 e 1988, foi a primeira diretora-geral do Instituto da Mulher, um órgão público autônomo dedicado a promover a igualdade de oportunidades entre mulheres e homens. Bustelo foi membro do Comitê das Nações Unidas para a Eliminação da Discriminação contra as Mulheres (CEDAW).

Pregaluxmi (Pregs) Govender

Vice-presidenta desde 2009 da Comissão de Direitos Humanos da África do Sul, onde dirige o trabalho sobre direitos socioeconômicos, o CEDAW e a lei de Acesso à Informação. Ativista política contra o *apartheid* desde 1974, Govender se juntou ao movimento sindical na década de 1980 e liderou a primeira universidade de trabalhadores (Workers College) na África do Sul. Durante a transição, liderou a Coalizão Nacional de Mulheres, que reuniu mulheres sul-africanas para que a Constituição atendesse às suas demandas. Também trabalhou no Escritório do Programa de Reconstrução e Desenvolvimento, um programa ao qual integrou as preocupações das mulheres. Como membro do Congresso Nacional Africano (CNA), Govender foi eleita parlamentar em 1994. Presidiu o Comitê Parlamentar para a Mulher e lançou o Orçamento das Mulheres no país. Durante o mandato de Mbeki, Govender presidiu as audiências públicas sobre o HIV e a aids. Foi o único membro do Parlamento que se opôs a um tratado de aquisição de armas na votação do orçamento de 2001, após isso renunciou ao seu mandato parlamentar.

Nursyahbani Katjasungkana

Advogada indonésia especializada em direitos humanos, ex-parlamentar e ativista de gênero. Há mais de 30 anos colabora com organizações não governamentais (ONGs) em questões relacionadas aos direitos humanos, direitos das mulheres e meio ambiente. Foi a primeira secretária-geral da Coalizão de Mulheres Indonésias por Justiça e Democracia, a primeira grande organização de mulheres naquele país desde 1965. Katjasungkana é cofundadora da Associação de Mulheres Indonésias pela Justiça, que oferece assistência jurídica direta às mulheres vítimas de violência e discriminação. É cofundadora da Rede Kartini para os Estudos da Mulher/de Gênero na Ásia e foi membro do Conselho Consultivo da Comissão Nacional de Direitos Humanos. Também cofundou a Rede de

ONG de Mulheres para Monitorar a Aplicação do CEDAW por parte do governo indonésio. Entre 1998 e 2005, foi membro da Comissão sobre a Violência contra a Mulher. Foi eleita para a Assembleia Consultiva Popular (1999-2009), onde redigiu a lei sobre Violência Doméstica.

Sheila Meintjes

Acadêmica e ativista sul-africana defensora dos direitos das mulheres. Meintjes participa da política feminista e sobre a mulher desde os anos 1970. Na década de 1980, foi membro da Organização de Mulheres Unidas, um grupo comunitário de base afiliado à Frente Democrática Unida, uma das organizações anti-*apartheid* mais importantes. Em 1989, começou a lecionar na Universidade de Witwatersrand, em Johanesburgo. Trabalhou como coordenadora de pesquisa da Coalizão Nacional de Mulheres, que desempenhou um papel significativo nas negociações para a transição à democracia na África do Sul. Meintjes foi nomeada membro da Comissão sobre a Igualdade de Gênero (2001-04). Dirigiu o programa de governança da Comissão e foi responsável por ela na província de Gauteng. É professora da Universidade de Wits. Entre suas áreas de pesquisa cabe mencionar a democracia nas sociedades multiculturais, a teoria feminista e a política de gênero, a violência e a transformação de conflitos.

Thenjiwe Mtintso

Dirigente política sul-africana, ex-diplomata e defensora dos direitos das mulheres. Nascida em Soweto, Mtintso começou a militar na Organização de Estudantes Sul-Africanos e no Movimento da Consciência Negra quando era estudante. Por causa da sua atividade política, foi expulsa da universidade, detida e torturada pelos serviços de segurança na década de 1970. Mtintso exilou-se em 1978, entrou no CNA e no Umkhonto we Sizwe, onde se tornou comandante. Voltou à África do Sul em 1992 e foi nomeada para o Comitê Executivo de Transição. Participou das negociações da Codesa e nas primeiras eleições democráticas em 1994 foi eleita deputada. Em 1997, foi a primeira presidenta da Comissão para a Igualdade de Gênero. Em 1998 foi nomeada vice-secretária-geral do CNA. É membro do Comitê Executivo Nacional do CNA e foi embaixadora da África do Sul em Cuba e na Itália.

Adriana Muñoz

Política e socióloga chilena defensora dos direitos das mulheres. Muñoz entrou no Partido Socialista do Chile em 1967. Após o golpe de Estado de 1973, foi para o exílio na Áustria e só voltou ao país em 1982. Em 1986, ingressou na Comissão Política do Partido Socialista do Chile e em 1987 participou na fundação do

Partido pela Democracia (PPD). Entre 1988 e 1990, Muñoz presidiu a Federação de Mulheres Socialistas, nos dois anos seguintes, foi vice-presidenta do PPD. Entre 1990 e 1994, e novamente a partir de 1997, Muñoz atuou como deputada do PPD na Câmara de Deputados do Chile. Foi a primeira mulher que presidiu a instituição (2002-03). Como defensora das mulheres na Câmara dos Deputados, propôs leis sobre questões como o divórcio, o aborto e a violência doméstica. Em novembro de 2013, foi eleita para representar a região de Coquimbo no Senado, a câmara alta do Congresso Nacional. Muñoz também trabalhou como pesquisadora e participou de vários projetos relacionados à questão de gênero.

Jacqueline Pitanguy

Acadêmica, legisladora e ativista de gênero. Pitanguy é uma das feministas mais conhecidas no Brasil. Enfrentou a junta militar brasileira e lutou ao mesmo tempo pela democratização do país e pelos direitos das mulheres. Após a restauração da governança democrática em 1985, Pitanguy assegurou que as questões de interesse para as mulheres tivessem lugar na nova Constituição. Foi presidenta do Conselho Nacional dos Direitos da Mulher, uma posição no gabinete que ocupou entre 1986 e 1989 e a partir da qual projetou e implementou uma série de medidas para melhorar a situação das mulheres. Pitanguy é codiretora executiva da Cepia (Cidadania, Estudos, Informação, Ação), uma ONG que fundou em 1990 focada em questões de saúde, direitos sexuais e reprodutivos, violência e acesso à justiça, pobreza e emprego desde uma perspectiva de gênero.

Dzodzi Tsikata

Acadêmica e defensora da igualdade de gênero em Gana. Tsikata participa ativamente no movimento de mulheres do país desde os anos 1980. É uma dos membros fundadores da Rede pelos Direitos das Mulheres de Gana, foi coordenadora da rede e atualmente é membro de seu Comitê Diretivo. Tsikata é professora associada do Instituto de Investigação Estatística, Social e Econômica e ex-diretora do Centro de Estudo e Promoção da Questão de Gênero da Universidade de Gana. Entre seus campos de pesquisa estão gênero e os meios de subsistência, gênero e as políticas e práticas de desenvolvimento, os sistemas de subsistência nos ambientes rural e urbano, e a política de posse da terra.

Teresa Valdés

Socióloga chilena, defensora dos direitos humanos e dos direitos das mulheres. Valdés foi presa pelo regime de Pinochet por causa de sua atividade política. Após sua libertação, assumiu a liderança do movimento de mulheres e, em 1983, cofundou Mulheres pela Vida, uma organização que convocou manifestações contra a ditadura. Trabalhou como pesquisadora e professora na Faculdade Latino-Americana de Ciências Sociais (Flacso) do Chile por 25 anos, onde foi fundadora e coordenadora do Departamento de Estudos de Gênero. Valdés foi pesquisadora principal e membro do Conselho Diretivo do Centro de Estudos para o Desenvolvimento da Mulher no Chile. Atualmente é coordenadora do Observatório de Gênero e Igualdade, uma fundação independente de pesquisa e conscientização.

Notas

1 Paxton, 2000.
2 Waylen, 2007.
3 Baldéz, 2002.
4 Haas, 2010.
5 Waylen, 2010.
6 Molyneux e Razavi, 2005.
7 Waylen, 1994.
8 Jaquette e Wolchik, 1998.
9 Roces, 2010.
10 Jaquette, 1994.
11 Waylen, 1994.
12 Alvarez, 1990; Baldéz, 2002; Hassim, 2006; Aquino, 1994; Quindoza Santiago, 1995.
13 Einhorn, 1993; Gal e Kligman, 2000.
14 Veja-se também Duran e Gallego, 1986.
15 Blackburn, 1999.
16 Fallon, 2003.
17 Mama, 2005.
18 Alvarez, 1990; Franceschet, 2005; Hassim, 2006.
19 Alvarez, 1999.
20 Blackburn, 2010.
21 Htun, 2003; Threlfall, 2004
22 Einhorn, 1993.
23 Veja Blackburn, 2010
24 Mama, 2005.
25 Valiente, 2003; Waylen, 2007.
26 Albertyn, 1994.
27 Albertyn, 1994.
28 Alvarez, 1990; Htun, 2003
29 Threlfall, 2004.
30 Bonime-Blanc, 1987, p. 95.
31 Abao e Yang, 2001.
32 Baldez, 2002.
33 Waylen, 2007.
34 Waylen, 2007.
35 Marx, Borner e Caminiotti, 2009.
36 Waylen, 2007.
37 Valiente, 2003; Haas, 2010; Blackburn, 2010.
38 Geisler, 2000.
39 Wieringa, 2006; Brenner, 2011.
40 Franceschet, 2005.

[41] Mama, 2005.
[42] Matynia, 2003.
[43] Htun e Weldon, 2010.
[44] Zielinska, 2000.
[45] Wieringa, 2006; Brenner, 2011.
[46] Tripp, 2013.
[47] Tsikata, 2009.
[48] Haas, 2010.
[49] Hassim, 2006.
[50] Alvarez, 1990.

Referências das entrevistas

Correspondência da autora com Carlota Bustelo, abril de 2013.
Entrevista da autora com Pregaluxmi Govender, janeiro de 2013.
Entrevista da autora com Nursyahbani Katjasungkana, janeiro de 2013.
Entrevista da autora com Sheila Meintjes, janeiro de 2013.
Entrevista da autora com Thenjiwe Mtintso, janeiro de 2013.
Entrevista da autora com Adriana Muñoz, dezembro de 2012.
Entrevista da autora com Jacqueline Pitanguy, dezembro de 2012.
Entrevista da autora com Dzodzi Tsikata, dezembro de 2012.
Entrevista da autora com Teresa Valdés, dezembro de 2012.

Referências e leituras recomendadas

ABAO, Carmel; YANG, Elizabeth, *Women in Politics, Limits and Possibilities: The Philippines Case* [As mulheres na esfera política, limites e possibilidades: o caso das Filipinas] (Manila: Friedrich Ebert Stiftung, 2001).

ALBERTYN, Cathi, "Women and the Transition to Democracy in South Africa" [As mulheres e a transição para a democracia na África do Sul], em Felicity Kaganas e Christina Murray (eds.), *Gender and the New South African Legal Order* [O gênero e o novo ordenamento jurídico sul-africano] (Cidade do Cabo: Juta, 1994), p. 39-63.

ALVAREZ, Sonia, *Engendering Democracy in Brazil: Women's Movements in Transition Politics* [Perspectiva de gênero na democracia brasileira: os movimentos de mulheres na política de transição] (Princeton: Princeton University Press, 1990).

ALVAREZ, Sonia, "Advocating Feminism: The Latin American Feminist NGO Boom" [Defesa do feminismo: o auge das ONGs feministas latino-americanas], *International Feminist Journal of Politics*, 1/2 (1999), p. 181-209.

AQUINO, Belinda, "Philippine Feminism in Historical Perspective" [O feminismo filipino de uma perspectiva histórica], em Barbara Nelson e Najma Chowdhury (eds.), *Women and Politics Worldwide* [Mulheres e política no mundo] (New Haven: Yale University Press, 1994), p. 591-604.

BALDÉZ, Lisa, *Why Women Protest: Women's Movements in Chile* [Por que as mulheres protestam: os movimentos de mulheres no Chile] (Cambridge: Cambridge University Press, 2002).

BLACKBURN, Susan, "Gender Violence and the Indonesian Political Transition" [Violência de gênero e a transição política indonésia], *Asian Studies Review*, 23/4 (1999), p. 433-48.

BLACKBURN, Susan, "Feminism and the Women's Movement in the World's Largest Islamic Nation" [Feminismo e o movimento de mulheres na maior nação islâmica do mundo], em Mina Roces e Louise Edwards (eds.), *Women's Movements in Asia* [Os movimentos de mulheres na Ásia] (Londres: Routledge, 2010), p. 21-33.

BONIME-BLANC, Andrea, *Spain's Transition to Democracy: The Politics of Constitution Making* [A transição espanhola para a democracia: a política da redação constitucional] (Boulder: Westview Press, 1987).

BRENNER, Susanne, "Private Moralities in the Public Sphere: Democratization, Islam and Gender in Indonesia" [Princípios morais privados na esfera pública: democratização, islamismo e gênero na Indonésia], *American Anthropologist*, 113/3 (2011), p. 478-90.

DURÁN, María Ángeles; GALLEGO, María Teresa, "The Women's Movement and the New Spanish Democracy" [O movimento de mulheres e a nova democracia espanhola], em Drude Dahlerup (ed.), *The New Women's Movement* [O novo movimento de mulheres] (Londres: Sage, 1986), p. 200-16.

EINHORN, Barbara, *Cinderella Goes to Market: Citizenship, Gender and Women's Movements in East Central Europe* [Cinderela vai ao mercado: cidadania, gênero e movimentos de mulheres na Europa do Leste e Central] (Londres: Verso, 1993).

FALLON, Kathleen M., "Transforming Women's Citizenship Rights within an Emerging Democratic State: The Case of Ghana" [Transformação dos direitos de cidadania das mulheres em um novo Estado democrático: o caso de Gana], *Gender & Society*, 17/4 (2003), p. 525-43.

FRANCESCHET, Susan, *Women and Politics in Chile* [Mulheres e política no Chile] (Boulder: Lynn Rienner, 2005).

GAL, Susan; KLIGMAN, Gail (eds.), *Reproducing Gender: Politics, Publics, and Everyday Life after Socialism* [Reprodução do gênero: política, cidadania e vida diária depois do socialismo] (Princeton: Princeton University Press, 2000).

GEISLER, Gisela, "'Parliament is Another Terrain of Struggle': Women, Men and Politics in South Africa" ["O Parlamento é outro campo de batalha": mulheres, homens e política na África do Sul], *The Journal of Modern African Studies,* 38/4 (2000), p. 616-19.

HAAS, Liesl, *Feminist Policymaking in Chile* [Formulação de políticas feministas no Chile] (University Park: Penn State University Press, 2010).

HASSIM, Shireen, *Women's Organizations and Democracy in South Africa: Contesting Authority* [As organizações de mulheres e a democracia na África do Sul: refutação da autoridade] (Madison: University of Wisconsin Press, 2006).

HTUN, Mala, *Sex and the State: Abortion, Divorce, and the Family under Latin American Dictatorships and Democracy* [O sexo e o Estado: o aborto, o divórcio e a família nas ditaduras e democracias da América Latina] (Cambridge: Cambridge University Press, 2003).

HTUN, Mala; WELDON, Laurel, "When Do Governments Promote Women's Rights: A Framework for the Comparative Analysis of Sex Equality Policy" [Quando os governos promovem os direitos da mulher: marco para uma análise comparativa das políticas para a igualdade entre os sexos], *Perspectives on Politics,* 8/1 (2010), p. 210-17.

JAQUETTE, Jane (ed.), *The Women's Movement in Latin America: Participation and Democracy* [O movimento de mulheres na América Latina: participação e democracia] (Boulder: Westview Press, 1994).

JAQUETTE, Jane e Wolchik, Sharon (eds.), *Women and Democracy: Latin America and Central and Eastern Europe* [As mulheres e a democracia: América Latina e Europa Central e do Leste] (Baltimore: Johns Hopkins University Press, 1998).

MAMA, Amina, "In Conversation: The Ghanaian Women's Manifesto Movement" [Conversas sobre o movimento ganense ao redor do Manifesto da Mulher], *Feminist Africa*, 4 (2005).

MARX, Jutta, Borner, Jutta e Caminiotti, Maria, "Gender Quotas, Candidate Selection and Electoral Campaigns" [Cotas de gênero, seleção de candidatos e campanhas eleitorais], em Jane Jaquette (ed.), *Feminist Agendas and Democracy in Latin America* [Agendas feministas e democracia na América Latina] (Durham: Duke University Press, 2009), p. 45-64.

MATYNIA, Elizabieta, "Provincializing Global Feminism the Polish Case" [Provincialização do feminismo global: o caso polonês], *Social Research*, 70/2 (2003), p. 454-71.

MOLYNEUX, Maxine; RAZAVI, Shahra, "Beijing Plus Ten: An Ambivalent Record on Gender Justice" [Pequim+10: um balanço ambivalente sobre a justiça de gênero], *Development and Change*, 36/6 (2005), p. 983-1010.

PAXTON, Pamela, "Women's Suffrage in the Measurement of Democracy: Problems of Operationalization" [O sufrágio feminino na avaliação da democracia: problemas práticos], *Studies in Comparative International Development,* 35 (2000).

QUINDOZA Santiago, Lilia, "Rebirthing Babaye: The Women's Movement in the Philippines" [Renascimento de *babaye*: o movimento de mulheres nas Filipinas], em Amrita Basu (ed.), *The Challenge of Local Feminisms* [O desafio dos feminismos locais] (Boulder: Westview, 1995), p. 110-30.

ROCES, Mina, "Century of Women's Activism in the Philippines" [Um século de ativismo da mulher nas Filipinas], em Mina Roces e Louise Edwards (eds.), *Women's Movements in Asia: Feminisms and Transnational Activism* [Os movimentos de mulheres na Ásia: feminismos e ativismo transnacional] (Londres: Routledge, 2010).

THRELFALL, Monica, "Gendering the Transition to Democracy: Reassessing the Impact of Women's Activism" [Incorporação da perspectiva de gênero à transição para a democracia: reavaliação do impacto do ativismo da mulher], em Monica Threlfall, Christine Cousins e Celia Valiente, *Gendering Spanish Democracy* [Incorporação da perspectiva de gênero à democracia espanhola] (Londres: Routledge, 2004).

TRIPP, Aili Mari, "Political Systems and Gender" [Sistemas políticos e gênero], em Georgina Waylen, Karen Celis, Johanna Kantola e Laurel Weldon (eds.), *Oxford Handbook of Gender and Politics* [Manual de gênero e política de Oxford] (Oxford: Oxford University Press, 2013), p. 514-29.

TSIKATA, D., "Women's Organizing in Ghana since the 1990s: From Individual Organizations to Three Coalitions" [Estruturas femininas em Gana desde a década de 1990: das organizações individuais a três coalizões], *Development*, 52/2 (2009), p. 185-192.

VALIENTE, Celia, "The Feminist Movement and the Reconfigured State in Spain" [O movimento feminista e a reconfiguração do Estado na Espanha], em Lee Ann Banaszak, Karen Beckwith e Dieter Rucht, *Women's Movements Facing the Reconfigured State* [Os movimentos feministas frente à reconfiguração do Estado] (Cambridge, Reino Unido: Cambridge University Press, 2003), p. 30-47.

WAYLEN, Georgina, "Women and Democratization: Conceptualizing Gender Relations in Transition Politics" [Mulheres e a democratização: conceitualização das relações de gênero na política de transição], *World Politics*, 46/3 (1994), p. 327-54.

WAYLEN, Georgina, *Engendering Transitions: Women's Mobilization, Institutions and Gender Outcomes* [Perspectiva de gênero nas transições: a mobilização das mulheres, instituições e resultados de gênero] (Oxford: Oxford University Press, 2007), p. 163.

WAYLEN, Georgina, "Gendering Policy and Politics in Transitions to Democracy: Chile and South Africa Compared" [A incorporação da perspectiva de gênero às políticas e a política nas transições à democracia: comparação entre Chile e África do Sul], *Policy and Politics*, 38/3 (2010), p. 337-52.

WIERINGA, Saskia, "Islamization in Indonesia: Women Activists' Discourses" [A islamização da Indonésia: discursos de mulheres ativistas], *Signs*, 32/1 (2006), p. 1-8.

ZIELINSKA, E., "Between Ideology, Politics and Commonsense: The Discourse of Reproductive Rights in Poland" [Entre a ideologia, a política e o sentido comum: o discurso dos direitos reprodutivos na Polônia], em Susan Gal e Gail Kligman (eds.), *Reproducing Gender: Politics, Publics, and Everyday Life after Socialism* [Reprodução do gênero: política, cidadania e vida diária depois do socialismo] (Princeton: Princeton University Press, 2000).

Do regime autoritário à governança democrática: aprender com os líderes políticos para construir o futuro

Abraham F. Lowenthal e Sergio Bitar

Os movimentos de oposição que, com frequência, defendem a democracia desafiaram os governos autoritários de países tão diferentes como Egito, Tunísia, Iêmen e Mianmar. Alguns deles cederam e é provável que outros farão o mesmo no final, dada a crescente exigência por participação e representação nos regimes antidemocráticos de Cuba, Ásia Oriental e Ocidental, norte da África e África Subsaariana.

Construir as democracias que devem ocupar o lugar desses regimes nunca foi e nunca será um processo simples ou rápido. No entanto, as correntes de mudança – às vezes com vaivéns – que ocorreram ao longo de várias décadas em grande parte do mundo deram lugar, em geral, a sistemas políticos mais abertos, participativos e responsáveis. As expectativas dos cidadãos quanto à autonomia pessoal e expressão política foram encorajadas por um nível mais alto de urbanização, renda, educação e alfabetização. Por sua vez, as novas tecnologias da informação e comunicação, que facilitam a mobilização das correntes opositoras, aceleraram essas tendências.

Por todos os lados as pessoas querem ser ouvidas e levadas em conta. Essa aspiração a se expressar na política coloca a transição do autoritarismo para a democracia de volta no centro da agenda internacional. É, portanto, um bom momento para analisar como foram realizadas as transições democráticas anteriores. Esta é uma questão muito importante, já que as transições aqui analisadas não tinham o sucesso garantido. Na verdade, muitas foram surpreendentes.

Este ensaio baseia-se em nossas entrevistas com 13 líderes políticos (12 ex-presidentes e um ex-primeiro-ministro) de 9 países,* que ajudaram a acabar com as autocracias e a criar os sistemas democráticos que as substituíram nos últimos vinte e cinco anos do século XX. Todos esses países conseguiram chegar a uma governança democrática: de forma desigual e, em alguns casos, incompleta e com terríveis retrocessos, mas, por enquanto, sem nenhum revés.

Aconteceram tentativas fracassadas de transição em outros países. Nós nos concentramos nesses nove casos de sucesso para conhecer as impressões dos líderes – a maioria já aposentada das lutas políticas partidárias – que contribuíram de maneira notável para orientar seus países para a democracia. Pretendemos extrair um conjunto de princípios úteis para aqueles que desejam promover transições democráticas para a democracia no futuro.[1]

Apresentamos, em primeiro lugar, algumas características dessas nove transições, enfatizando suas principais semelhanças e diferenças. Também destacamos que vários dos desafios mais difíceis surgiram várias vezes, embora de maneira diferente. Refletimos a forma como os líderes políticos – tanto aqueles que faziam parte de regimes autoritários e estiveram dispostos a apoiar a transição para a democracia, como aqueles que pertenciam aos movimentos de oposição que promoviam a transição – perceberam e abordaram esses problemas recorrentes. Estudamos as estratégias desenvolvidas pelos líderes, os obstáculos enfrentados e as lições que podem ser extraídas de suas experiências. Consideramos como as circunstâncias das transições presentes e futuras serão diferentes daquelas ocorridas no final do século XX, e as implicações de tais divergências. Finalmente, identificamos as qualidades particulares de liderança política que são exemplificadas nessas entrevistas e que são tão necessárias em nosso tempo. Os líderes não podem alcançar ou preservar a democracia sozinhos, mas sua contribuição é fundamental.

---

* N. R. T.: Além dos países aqui contemplados, as versões em inglês e espanhol abrangem Indonésia, Filipinas e Gana.

TRAÇOS GERAIS DE NOVE TRANSIÇÕES BEM-SUCEDIDAS

- A maioria dessas transições de um regime autoritário para uma democracia foram processos prolongados, não acontecimentos específicos. Houve momentos espetaculares em que a mudança se tornou visível – a posse de Nelson Mandela na África do Sul, as manifestações do Poder Popular nas Filipinas, a esmagadora vitória do *não* no plebiscito chileno de 1988 ou a surpreendente derrota dos comunistas poloneses nas eleições parcialmente livres de 1989 –, e que atraíram muita atenção. Por outro lado, tanto as transições anteriores como a maioria das contempladas neste capítulo foram realizadas gradualmente ao longo de um considerável período de tempo. Os acontecimentos emblemáticos podem desempenhar um papel essencial para catalisar ou simbolizar uma transformação política, mas o caminho para a democracia geralmente começa anos antes desses momentos e se prolonga até anos mais tarde. Aqueles que desejam empreender ou apoiar uma transição democrática deveriam sempre levar isso em conta.

  Geralmente, a origem dessas transições remonta a muito antes do momento memorável em que o regime autoritário é finalmente derrubado. Os primeiros passos para a transição no geral ocorrem sem ruído, até de maneira imperceptível: na oposição política, dentro do próprio regime autoritário, na sociedade civil ou em várias áreas ao mesmo tempo.

  No caso dos movimentos de oposição, essas etapas prévias à transição – nas quais às vezes participam partidos políticos, grupos de estudo ou de reflexão, sindicatos, movimentos de mulheres e estudantes, ou outras organizações não governamentais (ONGs) do país – serviram para estabelecer ou fortalecer laços pessoais e melhorar a confiança entre diferentes setores da oposição. Em alguns casos, as comunicações também foram melhoradas e foi alcançado um entendimento entre certas figuras do regime autoritário e alguns líderes da oposição.
- Uma vez em andamento, as transições caminham em diferentes velocidades: acontecem avanços, retrocessos e, muitas vezes, ziguezagues. Acontecimentos inesperados podem ter consequências significativas. O presidente eleito do Brasil Tancredo Neves, que o movimento de oposição havia indicado como candidato nas eleições indiretas de 1985, adoeceu e morreu na véspera de assumir o cargo e se tornar o primeiro presidente civil depois de duas décadas de regime militar. Após um acordo político que

havia sido alcançado para melhorar as perspectivas eleitorais da oposição, a morte de Neves fez com que a presidência passasse inesperadamente para as mãos do vice-presidente eleito José Sarney, uma figura civil conservadora proveniente do regime militar. Sua ascensão atrasou – embora, de certa forma, tenha facilitado – o processo de transição. O plano fracassado que um grupo de esquerda radical tinha preparado para assassinar Augusto Pinochet no Chile em 1986 forçou a oposição democrática a romper definitivamente seus vínculos com os defensores da violência. Os assassinatos de Luis Carrero Blanco na Espanha, Chris Hani na África do Sul e Benigno Aquino (líder da oposição política ao regime de Marcos, que foi assassinado em 1983 na pista do aeroporto quando voltava a Manila do exílio) nas Filipinas contribuíram para uma série de decisões políticas de profundo alcance. A queda do Muro de Berlim em 1989 – e as posteriores mudanças na União Soviética e sua dissolução – transformou radicalmente o contexto em que ocorreu a mudança na Polônia e na África do Sul. Por sua vez, a crise financeira asiática de 1997-98 enfraqueceu Soeharto na Indonésia. Os líderes políticos não esperavam nenhuma dessas surpresas, muitas das quais apresentaram obstáculos imprevistos. Embora esses eventos exigissem respostas hábeis, não interromperam a possibilidade de alcançar a democracia.

- Em raras ocasiões, os regimes autoritários caem repentinamente devido a uma crise econômica, como aconteceu na Indonésia em 1998. Ou pela indignação popular frente a atos incendiários, como o assassinato de Aquino e as posteriores eleições antecipadas, totalmente fraudulentas, que Marcos organizou em 1986.[2] No entanto, mesmo nesses casos excepcionais, houve um longo processo de mobilização social contra o regime, seguido por uma negociação tácita ou explícita que ajudou a gerar acordos sobre os princípios e procedimentos necessários para possibilitar a governança democrática. As democracias não surgiram diretamente das gigantescas manifestações de rua, por mais impressionantes que fossem.
- A maioria das transições levou muito tempo para atingir a maturidade e sua institucionalização. Em alguns países – incluindo o Brasil, o Chile, a Espanha, as Filipinas, a Polônia e a África do Sul –, os movimentos de oposição tiveram que pressionar durante anos para acabar com o regime autoritário. Eles foram superando etapas e, de tempos em tempos, tiveram que enfrentar contratempos imprevistos. Na África do Sul, em Gana, na Polônia e no Brasil,

os regimes autocráticos (ou certos setores deles) estenderam a mão a elementos moderados da oposição, em parte com a intenção de melhorar sua legitimidade internacional ou por causa de pressões externas, e estabeleceram relações com as forças da oposição que estavam dispostas a negociar uma abertura desses regimes. Na Espanha, na África do Sul e na Polônia, por exemplo, os longos conflitos deram lugar a processos de diálogo e longas negociações entre as elites, com demonstrações periódicas de força por parte de um ou dos dois lados. Essas negociações estabeleceram uma série de parâmetros e possibilitaram a elaboração progressiva dos princípios e das práticas para a construção de acordos que permitiram aos movimentos democráticos obter amplo apoio e, a longo prazo, se afirmarem.

- As transições apresentaram certas características comuns, mas diferiram em seu início, sequência e trajetória. Surgiram em circunstâncias diferentes, como as ditaduras de tipo personalista, com apoio militar da Espanha, Indonésia e Filipinas. O governo militar institucional do Brasil e do Chile, o governo quase militar de um autocrata carismático em Gana, sistemas muito diferentes com um único partido dominante no México e na Polônia, neste último caso reforçado e limitado pelo apoio externo da União Soviética ou o governo excludente de uma oligarquia branca que por muito tempo reprimiu a maioria negra na África do Sul.[3]

Esses regimes apresentavam outras diferenças que também influenciaram em seu final e condicionaram as perspectivas para a democracia. Nem todos controlavam o território nacional nem tinham igual adesão de seus cidadãos, incluindo os de diversas origens étnicas, crenças religiosas e lealdades regionais. Essas diferenças influenciaram significativamente as transições da Espanha, África do Sul, Gana, Indonésia e Filipinas, onde certas regiões e grupos étnicos exigiram mais autonomia e recursos.

Vários governos autoritários conseguiram um desenvolvimento econômico razoável, promovendo o bem-estar social e protegendo a segurança nacional e dos cidadãos, pelo menos a dos segmentos dominantes da população. Mas nem sempre essa foi a situação. As transições dos regimes relativamente bem-sucedidos e as dos precários tomaram caminhos diferentes, determinados pelo poder relativo dos governos em relação às forças opositoras. As transições do Brasil, do Chile e da Espanha, por exemplo, foram afetadas pela impressão de que governos autoritários em exercício ofereciam segurança e crescimento econômico aos cidadãos.

Nessas transições o grau de disciplina e coerência profissional das Forças Armadas, Polícia, serviços de inteligência e outros serviços de segurança também foi um fator de influência, bem como o apoio que receberam da opinião pública. Foram condicionadas pela solidez relativa das instituições civis, incluindo os partidos políticos, o Poder Legislativo e o Judiciário. As transições chilena e brasileira foram mais simples graças à persistência e à recuperação dos partidos políticos, das instituições e das tradições preexistentes. A ordem constitucional ou jurídica e as redes anteriores também foram importantes na Espanha, na Indonésia, nas Filipinas, em Gana e no México. Em alguns países, a rejeição à experiência recente de violência, repressão ou corrupção, ou mesmo a saudade de aspectos valorizados do passado, repercutiram nas transições.

Também aconteceu isso, em maior ou menor medida, nos pontos fortes relativos e nas características específicas das organizações da sociedade civil, por exemplo, os sindicatos, as comunidades religiosas, as associações de estudantes e os grupos de mulheres. Além disso, as relações desses grupos com o regime autoritário, as forças de segurança e os setores empresariais tiveram importância. O Congresso Nacional Africano (CNA) na África do Sul, a Coalizão pelo não e a posterior Coalizão no Chile, o Partido Socialista (PSOE) e o Partido Comunista (PCE) na Espanha, Solidariedade na Polônia e outros partidos, movimentos políticos e organizações da sociedade civil em outros países ajudaram a mobilizar a pressão contra os governos autoritários. Quanto maior o apoio organizado recebido pelo movimento de oposição e seus líderes, maior eram as chances de obter concessões importantes nas frequentes negociações, tácitas ou explícitas, com os governos autoritários.

- Algumas dessas transições surgiram, pelo menos em parte, como resultado de uma aproximação mútua entre certos setores dos comandos superiores do regime autoritário e elementos da oposição. Isso aconteceu no Brasil, na Espanha, no México, na Polônia e em Gana. Em outros casos, os regimes responderam principalmente à pressão das mobilizações sociais de base, por exemplo, na Polônia, na Indonésia, no Chile, nas Filipinas e na África do Sul. Muitas transições tiveram origem em uma negociação tácita ou explícita entre certos elementos do governo no poder e a oposição. Foi o que aconteceu, de diferentes formas, na Espanha, no Brasil, na África do Sul, no Chile, na Indonésia, no México e na Polônia. Algumas transições (não muitas) envolveram acordos formais entre as elites, como os Pactos de Moncloa sobre a política econômica na Espanha, que posteriormente levaram a acordos políticos.

- Todas essas transições foram o resultado de forças e processos internos, embora também tenham sido afetadas, de diferentes maneiras, pelo contexto internacional e por instâncias externas concretas. As tendências regionais, as ideologias predominantes na arena internacional e as ligações com democracias consolidadas foram relevantes, bem como o caráter e o grau de integração de cada país na economia mundial.[4] Assim, em alguns casos, houve pressões concretas das grandes potências, dos países vizinhos, das instituições internacionais ou outros agentes externos, como ONGs, empresas, organizações trabalhistas e meios de comunicação, bem como das comunidades da diáspora. Em muitos países, a experiência pessoal dos líderes políticos no exterior, muitas vezes exilados, e as ideias e redes de contatos resultantes, também foram importantes, como ficou refletido nas entrevistas com Cardoso, Lagos, Mbeki e Habibie.

Em alguns casos (embora não em todos, longe disso), os líderes políticos, os partidos e outros participantes aprenderam com a experiência de transições anteriores e com o intercâmbio de ideias em nível internacional. Mbeki enfatiza que os conselhos do presidente da Tanzânia Julius Nyerere sobre a criação de uma nova Constituição influenciaram o pensamento do CNA sul-africano, da mesma forma que a experiência do Chile com sua Comissão Nacional de Verdade e Reconciliação orientou o trabalho da África do Sul na justiça da transição. Lagos aponta como acabaram sendo úteis aos chilenos os conselhos dados pelo espanhol Felipe González sobre o relacionamento com as Forças Armadas, a Polícia e os serviços de informação. Os poloneses Mazowiecki e Kwasniewski lembram que a invasão soviética da Tchecoslováquia e da Hungria teve um impacto nas abordagens do general Jaruzelski e da oposição na Polônia. A Guerra Fria entre Estados Unidos e União Soviética e seu fim tiveram profundas repercussões em todas essas transições. Embora os atores internacionais não fossem decisivos por si mesmos em nenhuma transição, o apoio internacional a forças políticas e organizações locais (e a interação com eles) ou a retirada de apoio externo ao regime autoritário foram importantes em praticamente todos os casos.

Nenhum desses fatores estruturais, históricos e contextuais determinou sozinho o momento e o modo pelo qual as autocracias chegaram ao fim, nem como a democracia seria moldada a longo prazo. Aos líderes políticos do governo, aos partidos e aos diferentes movimentos correspondeu tomar as decisões críticas. Muitas vezes precisavam escolher entre alternativas pouco atraentes. Tanto a habilidade quanto a sorte afetaram os resultados.

Nesses nove países, a transição do governo autoritário deu lugar a uma democracia constitucional, institucionalizada por meio de eleições periódicas, fundamentalmente livres e razoavelmente justas, com limites significativos do Poder Executivo e garantias práticas dos direitos políticos básicos, especialmente a liberdade de expressão e reunião, e as liberdades individuais.[5] Alguns desses países ainda possuem limites significativos relacionados à qualidade da governança democrática real, mas as instituições democráticas permanecem em funcionamento em todos os casos. O fato de que todos os países estabeleceram uma democracia institucional que não foi revertida por pelo menos uma geração revela que há lições futuras que podem ser extraídas desses líderes políticos que orientaram essas transformações históricas e que podem ser especialmente úteis para aqueles que empreendem as novas transições.

Dada a diversidade de circunstâncias e trajetórias das transições de um regime autoritário para a democracia, não é possível oferecer um modelo único ou um simples manual de "boas práticas". Podemos, no entanto, aprender muito com os líderes que deram forma a essas transições, especialmente analisando como eles perceberam e lidaram com certas questões-chave que surgiram em quase todos os casos.

DESAFIOS RECORRENTES NAS TRANSIÇÕES

Existem quatro grandes grupos de desafios: preparação para a transição; fim do regime autoritário; execução e gestão da transferência de poder; e estabilização e institucionalização da democracia emergente. Esses desafios nem sempre se manifestaram de forma linear ou ordem cronológica, mas surgiram em todos os casos e provavelmente estarão presentes em transições futuras.

Preparação para a transição

Em termos gerais, as forças internas que desejavam o fim do regime autoritário tiveram que reunir apoio, coerência, legitimidade e outros recursos suficientes para questionar a capacidade do governo desse regime e se tornarem aspirantes plausíveis ao poder nacional. Em alguns casos, também tiveram que virar interlocutores viáveis de pessoas pertencentes ao regime autoritário que perceberam a necessidade de um aliado que oferecesse uma possível estratégia de saída. Da mesma forma, às vezes tiveram que ganhar credibilidade com os atores internacionais interessados em apoiar uma transição. Para atingir esses objetivos, foi preciso superar com frequência divergências profundas em relação aos propósitos, estratégias, táticas e liderança entre aqueles que se opunham ao regime autoritário. Convencer os diferentes grupos da oposição que deveriam superar suas grandes diferenças para enfrentar o regime não foi, em geral, uma tarefa fácil. A criação de uma ampla coalizão, capaz de derrubar um regime autoritário e firmemente comprometida com valores democráticos, exigiu um trabalho diligente para superar as divisões dentro da oposição. Ao mesmo tempo, foi necessário entender e aproveitar essas divisões, evidentes ou latentes, dentro do regime. Saber como unir a oposição e dividir o adversário foi fundamental em muitas transições. Isso é apontado, por exemplo, por Cardoso, que enfatizou sua principal estratégia: não derrubar os militares, mas induzi-los a buscar uma saída.

Fim do regime autoritário

Os governos autoritários não renunciaram ao poder até que pelo menos um setor importante dentro do regime percebesse que era a única maneira de evitar consequências indesejadas importantes: grande perda de apoio popular, violência civil, divisão nas Forças Armadas, sérios prejuízos econômicos, ostracismo internacional ou ameaças à integridade do território nacional. A humilhação que significaria uma derrota militar, um colapso econômico ou uma derrota eleitoral acelerou em alguns casos a saída do regime. No entanto, no geral, esses traumas levaram a transições democráticas apenas quando certos segmentos do governo autoritário toleraram ou apoiaram as demandas democráticas da oposição.

Assim, as forças da oposição tiveram que elaborar abordagens que induzissem tais elementos dentro do governo autoritário a se abrir para uma transição. Para isso, no geral era necessário garantir que não seria realizada uma vingança sistemática contra os antigos governantes e seus principais apoiadores, que os interesses econômicos e de outros tipos dos centros de poder estabelecidos seriam respeitados, embora nem a corrupção flagrante nem os privilégios grosseiros seriam tolerados e que a lei protegeria os direitos individuais das velhas elites governantes quando as novas autoridades assumissem o poder. Não foi fácil conciliar essas garantias com as compreensíveis aspirações das forças da oposição, algumas das quais tinham sofrido um prolongado ostracismo e assumiram grandes riscos para lutar contra o regime autoritário. Mas *foi* possível, e muitas vezes os líderes das transições, tanto aqueles que pertenciam aos governos autoritários quanto aos movimentos de oposição, consideraram isso necessário.

Execução e gestão da transferência de poder

Para realizar as transições com sucesso, foi necessário resolver tensões e dilemas diversos, e muitas vezes interconectados. As pessoas que assumiram o poder tiveram que promover a ordem pública, acabar com a violência e, ao mesmo tempo, garantir que todas as forças de segurança e informação, incluindo os protagonistas da repressão do passado, agissem a partir desse momento em conformidade com a lei e sob o controle das novas autoridades civis.

Também tiveram que inspirar confiança no país e alcançar legitimidade em nível internacional. Para isso, em muitos casos, foi necessário desenvolver procedimentos eleitorais que permitissem registrar e respeitar a vontade da maioria dos eleitores, mas também convencer as principais minorias políticas (entre as que eram aliadas do regime que estava de saída) de que estariam representadas e que seus interesses seriam protegidos de acordo com o Estado de direito.

Um terceiro aspecto que precisou ser abordado foi que as novas pessoas que ocupariam cargos de poder tivessem a preparação técnica e política necessária para exercer suas responsabilidades governamentais: adquirindo a formação e as habilidades relevantes, atraindo funcionários que já tivessem tais habilidades ou mantendo uma parte do pessoal do regime anterior, como apontam González, Mazowiecki e Mbeki. Lidar com assuntos importantes – desde políticas macroeconômicas até a prestação de serviços sociais ou a busca da justiça de transição – exigia perspectivas, competências e conhecimentos especializados muito diferentes daqueles que exigia ser oposição. Em muitos casos, foi necessário "aprender fazendo".

Os governos da oposição foram forçados a equilibrar a necessidade de competências burocráticas, tecnocráticas, de segurança e judiciais, a fim de reduzir a influência do regime anterior. Foi necessário mudar a perspectiva dos serviços burocráticos e das forças policiais e de segurança, que deixaram de controlar súditos para servir aos cidadãos. Por sua vez, os cidadãos tiveram que ser persuadidos a começar a aceitar e confiar em um Estado que muitos, como é compreensível, consideravam ilegítimo e hostil.

Os líderes das transições tiveram, de um lado, que encontrar um equilíbrio entre sua obrigação de responder às pessoas cujos direitos humanos tinham sido violados pelo regime anterior e punir quem tinha cometido infrações graves, e, do outro lado, manter a lealdade das forças de segurança (sendo que alguns de seus membros tinham participado em tais violações). Ao mesmo tempo, tinham que garantir aos cidadãos que essas forças seriam capazes de lutar eficazmente contra o crime, a violência e, em alguns casos, os movimentos separatistas e insurgentes. Foi necessário encontrar uma maneira de promover a aceitação mútua e pacífica de antigos inimigos declarados, uma tarefa nada simples.

Em termos gerais, as novas autoridades herdaram antigos padrões de corrupção e impunidade. Foi necessário estabelecer ou proteger a autonomia e a autoridade de juízes e meios de comunicação independentes, que pudessem exigir a prestação de contas dos governos nacionais e outros agentes e, ao mesmo tempo, evitar a criação de centros com capacidade para bloquear as iniciativas do novo governo.

Também foi preciso promover o crescimento econômico e criar emprego, controlar a inflação, melhorar a oferta de habitação, saúde e educação, além de expandir os gastos públicos para atender às necessidades dos pobres, adiadas por muito tempo. Para alcançar resultados positivos, as novas autoridades tiveram que incentivar os investidores nacionais e estrangeiros, dissipando os receios de que estariam favorecendo grupos privilegiados. Frequentemente, os novos governos tiveram que convencer a opinião pública a apoiar políticas macroeconômicas voltadas para a geração de benefícios de longo prazo, mas que, no curto prazo, exigiam duros sacrifícios e geravam incerteza. Os líderes dessas transições adotaram abordagens orientadas para o mercado e políticas fiscais e monetárias prudentes. Todos aceitaram – mesmo aqueles que estavam relutantes no início – que tais medidas eram necessárias em uma economia cada vez mais globalizada, embora fossem combinadas com políticas sociais firmes e enérgicas, a fim de promover um desenvolvimento econômico mais igualitário.

Estabilização e institucionalização da democracia emergente

À medida que as transições democráticas começaram a se consolidar, os líderes políticos tiveram que enfrentar, com frequência, novas questões espinhosas. Depois de alguns anos, parte da opinião pública questionou os líderes políticos e, às vezes, a própria democracia, pois as expectativas econômicas ou políticas não foram atingidas. Muitas vezes, os movimentos que se uniram na oposição ao regime autoritário se dividiram, com o consequente enfraquecimento dos governos, ou esses movimentos foram caindo, com o tempo, no conformismo e na complacência.

Na mesma linha, as organizações da sociedade civil – incluindo grupos de defesa dos direitos humanos e dos movimentos das mulheres – que tinham contribuído muito na oposição à ditadura, às vezes se atrofiaram ou adotaram posições radicais e prejudiciais quando muitos dos seus líderes mais talentosos e pragmáticos se integraram ao governo ou a um partido político. Em tais circunstâncias, era difícil manter um grupo de ONGs ativas e independentes. Criar relações boas entre um novo governo e as novas forças da oposição (entre as quais, às vezes, estavam as autoridades do período anterior), bem como com as forças sociais independentes e as organizações da sociedade civil, não foi fácil. Exigiu uma atitude atenta e sustentada.

Aprender com os líderes políticos

Nas circunstâncias especialmente incertas das transições sistêmicas, os líderes políticos são muitas vezes forçados a tomar decisões com pouca informação ou certeza sobre suas consequências.[6] Muitos se lembram das apreensões que os motivaram a chegar a acordos que alguns consideraram tímidos naquele momento (assim como nas gerações seguintes). O depoimento deles explica como e por que tomaram decisões difíceis sobre questões como a relação entre o mundo civil e militar, a justiça da transição e os domínios reservados.[7] O medo de um retorno ou uma explosão de violência também condicionaram sua perspectiva ao elaborar as disposições constitucionais, os sistemas eleitorais e as políticas econômicas. Os riscos, as incertezas e as decisões difíceis eram inevitáveis, mas não necessariamente impediram que os líderes tomassem medidas para evitar a paralisia.

Avançar gradualmente

Todos esses líderes consideraram importante aproveitar toda oportunidade, ainda que parcial, para avançar, em vez de rejeitar o progresso gradual com a esperança (embora sem garantia) de ser capaz de efetuar, posteriormente, uma mudança maior. Sublinharam sua determinação de melhorar as situações indesejáveis, em vez de imaginar uma maneira de começar do zero ou, simplesmente, ignorar as limitações rígidas que atrasavam a realização de seus objetivos fundamentais.

Aylwin, por exemplo, refere-se ao debate ocorrido dentro da oposição sobre a conveniência de participar (e em quais condições) do plebiscito chileno de 1988, previsto na Constituição imposta por Pinochet em 1980. Os argumentos que acabaram vencendo foram os de questionar o regime com suas próprias regras em vez de insistir em apontar sua ilegitimidade. Lagos lembra que Felipe González o aconselhou junto com seus companheiros a "sair do poço" – isto é, a adquirir maior força e influência – antes de apresentar mais exigências. Cardoso explica sua inclinação – resistida por muitos na oposição brasileira – a aceitar o fato de que o regime militar não permitiria eleições presidenciais diretas. Em vez disso, ele propôs que trabalhassem dentro das regras do regime para disputar as eleições de 1985. De Klerk e Mbeki falam sobre a decisão crucial de chegar a um acordo sobre os princípios de uma Constituição provisória antes das primeiras eleições nacionais democráticas; princípios estes discutidos, melhorados e aprovados pelo Congresso eleito mais tarde na África do Sul. Mazowiecki e Kwasniewski destacam o acordo para realizar em 1989 as primeiras eleições parcialmente livres, de acordo com um "contrato" que garantia aos comunistas a maioria dos deputados e que o general Jaruzelski seria nomeado presidente, a fim de assegurar uma transição gradual na Polônia. Kufuor explica as razões pelas quais rejeitou o boicote de seu partido às eleições de 2000 em Gana. Zedillo enfatiza a importância das reformas graduais nos procedimentos eleitorais ao longo de vários anos, que foram propostas pelo Partido da Ação Nacional (PAN) e aceitas pelo governante Partido Revolucionário Institucional (PRI), muito antes de parecer provável que o PRI perderia o poder no México.

Esses líderes sistematicamente favoreceram as oportunidades de ganhar terreno sempre que possível, embora algumas prioridades fundamentais só puderam ser parcialmente atendidas, e em um momento em que as organizações cidadãs e partidárias importantes levantavam exigências que os líderes não consideravam viáveis. **Rejeitar as posições extremistas exigiu, em alguns casos, mais coragem política do que aderir aos objetivos ou se apegar a princípios que eram atraentes, mas que talvez não fossem realistas**.

Para combater a repressão e pressionar por medidas de abertura, os líderes da oposição tiveram que mobilizar protestos. Desafiar a ordem e as normas estabelecidas, denunciar a detenção, tortura e expulsão de dissidentes, e lutar contra a legitimidade nacional e internacional do regime. No entanto, deviam estar sempre dispostos a fazer concessões que permitissem melhorar sua situação.

Por outro lado, os membros do regime autoritário que estavam abertos a uma transição democrática tiveram que manter sua autoridade e o apoio de seus principais elementos, ao mesmo tempo em que cediam espaço aos opositores. Era preciso estar disposto a assumir riscos. Como fez De Klerk ao convocar e vencer um referendo em que apenas a população branca votou e cujo objetivo era obter apoio para suas negociações com o CNA. Mazowiecki, González, De Klerk, Mbeki, Cardoso, Aylwin e Lagos destacam, sob diferentes perspectivas, que os líderes dos dois lados tiveram que combinar o exercício da pressão contínua com a vontade real de buscar soluções pactuadas. Realizar uma transição bem-sucedida não é uma tarefa para dogmáticos.

Necessidade de uma visão otimista e inclusiva

Embora às vezes tenha sido necessário fazer concessões pouco satisfatórias, esses líderes também entenderam que deviam projetar uma visão ampla e otimista do significado da transição. Preferiram apontar os benefícios do caminho a percorrer em vez de se concentrarem nas injustiças do passado. Uma visão atraente do futuro a longo prazo para a sociedade como um todo e promessas moderadas de benefícios mais imediatos contribuíram para sustentar transições complexas em períodos de alta tensão, que implicou perigos, custos e decepções. Tais visões eram necessárias para combater o medo, que poderia desmobilizar as organizações sociais e paralisar o povo. Superar o medo dominante foi um enorme desafio para muitos desses líderes, como afirmam Lagos, De Klerk, Mazowiecki e González. Especialmente comovente é a história que Lagos conta sobre a mulher socialista que, no entanto, tinha decidido votar em um candidato democrata-cristão para evitar o retorno da polarização política.

Promover a convergência e criar coligações

Promover a convergência, armar consensos e criar coalizões entre as forças da oposição era essencial para realizar essas transições e iniciar a construção da governança democrática. Foi importante colocar em contato os partidos políticos da oposição e os movimentos sociais – como os trabalhadores, os estudantes, as mulheres, os grupos de defesa dos direitos humanos e as instituições religiosas – para que juntos pudessem colaborar no processo de definição e realização dos objetivos gerais da oposição. É claro que os contatos entre as elites eram importantes, tanto dentro das forças da oposição quanto entre estas e algumas pessoas que se opunham a uma mudança de regime. Mas também era o sentimento popular de que os movimentos democráticos eram realmente inclusivos e não meros instrumentos a serviço de certos indivíduos ou grupos. A participação dos movimentos sociais foi fundamental para mobilizar a oposição ao regime autoritário e dar forma a uma nova Constituição, protegendo os direitos humanos e construindo os partidos políticos e a sociedade civil. Em muitos casos, as mulheres e suas organizações desempenharam um papel essencial para lograr esses objetivos, como apontam Habibie, Mbeki, Cardoso, Rawlings, Lagos e Ramos. Esse aspecto é discutido em detalhes no capítulo de Georgina Waylen.

Para alcançar a convergência foi necessário focar claramente no que unia as pessoas, não no que as separava, como apontaram Aylwin e González, entre outros. Mas decisões difíceis também tiveram que ser tomadas para excluir certos grupos que se negavam a renunciar à violência ou insistiam em fazer exigências inflexíveis de autonomia regional, étnica ou sectária. A incorporação de tais demandas provavelmente teria diminuído as chances de a transição ter um final feliz na Espanha, na África do Sul, no Chile, na Indonésia e nas Filipinas. Os líderes políticos tiveram que promover a aceitação entre grupos opostos ao regime autoritário, às vezes hostis entre si, e encontrar maneiras de reconciliar diferentes posições ou estabelecer as bases da tolerância mútua com os membros do governo de turno e seus apoiadores. Ao mesmo tempo, os elementos intransigentes de ambos os lados tiveram que ser isolados.

Muitas vezes, os líderes da oposição tiveram que construir pontes com os elementos moderados do regime anterior e outros centros de poder na sociedade, especialmente com interesses empresariais importantes. Em muitos casos, também foi necessário conciliar as opiniões dos membros da oposição que viviam no exílio (ou acabavam de voltar) com aqueles que estavam se organizando no país, ou às vezes optar por uma dessas posições, como observou Mbeki, Lagos, Cardoso e González.

O estilo e a posição pessoal também foram importantes para construir um consenso. Habibie foi por sua própria iniciativa à Assembleia Nacional para solicitar seu apoio imediatamente após a queda de Soeharto, e autorizou o general Wiranto a reter os poderes de exceção que o presidente havia lhe concedido, garantindo assim sua lealdade. Ramos adotou uma decidida abordagem consultiva e deliberativa para a formulação de políticas. Cardoso compareceu com sua esposa às cerimônias de promoção de oficiais das Forças Armadas brasileiras, para estreitar os laços pessoais aos que mais tarde iria recorrer para acabar com os ministérios do Exército, da Marinha e da Aeronáutica e criar um ministério civil da Defesa, como era sua proposta. Aylwin esteve pessoal e ativamente envolvido na busca de possíveis membros para a Comissão Nacional de Verdade e Reconciliação chilena, que exigia pessoas com credibilidade em vários setores. Em alguns casos chegou inclusive a visitá-los em suas residências. Mazowiecki presidiu as longas sessões de seu gabinete em busca de consenso e trabalhou sistematicamente para criar um governo inclusivo. Zedillo aceitou as propostas dos opositores PAN e Partido da Revolução Democrática (PRD) para mudar as leis e os procedimentos eleitorais mexicanos. Todas essas iniciativas exigiram confiança, visão, paciência, persistência e um tempo muito valioso. Também foram o reflexo de uma série de esforços deliberados e cuidadosos para demonstrar às forças em disputa que todas teriam algo a dizer no novo regime.

Criar e proteger espaços para o diálogo

Criar e proteger espaços para o diálogo direto entre os grupos da oposição, e entre o governo e os líderes da oposição, era fundamental. Às vezes, esse contato tinha que ser desenvolvido em segredo, o que temporariamente provocou a desconfiança de alguns grupos da oposição. Foi essencial construir pontes entre os movimentos políticos e grupos empresariais, associações profissionais, congregações religiosas e organizações da sociedade civil. Alguns deles tinham colaborado no passado com o regime autoritário, mas pareciam dispostos a assumir uma posição neutra ou até mesmo se distanciar dele. Esses líderes consideraram muito mais importante investir em relacionamentos futuros do que resolver disputas do passado.

Os debates orientados ao futuro serviram para depurar a visão e os programas da oposição, criar consensos e desenvolver compromissos comuns, por exemplo, com a democracia e os direitos humanos. Também ajudaram a esclarecer as questões mais difíceis durante a negociação. Esses diálogos contribuíram com ideias e análises e até mesmo para a criação de uma série de normas para a futura governança democrática. Um exemplo disso são as “conversas sobre conversas”, que os funcionários do governo e os líderes do CNA mantiveram secretamente fora da África do Sul, bem como os “retiros” que De Klerk organizou com os líderes do Partido Nacional (PN) para chegar a um acordo nas negociações com o CNA. Outros exemplos destacados são o papel do Grupo dos 24, a Academia do Humanismo Cristão, a Corporação de Estudos para a América Latina (Cieplan) e Vector no Chile; o Centro Brasileiro de Análise e Planejamento (Cebrap) e outros centros de reflexão nesse país; a Mesa-Redonda e as discussões privadas prévias em Magdalenka entre o Solidariedade e o governo comunista da Polônia;

as conversações entre Adolfo Suárez e a Comissão dos Nove antes das eleições de 1977 na Espanha; e a importância das organizações islâmicas na Indonésia e a Ordem dos Advogados e outros grupos da sociedade civil em Gana. Foi importante respeitar e não truncar os tempos para realizar os debates necessários que muitas vezes foram essenciais para formar coalizões e consensos.

Elaboração de uma constituição

A aprovação de uma nova Constituição ou emendar a existente foi uma tarefa essencial na maioria dos países, mas também difícil e, às vezes, perigosa. Como não poderia ser de outra forma, o processo provocou debates importantes sobre questões fundamentais: os direitos sociais e econômicos, a concepção e os pormenores do sistema eleitoral, o papel dos militares, a reforma do sistema judiciário e, em alguns casos, a questão da autonomia regional. Os sistemas e procedimentos eleitorais eram frequentemente motivo de disputas amargas, assim como a legalização de grupos políticos que os governos autoritários tinham proibido porque eram considerados subversivos.

Na criação das novas Constituições, várias abordagens alternativas foram aplicadas: eleger uma assembleia constituinte, criar uma comissão especial ou delegar essa função ao Parlamento, às vezes antes de apresentar o documento resultante ao público para aprovação em referendo. Cada procedimento foi adaptado às circunstâncias específicas. Independentemente do procedimento escolhido, os líderes enfatizaram a importância de envolver um amplo grupo de participantes na elaboração da Constituição e de se esforçar para integrar as principais demandas dos grupos mais relevantes em disputa.

Essa abordagem foi importante, mesmo que significasse aceitar relutantemente (pelo menos por um tempo) procedimentos tão complicados como os dispositivos antidemocráticos do Chile: senadores nomeados e, acima de tudo, a nomeação do ex-presidente Pinochet como comandante em chefe do Exército por oito anos depois de deixar a presidência, e depois como senador vitalício. Em alguns casos, os líderes da transição decidiram que, para obter amplo apoio ao novo texto constitucional, era necessário incorporar certas aspirações que, a longo prazo, teriam que ser revisadas. Esse foi o caso, por exemplo, das garantias socioeconômicas da Constituição brasileira de 1988, magnânimas, mas inviáveis do ponto de vista fiscal. Algumas vezes foi necessário avançar aos poucos. Na Espanha, o governo encabeçado por Suárez conseguiu que um Parlamento, ainda dominado pelos partidários do falecido ditador Francisco Franco, aprovasse disposições para realizar eleições democráticas e adiou a redação da nova Constituição até depois dessas eleições. Na Polônia, o presidente Kwasniewski retomou as propostas de reforma constitucional que o Parlamento tinha rejeitado e apresentou-as ao próximo Parlamento, eleito democraticamente, que as aprovou. A experiência sul-africana foi talvez a mais complexa. O governo de De Klerk e o CNA negociaram uma Constituição provisória baseada em 34 princípios. Deixaram pendente a redação do texto final até que o primeiro Parlamento democraticamente eleito fosse constituído como Assembleia Constituinte e posteriormente submetesse o texto final para a aprovação do Tribunal Constitucional para assegurar que os 34 princípios tivessem sido respeitados.

Todos esses líderes entenderam que alterar o conteúdo do texto constitucional vigente no regime autoritário não era tão importante quanto obter um amplo respaldo à ideia de uma Constituição, criando consenso sobre os marcos do desenvolvimento. E também não era tão importante quanto concordar sobre o modo – que não fosse nem muito fácil nem impossível na prática – para emendá-la mais amplamente numa fase posterior, quando a situação justificasse. Embora, obviamente, a formulação exata de uma Constituição seja importante, também o é a maneira pela qual é aprovada, quando e por quem.[8]

Fornecer garantias aos participantes e partidários do regime anterior de que seus interesses econômicos e institucionais – e seus direitos individuais – seriam protegidos acabou sendo muitas vezes vital no processo de elaboração da Constituição, apesar dos protestos previsíveis que tais garantias despertaram entre os grupos que tinham sido excluídos (e muitas vezes reprimidos). Um princípio importante era de que as garantias deveriam ser transparentes e de acordo com os procedimentos democráticos e constitucionais, para que pudessem ser revisadas em etapas posteriores, de acordo com esses mesmos procedimentos. Não era necessário resolver questões complexas em uma única etapa, como a justiça de transição e a relação entre o mundo civil e o militar. Essas questões poderiam ser abordadas em etapas posteriores. Por exemplo, ao anunciar a criação em 1990 da Comissão Nacional de Verdade e Reconciliação no Chile, Aylwin prometeu fazer justiça na medida do possível, embora esperasse que "o possível" fosse aumentando com o tempo, como realmente aconteceu.

Era mais importante chegar a um acordo sobre os procedimentos para obter e competir pelo poder político do que concretizar antecipadamente os detalhes da representação política. Às vezes, as concessões tiveram que ser feitas para favorecer uma ampla participação no processo político, mesmo que reduzissem as atribuições dos funcionários eleitos e fosse necessário realizar ajustes no futuro.

Até hoje, o debate sobre se as concessões foram excessivas permanece em aberto. No Chile, por exemplo, o sistema eleitoral binominal aprovado durante o regime de Pinochet após o plebiscito de 1988, mas antes da posse da Coalizão, não foi modificado na revisão constitucional de 2005. Esse sistema permite que um partido minoritário, com um terço dos votos nas eleições legislativas, obtenha a mesma representação que a de um partido majoritário que recebe 60% dos votos, tornando difícil que qualquer presidente obtenha uma maioria legislativa confortável. Essa polêmica provisão eleitoral permaneceu intacta por 25 anos após o fim da ditadura, até que, em 2015, o Congresso aprovou uma nova lei eleitoral. Seja como for, é indubitável que esse tipo de acordo contribuiu para que movimentos muito polarizados concorressem de forma pacífica à competição eleitoral e, assim, contribuíssem para a criação de democracias estáveis e abertas a uma possível evolução em etapas posteriores.

A economia política das transições

A crise financeira asiática de 1997-98 precipitou a queda de Soeharto e a consequente transição para a democracia. No Brasil, na África do Sul e na Polônia, a estagnação econômica de longo prazo, o declínio de curto prazo, o déficit fiscal e a alta inflação convenceram os grupos econômicos importantes que tinham prosperado sob o regime autoritário de que a mudança política era necessária ou, pelo menos, aceitável, como explica Cardoso. O desemprego, a recessão e, em alguns casos, a inflação, também encorajaram muitos a passarem para a oposição aos governos autoritários. Os motivos mais diretos das transições foram as aspirações políticas antes que as materiais, mas é verdade que a má situação econômica enfraqueceu alguns desses governos.

Independentemente de como começou a transição, as questões econômicas passam ao primeiro plano assim que o novo governo assume o poder. Na Polônia (e em outras economias pós-comunistas), os subsídios generalizados foram cortados ou eliminados para conseguir o equilíbrio orçamentário. A necessidade de reduzir a pobreza e resolver problemas relacionados com a crise econômica e o desemprego entrou em conflito em muitos países com a obrigação de impor reformas econômicas e disciplina orçamentária para promover o crescimento, como afirmado por Mbeki e Habibie, entre outros. No entanto, a austeridade orçamentária implica o risco de uma forte reação social e política, como explicado por Zedillo e Mazowiecki. Habibie, Mazowiecki e González enfatizam que é necessário agir imediatamente para aliviar a pobreza e empreender reformas econômicas, enquanto há um amplo apoio popular para promover mudanças políticas. Aylwin e Lagos destacam que as promessas da Coalizão em relação à redução da pobreza e ao "crescimento com igualdade" contaram com o apoio tanto de empresários quanto de trabalhadores, de modo que o governo tinha a autoridade política e a aceitação social necessárias para conter as demandas salariais (por exemplo, do poderoso sindicato de mineração).[9] Em muitos casos, foi preciso aplicar medidas sociais especiais para aliviar a dura situação dos mais vulneráveis.

A importância dos partidos políticos

Os partidos políticos, antigos e novos, desempenharam um papel protagonista na maioria das transições. Criaram redes de contatos regionais e territoriais, desenvolveram vínculos com movimentos sociais e organizações da sociedade civil, participaram da elaboração e execução de estratégias para lutar contra o regime autoritário e mobilizaram o apoio internacional. Os partidos ajudaram a eleger candidatos, organizar e realizar as campanhas eleitorais. Prepararam plataformas e programas para a competição eleitoral e a governança. Formaram seus quadros para o serviço público, mediaram conflitos entre aliados políticos e asseguraram que os governos não perdessem contato com as bases populares.

Em geral, os regimes autoritários tinham colocado os partidos na ilegalidade ou tentaram enfraquecê-los ou destruí-los. Excepcionalmente, por exemplo, no Brasil e na Indonésia, criaram partidos "oficiais" que apoiavam o próprio regime. Às vezes, permitiam uma atividade limitada de um partido oficial de "oposição" para legitimar sua hegemonia sobre o poder, como nos países mencionados e na Polônia e no México. Normalmente, os regimes autoritários restringiam o acesso dos partidos da oposição a fontes de financiamento para campanhas e aos meios de comunicação. Também reprimiam ou intimidavam os líderes da oposição. Em geral, desacreditavam e criavam obstáculos para a política, os partidos e os políticos.

A maioria dos líderes que trabalharam para acabar com os regimes autoritários e promover a governança democrática tiveram que reativar os partidos políticos existentes ou criar novos. Eles se esforçaram para garantir que os partidos fossem legalizados e tivessem um acesso justo aos meios de comunicação e às fontes de financiamento para as campanhas, e os ajudaram a reduzir sua atrofia, divisão ou marginalização. Em vários casos, os líderes recorreram à solidariedade e ao apoio internacional para alcançar seus objetivos. Dedicaram esforços notáveis ao desenvolvimento de regulamentos e procedimentos eleitorais que evitassem a fragmentação dos partidos e permitissem que se expandissem e institucionalizassem suas demandas. Aylwin, Lagos, Cardoso, Rawlings, Kufuor, Mbeki, De Klerk,

González, Ramos e Habibie estavam profundamente envolvidos no trabalho de formação de partidos. Mazowiecki, que não considerou este um objetivo prioritário durante seu curto mandato como primeiro-ministro, reconheceu posteriormente que cometeu um erro. Zedillo, que fazia parte do PRI que dominou a política mexicana décadas atrás, desempenhou um papel importante na transição ao apoiar uma série de reformas que criaram condições mais favoráveis para os partidos da oposição, que dessa forma poderiam adquirir força suficiente para competir com o PRI. Também introduziu as eleições primárias como um meio para eleger o candidato presidencial do PRI. Dessa forma, ele "cortou o dedo", ou seja, acabou com a *dedocracia* pela qual os presidentes mexicanos tinham pessoalmente escolhido seus sucessores durante mais de seis décadas.

Indonésia, Gana, Polônia e Filipinas são exemplos dos problemas que as democracias enfrentam quando não desenvolvem partidos sólidos. Os partidos políticos perderam credibilidade e força mesmo nas democracias mais consolidadas, e as críticas à *partidocracia* são comuns em muitos países. **Contudo, os partidos podem desempenhar (e desempenharam) papéis muito positivos, desde que não sejam meros instrumentos a serviço de figuras políticas individuais e pessoas próximas a eles. A institucionalização dos partidos políticos exige tempo e atenção contínua, mas se for feita desde o início e de forma sustentada é um investimento que pode gerar dividendos valiosos.**

Estabelecer o controle civil e democrático sobre os militares, os policiais e os serviços de inteligência

Um dos principais desafios em todos os casos foi submeter as Forças Armadas e outras instituições de segurança à autoridade civil, reconhecendo a legitimidade de suas funções, seu direito de obter recursos e a necessidade de protegê-los das represálias das antigas forças da oposição.[10] Essas questões foram abordadas de maneira diferente em cada caso. Em geral, foi necessário demitir ou remover oficiais superiores responsáveis por tortura e repressão brutal, colocar os comandantes militares sob a autoridade direta de ministros civis da Defesa e insistir muito que os militares da ativa deviam se abster totalmente de se manifestar politicamente ou se envolver com partidos. Aylwin, Lagos, Cardoso, González, De Klerk, Mbeki, Kufuor, Mazowiecki, Kwasniewski, Habibie e Ramos oferecem fascinantes testemunhos de como alcançaram esses importantes objetivos em situações muito diversas. As histórias desses líderes sobre o relacionamento com os comandantes militares dizem muito sobre as qualidades necessárias para administrar esse assunto delicado. É necessário bom senso e determinação para decidir se um oficial de alto escalão deve ser destituído ou se é preferível olhar para o outro lado; e, de maneira mais geral, para usar a disciplina militar da maneira mais oportuna em favor da governança democrática.

Foi preciso reconhecer e promover o profissionalismo e a autoestima das Forças Armadas, contribuir para que concentrassem sua atenção na defesa externa, em vez da segurança interna, e fornecer os equipamentos e as instalações necessárias. Também foi importante que os funcionários civis que supervisionavam a política de defesa tivessem conhecimento dos assuntos de segurança e respeitassem seus colegas militares. Não foi fácil naqueles países onde os movimentos democráticos passaram por violentos confrontos com as Forças Armadas e onde a desconfiança mútua e até mesmo o desprezo persistiam.

Habibie, Ramos, González e Mbeki enfatizam que é necessário separar as funções da Polícia e dos serviços de inteligência das Forças Armadas. Foi fundamental reorganizar, redefinir e limitar o papel da Polícia, inculcar novas atitudes em relação à população em geral e mudar de repressão para proteção, sem que o corpo perdesse sua capacidade de desmantelar grupos violentos. Os serviços nacionais de inteligência também tiveram que se submeter ao controle civil. Não foi nada fácil. Os civis precisaram ser encorajados a se incorporarem aos serviços de inteligência, uma carreira profissional que antes não era considerada atraente, como González recorda.

Comunicar todos esses aspectos, de forma clara e sistemática, foi essencial para construir a governança democrática. **A submissão a um rígido controle civil de todas as forças de segurança e inteligência foi um dos maiores desafios enfrentados pela maioria das novas democracias. Por vezes, foram necessários vários confrontos, ao longo de muitos anos, entre os governos democráticos e certos elementos das Forças Armadas ou os órgãos de inteligência e da Polícia – alguns dos quais eram muito visíveis, outros nem tanto – para estabelecer com firmeza o controle civil**. Aylwin inicialmente não seguiu o conselho de González, que tinha recomendado criar seu próprio serviço de inteligência, mas a longo prazo reconheceu que esse conselho era correto.

Alcançar a justiça de transição

Em todos os casos, foi exercida uma forte pressão política e social para responsabilizar os membros do antigo regime autoritário pelas violações dos direitos humanos e pela flagrante corrupção. No entanto, era fundamental equilibrar o justo anseio por verdade e justiça com a obrigação de fornecer garantias e proteção às pessoas que deixavam o poder. Em alguns casos, foram realizados processos jurídicos transparentes ao longo do tempo para conhecer (na medida do possível) a verdade sobre as violações aos direitos humanos, reconhecer e até compensar as vítimas. E, quando fosse viável, processar os principais responsáveis. Também era importante garantir para aqueles que deixaram o poder que os ex-funcionários não seriam julgados indiscriminadamente.

Para resolver esses problemas tão complexos não foi aplicada uma única fórmula. Nas entrevistas, o que se destaca é a importância de enfrentá-los abertamente, enfatizando o reconhecimento das vítimas e as medidas destinadas a promover a tolerância mútua, quando não a reconciliação. No Brasil e na Espanha, foram aprovadas anistias que permitiram aos membros da oposição democrática que tinham trabalhado na clandestinidade se unirem à vida política aberta. No Chile, na África do Sul e em Gana, as comissões de verdade e reconciliação e o reconhecimento das violações foram vitais. O dilema entre traçar uma "linha grossa" entre o passado e o presente (como afirmam Mazowiecki e Kufuor) e reconhecer e recordar os abusos para que não voltem a acontecer (como sublinhado por Aylwin, Lagos, de Klerk e Mbeki) não é fácil de resolver. A maioria dos líderes se esforçou para respeitar e reconciliar os dois objetivos. Na Indonésia, as violações dos direitos humanos foram escondidas sob o tapete e essas questões não resolvidas continuam a causar problemas.

Mobilizar apoios externos

Os atores externos – governos, instituições internacionais e multilaterais, corporações, sindicatos, organizações religiosas, associações internacionais de partidos políticos e outras entidades não governamentais – apoiaram a maioria dessas transições. Em alguns casos, facilitaram o lugar e as condições para o diálogo entre os diferentes setores da oposição, e entre eles e os representantes dos regimes autoritários e outras forças sociais. Um bom exemplo dessas contribuições é encontrado na África do Sul, onde Mbeki lembra que uma importante empresa de mineração forneceu fundos e lugares seguros fora do país para as reuniões secretas entre funcionários do governo e líderes do CNA. Também foram significativas na Espanha e no Chile.

Os atores externos fortaleceram as organizações da sociedade civil, com as quais compartilharam conhecimento e ofereceram incentivo e apoio, frequentemente muito antes de ter chegado o momento de substituir o regime autoritário ou mesmo desafiá-lo. Também facilitaram a troca de experiências de vários países em relação à organização de partidos políticos, sistemas e comportamentos eleitorais, a formação de coalizões, a elaboração de constituições e a promoção dos direitos das mulheres. Ofereceram formação em organização comunitária, comunicações e informações, pesquisas de opinião pública, pesquisas de boca de urna, recontagem rápida, supervisão eleitoral e outros aspectos práticos para a construção da democracia. Em alguns países, as missões de supervisão eleitoral aumentaram a credibilidade das eleições e seus resultados. As organizações internacionais também ofereceram oportunidades de treinamento e de estabelecimento de contatos em áreas substantivas que serviram aos quadros da oposição para se preparar para possíveis responsabilidades no governo. Essas atividades foram importantes na Polônia, por exemplo, onde toda uma geração de economistas recebeu treinamento no exterior sobre como liberalizar uma economia estatista ineficiente e promover os mercados. A decisão política de construir uma economia de mercado foi tomada na Polônia, mas a cooperação internacional tornou possível sua aplicação.

As organizações internacionais ofereceram acesso a experiências anteriores em temas recorrentes que colocam em risco as transições: a relação entre civis e militares, a justiça de transição, a realização de eleições confiáveis, a reforma da polícia, a supervisão dos órgãos nacionais de inteligência e os detalhes sobre o desmantelamento da atividade hostil de vigilância e inteligência; aspectos que González descreve com grande vivacidade. Também promoveram a comunicação entre grupos similares em outros países e oportunidades de treinamento com contrapartes das Forças Armadas, grupos empresariais e sindicais, associações profissionais e outros setores. Essas atividades fortaleceram as atitudes e o comportamento democrático dos participantes. Da mesma forma, proporcionaram tranquilidade, recomendações gerais e, às vezes, conselhos práticos concretos.[11]

A pressão externa coordenada para terminar com a repressão e para que os direitos humanos fossem respeitados, incluindo a liberdade de expressão e reunião, foi importante. As sanções econômicas foram decisivas na África do Sul e na Polônia. Vários programas de comércio, investimento, ajuda e cooperação foram significativos na Polônia, na Indonésia, em Gana e nas Filipinas. Além da pressão, o reconhecimento internacional de Rawlings por aceitar a realização de eleições multipartidárias, procedimentos eleitorais razoavelmente justos e mandatos com duração limitada reforçou suas contribuições para a transição democrática de Gana.

Finalmente, as organizações internacionais, os governos, as fundações e as ONGs desempenharam papéis significativos na resposta às necessidades sociais e econômicas básicas durante os períodos de transição. Na Espanha, na África do Sul, em

Gana e na Polônia contribuíram com recursos para diminuir o impacto social das reformas econômicas necessárias, investiram no desenvolvimento de infraestruturas e capacidades, e facilitaram outro tipo de assistência financeira e técnica. A União Europeia (UE) e o governo dos EUA foram vitais para que a Polônia (e outros países da Europa Central e do Leste) tomasse o caminho da democracia nos anos 1990. Esse tipo de assistência econômica internacional pode ser decisivo quando responde às necessidades locais, é facilitado em cooperação com os atores nacionais e permite que as decisões políticas sejam debatidas e adotadas no próprio país.

Os futuros arquitetos de transições e os atores externos devem entender tanto como sua presença pode contribuir quanto os limites de sua participação. A democracia só pode criar raízes em uma sociedade quando é o método aceito pela maioria para competir pelo poder político. Muitas vezes, as organizações internacionais podem fazer muito – com paciência e discrição, e a pedido dos partidos e órgãos nacionais – para impulsionar o movimento nessa direção, mas não podem ocupar seu lugar. Ter um amplo conhecimento dos inúmeros desafios e obstáculos que devem ser enfrentados, e da considerável extensão de tempo que pode ser necessária para que a governança democrática se afirme, deveria servir aos atores internacionais para evitar intervenções precipitadas, ineficientes e contraproducentes, e ajudá-los a contribuir de forma mais consistente a longo prazo. É mais provável que sejam eficazes se ouvirem, fizerem perguntas com base na comparação de experiências e incentivarem os partidos e organizações nacionais a abordar cada dilema de diferentes ângulos, em vez de promover respostas preparadas de antemão.

Contextos variáveis da transição

O contexto das lutas atuais e futuras contra os governos autoritários difere significativamente daquele em que as transições do final do século XX aconteceram. E o mundo continua mudando, cada vez mais rápido.

As atuais lutas contra o autoritarismo estão, em grande parte, isentas das pressões exercidas durante a Guerra Fria para conter as mobilizações sociais, limitar as mudanças nos regimes de propriedade e condicionar as alianças políticas ao equilíbrio geopolítico internacional. Desde o fim da Guerra Fria, é menos provável que as grandes potências considerem a mudança política em seus aliados autoritários como uma ameaça. Assim, os movimentos a favor da democracia têm mais espaço, embora também seja possível que, em certas situações, o apoio internacional a essas forças seja menor.

O fortalecimento do marco legal e das instituições internacionais voltadas para a proteção dos direitos humanos individuais e a perseguição de crimes contra a humanidade, bem como a criação do Tribunal Penal Internacional, reduziram as possibilidades de realizar uma repressão aberta sem se expor ao repúdio ou a sanções. Continuam ocorrendo casos notórios de repressão brutal, mas pelo menos existem normas internacionais que desestimulam tais práticas. A dissolução da União Soviética e o declínio da influência dos EUA no mundo nos últimos anos deram origem a um sistema internacional multipolar. As limitações internacionais à abertura democrática diminuíram, mas também aconteceu o mesmo com a capacidade de responder à violência e à repressão flagrante nos países, ou de mediar conflitos. Alguns direitos, incluindo os das mulheres, possuem uma aceitação muito mais generalizada.

O fracasso do sistema econômico soviético e a ascensão da China na economia mundial reforçam a mudança global em direção à liberalização econômica, às reformas orientadas ao mercado, ao investimento privado estrangeiro e à globalização da produção, das finanças e do comércio. Atualmente, a maioria dos governos quer ampliar seus negócios internacionais e respeitar as normas e regulamentos internacionais referentes a operações financeiras e investimentos, portanto, não há muito espaço na economia mundial para economias fechadas, especialmente para os países de tamanho pequeno e médio. Paralelamente, algumas nações reforçaram o papel do Estado com o objetivo de evitar a concentração econômica, melhorar a distribuição da renda, promover o desenvolvimento regional e proteger o meio ambiente.

A governança democrática detém agora uma maior aceitação no plano internacional como o sistema mais legítimo de ordenamento político. No entanto, diferentes conceitos coexistem e às vezes se dissimulam quanto às implicações e exigências da democracia. Foram instaurados regimes "autoritários competitivos" em vários países, que não são democracias incompletas ou decadentes, mas tentativas deliberadas de criar alternativas à democracia liberal, combinando eleições razoavelmente livres com um governo do tipo autoritário.[12] As pressões da globalização, a inevitável exposição à influência internacional e o fortalecimento dos regimes jurídicos e das instituições internacionais podem dificultar, com o tempo, aos governos autoritários adotarem sistematicamente práticas antidemocráticas e ignorarem os direitos humanos, inclusive os direitos das mulheres, mas ainda não é assim.

Legado de experiências democráticas anteriores

Muitos regimes autoritários das décadas de 1970 e 1980, e alguns dos anos 1990, chegaram ao fim em países que já tinham experimentado a governança constitucional democrática. Em vários casos, as instituições democráticas ainda estavam funcionando formalmente. Os líderes políticos desses países tinham redes de contatos, experiência na negociação e formação de acordos e confiança de que poderiam competir efetivamente sob as regras democráticas. As futuras transições de governos autoritários frequentemente ocorrerão em países com pouca ou nenhuma experiência democrática anterior e, em certos casos, com líderes que se apegaram ao poder reprimindo a dissidência e a oposição. Contra tais regimes podem ser invocadas tradições nacionais de governos flexíveis às demandas, por exemplo, em nível local. O apelo universal da participação no governo, junto com o maior nível de renda e capacidade de expressão política, pode ser revigorante para a mudança. Contudo, para desenvolver a cultura e as instituições da política democrática é preciso tempo, esforço e habilidade.[13]

Diferenças socioeconômicas, de classe e demográficas

As transições da década de 1970 a 1990 aconteceram principalmente em países onde uma classe média em ascensão e educada via com bons olhos o aumento da expressão política. Esse grupo de países tinha pessoas com formação em Direito, Administração Pública e Economia, o que contribuiu para a criação de uma governança democrática eficaz. As tentativas de transição em países com baixos níveis de renda e desenvolvimento, sindicatos e organizações sociais frágeis, classes médias reduzidas, Estados débeis e incapazes de prover serviços sociais e segurança aos cidadãos, e onde poucas pessoas têm formação específica, podem ser mais complicadas, especialmente devido à demanda popular por benefícios econômicos imediatos que satisfaçam suas necessidades básicas. Outras tentativas serão feitas em países com recursos abundantes, alta renda e uma classe média em crescimento, especialmente no Oriente Médio, norte da África e nos Estados do Golfo. Muitos deles, no entanto, têm um aparato estatal inchado e altos níveis de clientelismo e corrupção. Por razões geopolíticas derivadas de sua localização estratégica e recursos naturais, esses Estados recebem uma pressão externa nula ou fraca para abrir seus sistemas políticos. Esses tipos de regimes possuem mais facilidade para abafar ou subornar os movimentos de oposição.

Muitos regimes autoritários contemporâneos na Ásia e na África existem em sociedades com profundas divisões e desigualdades de caráter étnico, religioso ou regional, o que contribui para a polarização. Em alguns deles, há um número crescente de jovens que têm formação, mas não conseguem encontrar emprego remunerado. Isso gera frustração e, portanto, eles estão mais dispostos a protestar. Incorporar os jovens às organizações, aos partidos e a outras instituições políticas – e não simplesmente a manifestações de rua – é um desafio fundamental para a governança de muitos países, incluindo algumas democracias consolidadas. Os líderes do presente devem cultivar um relacionamento com as novas gerações e incentivá-las a se organizar e participar democraticamente.

Essas e outras dificuldades – por exemplo, a presença de poderosas organizações criminosas organizadas e movimentos políticos extremistas transnacionais – exercem intensa pressão sobre instituições políticas fracas. Portanto, será mais difícil formular abordagens e criar instituições que proporcionem o diálogo e a convergência, estabelecer controles, equilíbrios e meios de prestação de contas, criar sistemas jurídicos independentes e implementar o Estado de direito, estabelecer o controle civil sobre todas as forças de segurança e criar outras bases para a democracia. Estabelecer a governança democrática em países com aparatos estatais e instituições fracas será mais difícil, mas é possível construí-la. A experiência de Gana é prova disso.

Esforços internacionais em prol da democracia

Muitas transições europeias, incluindo as da Espanha, Polônia e de outros países da Europa Central e do Leste, foram impulsionadas em grande parte pela perspectiva de uma possível incorporação à União Europeia (UE) e pela ajuda econômica fornecida por esta e pelos Estados Unidos sob a condição de que fossem realizadas reformas políticas. Várias aberturas para a democracia na América Latina, incluindo a do Chile, foram facilitadas por uma nova ênfase do governo dos EUA aos direitos humanos (no final dos anos 1970, durante o mandato de Jimmy Carter) e, mais tarde, em meados da década de 1980, quando os Estados Unidos retomaram sua política de promoção ativa da democracia e dos direitos humanos, durante a segunda etapa do governo de Reagan. Os processos de abertura democrática também foram favorecidos pelo consenso em torno aos direitos humanos e às liberdades políticas desenvolvidos na Organização dos Estados Americanos e pelo fortalecimento do marco legal e das instituições internacionais, como a Comissão Interamericana de Direitos

Humanos e o Tribunal Penal Internacional. A democratização do México se beneficiou da integração geral dos mercados de trabalho, dos processos de produção e da cultura popular no México e nos Estados Unidos, bem como pela mobilização das empresas e ONGs desses países a favor da abertura democrática e do Estado de direito, para os quais contribuiu a aprovação do Tratado de Livre-Comércio da América do Norte.

Tanto agora como no futuro, as instituições regionais podem apoiar a governança democrática em medidas iguais, maiores ou, em alguns casos (como no Conselho de Cooperação do Golfo), em menor medida. A lenta mas crescente participação das organizações intergovernamentais regionais contribui para promover e proteger a integridade das eleições. A Carta sobre Democracia, Eleições e Governabilidade da União Africana entrou em pleno vigor. O Programa de Política e Segurança da Associação de Nações do Sudeste Asiático (Asean) inclui uma linguagem comum sobre normas democráticas e a Secretaria da Asean enviou observadores para as eleições parciais de Mianmar em 2012. Essas alianças regionais contribuem com recursos importantes que podem ser úteis para os líderes das transições.

Diferenças regionais e culturais

Várias tentativas de transição estão em andamento (ou poderiam ser realizadas no futuro) em países de maioria muçulmana, num momento em que há profundas divisões entre as interpretações fundamentalistas e moderadas do islamismo, e nas quais o Estado secular, o papel das forças armadas e a soberania popular são conceitos muito controversos. A Indonésia, a maior nação de maioria muçulmana do mundo, construiu uma governança democrática durante a última geração, e os setores pró-democracia têm influência em muitos outros países de maioria muçulmana. Em algumas nações, porém, poderosos setores conservadores argumentam que a lei deveria se basear única ou principalmente na *sharia*, e que o Estado deveria impor a ortodoxia religiosa e os papéis tradicionais de gênero. Tanto os conservadores religiosos quanto os liberais seculares consideram moralmente inaceitável ceder em relação ao predomínio das leis religiosas e da situação da mulher. Assim, ambos podem apoiar soluções autoritárias de um ou outro signo, e por razões opostas: alguns para que reja a *sharia*, outros para que prevaleça um Estado secular liberal.

No Oriente Médio, as Forças Armadas apoiaram fundamentalmente os Estados laicos, não os religiosos. Neste momento, são questionados tanto pelos democratas seculares como pelos fundamentalistas religiosos. Os diálogos internacionais entre os principais comandantes militares deveriam se concentrar nos princípios e nas práticas mais propícios para a estabilidade política, a coesão e integridade das instituições militares.

As instituições religiosas têm sido frequentemente baluartes dos regimes autoritários. No entanto, no final do século XX, algumas promoveram a democratização, especialmente em países com tradição católico-romana, como Espanha, Brasil, Chile, Filipinas e Polônia. Os cardeais Raúl Silva Henríquez e Juan Francisco Fresno no Chile, Paulo Evaristo Arns no Brasil, Vicente Enrique Tarancón na Espanha e Jaime Sin nas Filipinas, bem como o papa João Paulo II em sua terra natal, a Polônia, desempenharam papéis importantes. Na África do Sul, o bispo Desmond Tutu, da Igreja Protestante Anglicana, e o clero de outras denominações, entre outros, os ministros calvinistas holandeses, também apoiaram a transição para uma democracia inclusiva. Da mesma forma, certas organizações, movimentos, partidos e indivíduos muçulmanos da Indonésia ajudaram a construir uma democracia não sectária em seu país. Devemos destacar o papel de Abdurrahman Wahid (Gus Dur) nesse sentido.

Não há dúvida de que as autoridades religiosas muçulmanas terão muito a dizer em outros países, mas é provável que existam diferenças em cada caso, e entre as culturas árabes e não árabes, da mesma forma que a influência política das várias confissões cristãs e seus líderes políticos variaram entre os países e até mesmo dentro deles. Encontrar um meio pelo qual as autoridades religiosas muçulmanas se envolvam mais ativamente na defesa da governança democrática é um grande desafio. Sua participação se beneficiaria do intercâmbio de experiências relevantes em nível internacional, por exemplo, através de consultas sobre como combater as organizações extremistas transnacionais e partidárias da violência para defender suas causas sectárias.

A revolução da informação e a comunicação

A revolução das tecnologias de informação e comunicação (TIC) diminuiu a capacidade dos governos de controlar a informação, reduziu os custos derivados da troca de opiniões e notícias alternativas, facilitou a organização popular e a obtenção de simpatia e apoio internacional. Qualquer pessoa, em qualquer lugar, pode desencadear um protesto ao filmar uma atrocidade com seu celular. Esses processos vão aumentar, uma vez que a população, especialmente os jovens, possuem smartphones e banda larga. As redes sociais às quais essas tecnologias dão acesso não podem substituir as organizações políticas no trabalho do governo, mas podem reformular os sistemas políticos, forçando os partidos e as instituições a se adaptarem ou, de outro modo, assumirem o risco de terminarem severamente enfraquecidas.

No entanto, as inovações da informática nem sempre são benéficas para a democratização. Podem gerar explosões fugazes de mobilização popular que dão aos organizadores democráticos uma confiança injustificada em sua capacidade para avançar sem negociar, em vez de chegar a acordos de maneira constante e organizada. Também podem ajudar os grupos extremistas a ampliar seu apoio e contribuir para o sentimento de que certos grupos marginais têm maior relevância do que possuem na realidade. Além disso, é possível que os governos tecnologicamente avançados, às vezes com a ajuda de empresas multinacionais, usem essas mesmas tecnologias para controlar e reprimir a população. Atualmente, os governos podem interceptar as comunicações eletrônicas, identificar manifestantes captados por câmeras de segurança e ameaçar ou prender membros da oposição.

Aqueles que desejam empreender ou apoiar uma transição democrática devem aprender a usar as novas tecnologias e combiná-las com os processos de deliberação, negociação, criação de coalizões, acordos e formação de consenso, que exigem a dedicação de mais tempo, mas são essenciais. Eles também devem aprender a proteger as forças democráticas das manipulações tecnológicas, tanto por parte dos regimes autoritários quanto dos elementos extremistas antidemocráticos.

Qualidades de um líder político

Não há um modelo estipulado para ser líder em uma transição. Entre os líderes que entrevistamos, sejam ativistas da oposição ou membros de um governo autoritário, há políticos experientes, advogados e economistas, um alto comandante militar, um suboficial, o editor-chefe de um jornal, um sociólogo e um engenheiro aeronáutico. Todos neste grupo têm suas crenças e práticas religiosas, há devotos e não crentes. Há católicos, protestantes, um muçulmano e um agnóstico. Seus estilos pessoais também apresentam diferenças notáveis.

Na verdade, alguns não eram democratas por temperamento, convicção, experiência ou reputação. Jerry Rawlings liderou uma ditadura militar por uma década e cedeu às pressões internas e externas que exigiam eleições abertas multipartidárias apenas quando comprovou, por meio de pesquisas secretas, que ganharia facilmente essas eleições. Em sua entrevista, pode ser apreciada a complexidade da atitude de

Rawlings, passada e presente, em relação à democracia representativa liberal. F. W. de Klerk integrou o regime do *apartheid* por muitos anos e apoiou a exclusão da vasta maioria negra da África do Sul, até que se convenceu, bem tarde, que o sistema havia deixado de ser sustentável por razões econômicas, políticas e morais. B. J. Habibie foi um colaborador próximo de Soeharto, o ditador que por muito tempo governou a Indonésia. O respeito de Habibie pelas instituições democráticas, que aparentemente adquiriu durante os 20 anos em que trabalhou na Alemanha como engenheiro aeronáutico, não foi notado até que a queda de Soeharto o levou para o poder. Embora não tivesse base política e apoio significativo, e enfrentasse uma enérgica oposição nas ruas, Habibie agiu rapidamente para adquirir legitimidade através de uma série de medidas democratizantes espetaculares.

Aleksander Kwasniewski, vice-ministro do governo comunista da Polônia, desempenhou um papel importante como representante desse regime na mesa-redonda de negociações. Mais tarde, criou um partido social-democrata, foi eleito presidente após a transição e acabou contribuindo para o fortalecimento das novas instituições e práticas democráticas do país. Os sucessivos líderes políticos poloneses trouxeram qualidades muito diferentes quando abordaram os desafios da transição. Lech Walesa foi um líder sindical dissidente que levantou exigências ousadas e gerou amplo apoio popular, mas posteriormente perdeu muito de sua legitimidade quando pressionou para conseguir mais poder pessoal. Mazowiecki se concentrou em uma série de decisões políticas e econômicas duras, adotou abordagens inclusivas e conciliadoras e fortaleceu o importante vínculo da Polônia com o Vaticano e a delicada relação do país com a União Soviética. Kwasniewski direcionou grande parte de sua atenção para a eficácia da administração e a construção institucional.

Ernesto Zedillo teve inclinações democráticas desde cedo, mas ocupou cargos importantes no PRI, o partido governante do México, quando este controlava virtualmente todos os cargos políticos, uma situação que durou décadas. Os procedimentos eleitorais tinham sido montados para assegurar a continuidade desse predomínio. A disposição de Zedillo, como presidente, de mudar os procedimentos e as condições eleitorais abriu o caminho para a alternância de poder no México e facilitou o avanço de uma verdadeira governança democrática, o que ele chamou de "uma democracia normal".

Todos esses líderes – mesmo aqueles que no passado participaram de governos autocráticos – chegaram à conclusão, por várias razões, de que um governo baseado na soberania popular e no marco constitucional era a melhor alternativa para seu país e para si mesmos. Alguns líderes tinham sólidos princípios democráticos. Outros desenvolveram ou reforçaram seu compromisso com a democracia devido à pressão social e às novas circunstâncias. Outros adotaram abordagens de abertura apenas quando esse era o caminho mais vantajoso do ponto de vista político. Entre esses líderes não havia nenhum milagroso. Todos eram políticos pragmáticos que buscavam formas de obter ou manter sua influência e resolver os problemas, que apostaram nos processos democráticos e, assim, ajudaram a conduzir seus países à democracia.

Qualquer que seja sua história ou seus motivos, esses líderes têm qualidades em comum que contribuíram para seu sucesso.

- Todos tinham – alguns desde o início, outros desenvolveram com o tempo – um sentido estratégico de orientação para uma governança mais inclusiva e responsável e uma preferência fundamental pela transformação pacífica e gradual (em vez de violenta ou convulsiva).
- Souberam capturar o clima e o espírito da cidadania e intensificaram o trabalho dos partidos políticos e das organizações sociais em favor da democracia.
- Diversificaram e ampliaram suas próprias bases de apoio e trabalharam para enfraquecer os elementos intransigentes, tanto dentro do regime quanto na oposição. Foram capazes de valorizar os interesses e a influência de vários centros de poder e grupos de interesse e encontraram maneiras de articular acordos políticos.
- Muitos demonstraram resolução e coragem, alguns até arriscaram a vida em momentos de polarização e violência que custaram a vida de alguns de seus companheiros. Esses líderes uniam uma enorme paciência, persistência e resistência frente à oposição, aos obstáculos e retrocessos, e conseguiram convencer os outros a não se renderem.
- Tiveram confiança em si mesmos, necessária para tomar decisões difíceis no momento certo, com firmeza e uma convicção tranquila. Embora alguns tivessem um caráter muito analítico e reflexivo, não hesitaram nem adiaram decisões imperativas.
- A maioria cercou-se de aliados competentes para enfrentar as questões difíceis, com os quais compartilhavam valores políticos e conhecimentos específicos. Embora pudessem tomar as decisões mais importantes pessoalmente (na verdade, às vezes fizeram isso), a maioria se concentrou na formação de consenso, no estabelecimento de coalizões, na construção de pontes políticas e na comunicação constante com os grupos-chave e com a opinião pública.

- No geral, conseguiram persuadir os demais a aceitar suas decisões. Embora houvesse pessoas eloquentes ou carismáticas entre eles, conseguiram principalmente compreender e responder aos principais interesses de vários atores políticos e sociais, incluindo alguns de seus adversários, e não por decreto ou impondo sua personalidade.
- Apesar de estarem profundamente integrados em suas respectivas sociedades nacionais e de confiar fundamentalmente nas relações internas, todos esses líderes souberam mobilizar o apoio externo sem se tornar um instrumento de interesses estrangeiros.
- Acima de tudo, esses líderes se adaptaram rapidamente aos eventos e aproveitaram as reviravoltas inesperadas para tomar a iniciativa. Souberam pilotar em águas turbulentas: manobraram na corrente, para a esquerda e para a direita, de um lado para o outro, adaptando-se às corredeiras para, a longo prazo, avançar. Não determinaram a direção ou a força da corrente, mas conseguiram levar seus países a águas mais calmas e, finalmente, à governança democrática.

Não é fácil imaginar como essas transições teriam tido um final tão feliz se não contassem com esses líderes e suas decisões. Esses e outros – como Nelson Mandela, Cyril Ramaphosa, Oliver Tambo, Roelf Meyer e Desmond Tutu na África do Sul; Corazón Aquino nas Filipinas; Lech Walesa, Wojciech Jaruzelski, Adam Michnik e Czeslaw Kiszcak na Polônia; Tancredo Neves, Ulysses Guimarães, Luiz Inácio Lula da Silva e os generais Golbery do Couto e Silva, Ernesto Geisel e João Figueiredo no Brasil; Andrés Zaldívar, Clodomiro Almeyda, Manuel Bustos e Gabriel Valdés no Chile; Manuel Clouthier, Porfírio Muñoz Ledo, Cuauhtemoc Cárdenas, Ernesto Ruffo e Vicente Fox no México; e o rei Juan Carlos, Adolfo Suárez, Manuel Fraga e Santiago Carrillo na Espanha – ajudaram a abrir o caminho para a democracia em seus países.[14] Os líderes políticos mais importantes não trabalharam sozinhos, nem teriam conseguido sem o apoio das forças sociais, políticas e cívicas, mas agiram de forma criativa e construtiva, em colaboração com muitos outros grupos e sujeitos a limitações rígidas, para criar novas realidades.

As perspectivas de construção democrática em outros países, agora e no futuro, dependem em grande parte do surgimento e do desempenho dessa classe de líderes. Como Samuel Huntington afirma: "Um regime democrático é estabelecido não por meio de tendências, mas por meio do povo. As democracias foram criadas não pelas causas, mas pelos causadores".[15] Essas entrevistas são uma boa prova disso.

OLHAR PARA A FRENTE

Em sua entrevista, Felipe González faz duas observações dignas de nota. Afirma que a liderança não é aprendida na universidade, mas na prática, aplicando uma série de princípios gerais em circunstâncias concretas. Por outro lado, citando o falecido escritor Gabriel García Márquez, González sugere que as pessoas muitas vezes adquirem esses princípios gerais a partir de histórias, da narrativa de experiências passadas. Essa é a premissa fundamental deste livro.

Surgiram novos atores, tecnologias, instituições, normas, desafios e oportunidades, e não duvidamos de que continuarão a aparecer. Mas, embora os agentes e as tecnologias mudem rapidamente, os imperativos da expressão e da ação política são muito mais permanentes. Mobilizar as pessoas em defesa da liberdade política, criar espaços de diálogo, construir convergências e consensos, estabelecer acordos sobre os procedimentos e as regras de entendimento, e garantir às forças rivais que seus interesses fundamentais serão protegidos continuarão sendo prioridades essenciais. Estabelecer mecanismos para abordar questões relacionadas à justiça de transição e à memória; assegurar o controle civil das forças militares, policiais e de inteligência; e proteger a ordem cívica e os direitos humanos individuais continuarão a ser os principais desafios. E serão tanto para aqueles que tentam derrubar governos autoritários como para aqueles que tentam evitar um retrocesso no avanço democrático pelas mãos de governos legitimamente eleitos, mas que enfraquecem ou ignoram os controles e equilíbrios da democracia.

Os movimentos sociais e as organizações da sociedade civil, impulsionados pelas redes eletrônicas, podem e vão exercer pressão sobre os governos e outras instituições. Embora esses agentes e suas técnicas possam ser úteis, não podem tomar o lugar dos partidos, das organizações sociais e dos líderes políticos na difícil tarefa de criar coalizões eleitorais e governamentais, ganhar o apoio popular, desenvolver políticas públicas viáveis, exigir sacrifícios pelo bem comum, infundir confiança de que a democracia é possível e governar com eficácia. Assim, a visão, a paciência, a persistência e uma atitude aberta aos acordos continuarão a ser importantes.

As lições que esse livro apresenta aplicam-se não apenas aos esforços para terminar com as ditaduras. Elas também iluminam algumas das causas de retrocessos e reversões, tais como aquelas agora evidentes em partes da Europa, África e Ásia, assim como na América do Norte e do Sul.

A democracia não é algo que pode ser assumido, como as montanhas e rios ou o ar que respiramos. Deve ser cuidada como um jardim – irrigada, fertilizada e podada. A governança democrática exige transformação constante, respondendo a novas exigências de participação, direitos novos ou expandidos, segurança cidadã e a saúde do planeta. Também exige vigilância para evitar concentrações perigosas de poder, ameaças aos direitos civis e humanos e a ausência de prestação de contas. As entrevistas desse livro apresentam ideias valiosas para a luta para conquistar, sustentar ou restaurar a vida democrática.

Os leitores terão que avaliar cuidadosamente quais aspectos do que aconteceu em outros lugares são relevantes para a situação em seus respectivos países. Saber que muitos dos problemas que enfrentam já surgiram antes e conhecer melhor as várias abordagens adotadas para solucioná-los deveria ser muito útil. Esperamos que esses líderes de transições futuras encontrem inspiração nas qualidades e conquistas dos líderes políticos e das sociedades civis destacadas nesta obra.

Notas

1 Este ensaio não é fundamentalmente apresentado como uma contribuição à teoria da ciência política, em cujo caso seria necessário aplicar outros métodos e incluir outros casos. Nosso objetivo é apenas aprender sobre o desenvolvimento das transições democráticas a partir de uma série de líderes-chave que contribuíram significativamente para transições que tiveram um resultado positivo e colocar sua sabedoria política ao alcance de todos.

2 Em outros casos que não analisamos, os regimes autoritários foram derrotados militarmente, por exemplo, na Grécia, em Portugal e na Argentina. Nas Filipinas, a sensação de que a insurreição do Novo Exército Popular estava ganhando força enfraqueceu o regime de Marcos e energizou o Movimento de Reforma das Forças Armadas, o que contribuiu para a derrubada de Marcos.

3 Em outros casos, as transições ocorreram depois de uma guerra civil ou como resultado de uma ocupação estrangeira, ou em regimes monárquicos ou patrimoniais. Cada uma dessas transições apresentou seus próprios problemas, embora muitos dos desafios recorrentes mencionados aqui também fossem relevantes.

4 Para uma visão comparativa da influência externa nas transições democráticas, ver Stoner, K. e McFaul, M., *Transitions to Democracy: A Comparative Perspective* [Transições democráticas: uma perspectiva comparada] (Baltimore: Johns Hopkins University Press, 2013).

5 Nestes anos, outras transições foram realizadas com resultados diferentes, como regimes semiautoritários híbridos, nos quais as eleições competitivas são combinadas com violações sérias e contínuas dos procedimentos democráticos, bem como com governos democráticos muito irregulares e incompletos que foram revertidos. Ver Levitsky, S. e Way, L.A., *Competitive Authoritarianism: Hybrid Regimes after the Cold War* [Autoritarismo competitivo: regimes híbridos depois da Guerra Fria] (Nova York: Cambridge University Press, 2010).

6 Em seu estudo pioneiro sobre as transições a partir de governos autoritários, Guillermo O'Donnell e Philippe Schmitter destacam a incerteza especial que rodeia essas transições e como e por que elas são diferentes da política "normal". Ver O'Donnell, G. e Schmitter, PC, *Transitions from Authoritarian Rule: Tentative Conclusions about Uncertain Democracies* [Transições de um governo autoritário: conclusões provisórias sobre as democracias instáveis] (Baltimore: Johns Hopkins University Press, 1986; republicado com um novo prefácio de Cynthia Arnson e Abraham F. Lowenthal, Johns Hopkins University Press, 2013).

7 Os domínios reservados são concessões especiais a grupos de poder anteriores para preservar certos privilégios, tais como garantir a alocação orçamentária a instituições militares, atribuir o controle de certos aspectos da economia a grupos específicos e assegurar que alguns indivíduos, instituições ou grupos de interesse terão representação política.

8 Philippe Schmitter enfatiza este aspecto em seu trabalho *Contrasting Approaches to Political Engineering: Constitutionalization and Democratization* [Enfoques contrastantes sobre a engenharia política: constitucionalização e democratização], manuscrito inédito de fevereiro de 2001.

[9] A economia política das transições que implicam uma abertura do mercado é abordada de forma esclarecedora em Besley, T. e Zagba, R. (eds.), *Development Challenges in the 1990s: Leading Policymakers Speak from Experience* [Desafios do desenvolvimento nos anos 1990: experiências de destacados responsáveis de políticas públicas] (Washington D.C. e Nova York: Banco Mundial e Oxford University Press, 2005).

[10] Uma análise recente e exaustiva da relação entre os campos civil e militar, e sua importância na construção e consolidação da democracia, pode ser encontrada em Barany, Z., *The Soldier and the Changing State: Building Democratic Armies in Africa, Asia, Europe and the Americas* [O soldado e o Estado em mudança: construindo exércitos democráticos na África, Ásia, Europa e nas Américas] (Princeton: Princeton University Press, 2012).

[11] Alguns governos estrangeiros também ofereceram asilo aos líderes da oposição ameaçados e, posteriormente, aos membros dos regimes autoritários (por exemplo, Marcos das Filipinas) forneceram sistemas de votação eletrônica e técnicas de identificação pessoal para facilitar a realização de eleições limpas (como em Gana). Pressionaram as autoridades locais para que a oposição tivesse uma presença razoável da oposição nos meios de comunicação (por exemplo, no plebiscito chileno de 1988). As organizações internacionais forneceram assistência técnica na área da gestão econômica (como fez o Banco Central alemão e o Fundo Monetário Internacional [FMI] na Indonésia) e apoiaram a pressão exercida internamente para exigir eleições livres, justas e multipartidárias (por exemplo, em Gana e no México).

[12] Para uma análise exaustiva, ver Levitsky e Way, *op. cit.*

[13] Como o falecido pesquisador social europeu Ralf Dahrendorf aponta em seu livro *Reflections on the Revolution in Europe: In a letter intended to have been sent to a gentleman in Warsaw* [Reflexões sobre a revolução na Europa. Carta pensada para um cavalheiro de Varsóvia]: "O processo formal de reforma constitucional requer um mínimo de seis meses. O sentimento geral de que as coisas estão melhorando graças a uma reforma econômica não costuma se estender até que seis anos tenham transcorrido. A terceira condição no caminho para a liberdade é proporcionar uma série de fundamentos sociais que transformem a Constituição e a economia em instituições que funcionem em qualquer situação, e não apenas nos tempos de bonança, capazes de resistir a tempestades internas e externas. Para estabelecer esses fundamentos, bastam apenas 60 anos". (Nova York: Times Books, 1990), p. 99-100.

[14] O papel do rei Juan Carlos da Espanha, por exemplo, é sucintamente elogiado no artigo de Charles Powell "Abdication is the King's final gift to a grateful Spain" [A abdicação é o último presente do rei para uma Espanha grata], *Financial Times,* 4 de junho de 2014.

[15] Huntington, Samuel P., *The Third Wave: Democratization in the Late Twentieth Century* [A terceira onda. A democratização no final do século XX] (Norman: University of Oklahoma Press, 1991), p. 107.

Sobre os organizadores e colaboradores

Organizadores

Sergio Bitar

Engenheiro, economista e político. Foi ministro no Chile no gabinete do presidente Salvador Allende. Após o golpe de Estado, foi preso político e posteriormente exilado nos Estados Unidos e na Venezuela. Mais tarde foi senador, líder do Partido pela Democracia e ministro dos governos de Ricardo Lagos e Michelle Bachelet. É presidente da Fundação pela Democracia do Chile e diretor do programa Tendências Globais e o Futuro da América Latina do Centro Diálogo Interamericano. Tem mestrado em Políticas Públicas pela Universidade de Harvard.

Abraham F. Lowenthal

Professor emérito de Relações Internacionais da Universidade do Sul da Califórnia, fundou o programa sobre América Latina no Centro Woodrow Wilson, no Diálogo Interamericano e no Conselho do Pacífico sobre Política Internacional. Suas publicações abordam a política latino-americana, as relações interamericanas, a governança democrática e a política externa dos EUA. É doutor pela Universidade de Harvard.

Colaboradores

Charles Powell

Diretor do Real Instituto Elcano de Madri. É especialista na transição espanhola para a democracia, no papel do rei Juan Carlos na transição, na política espanhola e na relação entre Espanha e Estados Unidos em questões de política e segurança. É doutor pela Universidade de Oxford.

Frances Hagopian

Professora-associada visitante de Estudos Brasileiros na cátedra Jorge Paulo Lemann da Escola de Governo John F. Kennedy da Universidade de Harvard. É autora de inúmeras publicações sobre política comparada na América Latina, com especial atenção à democratização, representação política, economia política e relação entre religião e política. É doutora pelo Massachusetts Institute of Technology.

Genaro Arriagada

Cientista político, foi ministro da presidência no gabinete de Eduardo Frei Ruiz-Tagle e embaixador nos Estados Unidos, secretário-geral e vice-presidente do Partido Democrata Cristão. Também foi diretor-executivo da campanha pelo *não* no plebiscito de 1988, no qual Pinochet foi derrotado. É autor de várias publicações sobre a política chilena e latino-americana.

Georgina Waylen

Professora de Política na Universidade de Manchester. É especialista em política comparada, com atenção especial à relação entre gênero e política, economia política internacional, transições para a democracia e a governança e as instituições. É codiretora da Rede Internacional de Feminismo e Institucionalidade (FIIN).

Jane L. Curry

Professora de Ciências Políticas na Universidade de Santa Clara. É especialista na transição polonesa, bem como em estudos jornalísticos e transformação na Europa Central e do Leste. Gravou mais de 200 entrevistas com poloneses, sérvios, georgianos e ucranianos que participaram das transições do regime comunista. É doutora pela Universidade de Colúmbia.

Soledad Loaeza

Professora do Centro de Estudos Internacionais do El Colegio de México. Entre suas áreas de especialização estão os sistemas políticos e as eleições, o poder presidencial no México e a democratização naquele país. É membro do Comitê de Assessores do Instituto Internacional para a Democracia e a Assistência Eleitoral (International IDEA) e doutora pelo Instituto de Estudos Políticos de Paris.

Steven Friedman

Diretor do Centro de Estudos da Democracia da Universidade de Rhodes e da Universidade de Johanesburgo. Ex-sindicalista, jornalista e acadêmico, é autor de numerosas publicações sobre a transição sul-africana para a democracia, especialmente sobre o papel dos cidadãos na consolidação da democracia. É doutor pela Universidade de Rhodes.

Agradecimentos

O Instituto Internacional para a Democracia e a Assistência Eleitoral (International IDEA) e os diretores deste projeto, Sergio Bitar e Abraham Lowenthal, desejam expressar sua profunda gratidão aos 13 líderes políticos que concordaram em ser entrevistados.* Também queremos agradecer aos seus assistentes pessoais e outros companheiros institucionais que facilitaram essas reuniões e os textos que resultaram delas.

Reconhecemos com gratidão as contribuições dos nove especialistas que elaboraram da introdução ao contexto de cada conjunto de entrevistas, revisaram e melhoraram as listas de momentos-chave na transição e leituras recomendadas, ajudaram os diretores do projeto a preparar as entrevistas, revisaram as transcrições e, na maioria dos casos, fizeram observações sobre os capítulos introdutório e final.

O capítulo escrito pela professora Georgina Waylen sobre as mulheres nas transições democráticas é uma contribuição essencial para este projeto. Agradecemos às nove ilustres mulheres entrevistadas pela professora por compartilharem suas experiências e impressões sobre o papel das mulheres

* N. R. T.: Os agradecimentos abarcam entrevistados e colaboradores que não aparecem nesta edição.

nas transições para a democracia. Também enviamos nossos agradecimentos aos autores dos documentos de antecedentes nacionais nos quais se baseou o desenvolvimento do capítulo: Jean Franco, María Esther del Campo García, Marta Pajarín García, Takyiwaa Manuh e Ani Soetjipto.

Somos gratos a Laurence Whitehead e Alfred Stepan, principais assessores do projeto, que ajudaram os diretores a conduzir as entrevistas, a formular temas e comentar as ideias em desenvolvimento. Agradecemos as importantes contribuições de nosso principal assistente de pesquisa, Benjamin Mainwaring, que colaborou na revisão dos trabalhos de referência, pesquisou questões específicas, preparou um primeiro rascunho das cronologias e leituras recomendadas e fez algumas sugestões de edição. Agradecemos também a assistência em matéria de pesquisa de James Loxton, Carolina Larriera, Víctor Saavedra e Consuelo Amat. Agradecemos a Andrzej Rossa, que realizou tarefas de interpretação simultânea nas entrevistas com os líderes poloneses; Charles Roberts, que traduziu várias entrevistas do espanhol; Kelley Friel, que corrigiu o manuscrito.

Somos especialmente gratos a Mariana Aylwin por facilitar a entrevista com seu pai e a Sergio Fausto, que ajudou a editar e resumir a extraordinária entrevista de cinco horas e meia que realizamos com o presidente Cardoso. Também apreciamos as entrevistas de referência que realizamos com Alejandro Foxley, no Chile; Adam Michnik, na Polônia; P. V. Obeng, em Gana; Leon Wessels, na África do Sul; Carolina Hernández, nas Filipinas; e José Luis Maraval, na Espanha. Também expressamos nossa gratidão a Santiago Levy, Lázaro Cárdenas, Jeffrey Davidow, Carla Hills, Luis Maira, Kevin Middlebrook, Carlos Portales e Carlos Manuel Sada, que nos ajudaram a preparar a entrevista sem precedentes com o presidente Ernesto Zedillo.

A International IDEA transmite sua profunda gratidão a Sergio Bitar e Abraham Lowenthal, pela liderança em tantos aspectos deste complicado projeto e aos integrantes de sua equipe e de seu Comitê Internacional de Assessores por suas inúmeras e úteis sugestões. A International IDEA e os diretores do projeto agradecem à doutora Jane Jaquette pelas muitas contribuições para este trabalho, incluindo suas extensas sugestões para o capítulo sobre as mulheres nas transições democráticas.

O ex-senador e ministro Sergio Bitar e o dr. Abraham Lowenthal são muito gratos à International IDEA e ao seu ex-secretário-geral, Vidar Helgesen, por lançar e apoiar este projeto e por contar conosco para colocá-lo em prática. Também valorizamos o apoio do atual secretário-geral da International

IDEA, Yves Leterme, especialmente sua decisão de publicar este livro em vários idiomas para garantir sua visibilidade e repercussão. Expressamos nosso agradecimento especial a Sergio Fausto e ao professor Tuong Vu pela ajuda especial para tornar possível as edições em português e vietnamita, respectivamente. Agradecemos imensamente a cooperação de muitos dos destacados membros da equipe da International IDEA, mas gostaríamos especialmente de mencionar Melanie Allen, oficial de Programas, cujas extraordinárias contribuições substantivas e administrativas aumentaram muito o padrão para todos. Melanie resolveu inúmeros problemas logísticos, diplomáticos e editoriais concretos, sempre de maneira oportuna e com sorriso, realizou inúmeras sugestões substantivas e editoriais, revisou uma grande parte das entrevistas para publicação e incorporou o material procedente dos escritos do presidente Ramos para completar sua entrevista.

Agradecemos imensamente o excepcional apoio logístico de Katarina Jörgensen e Jenefrieda Isberg. Nyla Grace Prieto contribuiu com seu conhecimento especializado do caso filipino, Theophilus Dowetin facilitou suas impressões sobre a transição de Gana, Andrew Ellis ofereceu orientação e conhecimento sobre as transições filipina e indonésia, e Rumbidzai Kandawasvika-Nhundu colaborou na concepção inicial do capítulo sobre as mulheres nas transições. Hamdi Hassan e Domenico Tuccinardi forneceram relatórios sobre as divisões entre o religioso e o secular e as perspectivas de governança democrática na Ásia Ocidental e no norte da África; e também sobre o impacto da moderna tecnologia da informação e comunicação na democracia. Nadia Handal Zander contribuiu com informações práticas muito úteis durante todo o projeto e James Lenahan ajudou a tornar esta publicação uma realidade. Desejamos estender nossos agradecimentos especiais a Kristen Sample e Helen Kavanagh-Berglund, que fizeram observações em todos os capítulos e forneceram apoio vital durante todo o projeto. Somos muito gratos a Brechtje Kemp, que ajudou a levar este trabalho para a gráfica.

Reconhecemos com gratidão as contribuições das seguintes pessoas, que listamos em ordem alfabética pelos sobrenomes, todos comentaram vários fragmentos do esboço da obra: Manuel Alcántara, Genaro Arriagada, Ayman Ayoub, Mariano Bertucci, Archie Brown, o primeiro-ministro do Canadá Joe Clark, Jane Curry, Jorge Dominguez, Bahtiar Effendy, Louise Frechette, Stephen Friedman, Frances Hagopian, Evelyne Huber, Steven Levitsky, Soledad Loaeza Michael Lowenthal, Scott Mainwaring, Cynthia McClintock, Kevin Middlebrook, Gerardo Munck, Philip Oxhorn, Philippe Schmitter, Richard

Snyder, Leena Rikkila Tamang, Matthew Taylor, Massimo Tommasoli, Peter Winn, Daniel Zovatto e os participantes dos seminários nas universidades de Brown, Harvard e McGill e o Occidental College. Sergio Bitar também agradece ao Instituto Nacional Democrata; ao seu ex-diretor, Kenneth Wollack e sua equipe do Cairo, que fizeram os preparativos necessários para suas visitas ao Egito e suas conversas com os líderes dos partidos políticos do país.

Por último, Sergio e Abe querem agradecer um ao outro e expressar sua gratidão às suas maravilhosas e pacientes esposas. Foi uma experiência muito gratificante.

GRÁFICA PAYM
Tel. [11] 4392-3344
paym@graficapaym.com.br